스트리밍 시스템

스트리밍 시스템

대용량 데이터 처리를 위한 핵심 개념과 원리

타일러 아키다우·슬라바 체르냑·루벤 락스 지음
이덕기·전웅 옮김

i!i
에이콘

 에이콘출판의 기틀을 마련하신 故 정완재 선생님 (1935-2004)

지은이 소개

타일러 아키다우 ^{Tyler Akidau}

구글의 선임 소프트웨어 엔지니어다. 데이터 처리 언어 및 시스템 그룹의 기술 책임자로서 구글 내 아파치 빔^{Apache Beam}, 구글 클라우드 데이터플로우^{Google Cloud Dataflow}, 구글 플룸^{Google Flume}, 맵리듀스^{MapReduce}, 밀휠^{MillWheel}과 같은 내부 데이터 처리 도구 개발을 담당하고 있다. 타일러는 아파치 빔 PMC 창립 멤버이기도 하다. 스트림 처리 능력과 중요성에 대해 열정을 갖고 목소리를 높이지만 배치와 스트리밍은 동전의 양면과 같다고 굳게 믿으며, 데이터 처리 시스템의 최종 모습은 둘 사이의 매끄러운 결합이라고 생각한다. 오라일리^{O'Reilly} 웹사이트에 있는 "Dataflow Model(http://bit.ly/2sXgVJ3)", "Streaming 101(http://oreil.ly/1p1AKux)", "Streaming 102(http://oreil.ly/1TV7YGU)"의 저자이기도 하다. 카고 자전거로 두 딸을 태우고 달리는 것을 즐긴다.

슬라바 체르냑 ^{Slava Chernyak}

구글 시애틀 지사의 선임 소프트웨어 엔지니어다. 구글 내부의 대규모 스트리밍 데이터 처리 시스템 개발을 위해 6년 이상의 시간을 보냈으며, 구글 클라우드 데이터플로우의 차세대 스트리밍 백엔드인 윈드밀^{Windmill}을 처음부터 설계하고 구축하는 데 참여했다. 대규모 스트림 처리가 더 많이 유용하게 쓰이도록 하는 일에 열정을 다하고 있다. 스트리밍 시스템과 관련된 작업을 하지 않을 때는 태평양 북서부 자연의 아름다움을 즐기고 있다.

루벤 락스 Reuven Lax

구글 시애틀 지사의 선임 소프트웨어 엔지니어이며, 지난 10년간 구글의 데이터 처리 및 분석 전략을 수립하는 데 도움을 줬다. 그 시간의 대부분을 처음에는 밀휠 팀의 오랜 멤버이자 리더로서, 최근에는 윈드밀 팀을 설립하고 이끌면서 구글 내부의 짧은 지연 시간을 갖는 스트리밍 데이터 처리 활동에 집중해왔다. 빔 PMC 멤버이기도 하다. 구글의 데이터 처리 경험을 더욱 큰 세계에 알리게 돼 매우 기쁘게 생각하며, 2013년 「MillWheel」 논문(http://bit.ly/2yab5ZH)과 2015년 「Dataflow Model」 논문(http://bit.ly/ 2sXgVJ3)을 발표하는 데 기여했다. 직장에 있지 않을 때는 스윙 댄스, 암벽 등반, 탐험을 즐긴다.

감사의 글

책을 만들어 가는 과정에서 도움을 준 멋진 분들 중 일부에게라도 감사의 마음을 전하고자 한다.

구글을 포함한 여러 업계와 학계 전반에 걸친 뛰어난 사람들의 업적 덕분에 책을 쓸 수 있었다. 그들 모두에게 감사를 표현하는 것이 마땅하나 여기에 모두 나열할 수 없는 점을 이해해주길 바란다.

구글의 동료들 중 DataPLS 팀 (그리고 플룸, 밀휠, 맵리듀스 등 이전 팀) 모두에게 감사하고 싶다. 이들을 통해 수년 동안 많은 아이디어를 실현할 수 있었다.

- Paul Nordstrom과 밀휠의 황금기를 함께한 나머지 밀휠 팀: Alex Amato, Alex Balikov, Kaya Bekiroğlu, Josh Haberman, Tim Hollingsworth, Ilya Maykov, Sam McVeety, Daniel Mills, Sam Whittle에게 감사한다. 견고하며 확장 가능한 프리미티브^{primitive}를 설계하고 구축해줘서 이를 바탕으로 우리가 이 책에서 다루는 상위 수준의 모델을 만들 수 있었다. 그들의 비전과 기술이 없었다면 대규모 스트림 처리의 세계는 지금과 매우 다른 모습이었을 것이다.

- Craig Chambers, Frances Perry, Robert Bradshaw, Ashish Raniwala, 그 외 과거 플룸 팀은 스트리밍 세계와 통합할 수 있는 표현력 있고 강력한 데이터 처리의 기틀을 구상하고 만들어줬다.

- Sam McVeety는 처음으로 우리의 작은 프로젝트를 지도에 올릴 수 있도록 해준 밀휠 논문 작성을 이끌어줬다.

- Grzegorz Czajkowski는 우선 순위 높은 다른 일에 쫓기는 과정에서도 우리의 지식을 전달하려는 노력을 지원해줬다.

더 넓게 보자면 아파치 빔, 칼사이트^{Calcite}, 카프카, 플링크, 스파크 및 스톰^{Storm} 커뮤니티의 모든 사람들이 막대한 공헌을 해줬다. 이 프로젝트들 각각은 지난 10년 동안 전 세계적으로 스트림 처리의 최첨단 기술을 발전시키는 데 실질적으로 기여해줬다. 이에 감사드린다.

다음 분들에게 좀 더 구체적으로 감사를 표하고자 한다.

- Martin Kleppmann, 스트림/테이블 사고 방식을 옹호하는 선봉에 섰으며, 많은 시간을 투자해 이 책의 초안을 검토해 통찰력 있는 기술 및 편집상의 제안을 해준 것에 감사드린다.

- Julian Hyde, SQL 스트리밍의 비전과 열정을 전파해준 것에 감사한다.

- Jay Kreps, 람다 아키텍처$^{Lambda\ Architecture}$에 맞서 싸워 준 공로에 감사드린다. "Questioning the Lambda Architecture(https://www.oreilly.com/ideas/questioning-the-lambda-architecture)" 글은 타일러가 이 책을 쓰도록 충분한 영감을 줬다.

- Stephan Ewen, Kostas Tzoumas, Fabian Hueske, Aljoscha Krettek, Robert Metzger, Kostas Kloudas, Jamie Grier, Max Michels과 과거와 현재의 데이터 아티산$^{data\ Artisans}$ 구성원은 항상 스트림 처리의 기존 한계를 넘어서고 지속적으로 도전했다. 스트리밍의 세계는 이들 덕분에 훨씬 더 나은 곳이 됐다.

- Jesse Anderson의 부지런한 검토에 감사드린다. 그를 만난다면 우리 대신해 포옹을 꼭 해주면 좋겠다.

- Danny Yuan, Sid Anand, Wes Reisz 그리고 놀라운 QCon 개발자 콘퍼런스에 감사드린다. QCon San Francisco 2014에서 우리의 작업에 대해 공개적으로 이야기할 수 있는 첫 기회를 제공해줬다.

- 오라일리와 유명한 스트라다 데이터 콘퍼런스^{Strata Data Conference}의 Ben Lorica의 꾸준한 지원 덕에 스트림 처리에 대해 전파할 수 있었다.

- 빔의 비전을 추진하는 데 도움을 준 커미터^{committer} 및 전체 아파치 빔 커뮤니티에 감사드린다. Ahmet Altay, Amit Sela, Aviem Zur, Ben Chambers, Griselda Cuevas, Chamikara Jayalath, Davor Bonaci, Dan Hal-perin, Etienne Chauchot , Frances Perry, Ismaël Mejía, Jason Kuster, Jean-Baptiste Onofré, Jesse Anderson, Eugene Kirpichov, Josh Wills, Kenneth Knowles, Luke Cwik, Jingsong Lee, Manu Zhang, Melissa Pashniak, Mingmin Xu, Max Michels, Pablo Estrada, Pei He, Robert Bradshaw, Stephan Ewen, Stas Levin, Thomas Groh, Thomas Weise, James Xu.

엉망인 창작물을 멋지게 다듬어 가는 데 도움을 준 리뷰어들에게 감사를 표하지 않을 수 없다. Jesse Anderson, Grzegorz Czajkowski, Marián Dvorský, Stephan Ewen, Rafael J. Fernández-Moctezuma, Martin Kleppmann, Kenneth Knowles, Sam McVeety, Mosha Pasumansky, Frances Perry, Jelena Pjesivac-Grbovic, Jeff Shute, William Vambenepe. 여러분은 우리 〈백 투 더 퓨처〉 타임머신 기계의 에너지 공급원이었다(생각했을 때는 이 표현이 멋지게 들릴 줄 알았는데, 막상 적어 놓으니 그렇지 않다. 리뷰어들이 필요한 이유다).

그리고 당연한 일이지만 이 책을 제작하는 과정에서 물심양면으로 지원해준 관계자분들께 감사를 표한다.

- 원래 편집자였던 Marie Beaugureau는 이 프로젝트를 시작하는 데 필요한 모든 도움과 지원을 아끼지 않았으며, 인내심을 보여줬다.

- 두 번째 편집자인 Jeff Bleiel는 고삐를 넘겨받아 이 괴물 같은 프로젝트가 안착하는 데 도움을 줬다. 넉넉한 마감 기한조차 맞추지 못한 우리에게 보인 인내심에도 감사를 전한다. 드디어 우리가 해냈다!

- 책을 누구보다 더 세세히 읽어 준 카피 에디터인 Bob Russell에게 감사를 표한다. 문법, 구두점, 어휘 및 어도비 아크로뱃^{Adobe Acrobat} 주석을 능숙하게 다루는 능력에 경의를 표한다.

- 제품 편집자인 Nick Adams는 완전히 스케치 형태에 불과하던 HTMLBook 코드를 인쇄할 가치가 있는 아름다운 결과물로 가꾸는 데 도움을 줬고, '데이터'라는 용어를 복수에서 단수로 바꾸라는 Bob의 수많은 제안을 매번 무시해 달라고 요청했을 때에도 화를 내지 않았다. 덕분에 이 책은 훨씬 더 멋진 결과물이 됐다.

- 인덱스 담당인 Ellen Troutman-Zaig는 유용하고 광범위한 인덱스를 만들어줬다. 세세한 부분까지 놓치지 않는 능력에 경외감을 표한다.

- 일러스트레이터인 Rebecca Panzer는 그림에 활기를 불어넣어줬다.

- 교정 담당인 Kim Cofer는 우리가 충분히 엉성하고 일관성이 없으니 다른 사람들까지 그럴 필요는 없다는 것을 일깨워줬다.

타일러는 다음 분들에게 감사를 표하고 싶다.

- 공동 저자인 루벤과 슬라바는 그들의 아이디어와 집필을 담당한 장에 생명을 불어 넣어주었다.

- 숀 코네리의 『George Bradford Emerson II』에 감사를 표한다.

- Rob Schlender는 로봇이 세상을 지배하기 전에 나에게 스카치 한 병을 사주기로 했다.

- 삼촌 Randy Bowen은 내가 컴퓨터를 얼마나 사랑하는지 알게 해줬다. 특히 새로운 세상을 열어준 사제 POV-Ray 2.x 플로피 디스크에 감사하고 싶다.

- 부모님 David과 Marty Dauwalder의 헌신과 인내 없이는 이 모든 것이 불가능했을 것이다. 최고의 부모님께 감사드린다.

- David L. Vlasuk 박사님 없이 내가 지금의 위치에 있지 못했을 것이다. 모든 것에 감사드린다.

- 멋진 가족인 Shaina, Romi, Ione Akidau는 많은 밤과 주말을 떨어져 보냈음에도 이 거대한 작업을 완수하는 데 변함없는 지원을 해줬다. 항상 사랑한다고 전하고 싶다.

- 충실한 글쓰기 파트너인 Kiyoshi. 내가 책 작업을 하는 내내 자거나 우편 배달원을 향해 짖기만 했지만, 그 일을 나무랄 데 없이 해냈다. Kiyoshi는 자기 종의 영예이다.

슬라바가 감사를 전하고 싶은 분들은 다음과 같다.

- Josh Haberman, Sam Whittle 및 Daniel Mills는 밀휠과 뒤이은 스트리밍 데이터플로우의 워터마크와 다른 많은 부분을 함께 설계하고 작성했다. 이처럼 복잡한 시스템은 홀로 설계될 수 없고, 이들이 쏟아부은 생각과 노력 없이는 우리가 오늘날 이 자리에 있을 수 없었을 것이다.

- Stephan Ewen은 데이터 아티산 소속으로 아파치 플링크의 워터마크 구현에 대한 내 생각을 잡아가고 이해할 수 있도록 도와줬다.

루벤의 감사 인사는 다음과 같다.

- Paul Nordstrom의 비전, Sam Whittle, Sam McVeety, Slava Chernyak, Josh Haberman, Daniel Mills, Kaya Bekiroğlu, Alex Balikov, Tim Hollingsworth, Alex Amato, Ilya Maykov가 원래의 밀휠 시스템을 구축하고 이어진 논문 집필에 노력해줬다.

- Stephan Ewen은 '정확히 한 번' 처리 부분에 대한 원고를 리뷰했으며, 아파치 플링크의 내부 작업에 가치 있는 피드백을 했다.

마지막으로 우리가 만들고 함께 했던 멋진 이야기를 듣기 위해 기꺼이 이 책을 구입해 준 영광스러운 독자 여러분께 감사드린다. 이 책을 집필하는 과정은 기쁨이었고, 이 책이 독자 여러분이 지불한 가치를 다하도록 최선을 다했다. 그럼에도 어떤 이유로든 이 책이 맘에 들지 않는다면… 중고 서점에 팔기 전에 책상 너머로 던져버릴 수 있도록 여러분이 인쇄판을 샀기를 바란다.

옮긴이 소개

이덕기(csleedk@gmail.com)

LG전자, KAIST 스마트 IT 융합시스템 연구단을 거쳐 현재는 연암공과대학교 스마트소 프트웨어학과 교수로 재직하며 IoT/빅데이터 관련 강의와 연구를 하고 있다.

전웅(woong.jun@gmail.com)

삼성전자, 네이버, LG전자를 거쳐 현재는 스타트업에서 여러 서비스 개발에 몰두하고 있다. 새로운 것을 배우기를 즐기며, 특히 실제의 다양성을 아우르는 이론적 개념에 관심이 많다.

옮긴이의 말

현재 엄청난 대규모 데이터가 생성되고 이러한 빅데이터를 처리하고 분석하기 위한 요구가 점점 늘어가고 있다. 기존 빅데이터를 축적해 배치로 처리하는 방식에서 실시간으로 빅데이터를 처리하기 위해 스트리밍 시스템에 관한 관심과 요구가 증가하고 있다. 이 책은 스트리밍 시스템과 스트리밍 데이터 처리를 위한 개념과 원리를 잘 설명하고 있으며, 이를 활용하고 사용하는 방법의 실무적인 내용을 포함하고 있다. 책을 다 읽고 나면 스트리밍 시스템과 스트리밍 데이터 처리에 대한 한 차원 높은 지식을 갖게 될 것이다.

차례

1부 │ 빔 모델

1장   스트리밍 101   35

2부 | 스트림과 테이블

6장   스트림과 테이블   199

7장   영구적 저장 상태의 실용성   239

들어가며

모험심이 강한 독자 여러분이 이 책을 만나게 된 걸 환영한다. 아마도 여러분은 스트림 처리의 경이로움에 대해 더 많이 배우길 원하거나, 아니면 브라운 송어의 장관에 대해 몇 시간 동안 읽을거리가 필요해 이 책을 골랐을 것이다. 어느 쪽이든 여러 분의 선택에 경의를 표한다! (여러분이 컴퓨터 과학에 대한 고급 지식이 없는 후자의 경우라면 앞으로 느낄 실망에 대처할 준비가 돼 있는지 고민해볼 필요가 있다.)

우선 이 책의 몇 가지 특징을 알리고자 한다. 첫째로, 이 책은 여러 명의 저자가 썼지만 우리는 우연히 다른 부모에게서 태어난 일란성 세쌍둥이인 것처럼 한목소리로 말하는 척하지는 않을 것이다(그렇게 나오는 결과물이 읽는 즐거움은 덜하기 때문이다). 대신 우리는 각자의 목소리로 글을 쓰기로 했다. 적절한 곳에서 서로를 언급할 만큼 충분한 자의 식을 갖고 책을 썼다(하지만 스코틀랜드 억양을 사용하는 로봇 공룡[1] 같은 더 멋진 결과물이 아닌 단지 책을 쓴다는 사실에 분개할 정도의 자의식은 아니었다).

---

1   출판사에 표지 커버로 요청했으나 라인 아트(line art)로 그려내기 어렵다는 이유로 거절받았다. 거절 이유를 우리는 완전히 동의하지는 못하지만, 브라운 송어 정도면 적절한 타협점이라 생각한다.

앞으로 이 책의 저자로 다음 셋을 만나게 될 것이다.

타일러[Tyler]

'들어가며'를 쓴 필자가 나다. 다른 사람이 필자라고 명백히 표현하지 않는 이상 대부분의 글을 필자가 썼다. 다른 필자들이 다소 뒤늦게 합류했고, 필자가 이미 쓴 부분을 수정해야 하는지 고민했을 때의 답은 "말도 안 돼"였기 때문이다. 필자는 구글 클라우드 데이터플로우[Google Cloud Dataflow], 구글 내 아파치 빔[Apache Beam] 활동, 플룸[Flume], 밀휠[MillWheel], 맵리듀스[MapReduce] 같은 구글 내부 데이터 처리 시스템을 담당하는 구글 데이터 프로그래밍 언어 및 시스템[Data Programming Languages and Systems2] 그룹의 기술 책임자다. 또한 아파치 빔 PMC 창립 멤버이기도 하다.

슬라바[Slava]

슬라바는 구글 내 밀휠 팀에서 오랫동안 일했으며, 나중에는 밀휠의 후속 프로젝트이면서 구글 클라우드 데이터플로우에 쓰였으나 한동안 이름이 없었던 윈드밀[WindMill]을 개발했던 팀의 원년 멤버이기도 하다. 슬라바는 전 세계에서 스트림 처리 시스템의 워터마크[watermark]와 시간 처리를 잘 아는 손가락에 꼽는 전문가다. 그러니 그가 3장, '워터마크'의 저자라는 사실은 놀랄 일도 아니다.

그림 P-1. 어쩌면 표지가 될 수도 있었던…

루벤[Reuven]

루벤이 저자 목록 중 가장 아래에 있는 이유는 스트리밍 처리 경험에 있어서 슬라바와 필자의 경험을 합한 것보다 더 많은 경험이 있기 때문이다. 그가 우리보다 위에 놓이면 우리를 짓누를 것이 뻔하다. 루벤은 구글의 범용 스트림 처리 엔진 개발 과정에서 시스템 수준의 흥미롭고 놀라운 기능 거의 모두를 만들거나 주도했다. 그는 세

---

2   혹은 DataPLS라고 쓰고 "Datapals(데이터 친구들)"라고 발음한다.

밀하게 조절 가능한 체크포인트checkpoint를 사용하는 시스템에서도 높은 처리량, 낮은 대기 시간, '정확히 한 번exactly-once' 보장을 제공할 수 있도록 세세한 부분까지 엄청난 관심을 기울여줬다. 그런 그가 '정확히 한 번' 보장과 부작용을 설명하는 5장의 저자인 것은 놀랄 일이 아닐지도 모른다. 그 또한 아파치 빔 PMC 멤버이다.

이 책의 구성

저자 소개를 들었으니 다음 단계는 자연히 이 책을 통해 어떤 내용을 얻을 수 있는지 소개하는 것이 될 것이다. 이 책은 개념적으로 크게 두 부분으로 나뉜다. 각 부는 4개의 장으로 구성돼 있고, 각 장은 상대적으로 독립된 장이 하나씩 따라오는 구조이다.

1부는 빔 모델Beam Model(1~4장)을 다룬다. 이 모델은 원래 구글 클라우드 데이터플로우용으로 개발됐으며, 나중에 아파치 빔이라는 프로젝트로 아파치 소프트웨어 재단Apache Software Foundation에 기증됐다. 이 모델은 높은 수준의 배치 및 스트리밍 데이터 처리 모델에 중점을 두고 있으며, 현재는 업계 대부분의 시스템에서 전체 또는 부분적으로 지원되고 있다. 빔 모델은 다음 4개의 장으로 구성돼 있다.

- 1장, '스트리밍 101'에서는 스트림 처리의 기본을 다루고, 몇 가지 용어를 정의한다. 스트리밍 시스템이 갖춘 능력을 설명하고, 중요한 두 시간 영역(처리 시간processing time과 이벤트 시간event time)을 구분하고, 마지막으로 몇 가지 일반적인 데이터 처리 패턴을 살펴본다.

- 2장, '데이터 처리의 무엇을, 어디에, 언제, 어떻게'에서는 비순서 데이터out-of-order data에 대한 강력한 스트림 처리의 핵심 개념을 상세히 다룬다. 각각을 구체적인 실행 예시와 애니메이션이 포함된 그림을 사용해 설명한다.

- 3장, '워터마크'에서는 워터마크를 생성하는 방법, 워터마크가 파이프라인을 통해 전파되는 과정을 상세히 다루고, 실제 워터마크 구현체 둘을 자세히 설명하는 것으로 끝맺는다.

- 4장, '고급 윈도우'에서는 2장에서 멈췄던 부분에서 시작해 처리 시간 윈도우, 세션^{session}, 트리거^{trigger} 같은 고급 윈도우와 트리거 개념을 자세히 알아본다.

다루는 내용의 중요성을 감안했을 때 적절한 시점이라고 생각해서, 1부와 2부 사이에 일종의 인터루드^{interlude}로 5장인 '''정확히 한 번' 보장과 부작용(루벤 집필)'을 배치했다. 5장에서는 종단간 '정확히 한 번' 또는 '실질적으로 한 번^{effectively-once}' 처리를 제공하는 데 겪는 어려움을 설명하고, '정확히 한 번' 처리에 접근하는 세 가지 다른 방법을 아파치 플링크^{Apache Flink}, 아파치 스파크^{Apache Spark}, 구글 클라우드 데이터플로우 구현을 통해 소개한다.

다음은 2부, 스트림과 테이블(6~9장)이 따라온다. 여기서는 개념적으로 깊게 들어가 스트림 처리의 내부를 "스트림과 테이블"을 통해 바라보는 방법을 다룬다. 이는 최근 아파치 카프카^{Apache Kafka} 커뮤니티를 통해 널리 알려졌으나, 실은 기존 데이터베이스 커뮤니티에 의해 수십 년 전에 발명된 개념이다. 2부 역시 4개 장으로 구성돼 있으며 내용은 다음과 같다.

- 6장, '스트림과 테이블'에서는 스트림과 테이블에 대한 기본적인 아이디어를 전달하고, 스트림과 테이블이라는 렌즈를 통해 기존 맵리듀스 동작을 분석해보고, 이를 빔 모델 전반을 넘어서는 범위에 적용할 수 있도록 충분히 일반화한 스트림/테이블 이론을 구성해본다.

- 7장, '영구적 저장 상태의 실용성'에서는 스트리밍 파이프라인에서 영구적인 저장 상태^{persistent state}가 필요한 이유를 살펴보고, 흔히 만날 수 있는 암묵적인 상태 둘과 일반화된 상태 관리 방법이 갖춰야 하는 특성을 알 수 있게 해주는 실질적인 사용 사례(광고 어트리뷰션)를 분석해본다.

- 8장, '스트리밍 SQL'에서는 관계대수^{relational algebra}와 SQL의 문맥에서 스트리밍이 갖는 의미를 살펴보고, 빔 모델과 고전적인 SQL 내에 존재하는 고유의 스트림 및 테이블 편향을 비교하며, SQL에 강력한 스트리밍 처리를 통합하기 위한 일련의 방법을 제안한다.

- 9장, '스트리밍 조인'에서는 다양한 조인^{join} 유형을 설명한다. 스트리밍이라는 문맥 안에서 그 행동을 분석하고, 시간 유효성 윈도우$^{temporal\ validity\ window}$라는 유용하지만 현재로서는 잘 지원되지 않는 사례도 상세히 살펴볼 것이다.

마지막으로 10장, '대용량 데이터 처리의 진화'에서는 데이터 처리 시스템의 역사를 맵리듀스 계열 시스템에 집중해 다루고, 스트리밍 시스템이 오늘날의 모습으로 진화하는 데 기여한 중요한 내용들을 살펴볼 것이다.

핵심 내용

만약 독자들이 이 책에서 가장 중요한 내용이 무엇인지 묻는다면 우리가 답할 내용은 다음과 같다.

- 이 책에서 배울 수 있는 가장 중요한 내용은 스트림/테이블 이론과 스트림과 테이블의 상호 관계이다. 다른 모든 내용은 사실 이를 기반으로 한다. 이 내용은 6장은 돼야 만날 수 있겠지만, 충분히 기다릴 가치가 있으며 그때가 되면 이 놀라운 내용을 받아들일 준비가 잘 돼 있으리라 믿는다.

- 시간 변이 관계$^{time-varying\ relation}$ 역시 중요하다. 시간 변이 관계는 스트리밍 시스템에 실체를 부여해준다. 즉, 스트리밍 시스템이 이루고자 하는 모든 것을 구체화한 모습이면서, 우리 모두가 이미 배치^{batch} 세상에서 익힌 도구와의 강력한 연결 고리 역할을 한다. 8장까지 이를 다루지는 않는다.

- 잘 작성된 분산 스트리밍 엔진은 마법과도 같은 존재다. 이는 일반적으로 분산 시스템에도 적용할 수 있는 표현이지만, 우리가 필요로 하는 기능을 제공하기 위해 이러한 시스템이 어떻게 구축되는지 (특히 3장과 5장의 사례 연구를 통해) 배울수록 그 무게감을 절실히 느낄 것이다.

- LaTeX/Tikz는 애니메이션이 포함되든 아니든, 책에 쓰이는 그림을 만들 수 있는 놀라운 도구다. 사용하기에는 상당히 까다롭지만, 놀라울 만큼 강력한 도구다.

이 책에 쓰인 그림이 복잡한 주제들을 더 명확하게 표현해주는 모습을 보고 더 많은 사람이 LaTeX/Tikz를 사용해보기를 기대한다(아래 '그림' 부분에서, 이 책의 애니메이션 전체 코드를 위한 링크를 제공한다).

편집 규약

이 책에서는 다음과 같은 표기 규칙을 사용한다.

고정폭 글꼴

소스 코드뿐만 아니라 문장 안에서 변수, 함수 이름, 데이터베이스, 데이터 타입, 환경변수, 명령문 및 키워드와 같은 프로그램 요소를 참조하기 위해 쓰인다.

고정폭 두꺼운 글꼴

사용자가 문자 그대로 입력해야 하는 명령 또는 기타 텍스트를 표시한다.

온라인 참고 자료

이 책을 즐기는 데 도움이 되는 관련 온라인 자료가 몇 가지 있다.

그림

이 책의 모든 그림은 책 웹사이트에서 디지털 형식으로 제공된다. 여러분이 사파리 형식 대신 인쇄 매체를 보고 있다면 애니메이션을 포함한 그림이 만화책처럼 몇 프레임만 나열되기 때문에 유용할 것이다.

- 그림 목록: http://www.streamingbook.net/figures
- 특정 그림은 http://www.streamingbook.net/fig/그림번호 형식의 URL에서 참조할 수 있다.

예를 들어 그림 2-5의 경우 http://www.streamingbook.net/fig/2-5가 된다.

애니메이션 그림은 LaTeX / Tikz를 통해 먼저 PDF로 만든 후 ImageMagick이라는 툴을 사용해 움직이는 GIF로 변환했다. 용감한 사용자를 위해 이 책과 "Streaming 101" (http://oreil.ly/1p1AKux), "Streaming 102"(http://oreil.ly/1TV7YGU), 데이터플로우 모델 논문(http://bit.ly/2sXgVJ3)에 쓰인 애니메이션을 위한 전체 소스 코드를 깃허브 (http://github.com/takidau/animations)에서 확인할 수 있다. 약 14,000줄 분량의 LaTeX/Tikz 코드로, 다른 사람이 읽고 쓸 수 있도록 만들려는 계획은 없었다. 다시 말해 매우 지저분하고 복잡한 형태의 코드로 주어져 있다. 지금 돌아가거나 굳이 들어가 보려 한다면 희망 따위는 버리자. 안에는 거대한 용이 당신을 기다리고 있다.

예제 코드

개념서지만 요점을 설명하는 데 도움이 되는 코드와 의사 코드^pseudo code^를 포함하고 있다. 2장과 4장에서 좀 더 핵심적인 빔 모델 개념을 설명하기 위한 코드와 7장에서 상태와 타이머 개념을 설명하기 위해 쓰인 코드는 http://github.com/takidau/streamingbook에서 제공된다. 개념을 이해하는 것이 주요한 목적이기 때문에 해당 코드는 주로 빔 PTransform/DoFn 구현과 단위 테스트^unit test^ 형태로 제공된다. 단위 테스트와 실제 파이프라인의 차이를 보이는 독립 실행 가능한 파이프라인 구현도 포함돼 있다. 코드 구성은 다음과 같다.

src / main / java / net / streamingbook / BeamModel.java

예제 2-1~2-9 및 예제 4-3의 Beam PTransform 구현. 각각 해당 장의 예제 데이터셋에 대해 실행될 때 예상 출력을 반환하는 추가 메서드가 있다.

src / test / java / net / streamingbook / BeamModelTest.java

책에 주어진 것과 일치하는 데이터셋으로, BeamModel.java의 PTransform을 테스트하는 단위 테스트

src/main/java/net/streamingbook/Example2_1.java

예제 2-1 파이프라인의 독립 실행 버전으로, 로컬에서 혹은 분산 빔 러너^{runner}에서 실행될 수 있음.

src/main/java/net/streamingbook/inputs.csv

책에 나온 데이터로 Example2_1.java에 쓸 수 있는 샘플 입력 파일

src / main / java / net / streamingbook / StateAndTimers.java

빔의 상태 및 타이머 기능을 사용해 7장의 전환 어트리뷰션 예를 구현하는 빔 코드

src / test / java / net / streamingbook / StateAndTimersTest.java

StateAndTimers.java의 전환 어트리뷰션 DoFn을 테스트하는 단위 테스트

src / main / java / net / streamingbook / ValidityWindows.java

시간 유효성 윈도우 구현

src / main / java / net / streamingbook / Utils.java

기타 유틸리티 메소드 모음

이 책의 목적은 기본적으로 여러분을 돕는 것이다. 일반적으로 이 책에 있는 예제 코드는 여러분의 프로그램이나 문서에서 사용할 수 있다. 다만 코드의 상당 부분을 그대로 복제하려면 별도로 허가를 받아야 한다. 예를 들어 이 책의 여러 코드를 포함하는 프로그램을 작성하는 데는 허가가 필요 없지만, 예제 코드를 CD-ROM에 넣어 판매하거나 배포하려면 허가가 필요하다. 이 책을 인용하는 목적으로 예제 코드를 인용해 질문에 답하는 것은 따로 허가를 필요로 하지 않는다. 하지만 이 책의 상당량의 예제 코드를 제품 설명서 등에 포함하려면 별도 허가가 필요하다.

코드를 사용할 때 출처를 표기하는 것은 필수가 아니지만 해주면 고맙겠다. 일반적으로 저작자 표시에는 제목, 저자, 발행자 및 ISBN이 포함된다. 예를 들면, "Streaming Systems by Tyler Akidau, Slava Chernyak, and Reuven Lax (O'Reilly). Copyright 2018 O'Reilly Media, Inc., 978-1-491-98387-4." 형태가 된다.

코드 예제 사용이 공정 사용 또는 위에 설명된 권한을 벗어난다고 생각되면 permissions @oreilly.com으로 언제든 문의하라.

질문

이 책은 별도로 웹 페이지(http://bit.ly/streaming-systems)가 있으며 여기에서 정오표, 예제가 제공된다. 한국어판의 정오표는 에이콘출판사의 도서정보 페이지 http://www.acornpub.co.kr/book/streaming-systems에서 확인할 수 있다.

책의 기술적인 내용에 관한 의견이나 문의는 메일 주소 bookquestions@Oreilly.com 으로 보내주길 바란다. 한국어판에 관해 질문이 있다면 에이콘출판사 편집 팀(editor@ acornpub.co.kr)이나 옮긴이의 이메일로 연락주길 바란다.

표지 설명

표지에 있는 동물은 북유럽에 서식하는 중형 어류 종인 브라운 송어^{Salmo trutta}이며 현재는 전 세계에 분포돼 있다. 브라운 송어는 보통 무게가 2파운드 정도이며 16~31인치까지 자란다. 전반적으로 반짝이는 갈색을 띠고 윗부분에 많은 검은 반점이 있다.

브라운 송어는 대부분 수생 무척추 동물을 먹지만, 큰 개체의 경우 다른 물고기를 잡아먹기도 한다. 산란 동안 암컷은 수천 개의 알을 낳으며, 성숙하기까지는 3~4년이 걸린다.

낚시꾼들에게 인기 있는 브라운 송어는 19세기와 20세기 초에 전 세계의 호수와 강에 유입됐다. 오늘날까지 상업적으로 양식되고 있으며 낚시를 위해 가둬 기르기도 한다. 브라운 송어는 굽거나, 튀기거나, 훈제하는 등 여러 방법으로 먹을 수 있다.

그림 P-1의 개선된 표지에 있는 동물은 숀 코네리의 영혼이 깃든 로봇 티라노사우루스이다. 기대한 대로 러시아 잠수함 선장 역할을 할 때조차 항상 스코틀랜드 억양으로 말한다.

오라일리 표지에 있는 많은 동물은 멸종 위기종이다. 우리 세상에서 그들은 모두 중요하다. 도울 수 있는 방법이 궁금하다면 animals.oreilly.com을 방문하길 바란다.

1부

빔 모델

1장

스트리밍 101

오늘날 빅데이터 분야에서는 스트리밍 데이터 처리^{streaming data processing}가 주목받는 이유를 살펴보면 다음과 같다.

- 기업에게는 데이터에 대한 좀 더 시기적절한 통찰력이 중요한 때이고, 스트리밍으로 전환해 이런 통찰력을 빠르게 얻을 수 있다.

- 현대 비즈니스에서 대규모의 무한 데이터셋^{unbounded dataset}이 점점 더 보편화되고 있으며, 이런 데이터는 끝없이 입력되는 데이터를 다룰 수 있도록 설계된 시스템을 사용하면 더욱 쉽게 처리할 수 있다.

- 데이터가 도착하는 시점에 처리될 수 있으면 시스템의 작업 부하가 고르게 분산돼 좀 더 일관되고 예측 가능한 형태로 시스템 자원을 소비할 수 있다.

스트리밍에 대한 업계의 관심이 증가했음에도 스트리밍 시스템^{streaming system}은 배치^{batch} 방식에 비해 긴 시간 미성숙한 상태였다. 하지만 최근에는 대세가 반대로 바뀌었다. 거만한 생각이었지만 이 책 첫 몇몇 장의 바탕이 되는 글인 『스트리밍 101』(http://oreil. ly/1p1AKux)과 『스트리밍 102』(http://oreil.ly/1TV7YGU)가 그런 변화에 작은 부분이라도 기여했다고 착각한 시절도 있었다. 하지만 이는 실제로는 스트리밍 시스템이 성숙하길 바라는 업계의 관심과 스트리밍 시스템 구축을 즐겨 마다하지 않는 다수의 똑똑한 사람들 덕분에 이룬 성과였다.

사견이지만 나는 비록 스트리밍이 전투에서 이미 승리했다고 보지만, 『스트리밍 101』에서 주장했던 내용을 이곳에서 다시 한 번 꺼내 보고자 한다. 그 이유로, 우선 해당 내용은 지금도 여전히 적용 가능한 이야기이며, 아직도 이런 내용을 알지 못하는 사람이 많기 때문에 이 책은 해당 글 내용을 전달하려는 좀 더 확장된 시도로 볼 수 있다.

우선 전달하고 싶은 나머지 주제의 틀을 잡는 데 도움이 될 만한 배경지식 몇 가지를 3개의 절로 나누어 전하고자 한다.

용어(terminology)

복잡한 주제를 정확하게 전달하려면 명확한 용어 정의가 필요하다. 현재 중의적으로 쓰이는 용어가 정확히 무슨 뜻으로 사용할 것인지 설명할 것이다.

기능(capability)

종종 회자되는 스트리밍 시스템의 단점에 대해 이야기하려 한다. 또한 데이터 처리 시스템을 구축하려는 사람들이 사용자의 요구를 만족시키기 위해 도입해야 하는 생각의 틀을 제안하려 한다.

시간 영역(time domain)

데이터 처리와 관련된 두 가지 시간 영역을 소개하려 한다. 이들이 어떻게 연관돼 있는지 보이고, 두 시간 영역으로 생기는 어려움도 다루려 한다.

용어: 스트리밍이란?

우선 짚고 넘어가야 할 것이 있다. 과연 스트리밍이란 무엇일까? 스트리밍이라는 용어는 (나도 지금까지는 복잡한 설명을 피하기 위해 느슨하게 사용해왔지만) 오늘날 다양한 개념을 의미하는 용어로 쓰이고 있고, 결과적으로 스트리밍이 실제로 무엇인지, 또는 스트리밍으로 무엇을 할 수 있는지에 대한 오해만 커지게 됐다. 따라서 스트리밍이란 용어부터 분명히 할 필요가 있다.

문제의 핵심은 무한 데이터 처리^{unbounded data processing}나 근사치 결과^{approximate result}처럼 원래의 이름으로 설명했어야 할 것들을 역사적으로 그것들을 (즉, 스트리밍 실행 엔진^{streaming execution engine}을 통해) 어떻게 얻어왔는지로 설명해왔다는 것이다. 이렇게 용어를 부정확하게 사용함에 따라 스트리밍 본연의 의미가 흐릿해졌고, 경우에 따라 사람들은 근사치나 예측 결과^{speculative result}처럼 역사적으로 '스트리밍^{Streaming}'이라는 이름으로 설명해온 특성으로 스트리밍 시스템의 능력이 제한됐다고 오해하게 됐다.

잘 설계된 스트리밍 시스템이 기존의 모든 배치 시스템과 마찬가지로 정확하고 일관적이며 반복 가능한 결과를 생성할 수 있고 기술적으로 더 나음을 감안할 때, 나는 스트리밍이라는 용어를 매우 구체적인 뜻으로 분리해 사용할 것을 추천한다.

스트리밍 시스템

   무한 데이터셋을 염두에 두고 설계된 데이터 처리 엔진의 유형[1]

낮은 대기 시간, 근사치 또는 예측 결과에 대해 이야기하고 싶다면 부정확하게 스트리밍이라고 부르지 않고 해당 단어를 직접 사용할 필요가 있다.

우리가 만나게 될 다양한 데이터 유형을 논의할 때도 용어를 정확히 사용할 필요가 있다. 데이터셋의 모양을 정의하는 두 가지 중요한 차원이 있다. 바로 기수^{cardinality}와 구성^{constitution}이며, 이 두 속성은 직교적^{orthogonal}이다.

데이터셋의 기수는 데이터셋의 크기를 뜻하며, 기수의 가장 두드러진 측면은 지정된 데이터 집합이 유한인지 무한인지를 결정하는 것이다. 데이터셋에서 기수를 설명할 때 사용하는 두 용어는 다음과 같다.

유한 데이터(bounded data)

   크기가 유한한 데이터셋 유형

---

1   이 정의는 진정한 의미의 스트리밍은 물론 마이크로배치(microbatch) 구현도 포함한다. 마이크로배치 시스템에 익숙하지 않은 독자들을 위해 설명하자면, 마이크로배치 시스템은 무한 데이터를 처리하기 위해 배치 처리 엔진을 반복 실행하는 스트리밍 시스템이다. 현업에서 만날 수 있는 스파크 스트리밍(Spark Streaming)이 전형적인 예에 해당한다.

무한 데이터(unbounded data)

　(최소한 이론적으로) 크기가 무한한 데이터셋 유형

기수가 중요한 이유는 무한 데이터셋의 무한함이라는 특성으로 인해 데이터를 처리하는 데이터 처리 프레임워크가 갖게 되는 부담이 발생하기 때문이다. 이에 대해서는 다음 절에서 더욱 자세히 다룬다.

반면 데이터셋의 구성은 데이터의 물리적 표현을 나타내며, 결국 해당 데이터셋과 상호작용할 수 있는 방법을 정의해준다. 6장까지는 이 개념을 깊이 살펴보지 않겠지만 간략히 살펴보면 크게 두 가지 형태의 구성이 있다.

테이블(table)

　특정 시점의 데이터셋에 대한 전체적인 뷰를 의미하며, SQL 시스템은 전통적으로 테이블을 바탕으로 동작해왔다.

스트림(stream)[2]

　시간에 따라 변화하는 데이터셋의 요소 단위 뷰$^{element-by-element\ view}$. 맵리듀스$^{Map-Reduce}$ 계통의 데이터 처리 시스템은 전통적으로 스트림을 바탕으로 동작해왔다.

6, 8, 9장에서 스트림과 테이블 사이의 관계에 대해 깊이 있게 알아볼 예정이다. 8장에서는 스트림과 테이블을 묶어주는 시간 변이 관계$^{time-varying\ relation}$라는 기반 개념을 다룰 예정이다. 하지만 그때까지는 배치이든 스트리밍이든 요즘 대부분의 데이터 처리 시스템에서 개발자가 직접 상호작용하는 형태가 스트림이기 때문에 주로 스트림을 다룰 예정이다. 또한 스트림은 스트림 처리에서 고유하게 발생하는 문제를 가장 자연스럽게 볼 수 있는 데이터 구성이기도 하다.

2　"스트리밍 101(https://oreil.ly/2JBfN7X)" 글에 익숙한 독자라면 데이터셋을 언급할 때 '스트림'이라는 용어를 사용하지 않는 것이 좋다고 강조했음을 기억할 것이다. 처음에는 스트림이라는 용어가 이미 널리 쓰이고 있어서 우리의 뜻대로 되지 않았다고 생각했으나, 돌이켜보면 이 부분에 있어서는 우리가 틀렸던 것 같다. 그보다는 테이블과 스트림을 구분하는 것이 중요하다. 사실 이 책의 후반부는 그 둘 사이에 대한 내용이다.

심하게 과장된 스트리밍의 한계

잠시 스트리밍 시스템이 할 수 있는 것과 할 수 없는 것에 대해 이야기해보자(물론 할 수 있는 것을 더 강조할 것이다). 1장에서 다룰 중요한 내용 중 하나가 바로 잘 설계된 스트리밍 시스템이 무엇을 할 수 있는가이다. 역사적으로 볼 때 스트리밍 시스템은 종국에는 올바른 결과를 내는 배치 시스템과 함께 동작하며 낮은 지연 시간으로 부정확한 예측 결과를 제공하는 틈새 시장으로 밀려나 있었다. 이를 람다 아키텍처^{Lambda Architecture}(http://nathanmarz.com/blog/how-to-beat-the-cap-theorem.html)라고 한다.

람다 아키텍처에 익숙하지 않은 독자들을 위해 기본적인 아이디어를 소개한다. 람다 아키텍처는 동일한 계산을 수행하는 배치 시스템과 스트리밍 시스템을 함께 운영하는 것이다. 스트리밍 시스템은 (근사 알고리즘을 사용하거나 혹은 시스템 자체가 정확성을 보장하지 못하기 때문에) 낮은 지연 시간으로 부정확한 결과를 제공하며, 얼마 후 배치 시스템이 최종적으로 정확한 결과를 보여주는 식이다. 람다 아키텍처는 트위터 소속으로 스톰^{Storm}(http://storm.apache.org)을 개발한 나단 마즈^{Nathan Marz}가 제안한 것으로, 당시로서는 상당한 성공을 거뒀다. 당시 스트리밍 엔진은 정확성 면에서 다소 실망스러웠고, 반면 배치 엔진은 본질적으로 다루기 힘들었기 때문에, 람다는 이를 해결하는 좋은 방법이었다. 하지만 안타깝게도 독립된 두 버전의 파이프라인^{pipeline}을 구축하고 유지해야 하며 최종엔 두 파이프라인에서 나온 결과를 병합해야 했기 때문에 람다 시스템을 유지하는 것은 번거로울 수밖에 없다.

수년 동안 강력한 일관성을 제공하는 스트리밍 엔진을 개발한 사람으로 우리는 람다 아키텍처의 원칙 전반이 다소 부적절하다고 생각했다. 그런 점에서 당연히 우리는 제이 크랩스^{Jay Kreps}의 "람다 아키텍처에 대한 의문^{Questioning the Lambda Architecture}(https://oreil.ly/2LSEdqz)"이라는 글의 열렬한 팬이었다. 이 글은 이중으로 파이프라인을 구동할 필요가 없다는 주장을 담고 있는 눈에 띄는 첫 글로, 크랩스는 글에서 카프카^{Kafka}처럼 재현 가능한 시스템^{replayable system}을 사용하는 상황에서의 반복 가능성^{repeatability}에 대한 문제를 이야기하고 있다. 그리고 주어진 작업을 위해 잘 설계된 단일 파이프라인을 적절히 구축해 실행하는 카파 아키텍처^{Kappa Architecture}를 제안했다. 우리는 군이 이름에 새로운 그리스어 문자를 붙일 필요까지는 없다고 생각하지만 아이디어만큼은 원칙적으로 동의한다.

솔직해 말하면, 우리가 주장하는 바는 거기서 한걸음 더 나아가는 것이다. 배치 시스템은 기능상 잘 설계된 스트리밍 시스템의 엄격한 부분집합에 불과하다고 생각한다. 효율성 면에서 발생하는 차이를 제외하면 오늘날 배치 시스템은 더 이상 쓸 이유가 없다. 그리고 이런 생각을 마음속에 새기고 배치 모드에서도 스트리밍으로 동작하는 시스템을 구축해준 아파치 플링크^{Apache Flink}(http://flink.apache.org) 팀에 감사의 마음을 전한다.

배치와 스트리밍의 효율성 차이

우리가 말하고자 하는 사실 중 하나는 스트리밍 시스템의 한계가 본질적인 것이라기보다는 지금까지 대부분의 스트리밍 시스템의 설계 과정에서 내려진 선택의 결과라는 것이다. 배치와 스트리밍 사이의 효율성 차이는 주로 배치 시스템에서 분산 서버 간 데이터 전송 단위가 크고 셔플 전송(shuffle transport)이 더 효율적이어서 나온 결과로 볼 수 있다. 오늘날 배치 시스템은 놀랍도록 적은 컴퓨팅 리소스로 높은 처리량을 보일 수 있도록 정교하게 최적화돼 있다. 이렇게 배치 시스템에 높은 효율성을 가져온 기법들이 무한 데이터 처리를 위한 시스템에 도입되지 못할 이유는 없으며, 사용자에게 긴 대기 시간과 높은 효율성을 제공하는 배치 처리와 낮은 대기 시간과 낮은 효율을 제공하는 스트리밍 처리 사이에서 유연하게 선택할 수 있는 자유를 줄 수 있다. 이는 구글이 클라우드 데이터플로우(Cloud Dataflow)에서 실제 통합된 단일 모델을 사용해 배치와 스트리밍이 모두 동작하도록 제공한 것에서 확인할 수 있다. 클라우드 데이터플로우의 경우에는 각각의 경우에 최적화된 독립적인 시스템을 가지고 있는 탓에 둘을 분리해 실행하지만 엔지니어의 관점으로 내다봤을 때 적절한 효율을 선택할 수 있는 유연성을 유지하면서 둘의 좋은 부분만을 추린 단일 시스템으로 통합할 수 있는 날이 오리라 기대한다. 하지만 솔직히 통합된 데이터플로우 모델 덕에 굳이 둘을 합칠 필요가 크게 느껴지지 않기에 그런 날이 오지 않을지도 모르겠다.

결론을 이야기하면, 무한 데이터 처리를 위해 강력한 프레임워크와 결합된 스트리밍 시스템이 광범위하게 성숙해 감에 따라, 람다 아키텍처는 빅데이터 역사에서 유물로 전락해갈 것이다. 우리는 이제 이것이 현실이 될 때가 됐다고 믿는다. 스트리밍 시스템이 배치 시스템을 이기기 위해 다음의 두 가지가 필요하다고 본다.

정확성(correctness)

정확성은 스트리밍 시스템이 배치와 동등해지기 위해 필요한 조건이며, 핵심은 일관성을 제공할 수 있는 스토리지^{consistent storage}로 귀결된다. 스트리밍 시스템에서는 시간이 지남에 따라 영구 상태를 유지할 수 있는 체크포인트^{checkpoint} 방법이 필요하다(이는 제이 크랩스가 "왜 로컬 상태가 스트림 처리에서 기본 프리미티브에 해당하는가^{Why local state is a fundamental primitive in stream processing} (https://oreil.ly/2l8asqf)"라는 글에서 이야기한 내용이다). 또한 해당 스토리지는 장애 등의 상황에서도 일관성을 유지할 수 있도록 설계돼야 한다. 몇 년 전 스파크 스트리밍이 등장하면서 어두웠던 스트리밍 세계에 일관성 지원이 가능함을 보여줬다. 그 후로 상황이 크게 개선됐지만, 여전히 얼마나 많은 스트리밍 시스템이 강력한 일관성을 제공하고 있지 않은지 주목할 필요가 있다.

중요한 문제이므로 다시 한 번 강조하면, 강한 일관성은 '정확히 한 번 처리^{exactly-once processing}'[3] 방식을 지원하기 위해서 반드시 필요하며, 정확성을 제공하기 위해선 '정확히 한 번' 방식이 필요하고, 정확성은 최소한 배치 시스템의 능력 이상을 가지고자 하는 시스템이 갖추어야 하는 필수 요소다. 시스템 처리 결과의 정확성이 중요한 상황이라면 강력한 일관성을 제공하지 않는 스트리밍 시스템은 피하라고 권하고 싶다. 배치 시스템을 사용한다면 여러분이 정확성을 갖춘 답을 얻었는지 손수 검증할 필요가 없으며, 같은 기준을 만족하지 못하는 스트리밍 시스템을 쓰느라 시간을 낭비할 필요는 없다.

스트리밍 시스템에서 강력한 일관성을 얻는 것과 관련해 더 궁금한 부분이 있다면, 「밀휠^{MillWheel}」(http://static.googleusercontent.com/media/research.google.com/en/us/pubs/archive/41378.pdf), 「플링크의 스냅샷 생성」(http://bit.ly/2t4DGK0) 논문을 살펴볼 것을 추천한다. 셋 모두 일관성에 대해 자세히 다루고 있다. 루벤^{Reuven}이 5장에서 일관성 보장에 대해 자세히 설명해줄 것이다.

---

3 '정확히 한 번 처리'의 의미에 익숙하지 않은 독자들을 위해 설명하자면, 해당 방식은 특정 데이터 처리 프레임워크가 제공하는 일정 형태의 일관성 보장 방식을 의미한다. 일관성 보장은 일반적으로 '최대 한 번 처리(at-most-once processing)', '최소 한 번 처리(at-least-once processing)' 및 '정확히 한 번 처리'의 세 가지로 분류된다. 여기서 사용되는 이름은 파이프라인이 주어진 데이터를 처리(혹은 처리하려고 시도)할 수 있는 실제 횟수가 아니라, 파이프라인 출력 내에서 관찰된 실질적인 영향을 이야기한다. 이런 이유로, 실제 의미를 더 잘 드러낸다 하여 '실질적으로 한 번 처리(effectively-once processing)'라는 용어가 종종 '정확히 한 번 처리' 대신 쓰이기도 한다. 이러한 개념은 루벤(Reuven)이 5장에서 자세히 다룰 것이다.

시간 판단 도구(tools for reasoning about time)

시간 판단 도구는 스트리밍 시스템이 배치의 능력을 뛰어넘을 수 있게 해주는 부분이다. 시간에 대한 판단을 도와주는 훌륭한 도구는 다양한 이벤트 시간 왜곡이 발생하는 상황에서 무한 비순서 데이터unbounded unordered data를 처리할 때 반드시 필요하다. 오늘날 점점 더 많은 데이터가 이러한 특성을 보이며 기존 배치 시스템(그리고 많은 스트리밍 시스템)은 그런 특성으로 인한 어려움을 해결할 수 있는 도구가 부족하다(물론 이 글을 쓰는 중에도 상황은 빠르게 변하고 있기는 하다). 이 책의 대부분을 이 부분을 설명하는 데 할애할 것이다.

우선 시간과 관련된 중요한 개념을 설명하고, 그 후 다양한 이벤트 시간 왜곡을 갖는 무한 비순서 데이터의 의미가 무엇인지 자세히 살펴보고자 한다. 그런 다음 1장의 나머지 부분에서는 배치 및 스트리밍 시스템을 사용해 유한 및 무한 데이터 처리에 대한 통상적인 접근 방식들을 살펴볼 것이다.

이벤트 시간 대 처리 시간

무한 데이터 처리에 대해 이야기하려면 시간 영역에 대한 명확한 이해가 우선돼야 한다. 모든 데이터 처리 시스템에는 일반적으로 다음 두 형태의 시간 영역이 있다.

이벤트 시간(event time)

이벤트가 실제 발생한 시간

처리 시간(processing time)

이벤트가 처리 시스템에서 관측된 시간

이벤트 시간이 모든 경우에 중요한 것은 아니다. 그리고 만약 그런 경우라면 데이터 분석이 훨씬 쉬워진다. 하지만 시간에 따른 사용자 행동의 특성을 분석하거나 결제 관련 서비스나 이상 징후 감지 등과 같은 대부분의 경우에 이벤트 시간은 중요하다.

이상적인 상황이라면, 어떤 사건이 발생한 즉시 처리될 것이기 때문에 이벤트 시간과 처리 시간은 항상 동일해야 한다. 하지만 현실은 그렇게 녹록하지 않으며, 두 시간 사이의 시간 왜곡은 0이 아닐 뿐만 아니라, 입력 소스, 실행 엔진, 하드웨어 등 다양한 요소를 반영한 매우 가변적인 함수 형태가 된다. 이런 시간 차이에 영향을 줄 수 있는 요소로는 다음과 같은 것들이 있다.

- 공유된 리소스로 인한 제약 – 여기에는 네트워크의 혼잡 정도, 네트워크 파티션 network partition 또는 공유 환경에서 쓰이는 CPU 같은 것들을 포함한다.

- 분산 시스템의 로직, 경쟁 상황 같은 소프트웨어 상의 원인

- 데이터 자체의 특성들 – 키 분산, 전달되는 데이터의 양이나 순서의 변화(비행기 승객 전체가 착륙 후에 일시적으로 휴대폰의 비행기 모드를 해제하는 상황을 생각해보자)를 예로 들 수 있다.

그 결과로 실제 시스템에서 이벤트 시간과 처리 시간이 변화하는 모습을 그림으로 표현하면, 그림 1-1의 붉은 선과 같은 형태가 된다.

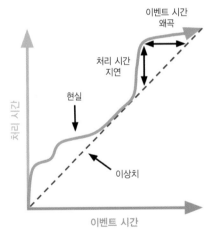

그림 1-1. 시간 영역 매핑. x축은 시스템상의 이벤트 완료 시간, 즉, 이벤트 시간이 X보다 작은 모든 데이터가 관측된 시간 X를 나타낸다. y축[4]은 처리 시간의 경과를 나타낸다. 즉, 데이터 처리 시스템이 실행하면서 관찰한 시간의 흐름을 나타낸다.

---

4 "스트리밍 101" 글을 공개한 후로 많은 독자들이 처리 시간을 x축에 두는 것이 더 직관적이지 않느냐는 이야기를 해줬다. 이벤트 시간이 처리 시간이라는 독립 변수에 의존하는 변수처럼 보이기에 두 축을 서로 바꾸는 것이 어쩌면 더 자연스러울 수 있다는 사실에는 동의한다. 하지만 이벤트 시간과 처리 시간 모두 단조 형태(monotonic)이고 밀접하게 연결돼 있기 때문에, 사실상 둘을 상호의존적인 변수로 볼 수 있다. 따라서 기술적인 관점에서 둘 중 한 축을 고르고 그 축을 중심으로 따라가면 된다고 본다. 수학은 원래 헷갈린다.

그림 1-1에서, 경사진 검은색 점선은 처리 시간과 이벤트 시간이 정확히 동일한 이상적인 상황을 표현하고, 빨간색 선은 현실을 보여준다. 이 예에서 시스템은 처리 시간이 시작될 때 약간 뒤쳐지다가 중간에서 이상적인 선 쪽으로 가까이 가다가, 다시 끝에서는 뒤쳐지는 모양을 갖는다. 이 그림에는 각각 다른 시간 영역에 있는 두 가지 유형의 왜곡을 확인할 수 있다.

처리 시간

이상적인 선과 붉은 선 사이의 수직 거리는 처리 시간 영역에서의 지연을 의미한다. 이 차이는 이벤트가 발생한 시간과 처리되는 시간 사이에서 얼마나 지연이 발생했는지 의미한다. 두 유형의 왜곡 중 더 자연스럽고 직관적으로 이해할 수 있는 것에 해당한다.

이벤트 시간

이상적인 선과 붉은 선 사이의 수평 거리는 해당 시점의 파이프라인에서 이벤트 시간의 왜곡을 보여준다. 다시 말해 이벤트 시간 관점에서 현재 파이프라인이 이상적인 라인으로부터 얼마나 늦어지고 있는지 알려준다.

실제로 처리 시간에서 발생하는 지연과 이벤트 시간에서 발생하는 왜곡은 한 지점을 놓고 보면 동일한 크기이다. 즉, 같은 현상을 바라보는 두 가지 서로 다른 관점이라고 볼 수 있는 셈이다.[5] 이벤트 시간과 처리 시간 사이의 관계가 고정돼 있지 않고 시간에 따라 변화하기 때문에, 이벤트 시간이 중요한 경우라면 파이프라인 관측 시점만으로는 데이터를 분석할 수 없다. 하지만 안타깝게도 이 방식이 역사적으로 무한 데이터를 위해 설계된 많은 시스템이 동작해 온 방식이기도 하다. 무한 데이터셋의 무한함이라는 특성을 다루기 위해 이런 시스템은 일반적으로 인입되는 데이터를 윈도우^{window}라는 단위로 잘라 다룰 수 있는 개념을 제공한다. 잠시 후 윈도우에 대해 심도 있게 다루겠지만, 본질적으로는 일정 시간 경계에서 데이터셋을 유한한 크기의 조각으로 자르는 것이라 생각하면 된

---

5 크게 놀라운 사실은 아니다(물론 우리는 놀랐기에 이 주석을 적고 있다). 이상적인 선을 기준으로 두 형태의 지연은 정삼각형을 만들게 되니 당연한 결과다. 수학은 놀랍다.

다. 단, 정확성과 이벤트 시간을 중요한 경우라면, 처리 시간(처리 시간 윈도우processing-time window)을 사용해 이 경계를 설정해서는 안 되며, 그렇지 않을 경우 처리 시간과 이벤트 시간 사이의 어떤 일관된 관계 없이는 (분산 시스템에서 발생할 수 있는 지연으로 인해) 이벤트 시간 데이터 중 일부가 잘못된 처리 시간 윈도우로 들어가 정확성에 문제가 생길 것이다. 이와 관련된 문제는 다수의 예를 통해 이 책의 나머지 부분에서 살펴볼 예정이다.

안타깝게도 처리 시간이 아닌 이벤트 시간으로 윈도우를 나눈다고 장밋빛 미래가 보장되지는 않는다. 무한 데이터의 순서가 보장되지 않고 가변적인 왜곡이 발생할 수 있다는 사실은 이벤트 시간 윈도우의 완결 시점completeness을 결정할 수 없다는 이야기가 된다. 처리 시간과 이벤트 시간 사이의 예측 가능한 관계가 없다면, 주어진 이벤트 시간 X에 대한 데이터가 완료됐다고 어떻게 장담할 수 있을까? 다수의 실제 데이터를 고려하면 불가능하다. 하지만 다수의 데이터 처리 시스템은 데이터의 완결 시점에 의존해 동작하며, 결국 무한 데이터셋에 적용될 경우 심각한 문제가 발생한다.

우리는 무한한 데이터를 완결성을 갖는 유한한 묶음으로 처리하려고 시도하는 대신 복잡한 데이터셋이 갖는 불확실성을 다룰 수 있도록 도구를 설계해야 한다고 제안하고자 한다. 우리가 구축하고자 하는 시스템은, 새로운 데이터가 도착하면 이전 데이터를 철회하거나 갱신할 수 있어야 하며, 완결 시점이라는 개념을 시스템 전반에 적용되는 일반적인 개념보다는 특정 경우를 위한 편리한 최적화로 간주해야 한다.

이러한 접근 방식이 어떤 형태가 될지 구체적으로 설명하기 전에, 일반적인 데이터 처리 패턴이라는 유용한 배경지식 하나를 더 살펴보기로 하자.

데이터 처리 패턴

지금까지 우리는 유한/무한 데이터 처리 전반에 걸쳐 쓰는 핵심적인 공통 사용 패턴의 여러 유형을 살펴보기에 충분한 배경지식을 쌓아왔다. 앞으로 우리가 관심을 두고 있는 배치와 스트리밍 두 형태의 엔진을 고려하면서, 유한/무한 두 처리 유형을 살펴보고자 한다(이 문맥에서 마이크로배치 방식은 스트리밍과 차이가 없기 때문에 스트리밍으로 묶어서 다룬다).

유한 데이터

유한 데이터 처리는 간단한 개념이라 모든 이에게 친숙하다. 그림 1-2에서 왼쪽 그림은 엔트로피entropy로 가득 찬 시작 지점을 보여준다. 이 데이터셋을 맵리듀스(http://bit.ly/2sZNfuA)같은 데이터 처리 엔진(보통은 배치지만 잘 설계된 스트리밍 엔진에서도 동작한다)을 통해 처리하고, 오른쪽 그림은 그 결과로 얻은 더 큰 가치를 지닌 새로운 구조화된 데이터셋을 보여준다.

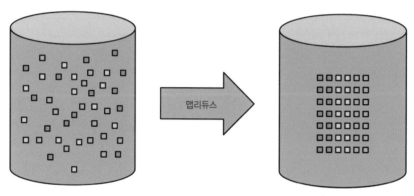

그림 1-2. 고전적인 배치 엔진을 사용한 유한 데이터 처리. 왼쪽의 유한한 비정형 데이터 풀에 데이터 처리 엔진이 동작해 오른쪽의 구조화된 데이터를 얻게 된다.

물론 이런 방법을 실제 적용해 계산할 수 있는 경우를 구체적으로 살펴보면 무수히 많겠지만, 전반적인 모델 자체는 매우 단순하다. 훨씬 더 흥미로운 부분은 무한 데이터셋을 처리하는 부분이다. 이제부터 무한 데이터셋을 처리하는 전형적인 방법들을 살펴보자. 우선 전통적인 배치 엔진을 사용하는 방식에서 시작해 대부분의 스트리밍 혹은 마이크로배치 엔진처럼 무한 데이터를 고려해 설계된 시스템이 사용하는 방법을 살펴볼 것이다.

무한 데이터: 배치

배치 엔진은 무한 데이터를 염두에 두고 설계되지 않았지만 배치 시스템이 처음 고안된 이후로 무한 데이터셋 처리에도 쓰이고 있다. 예상 가능하겠지만 이런 접근 방식에서는 무한 데이터를 배치 처리에 적합한 유한 데이터셋의 집합으로 분할하는 것이 중요하다.

고정 윈도우

배치 엔진을 반복 실행해 무한 데이터셋을 처리하는 가장 일반적인 방법은 그림 1-3처럼 입력 데이터를 고정된 크기의 윈도우(fixed window, tumbling window)로 나눈 후 각 윈도우를 분리된 유한 데이터 소스인 것처럼 처리하는 것이다. 특히, 이벤트가 디렉터리나 파일 계층 구조로 기록되는 로그 같은 입력 소스의 경우, 디렉터리나 파일 이름을 윈도우의 기준으로 삼을 수 있다. 이 경우, 이미 입력 데이터가 자신이 속할 이벤트 시간 윈도우로 적절히 분류돼 있는 것과 다를 바 없기에 상황이 간단하다.

그러나 현실적으로 대부분의 시스템에는 여전히 해결해야 하는 데이터 입력이 완결됐음을 알리는 완결성^{completeness}의 문제가 남아 있다(이벤트를 전송하는 과정에서 네트워크 파티션으로 인해 일부가 지연되는 경우 어떻게 할 것인가? 이벤트를 전체적으로 수집해 처리 전 공통 위치로 전송해야 하는 경우 어떻게 할 것인가? 이벤트가 모바일 장치에서 발생한다면 어떻게 할 것인가?). 결국 모든 이벤트 수집을 확인할 때까지 처리를 지연하거나, 데이터가 늦게 도착하면 소속될 윈도우에 대해 전체 배치를 재실행하는 등의 방법으로 이런 문제의 영향을 완화할 필요가 생긴다.

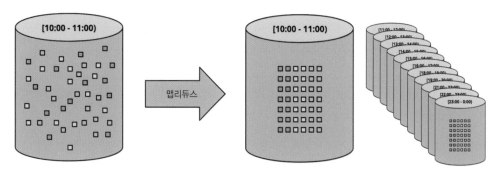

그림 1-3. 고전적인 배치 엔진에서 임시 방편의(ad hoc) 고정 윈도우를 통한 무한 데이터 처리. 무한 데이터셋은 유한한 고정 크기의 윈도우로 미리 수집된 다음 배치 엔진의 반복 실행을 통해 처리된다.

세션

만약 배치 엔진을 사용해 무한 데이터를 세션session처럼 더 정교한 윈도우 전략으로 처리하고자 한다면 접근 방식을 더욱 상세하게 나눌 수 있다. 세션은 보통 세션의 활동activity 기간(예를 들면 특정 사용자의 활동 기간)으로 정의되며, 일정 크기의 세션의 비활동 간격inactivity gap이 따라오면 끝나는 것으로 볼 수 있다. 일반적인 배치 엔진을 사용해 세션을 계산하면 그림 1-4의 빨간색으로 표시된 것처럼 여러 배치로 나뉘어진 세션이 나타날 수 있다. 배치 크기를 늘리면 이렇게 분할되는 세션의 수를 줄일 수 있지만 처리까지의 지연 시간이 늘어나게 된다. 또 다른 방법은 이전 배치에 나온 세션을 묶어주기 위한 로직을 추가하는 것이지만 이는 복잡도가 증가한다.

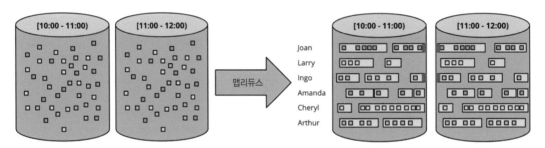

그림 1-4. 고전적인 배치 엔진에서 임시 방편의 고정 윈도우를 통해 무한 데이터를 세션으로 처리하는 모습. 무한 데이터셋은 유한한 고정 크기의 윈도우로 미리 수집된 다음 배치 엔진의 연속 실행을 통해 동적인 세션으로 분할된다.

어느 쪽이든, 고전적인 배치 엔진을 사용해 세션을 계산하는 것은 바람직하지 않다. 더 좋은 방법은 스트리밍 방식으로 세션을 구축하는 것인데 이는 나중에 살펴볼 것이다.

무한 데이터: 스트리밍

무한 데이터 처리에 쓰이는 대부분의 배치 방식이 임시방편적인 특성을 갖는 것과는 다르게, 스트리밍 시스템은 무한 데이터 처리를 위해 제작됐다. 실제 쓰이는 다양한 분산 입력 소스에 대해 이미 이야기했듯이 스트리밍 시스템이 다루는 데이터는 무한 데이터일 뿐만 아니라 다음과 같은 특성도 갖는다.

- 이벤트 시간 기준으로 심하게 뒤섞여 이벤트 시간을 기준으로 처리하려면 파이프라인에서 시간 기반의 셔플을 수행해야 하는 데이터

- 다양한 형태의 이벤트 타임 왜곡이 발생해 상수 시간 범위 안에 주어진 이벤트 시간 X의 대부분의 데이터를 봤다고 확신할 수 없는 데이터

이와 같은 특성의 데이터를 다룰 때 취할 수 있는 몇 가지 접근법이 있다. 우리는 보통 이를 시간 무시^{time-agnostic}, 근사^{approximation}, 처리 시간 윈도우^{processing time window}, 이벤트 시간 윈도우^{event time window}의 네 가지로 분류한다.

각각의 접근법에 대해서 좀 더 살펴보자.

시간 무시

시간 무시 처리는 시간이 본질적으로 무관한 경우, 즉 데이터 처리의 모든 결정을 데이터만 보면서 할 수 있을 때 사용한다. 이 경우 모든 결정은 데이터가 도착하면서 이뤄지기 때문에, 스트리밍 엔진은 기본적인 데이터 전달 목적으로만 사용된다. 결과적으로 모든 스트리밍 시스템은 시간 무시 처리를 바로 지원한다고 볼 수 있다(물론 결과의 정확성이 필요한 경우 일관성 보장에 따른 시스템별 차이가 발생한다). 배치 시스템 역시 무한 데이터를 임의의 유한 데이터셋으로 나누어 독립적으로 처리할 수 있기 때문에 무한 데이터의 시간 무시 처리에 적합하다. 여기서 몇 가지 구체적인 예를 살펴보겠지만 최소한 시간의 관점에서 시간 무시 처리가 단순하다는 점을 감안하면 많은 시간을 할애하지는 않을 것이다.

필터링(filtering) 시간 무시 처리의 가장 기본적인 형태는 필터링이며, 그림 1-5에 예를 표시해뒀다. 웹 트래픽 로그를 처리하면서 특정 도메인에서 유래하지 않은 모든 트래픽을 필터링한다고 가정해보자. 도착한 데이터를 보고, 도메인이 속하는지 확인하고, 그렇지 않다면 삭제한다. 이런 식의 작업은 항상 데이터의 단일 요소(예에서는 도메인)에만 의존하기 때문에 데이터 소스가 무한하고 정렬돼 있지 않으며 가변적인 이벤트 시간 왜곡이 있다는 사실과는 무관해진다.

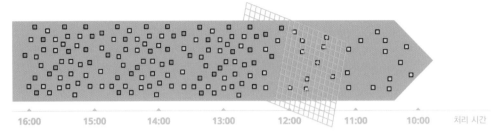

그림 1-5. 무한 데이터의 필터링 예. 다양한 종류의 데이터가 왼쪽에서 오른쪽으로 흐르며, 단일 유형의 동질 집합으로 필터링되고 있다.

내부 조인(inner join) 시간 무시 처리의 다른 예는 내부 조인으로, 그림 1-6에 표현돼 있다. 2개의 무한 데이터 소스를 조인할 때 조인의 결과만 중요하다면 시간적인 요소를 고려할 필요가 없다. 한 소스로부터 값을 확인하고 이를 조인을 위해 버퍼링해둘 수 있다. 다른 소스로부터 두 번째 값이 도착한 후 조인 결과를 생성한다(사실 이 경우 짝을 만나지 못해 생성되지 못한 부분적인 조인 결과를 정리하기 위한 가비지 컬렉션garbage collection 정책이 필요할 수 있고, 그렇다면 얼마 후에 정리할지를 결정하기 위한 시간적인 개념이 들어간다. 물론 완성되지 못하는 조인이 적거나 거의 없는 경우에는 별로 문제가 되지 않는다).

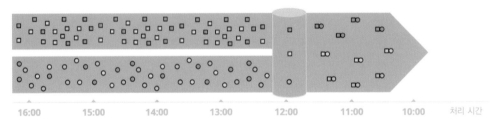

16:00　　15:00　　14:00　　13:00　　12:00　　11:00　　10:00　　　처리 시간

그림 1-6. 무한 데이터의 내부 조인 수행. 조인 결과는 두 소스에서 일치하는 요소가 관찰될 때 생성된다.

처리 방법을 내부 조인에서 외부 조인으로 전환하면 데이터의 완결성 문제가 발생하기 시작한다. 조인의 한 쪽을 본 후에, 다른 쪽이 도착할지 안 할지를 어떻게 예측할 수 있을까? 실은 불가능하다. 결국 데이터의 완결을 결정 내리기 위한 타임아웃을 도입해야 하고, 이는 곧 시간적인 개념을 포함한다는 의미가 된다. 시간적인 요소를 도입하면 본질적으로 나중에 살펴볼 윈도우의 한 형태가 된다.

근사 알고리즘

두 번째로 살펴볼 주요한 접근 방법은 근사 알고리즘^{approximation algorithm}을 이용하는 경우이다. 여기에는 Top-N(http://bit.ly/2JLcOG9), 스트리밍 k-평균(http://bit.ly/2JLQE6O) 등을 예로 들 수 있다. 그림 1-7에 보인 것처럼 근사 알고리즘은 무한 데이터를 입력으로 받아 우리가 얻고자 하는 결과와 비슷한 결과를 생성한다. 근사 알고리즘의 장점은 설계상 낮은 오버헤드를 갖고 무한 데이터를 고려해 설계됐다는 것이다. 단점은 알고리즘의 종류가 많지 않고 종종 알고리즘 자체가 복잡하며(이로 인해 새로운 알고리즘을 생각해내기가 어렵다) 근사적인 특성으로 인해 유용성이 떨어질 수 있다는 점이다.

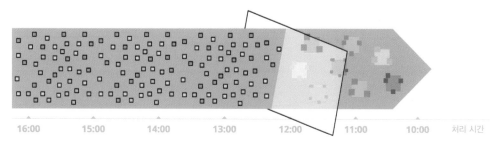

그림 1-7. 무한 데이터에 대한 근사 계산. 데이터는 복잡한 알고리즘을 통해 계산돼, 원하는 결과와 비슷한 결과 데이터를 생성한다.

이런 알고리즘은 보통 설계 자체에 시간적인 요소를 포함한다는 점에 주목할 필요가 있다(예를 들어 일종의 내부 감쇄^{built-in decay} 같은 것들이 이에 해당한다). 그리고 도착하는 순서대로 데이터를 처리하기 때문에 이때의 시간적인 요소는 보통 처리 시간을 기준으로 이루어진다. 이 사실은 근사 결과에 대한 증명 가능한 오차 범위를 제공하는 알고리즘의 경우에 특히 중요하다. 만약 오차 범위가 데이터가 발생 순서대로 도착한다는 사실을 가정할 경우, 가변적인 이벤트 시간 왜곡이 있는 비순서 데이터에 적용할 때의 오차 범위는 본질적으로 무의미하다는 것을 명심해야 한다.

근사 알고리즘 자체는 매력적인 주제지만, 본질적으로는 (알고리즘 자체의 시간적 요소를 제외하면) 시간 무시 처리의 또 다른 예이기 때문에 사용하기 쉽다. 따라서 현재 우리의 관심사를 고려할 때 더 이상의 주의를 기울일 가치는 없다.

윈도우

무한 데이터 처리를 위한 나머지 두 가지 접근 방식은 모두 윈도우를 사용하는 방식이다. 여러 윈도우 사용 방식 사이의 차이점을 살펴보기 전에 앞 절에서 잠깐 언급했던 것처럼 윈도우의 의미를 정확히 할 필요가 있다. 윈도우는 간단히 유한 또는 무한 데이터 소스를 가져와 처리를 위해 시간 경계를 따라 유한한 크기의 조각으로 자르는 개념이다. 그림 1-8은 세 가지 다른 윈도우 사용 형태를 보여준다.

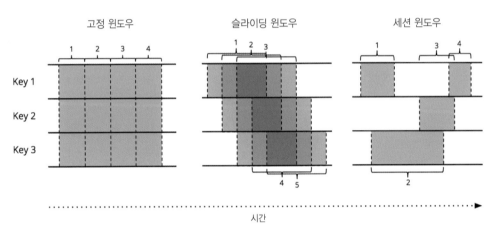

그림 1-8. 윈도우 사용 형태. 각 예는 세 가지 다른 키로 표시되며, 모든 데이터에 같은 시점에 적용되는 정렬 윈도우(aligned window)와 데이터마다 다른 시점에 적용되는 비정렬 윈도우(unaligned window) 사이의 차이를 볼 수 있다.

각 접근 방식에 대해 자세히 살펴보자.

고정 윈도우(fixed window), 일명 텀블링 윈도우(tumbling window)

이미 고정 윈도우에 대해 살펴본 바 있다. 고정 윈도우는 시간을 고정된 크기의 길이로 자른다. 일반적으로 고정 윈도우로 자르는 과정은 전체 데이터셋에 균일하게 적용돼 정렬 윈도우의 형태를 갖는다(그림 1-9 참고). 경우에 따라서는 윈도우 구성이 완료되는 시점을 더욱 고르게 분산시키기 위해 (예를 들면 키를 기준으로) 데이터마다 시간이 어긋나도록 윈도우를 적용하기도 하며, 결과적으로 비정렬 윈도우 형태를 갖는다.[6]

---

6   정렬 고정 윈도우는 2장에서, 비정렬 고정 윈도우는 4장에서 자세히 살펴볼 예정이다.

슬라이딩 윈도우(sliding window), 일명 호핑 윈도우(hopping window)

슬라이딩 윈도우는 고정 윈도우의 일반화된 형태로, 일정한 길이와 일정한 주기로 정의된다. 이때 주기가 길이보다 작으면 윈도우 간에 겹치는 부분이 발생한다. 주기가 길이와 같으면 앞서 살펴본 고정 윈도우가 된다. 주기가 윈도우보다 크다면 시간에 따라 데이터의 일정 부분을 샘플링하는 윈도우가 된다. 고정 윈도우에서처럼 슬라이딩 윈도우도 성능을 위해 비정렬 형태로 만들 수도 있으나 보통 정렬 윈도우 형태를 갖는다. 그림 1-8에 슬라이딩 윈도우는 마치 윈도우가 미끄러지는 움직임을 보이는 것처럼 그려져 있으나, 실제로 5개의 윈도우는 전체 데이터에 균일하게 적용된다.

세션(session)

동적 윈도우^{dynamic window}의 한 예로 볼 수 있는 세션은 일정 타임아웃 시간보다 긴 길이를 갖는 비활성화 간격으로 구분해 일련의 연속된 이벤트들을 묶어서 윈도우를 구성한다. 세션은 보통 (한 자리에서 본 비디오 개수처럼) 시간적으로 관련돼 있는 이벤트를 묶어서 시간에 따른 사용자의 행동을 분석하기 위해 사용한다. 세션이 흥미로운 이유는, 그 길이가 미리 정해질 수 없기 때문이다. 세션의 길이는 실제 들어오는 데이터와 직접적으로 연관돼 있다. 또한 데이터의 서로 다른 부분에 동일한 윈도우를 적용할 수 없기 때문에 (예를 들어 서로 다른 사용자의 행동을 세션으로 나누는 경우를 생각해보자), 비정렬 윈도우의 전형적인 예이기도 하다.

앞에서 논의한 두 가지 시간 영역인 처리 시간과 이벤트 시간은 기본적으로 우리가 관심을 갖는 두 가지 영역이다.[7] 윈도우는 두 시간 영역에서 모두 사용 가능하므로, 각각을 자세히 살펴보며 차이를 확인하고자 한다. 처리 시간 윈도우가 역사적으로 더 일반적인 형태이기 때문에 처리 시간 윈도우부터 살펴보고자 한다.

처리 시간 윈도우 처리 시간으로 윈도우를 구성할 때 시스템은 어느 정도의 처리 시간이 지날 때까지 들어오는 데이터를 버퍼링한다. 예를 들어 5분 길이의 고정 윈도우의 경우,

---

7 학술 문헌이나 SQL 기반의 스트리밍 시스템을 살펴보면, 세 번째 윈도우 시간 영역인 튜플 기반 윈도우(tuple-based window, 윈도우의 크기가 요소 개수로 결정된다)가 나온다. 하지만 튜플 기반 윈도우는 본질적으로는 시스템에 도착하는 데이터 요소에 단조 증가하는 타임 스탬프(timestamp)를 대입하는 방식의 처리 시간 윈도우의 한 형태라고 볼 수 있다. 따라서 튜플 기반 윈도우에 대해서는 더 이상 다루지 않는다.

시스템은 5분 동안의 입력 데이터를 버퍼링하며, 그 후 5분 동안 관찰된 모든 데이터를 윈도우로 묶어 다음 처리를 위해 보낸다.

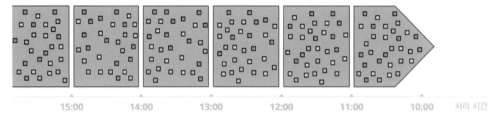

그림 1-9. 처리 시간에 따라 고정 윈도우 구성. 파이프라인에 도착하는 순서에 따라 데이터가 윈도우로 수집된다.

처리 시간 윈도우에는 몇 가지 바람직한 특성이 있다.

- 우선 단순하다. 시간을 기준으로 데이터를 셔플링할 필요가 없기 때문에 구현이 극도로 간단하다. 데이터가 도착하면 버퍼링했다가 윈도우가 마무리될 때마다 전달하면 된다.

- 윈도우가 완료되는 시점을 판단하기가 쉽다. 시스템이 언제 특정 윈도우의 입력이 모두 도착하는지 알기 때문에 윈도우의 완료 시점을 완벽하게 결정할 수 있다. 이는 처리 시간 윈도우에서는 '지연된' 데이터를 다룰 필요가 없음을 의미한다.

- 데이터 소스가 관측되는 시점을 기준으로 정보를 추론하고자 하는 경우, 처리 시간 윈도우가 적합하다. 다수의 모니터링을 위한 시나리오가 여기에 속한다. 글로벌 규모의 웹 서비스로 주어지는 초당 요청 개수를 모니터링하는 경우를 생각해 보자. 운영 중단을 감지하기 위한 목적으로 이들 요청의 비율을 계산하는 경우라면 정확히 처리 시간 윈도우가 필요한 경우이다.

물론 처리 시간 윈도우의 큰 단점도 있다. 만약 데이터가 관련된 이벤트 시간을 가지고 있는 경우, 처리 시간 윈도우가 실제 이벤트가 발생한 순서를 제대로 반영해야 한다면, 데이터가 이벤트 시간 순서대로 들어와야 한다. 아쉽게도 분산된 입력 소스를 감안할 때 현실에서 이벤트 시간 순서가 보장돼 들어오는 데이터는 드물다.

간단한 예로 나중에 처리하기 위해 사용 통계를 수집하는 모바일 앱을 생각해보자. 일정 시간 동안 모바일 기기가 오프라인 상태가 된다면(네트워크 연결이 안 되거나 비행기 모드에 들어가는 경우 등), 해당 시간 동안 기록된 데이터는 장치가 다시 온라인이 될 때까지 업로드되지 못한다. 이는 데이터의 이벤트 시간에 분, 시간, 일, 주 단위의 왜곡이 발생할 수 있음을 의미한다. 처리 시간 윈도우를 사용하면 그런 데이터셋에서 유의미한 결과를 도출하는 것은 본질적으로 불가능하다.

또 다른 예를 보자. 전반적인 시스템이 잘 동작 중일 때는 다수의 분산된 입력 소스가 이벤트 시간 순서를 보장하는 것처럼 보일 수 있다. 하지만 시스템 상태가 좋을 때 입력 소스의 이벤트 시간 왜곡 비율이 낮다는 사실이 그 상태가 계속 유지될 수 있음을 뜻하지는 않는다. 여러 대륙에 걸쳐 수집된 데이터를 처리하는 글로벌 서비스를 생각해보자. 대역폭에 제한이 있는 대륙 간 통신에서 네트워크 문제로 인해 대역폭이 더 줄어들거나 지연이 발생하면 갑자기 입력 데이터의 일부분이 이전보다 심한 시간 왜곡을 갖는 상태로 도착할 수 있고, 실제 이런 현상은 흔히 발생한다. 만약 그런 데이터를 처리 시간 기준으로 윈도우 처리를 하면 한 윈도우 안에 현재 데이터와 과거 데이터가 섞여 있기 때문에 더 이상 이벤트가 실제 발생한 시간보다는 처리를 위해 파이프라인에 도착한 이벤트를 나타내는 시간 윈도우가 되고 만다.

앞서 본 두 예에서 실제 원하는 것은 이벤트 도착 순서를 엄격히 따라 이벤트 시간별로 데이터를 표시하는 것이며, 이때 필요한 것은 이벤트 시간 윈도우이다.

이벤트 시간 윈도우   이벤트 시간 윈도우는 이벤트가 실제 발생한 시간을 반영해 유한한 크기의 조각으로 데이터 소스를 관찰하고자 할 때 사용한다. 이는 윈도우의 표준 방식으로 생각할 수 있다. 2016년 이전에는 대부분의 데이터 처리 시스템이 이에 대한 기본적인 지원이 부족했다(물론 일관성 모델에 대한 지원이 좋은 하둡^{Hadoop}, 스파크 스트리밍 1.x와 같은 시스템은 이벤트 시간 윈도우를 구축할 수 있는 기반 역할을 할 수는 있었다). 현재는 플링크에서 스파크, 스톰, 에이펙스^{Apex}에 이르기까지 여러 시스템이 기본적으로 이벤트 시간 윈도우를 지원하고 있어 상황이 다르다.

그림 1-10은 무한 데이터 소스를 한 시간 단위의 고정 윈도우로 처리하는 예를 보여준다.

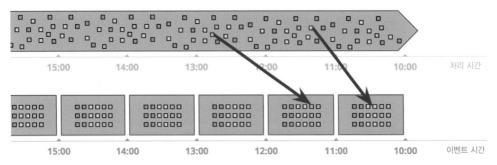

그림 1-10. 이벤트 시간을 기준으로 고정 윈도우 처리하는 모습. 데이터는 발생 시점에 따라 윈도우로 수집된다. 검은색 화살표는 원래 속해야 하는 이벤트 시간 윈도우와 다른 처리 시간 윈도우에 도착한 데이터를 나타낸다.

그림 1-10의 검은색 화살표는 두 데이터가 보여주는 흥미로운 모습을 나타낸다. 이들은 자신이 속한 이벤트 시간 윈도우와 맞지 않는 처리 시간 윈도우로 도착한다. 이벤트 시간을 중요시하는 경우에 이처럼 도착한 데이터를 처리 시간 윈도우로 처리했다면 계산 결과가 부정확했을 것이다. 예상한 대로 이벤트 시간에 대한 정확성 제공은 이벤트 시간 윈도우를 사용할 때 좋은 점 중 하나다.

무한 데이터 소스에 이벤트 시간 윈도우를 적용할 때의 또 다른 장점은, 그림 1-11에서 볼 수 있는 것처럼 세션 같은 동적인 크기를 갖는 윈도우를 만들 수 있어, 48페이지의 '무한 데이터: 스트리밍'에서 살펴본 세션 예제처럼 고정 윈도우에 걸쳐 있는 세션을 임의로 분할해야 하는 상황을 피할 수 있다는 점이다.

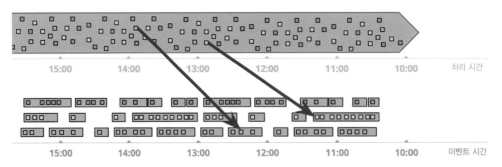

그림 1-11. 이벤트 시간 기준의 세션 윈도우. 데이터는 이벤트가 발생한 시간에 따라 활동이 보이는 구간을 잡는 세션 윈도우로 수집된다. 검은색 화살표는 데이터를 올바른 이벤트 시간 자리에 배치하기 위해 필요한 시간적인 셔플을 의미한다.

물론 이와 같은 강력한 의미 보장은 이벤트 시간 윈도우를 사용한다고 해서 공짜로 얻을 수 있는 것은 아니다. 이벤트 시간 윈도우는 실제 윈도우 자체의 길이보다 이를 수집해 구성하는 시간이 길어지는 경우가 많기 때문에 다음과 같은 단점 두 가지를 갖는다.

버퍼링(buffering)

윈도우의 수명이 길어짐에 따라 더 많은 데이터를 버퍼링할 필요가 생긴다. 고맙게도 영구적인 스토리지^{persistent storage}는 대부분의 데이터 처리 시스템이 의존하는 리소스 유형 (주로 CPU, 네트워크 대역폭이나 RAM) 중 가장 저렴한 편에 속한다. 따라서 강한 일관성을 위해 영구적인 상태 보존과 적절한 메모리 캐싱을 제공하는 잘 설계된 데이터 처리 시스템을 사용할 때 이는 그리 큰 문제가 되지 않는다. 또한 데이터를 집계^{aggregation}하는 방식 중 다수는 입력 데이터 모두를 버퍼링할 필요가 없으며 (예를 들어 합이나 평균을 생각해보자), 훨씬 작은 크기의 중간 데이터를 영구적인 상태로 유지해 점진적으로 결과를 낼 수 있다.

완결성(completeness)

주어진 윈도우에 대한 모든 데이터를 언제 다 볼 수 있는지 미리 알 수 없다면 윈도우의 결과가 언제 구체화^{materialize}될지 어떻게 알 수 있을까? 사실 알 방법이 없다. 데이터 처리 시스템은 많은 입력 유형에 대해 윈도우 완료를 결정하는 비교적 정확한 휴리스틱을 제공할 수 있으며, 이는 밀휠, 클라우드 데이터플로우, 플링크 등에서 제공하는 워터마크^{watermark}를 통해 사용 가능하다(3, 4장에서 살펴볼 예정이다). 하지만 결제처럼 정확한 완결성이 필수적인 경우, 사용 가능한 유일한 방법은 파이프라인 생성자가 윈도우 결과를 언제 구체화할지, 그 결과가 시간에 따라 어떻게 정제될지 표현할 수 있는 방법을 제공하는 것뿐이다. 윈도우 완결성과 관련된 문제는 재미있는 주제이며 다음에 살펴볼 구체적인 예 안에서 다루는 것이 가장 좋다.

요약

정말 많은 내용을 다뤘다. 여기까지 무사히 온 독자라면 칭찬받아 마땅하다. 하지만 아직은 시작에 불과하다. 빔^{Beam} 모델이 제공하는 접근법에 대해 자세히 살펴보기에 앞서 잠시 배웠던 내용을 복습해보자. 1장에서 우리가 공부한 내용은 다음과 같다.

- 용어들을 명확히 했다. 특히, 무한 데이터를 고려해 설계된 시스템을 가리키는 용어로 스트리밍을 정의했으며, 지금까지 스트리밍이라고 불러온 근사/예측 결과에는 그에 합당한 표현을 직접 사용하기로 했다. 추가로, 큰 규모의 데이터셋과 관련된 두 가지 차원인 기수(즉, 유한 대 무한)와 구성(즉, 테이블 대 스트림)에 대해 살펴봤고, 이 책의 후반부 절반이 구성을 다룬다고 소개했다.

- 잘 설계된 배치 및 스트리밍 시스템의 상대적인 능력치들을 평가했으며, 배치가 사실상 스트리밍의 엄격한 부분 집합임을 강조했다. 스트리밍이 배치보다 열등하다는 가정 아래 나온 람다 아키텍처와 같은 개념들이 스트리밍 시스템이 성숙해가면서 사라질 운명에 처했다고 설명했다.

- 스트리밍 시스템이 배치를 따라잡고 결국은 능가하기 위해 필요한 두 가지 개념으로 정확성과 시간 판단 도구를 제안했다.

- 이벤트 시간과 처리 시간의 중요한 차이를 설명했고, 관련 문맥에서 데이터를 분석할 때 그 차이가 가져올 수 있는 어려움을 설명했으며, 완결성이라는 개념을 떠나 시간에 따라 변하는 데이터를 수용할 수 있는 방향으로 전환할 필요가 있음을 제안했다.

- 오늘날 무한/유한 데이터 처리에 배치/스트리밍 엔진을 통틀어 공통으로 쓰이는 데이터 처리 패턴을 살펴봤다. 무한 데이터 처리에 쓰이는 접근법을 크게 시간 무시, 근사, 처리 시간 윈도우, 이벤트 시간 윈도우로 분류했다.

이제 빔 모델을 세세하게 살펴볼 차례다. 무엇을^{what}, 어디에서^{where}, 언제^{when}, 어떻게^{how}라는 네 개의 축 위에 데이터 처리의 여러 개념을 어떻게 분리해 놓을 것인지 살펴보고자 한다. 여러 시나리오에서 단순하지만 구체적인 데이터를 처리하는 모습을 예를 통해 살펴볼 것이다. 실제 쓸 수 있는 구체적인 API와 함께 빔 모델이기에 가능한 여러 사용 사례를 만나보려 한다. 이 예들은 1장에서 설명한 이벤트 시간과 처리 시간의 개념을 좀 더 이해하기 쉽게 설명해줄 것이며, 더불어 워터마크와 같은 새로운 개념도 살펴볼 예정이다.

데이터 처리의 무엇을, 어디서, 언제, 어떻게

자, 이제 구체적인 이야기를 해보자.

1장에서는 주로 세 가지 이야기를 나눴다. 우선 중의적 용어인 '스트리밍'을 포함해 몇 가지 용어를 분명히 정의했고, 배치^{batch}와 스트리밍 처리의 이론적인 기능을 비교해 스트리밍 시스템이 배치 방식을 뛰어넘기 위해 필요한 두 가지가 정확성^{correctness}과 시간 결정 도구$^{tools\ for\ reasoning\ about\ time}$임을 설명했다. 마지막으로 유한 데이터$^{bounded\ data}$와 무한 데이터$^{unbounded\ data}$를 처리할 때 배치와 스트리밍 시스템 모두에서 취할 수 있는 접근 방법을 개념적으로 살펴보면서 데이터 처리 패턴을 설명했다.

2장에서는 이전보다 데이터 처리 패턴에 대해 좀 더 자세히 구체적인 예를 가지고 살펴 보고자 한다. 2장을 마무리 지을 때쯤, 강력한 비순서 데이터 처리$^{out-of-order\ data\ processing}$를 위해 필요한 원칙과 개념 중 우리가 중요하다고 여기는 것들을 이해할 수 있을 것이다. 이 개념들은 스트리밍 처리가 배치 처리를 뛰어넘을 수 있도록 해주는 시간 결정 도구 역할을 한다.

실제 동작에 대한 감을 익힐 수 있도록 아파치 빔$^{Apache\ Beam}$(https://beam.apache.org) 코드를 개념의 시각적 표현을 위한 타임랩스$^{time-lapse}$ 그림[1]과 함께 보일 것이다. 아파치 빔

---

[1] 독자 여러분이 운 좋게 이 책의 사파리(Safari) 버전을 읽고 있다면 "스트리밍 102(http://oreil.ly/1TV7YGU)" 글에서 볼 수 있는 것 같은 애니메이션이 적용된 그림을 확인할 수 있을 것이다. 킨들(Kindle)을 포함한 이북 버전이나 인쇄본을 보는 경우 애니메이션을 볼 수 있는 링크를 포함하고 있는 이미지로 제공된다.

은 배치 및 스트리밍 데이터 처리를 위한 통합 프로그래밍 모델unified programming model이며 이식성 레이어portability layer를 제공해준다. 자바Java나 파이썬Python을 포함한 다양한 언어 SDK도 함께 제공된다. 아파치 빔으로 작성된 파이프라인은 아파치 에이펙스Apache Apex, 아파치 플링크Apache Flink, 아파치 스파크, 클라우드 데이터플로우Cloud Dataflow 등의 실행 엔진에서 이식성을 유지하며 실행 가능하다.

아파치 빔을 쓰는 이유는 이 책이 빔을 설명하는 책이기 때문이 아니며, 이 책에서 다룰 개념들을 거의 완벽하게 표현할 수 있는 방법이기 때문이다(아파치 빔이 아닌 구글 클라우드 데이터플로우의 모델을 사용했던) "스트리밍 102(http://oreil.ly/1TV7YGU)"라는 글을 쓸 당시만 해도 아파치 빔만이 지금부터 다룰 예를 표현하는 데 필요한 개념을 쓸 수 있는 유일한 존재였다. 1년하고도 반년이 지난 지금은 많은 것이 달라져서, 다른 시스템들도 이 책에서 다루는 것과 비슷한 모델을 이미 지원하거나 지원해가고 있다. 따라서 비록 빔이라는 창을 통해 바라본 개념이라 해도 우리가 다룰 개념들이 여러분이 만날 대부분의 시스템에 적용할 수 있음을 기억하면 좋겠다.

로드맵

준비 작업으로 2장은 물론 사실상 1부 전체에서 다룰 내용의 바탕이 될 다섯 가지 주요 개념을 정리해보고자 한다. 그중 다음 두 가지는 이미 살펴본 바 있다.

1장에서 우리는 이벤트가 실제 발생한 이벤트 시간event time과 처리 중 관측된 시간인 처리 시간processing time을 구분하는 것이 중요하다고 강조했다. 이 구분은 앞으로 다룰 주요 논제의 중요한 밑바탕이 된다. 만약 분석 결과의 정확성correctness과 이벤트가 발생한 문맥이 중요한 경우라면, 처리 시간이 아닌 이벤트 시간을 바탕으로 데이터를 분석해야 한다.

그리고 우리는 시간 경계를 기준으로 데이터를 나누는 윈도우window에 대해 살펴봤다. 이는 무한 데이터를 다룰 때 사용하는 통상적인 방법이다. 윈도우를 사용하는 단순한 형태로는 고정 윈도우fixed window와 슬라이딩 윈도우sliding window가 있으며, 좀 더 복잡하게는 세션^{session} 같은 윈도우도 있다. 세션은 데이터 자체의 특성으로 정의되는 윈도우로, 예를 들면 사용자별로 활동이 일정 시간 동안 끊어질 때마다 사용자의 활동을 세션으로 나누는 것을 생각해볼 수 있다.

이 두 개념에 더해 나머지 3개를 자세히 살펴보자.

트리거(trigger)

어떤 외부 신호로 윈도우가 출력되는 시점을 선언하는 방법이다. 사용자는 트리거를 통해 유연하게 결과가 생성되는 시점을 결정할 수 있다. 어떤 의미에서 보면 결과가 생성되는 시기를 위한 흐름 제어 방법^{flow control mechanism}의 일종으로 볼 수 있고, 혹은 결과 계산 중 실제 사진^{snapshot}을 찍어야 하는 시점을 정할 수 있게 해주는 카메라의 촬영 버튼 같은 역할이라 생각할 수도 있다.

트리거는 윈도우가 변해 가면서 윈도우의 결과를 여러 번에 걸쳐 확인할 수 있게 해준다. 동시에 시간이 흐르면서 결과가 점차 정제될 수 있도록 해주며, 이를 통해 예측 결과^{speculative result}를 낼 수 있게 해주는 것은 물론 시간에 따른 업스트림 데이터의 변화나 지연돼 도착하는 데이터를 다룰 수 있게 해준다. 예를 들어 모바일 기기를 다루는 시나리오에서, 어떤 사용자의 폰이 다양한 행동을 기록했으나 이벤트 시점에는 사용자가 오프라인이었고 이후 다시 연결됐을 때 처리를 위해 이벤트를 업로드하는 경우를 생각해볼 수 있다.

워터마크(watermark)

이벤트 시간을 기준으로 입력이 완료됐음을 표시하는 방법이다. 시간 X의 워터마크는 X보다 작은 이벤트 시간을 갖는 모든 입력 데이터가 관찰됐음을 의미한다. 따라서 워터마크는 무한 데이터를 관찰할 때 진행 정도의 지표로 생각할 수 있다. 2장에서는 워터마크의 기본만을 다루며, 3장에서 깊이 있게 다룰 예정이다.

누적(accumulation)

같은 윈도우 내에서 관찰되는 여러 결과 사이의 관계를 명시해준다. 이 결과들은 완전히 독립적일 수도 있고, 겹치는 부분이 있을 수도 있다. 여러 누적 모드는 기능과 비용 면에서 차이가 있으며 상황에 따라 적절하게 선택해 적용될 수 있다.

또한 이 개념들 간의 관계를 이해하기 쉽도록 네 가지 질문에 답하는 구조 안에서 개념들을 살펴보고자 한다. 이 네 가지 질문은 모든 형태의 무한 데이터 처리에서 핵심적인 역할을 한다.

- 무슨 결과가 계산돼야 하는가? 이 질문은 파이프라인에서 쓰는 변형^{transformation}의 종류로 답할 수 있다. 합을 계산하거나 히스토그램을 만들거나, 기계학습 모델을 훈련하거나 하는 식의 작업을 말한다. 이는 본질적으로 고전적인 배치 처리에서도 답할 수 있는 질문이다.

- 이벤트 시간의 어디에서 결과가 계산돼야 하는가? 이 질문의 답은 파이프라인에서 이벤트 시간 윈도우의 사용으로 결정된다. 여기에는 1장에서 봤던 (고정, 슬라이딩, 세션의) 일반적인 윈도우 형태도 포함하며, 윈도우의 개념이 없는 경우(예를 들어 시간 독립적인 처리가 있으며, 고전 배치 처리도 여기에 해당한다), 시간 제한이 있는 경매 같은 더욱 복잡한 형태의 윈도우도 있다. 또한 사용자가 데이터의 인입 시간을 이벤트 시간으로 할당할 경우 처리 시간 윈도우가 됨을 잊지 말자.

- 처리 시간의 언제 결과가 구체화되는가? 이 질문은 트리거와 (선택적으로 사용할 수 있는) 워터마크로 답이 주어진다. 이 부분에서는 무한한 변종이 가능하나, 가장 일반적인 패턴은 반복해서 업데이트를 하거나(예: 구체화 뷰), 입력이 완료됐다고 믿을 수 있는 시점 이후 윈도우당 하나의 출력을 내는 워터마크를 사용하거나(예: 윈도우 단위로 동작하는 고전적인 배치 처리), 이 둘이 혼합된 형태 등이 가능하다.

- 결과 사이의 관계가 어떻게 되는가? 이 질문의 답은 사용되는 누적 형태가 결정한다. 가능한 형태로는, 모든 결과가 독립적이며 구분되는 무시 모드$^{discarding\ mode}$, 이후 결과가 이전 결과 위에 놓이는 누적 모드$^{accumulating\ mode}$, 누적 값과 이전에 트리거된 값에 대한 철회가 함께 출력되는 누적 및 철회 모드$^{accumulating\ and\ retracting\ mode}$가 있다.

이 책의 남은 부분을 통해 이 질문들에 대해 심도 있게 살펴볼 것이다.

배치 처리의 기본: 무엇과 어디서

첫 번째로 다룰 이야기는 배치 처리에 대한 이야기이다.

무엇: 변환

고전적인 배치 처리에 적용되는 변환은 "무슨 결과가 계산되는가?"라는 질문에 답을 준다. 여러분이 고전 배치 처리에 이미 익숙하다 해도, 다른 모든 개념이 이 기본 위에 세워지기 때문에 배치에서부터 이야기를 시작하고자 한다.

2장의 나머지 부분에서(실은 이 책 전체에서) 한 예를 통해 여러 가지 면을 설명할 것이다. 예에서는 9개의 값으로 구성된 간단한 데이터에서 키를 갖는 정수 합을 계산하려고 한다. 이를 팀 기반의 모바일 게임을 만들었고, 사용자의 휴대폰에서 보고되는 개별 점수를 합해 팀 점수를 계산하는 예라고 생각해도 좋다. 이 9개 점수를 'UserScores'라는 SQL 테이블에 담았다면 다음과 같은 형태가 될 것이다.

```
> SELECT * FROM UserScores ORDER BY EventTime;
-------------------------------------------------
| Name  | Team  | Score | EventTime | ProcTime |
-------------------------------------------------
| Julie | TeamX |     5 | 12:00:26  | 12:05:19 |
| Frank | TeamX |     9 | 12:01:26  | 12:08:19 |
| Ed    | TeamX |     7 | 12:02:26  | 12:05:39 |
| Julie | TeamX |     8 | 12:03:06  | 12:07:06 |
| Amy   | TeamX |     3 | 12:03:39  | 12:06:13 |
| Fred  | TeamX |     4 | 12:04:19  | 12:06:39 |
| Naomi | TeamX |     3 | 12:06:39  | 12:07:19 |
| Becky | TeamX |     8 | 12:07:26  | 12:08:39 |
| Naomi | TeamX |     1 | 12:07:46  | 12:09:00 |
-------------------------------------------------
```

여기 주어진 점수 모두는 같은 팀에 속한 사용자에게서 온 것이다. 이는 예를 좀 더 간단히 만들어서 뒤이어 나오는 그림을 단순하게 보이기 위함이다. 그리고 팀으로 그룹핑grouping을 할 것이기에 사실상 다음의 마지막 3개 열이 중요한 역할을 한다.

Score

이 이벤트와 관련된 개별 사용자의 점수

EventTime

점수의 이벤트 시간 즉, 점수가 발생한 시간

ProcTime

점수의 처리 시간 즉, 파이프라인에서 점수가 관찰된 시간

각각의 파이프라인 예시에서, 시간에 따라 데이터가 어떻게 변화하는지 보이기 위해 타임랩스^{time-lapse} 그림을 사용할 것이다. 그림에서는 9개 점수를 이벤트 시간을 X축으로, 처리 시간을 Y축으로 해 그릴 것이다. 그림 2-1은 이렇게 입력 데이터를 그려본 모습이다.

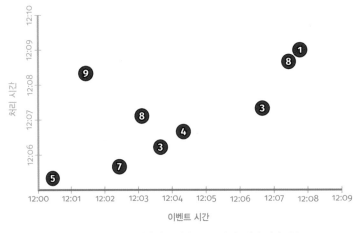

그림 2-1. 이벤트 시간과 처리 시간으로 그려진 9개의 입력 점수

뒤에 나오는 타임랩스 그림은 사파리에서는 애니메이션으로, 인쇄나 다른 매체에서는 프레임을 나열한 형태로 그려, 데이터가 시간에 따라 처리되는 모습을 파악하기 쉽도록 했다.

각 예는 파이프라인이 정의된 형태를 구체적으로 보이기 위해 아파치 빔 자바 SDK 의

사 코드^{pseudo code}로 돼 있다. 의사 코드라 부른 이유는 예를 이해하기 쉽게 일부러 왜곡하거나 (구체적인 입출력 소스 같은) 상세한 부분을 생략하거나, 사용된 명칭을 단순하게 줄였기 때문이다(빔 자바 2.x와 초기 버전의 트리거 이름은 불필요하게 길다). 이런 사소한 부분들을 제외하면 나머지는 실제 빔 코드와 동일하며, 모든 예제의 실제 코드는 깃허브(http://bit.ly/2KMsDwR)에서 구할 수 있다.

스파크나 플링크 같은 것에 익숙한 독자라면, 여기에 주어진 빔 코드가 의미하는 바를 더욱 쉽게 이해할 수 있을 것이다. 하지만 그렇지 않은 독자를 위해 빔에서 쓰이는 기본적인 내용을 알리고 시작하고자 한다.

PCollections

이는 (대용량 일수도 있는) 데이터셋을 표현하며, 이 데이터셋에는 병렬 변환^{parallel transformation} 적용이 가능하다(이름의 'P'는 병렬을 의미한다).

PTransforms

이는 PCollections에 적용돼 PCollections를 생성하는 연산이다. PTransforms는 요소 단위 변환을 수행할 수도 있으며, 여러 요소를 집계^{aggregation}/그룹핑하거나, 다른 PTransforms의 조합된 형태일 수도 있다. 이는 그림 2-2에 표현해뒀다.

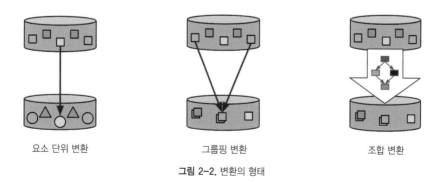

요소 단위 변환   그룹핑 변환   조합 변환

그림 2-2. 변환의 형태

우리가 사용할 예에서는 이미 로딩된 'input'이라고 이름 붙은 PCollection<KV<Team, Integer>>(즉, 팀과 정수의 키/값 쌍으로 구성된 PCollection이며, 팀은 팀 이름을 표시하는

String, 정수는 팀에 속하는 개인의 점수를 의미한다)를 사용해 작업을 시작한다고 가정한다. 실제로는 가공 전의 (로그 레코드 같은) 데이터가 PCollection<String> 형태로 주어지면 이를 입출력 소스에서 읽어 PCollection<KV<Team, Integer>>로 파싱해 변환해야 할 것이다. 첫 예제에서는 이 과정을 의사 코드로 보였지만, 이후 예제에서는 입출력과 파싱은 생략할 것이다.

입출력 소스에서 데이터를 읽어 팀/점수 쌍으로 파싱하고, 팀별 점수를 합하는 파이프라인은 예 2-1과 같이 생겼다.

예 2-1. 합계 파이프라인

```
PCollection<String> raw = IO.read(...);
PCollection<KV<Team, Integer>> input = raw.apply(new ParseFn());
PCollection<KV<Team, Integer>> totals =
  input.apply(Sum.integersPerKey());
```

입출력 소스에서 키/값 데이터를 읽고, 이 때 팀 이름의 문자열을 키로, 개별 팀 멤버의 점수인 정수를 값으로 파싱한다. 키 단위 합(총 팀 점수)을 계산하기 위해 각 키의 값을 더해서 출력한다.

이후 모든 예제에서 우리가 다루는 파이프라인 코드를 보인 후에, 해당 파이프라인이 구체적인 단일 키 데이터셋에 적용되는 모습을 타임랩스 그림으로 보일 것이다. 물론 실제 파이프라인에서는 유사한 연산이 여러 기기에서 병렬로 수행되겠지만, 예에서는 이해를 돕기 위해 최대한 단순한 형태로만 보이고자 한다.

이전에 설명했듯이 사파리 버전은 애니메이션을 통해 실행되는 모습을 보여주며, 인쇄나 다른 매체는 시간에 따른 파이프라인의 진행 상황을 키 프레임을 나열한 형태로 보일 것이다. 애니메이션 버전은 www.streamingbook.net에서 확인할 수 있다.

각 그림은 입력과 출력은 2차원으로 표시하는데, X축에는 이벤트 시간을 Y축에는 처리 시간을 둔다. 따라서 파이프라인이 동작하는 실제 시간은 Y축을 따라 아래에서 위로 진행되는 것으로 볼 수 있으며, 처리 시간 축에서 위로 올라가는 검은색 수평선으로 시간의 흐름을 표시할 것이다. 입력은 원으로 표시되며, 원 안의 숫자는 특정 데이터의 값을 보여준다. 옅은 회색으로 시작해 파이프라인에 의해 관찰된 후에는 짙은 색이 된다.

파이프라인이 입력 값을 관찰하면 중간 과정에서 누적하며, 마지막엔 집계된 결과를 구체화해 출력한다. 이 중간 상태나 최종 출력은 사각형으로 표시되며, 도중에는 회색, 최종에는 파란색을 쓰고, 위쪽에 누적 결과를 보여준다. 예 2-1의 파이프라인을 고전 배치 시스템에서 실행하면 그림 2-3에 보인 형태가 된다.

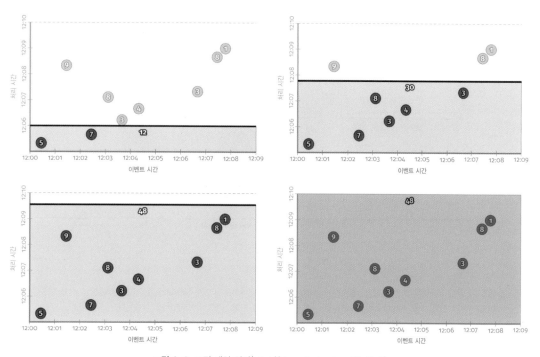

그림 2-3. 고전 배치 처리(http://streamingbook.net/fig/2-3)

이는 배치 파이프라인이기 때문에, (그림 상단에 녹색 점선으로 표시된 부분인) 입력을 모두 다 볼 때까지 중간 상태를 누적하고, 그 후에 단일 결과인 48을 출력한다. 이 예에서는 별도의 윈도우 변환을 적용하고 있지 않기 때문에 이벤트 시간 전반에 대한 합을 계산한다. 따라서 중간 과정을 표시하는 사각형이 X축 전체를 다 덮고 있다. 무한 데이터를 처리하는 것이 목적이라면 이런 식의 고전 배치 처리로는 충분하지 않다. 입력을 모두 볼 때까지 기다려야 하는데 입력이 영원히 끝나지 않기 때문이다. 이때 필요한 개념 중 하나가 1장에서 소개했던 윈도우다. 이제 두 번째 질문인 "이벤트 시간의 어디서 결과가 계산되는가?"에 대한 답을 찾기 위해 윈도우를 다시 살펴보자.

어디서: 윈도우

1장에서 다뤘듯이 윈도우는 데이터 소스를 시간 경계를 따라 자르는 작업이다. 흔한 윈도우 전략으로는 그림 2-4에 보인 것처럼 고정 윈도우^{fixed window}, 슬라이딩 윈도우^{sliding window}, 세션 윈도우^{session window} 등이 있다.

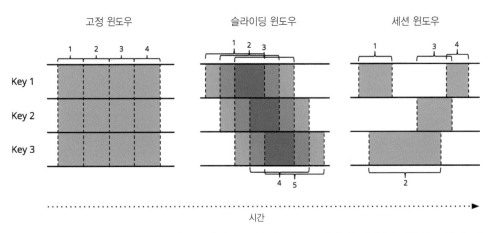

그림 2-4. 윈도우 전략 예시. 예에서 데이터는 3개의 키로 구성돼 있으며, 모든 데이터에 일관되게 적용되는 정렬 윈도우(aligned window)와 데이터마다 다르게 적용되는 비정렬 윈도우(unaligned window)의 차이를 보이도록 그려두었다.

윈도우가 실제로 어떻게 생겼는지 감을 잡기 위해, 우리의 점수 합계 파이프라인에 2분 단위 고정 윈도우를 적용해보자. 예 2-2에 보인 것처럼 빔 코드에 Window.into 변환을 추가하는 것만으로 충분하다.

예 2-2. 윈도우 합 코드

```
PCollection<KV<Team, Integer>> totals = input
  .apply(Window.into(FixedWindows.of(TWO_MINUTES)))
  .apply(Sum.integersPerKey());
```

배치는 본질적으로 스트리밍의 부분 집합에 불과하기 때문에 빔은 단일 모델로 배치와 스트리밍 모두를 기술할 수 있음을 기억하자. 따라서 일단 배치 시스템에서 이 예를 실행시키면 그림 2-5의 결과를 보여준다. 나중에 이를 스트리밍 시스템으로 전환했을 때의 결과와 비교해보자.

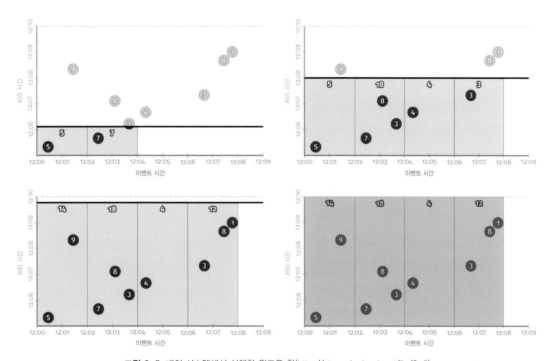

그림 2-5. 배치 시스템에서 실행한 윈도우 합(http://streamingbook.net/fig/2-5)

이전과 마찬가지로 입력은 전체가 다 소비될 때까지 중간 상태에 놓이며 입력이 모두 소비된 후에 결과가 생성된다. 이 예에서는 1개의 결과 대신 2분 단위 이벤트 시간 윈도우와 연결된 4개의 결과를 얻게 된다. 이 시점에 1장에서 소개한 중요한 개념 둘을 다시 만날 수 있다. 이벤트 시간과 처리 시간의 관계와 윈도우가 그것이다. 관련된 내용을 더 진행하려면 이 절의 초반에 언급한 새로운 개념들인 트리거, 워터마크, 누적에 대해 이해할 필요가 있다.

스트리밍으로 전환: 언제와 어떻게

배치 시스템에서 윈도우 파이프라인이 실행되는 모습을 살펴봤다. 우리가 원하는 이상적인 모습은 결과가 출력될 때까지 지연은 짧되 무한 데이터 입력을 다룰 수 있는 방법이다. 이를 위해 스트리밍 시스템으로 전환하는 것이 올바른 방향이긴 하지만 더 이상결과 출력 전 입력을 모두 소비할 때까지 기다리는 전략은 쓸 수 없다. 이제 트리거와워터마크가 나올 차례다.

언제: 트리거가 좋은 이유는 트리거가 좋기 때문이다!

트리거는 "처리 시간의 언제 결과가 구체화되는가?"라는 질문에 답을 준다. 트리거는처리 시간에서 언제 윈도우의 결과가 생성돼야 하는지를 선언해준다(트리거 자체는 결과출력 시점 결정을 이벤트 시간에서의 워터마크 처리 같은 다른 시간 영역에서 일어나는 일에 기반해 내릴 수도 있다). 윈도우별로 생성되는 각 출력을 윈도우의 패널pane이라고 부른다.

상상할 수 있는 트리거의 종류는 많지만[2] 개념적으로 보통 두 종류의 트리거가 유용하며, 실제 상황에서는 거의 항상 이 둘 중 하나나 둘이 조합된 형태가 쓰인다.

반복 업데이트 트리거(repeated update trigger)

> 이 트리거는 값이 변함에 따라 주기적으로 윈도우를 위해 업데이트된 패널을 생성한다. 이 업데이트는 새로운 데이터가 들어올 때마다, 혹은 1분에 한 번처럼 일정 시간이후에 발생할 수 있다. 반복 업데이트 트리거의 동작 주기를 통해 출력의 지연 정도와 비용 사이의 조율이 가능하다.

완료 트리거(completeness trigger)

> 이 트리거는 윈도우 내 입력이 일정 기준 완료됐다고 믿는 시점 이후에 윈도우를 위한 패널을 생성한다. 이 형태의 트리거는 입력이 완료되면 결과를 생성한다는 점에

---

2   실제로 빔에서 이렇게 넓은 범위의 트리거를 지원할 수 있도록 했다. 하지만 되돌아보면 그 부분은 다소 과했다는 생각이다. 아마이후 버전은 좀 더 단순하고 사용하기 쉬운 형태가 될 것이며, 이 책에서는 실제 사용성을 갖춰 살아남을 형태의 트리거를 집중해살펴볼 것이다.

서 배치 처리에서 봤던 것과 유사하다. 트리거 기반으로 처리할 때 차이점은 입력 완료의 개념이 전체 입력 완료가 아닌 단일 윈도우 문맥으로 제한된다는 점이다.

반복 업데이트 트리거는 스트리밍 시스템에서 가장 빈번하게 만날 수 있는 트리거다. 구현이 간단하고 이해가 쉽다는 특징을 갖고, 데이터베이스에서 구체화 뷰^{materialized view}와 유사한 형태로 구체화된 데이터셋에 반복된 (그리고 궁극적으로는 일관성을 갖춘) 업데이트를 적용하는 경우에 유용하다.

완료 트리거는 반복 업데이트 트리거보단 덜 쓰이지만, 고전 배치 처리에 더욱 가까운 형태로 스트리밍 처리를 가능하게 해준다. 또한 누락되거나 지연된 데이터에 대한 고려가 가능하도록 해준다는 장점이 있다. 이와 관련해서는 완료 트리거를 구동하는 장치인 워터마크를 공부하면서 살펴보도록 하겠다.

우선은 기본적인 반복 업데이트 트리거가 동작하는 모습을 간단히 살펴보자. 트리거를 좀 더 구체적으로 관찰하기 위해 예시로 주어진 파이프라인에 가장 직관적인 트리거를 적용해보자. 바로 새로운 데이터가 도착할 때마다 동작하는 트리거로 코드는 예 2-3에 주어져 있다.

예 2-3. 매 레코드마다 반복해 이뤄지는 트리거

```
PCollection<KV<Team, Integer>> totals = input
  .apply(Window.into(FixedWindows.of(TWO_MINUTES))
               .triggering(Repeatedly(AfterCount(1))));
  .apply(Sum.integersPerKey());
```

이 새로운 파이프라인을 스트리밍 시스템에서 구동한다면, 결과는 그림 2-6에서 보인 형태가 될 것이다.

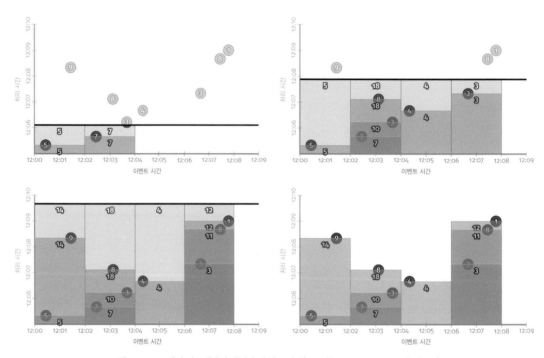

그림 2-6. 스트리밍 시스템에서 데이터 단위 트리거(http://streamingbook.net/fig/2-6)

이제 매 입력마다 결과가 생성되기에 윈도우 하나에 여러 출력 결과(패널)가 나옴을 확인할 수 있다. 이런 형태의 트리거는 결과가 일정한 테이블에 쓰이고 주기적으로 테이블을 폴링해 결과를 확인하고자 할 때 적합하다. 테이블을 확인할 때마다 주어진 윈도우의 가장 최근 업데이트된 결과가 담겨 있고, 이 값들은 시간이 지남에 따라 원하는 최종 결과에 수렴한다.

데이터 단위 트리거의 단점이 있다면 너무 자주 결과가 생성된다는 점이다. 대용량 데이터를 처리하는 경우라면 합을 계산하는 식의 집계 과정은 정보 손실 없이 스트림의 규모를 줄일 수 있는 기회가 된다. 이는 특히 일정 키에 속하는 데이터 규모가 큰 경우, 예를 들어 다수의 플레이어가 한 팀에서 활동 중인 경우에 유용하다. 많은 수의 플레이어가 게임을 하는데 두 팀 중 하나에 속하고, 각 팀에 기반한 통계를 계산하는 것이 목적인 경우를 생각해보자. 이런 경우라면 한 팀의 매 플레이어가 새 입력 데이터를 만들어낼 때마다 계산을 업데이트할 필요는 없을 것이다. 대신 초 단위나 분 단위처럼 일정 처리 시간 동안 기다렸다가 업데이트해도 충분하다. 이렇게 처리 시간에 지연을 두는 방법의 장점은 속해 있는 데이터의 규모가 큰 키/윈도우의 영향을 그렇지 않은 경우와 균등하게 맞출 수 있다는 것이다. 결과로 나오는 스트림은 팀의 규모와 무관하게 균일한 크기로 생성될 것이다.

트리거에 처리 시간 지연을 도입하는 방법에는 두 가지가 있다. 하나는 정렬 지연^{aligned delay}(키와 윈도우 전반에 걸쳐 고정된 영역으로 처리 시간이 나뉜다)이고, 다른 하나는 비정렬 지연^{unaligned delay}(한 윈도우 안에서 관찰된 데이터를 기준으로 지연된다)이다. 정렬 지연을 갖는 파이프라인은 예 2-4에 주어져 있고, 결과는 그림 2-7에 나와 있다.

예 2-4. 정렬된 2분 단위 처리 시간 경계에 이뤄지는 트리거

```
PCollection<KV<Team, Integer>> totals = input
  .apply(Window.into(FixedWindows.of(TWO_MINUTES))
                .triggering(Repeatedly(AlignedDelay(TWO_MINUTES))))
  .apply(Sum.integersPerKey());
```

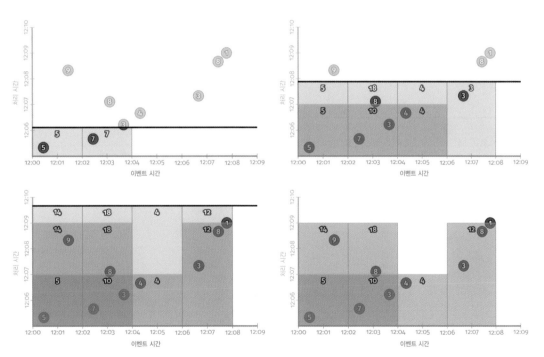

그림 2-7. 2분 단위 정렬 지연 트리거(즉, 마이크로배치)(http://streaming book.net/fig/2-7)

이런 종류의 정렬 지연 트리거는 사실 스파크 스트리밍Spark Streaming 같은 마이크로배치 스트리밍 시스템에서 만날 수 있는 형태다. 정렬 지연 트리거의 장점은 예측 가능성이다. 수정이 필요한 모든 윈도우에서 동시에 정기적으로 업데이트가 발생한다. 물론 이는 단점이기도 하다. 모든 업데이트가 한 번에 일어나기 때문에 적절한 부하 처리를 위해 더 큰 최대치를 다룰 수 있도록 프로비저닝provisioning이 필요하다. 이 문제에 대한 대안은 비정렬 지연을 쓰는 것이다. 빔으로 작성된 비정렬 지연 예는 예 2-5에, 결과는 그림 2-8에 있다.

예 2-5. 비정렬된 2분 단위 처리 시간 경계에 이뤄지는 트리거

```
PCollection<KV<Team, Integer>> totals = input
  .apply(Window.into(FixedWindows.of(TWO_MINUTES))
               .triggering(Repeatedly(UnalignedDelay(TWO_MINUTES))
  .apply(Sum.integersPerKey());
```

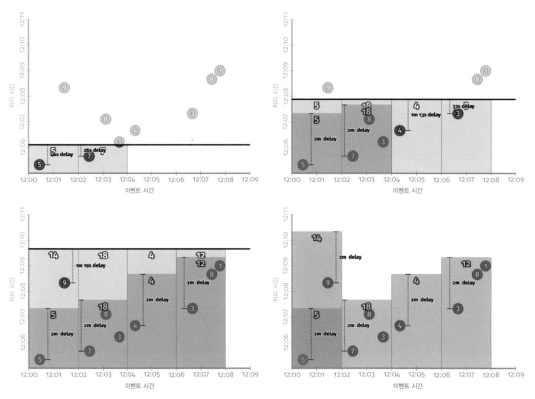

그림 2-8. 2분 단위 비정렬 지연 트리거(http://streamingbook.net/fig/2-8)

그림 2-8에 보인 비정렬 지연을 그림 2-6의 정렬 지연과 비교해보면 비정렬 지연이 어떻게 부하를 분산시켜 주는지 알 수 있다. 한 윈도우 내의 실제 지연은 둘 사이에 다소 차이가 날 수 있지만 최종 평균치는 본질적으로 동일하다. 그런 관점에서 보면 비정렬 지연이 시스템 부하를 고르게 분산시킨다는 점에서 대규모 처리를 위해 더 좋은 선택이라고 볼 수 있다.

반복 업데이트 트리거^{repeated update trigger}는 언제 결과의 정확성이 달성되는지에 대한 기준 없이 정확한 쪽으로 수렴한다는 사실만으로 충분하고 결과가 주기적으로 업데이트되기를 원할 때 매우 유용하다. 하지만 1장에서 다룬 바와 같이, 분산 시스템에서는 다양한 이유로 이벤트가 발생한 시간과 시스템에 관찰되는 시간 사이에 편차가 발생한다. 결국 결과가 입력 데이터에 대해 정확하고 온전한 관점을 언제부터 제시하기 시작하는지 추정하기 어렵다는 뜻이 된다. 입력 완결성이 중요하다면 막연한 추정보다는 완결성에 대해 추론할 수 있는 방법이 필요하다. 이 부분이 워터마크의 역할이다.

언제: 워터마크

워터마크는 "처리 시간의 언제 결과가 구체화되는가?"라는 질문에 대한 답을 보조하는 역할을 한다. 워터마크는 이벤트 시간 영역에서 입력 완결성을 표현하는 시간적 개념이다. 다르게 말하면 이벤트 스트림에서 처리 중인 데이터의 진행 정도와 완결 여부를 이벤트 시간과 관련해 결정하는 방법이다(무한 데이터의 경우에 더욱 유용한 개념이긴 하지만 유한이든 무한이든 상관없다).

1장에서 봤던 그림을 조금 수정한 그림 2-9를 살펴보자. 그림에서 이벤트 시간과 처리 시간 사이의 편차는 대부분의 실제 분산 처리 시스템에서 계속 변하는 함수 관계라고 설명한 바 있다.

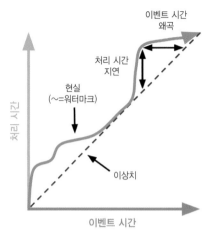

그림 2-9. 이벤트 시간 진행 상황, 편차, 워터마크

'실제'라고 표시한 구불구불한 빨간 선이 워터마크에 해당한다. 처리 시간이 흘러가면서 이벤트 시간이 어떻게 완결 처리되고 있는지 보여준다. 개념적으로 워터마크는 이벤트 시간의 한 지점에서 처리 시간의 한 지점으로의 함수인 F(P) → E 형태로 이해할 수 있다.[3] 이때 이벤트 시간의 한 지점 E가 갖는 의미는 E 이전의 이벤트 시간을 갖는 모든 입력을 이미 시스템이 봤다고 믿는다는 것이다. 워터마크의 종류, 즉 완벽한 워터마크인지 휴리스틱 워터마크인지에 따라 그런 추정이 엄격한 보장이 되기도 하고 혹은 쓸 만한 추측이 되기도 한다.

완벽한 워터마크(perfect watermark)

입력 데이터를 완벽하게 이해하고 있다면 완벽한 워터마크 구축이 가능해진다. 이 경우 모든 데이터는 정시에 도착하고 당연히 지연 데이터는 존재하지 않는다.

휴리스틱 워터마크(heuristic watermark)

여러 곳에서 분산돼 들어오는 입력의 경우에는 입력 데이터를 완벽히 이해하는 것이

3　정확히 설명하면 함수에 주어지는 입력은 워터마크가 관찰하는 파이프라인의 시간 P 지점에서 입력 소스, 버퍼링된 데이터, 실제로 처리 중인 데이터 등을 포함한 모든 상태이다. 하지만 개념적으로는 처리 시간에서 이벤트 시간으로의 사상으로 보는 것이 더 간단하다.

현실적으로 불가능하다. 따라서 이 경우 최선의 선택은 휴리스틱 워터마크가 된다. 휴리스틱 워터마크는 입력에 대해 모든 가능한 정보(분할 정보, 분할 내 순서, 파일의 증가 비율 등)를 고려해 최대한 정확한 진행 상황을 추정하는 것이다. 다수의 경우에 이 추정은 제법 정확하다. 그렇더라도 휴리스틱 워터마크를 사용한다는 것은 무언가가 잘못돼 지연 데이터가 발생할 수 있음을 뜻한다. 이런 지연 데이터를 어떻게 다룰지는 곧 알아볼 것이다.

워터마크는 입력에 대한 완결성을 결정하기 때문에, 이전에 소개한 트리거의 두 번째 형태인 완결성 트리거^{completeness trigger}의 밑바탕이 된다. 워터마크 자체는 매혹적이면서 복잡한 주제라서 3장에서 슬라바^{Slava}가 좀 더 자세히 설명할 것이다. 지금은 우선 예 2-6에 보인 것처럼 워터마크를 기반으로 구축된 완결성 트리거를 사용하는 형태로 예제를 고쳐보자.

예 2-6. 워터마크 완결성 트리거

```
PCollection<KV<Team, Integer>> totals = input
  .apply(Window.into(FixedWindows.of(TWO_MINUTES))
               .triggering(AfterWatermark()))
  .apply(Sum.integersPerKey());
```

워터마크의 흥미로운 특성 중 하나는 워터마크가 단일 함수가 아닌 여러 함수의 집합이라는 점이다. 다시 말해 워터마크의 속성을 만족하는 F(P) → E 형태의 함수가 성공의 정도를 조금씩 달리하며 여럿 존재할 수 있다. 이전에 강조했듯이 입력 데이터에 대해 완벽하게 알고 있는 상황이면 완벽한 워터마크를 구축할 수 있고 이는 가장 이상적인 해결책이 된다. 하지만 완벽한 워터마크를 계산하는 것이 비용적으로 어렵거나 하기에 입력에 대해 완벽히 알 수 없는 상황에서는 워터마크 정의를 위해 휴리스틱을 사용할 수밖에 없다. 이때 강조하고 싶은 사실은 워터마크에 쓰이는 알고리즘은 파이프라인 자체와는 독립적이라는 점이다. 워터마크 구현에 이 부분이 무엇을 의미하는지는 3장에서 다룰 것이다. 지금은 같은 입력에 서로 다른 워터마크가 적용될 수 있다는 점만 기억해두면 좋겠다. 예를 들어 예 2-6의 파이프라인에 다른 두 종류의 워터마크 구현을 적용한 결과를 그림 2-10에 보였다. 왼쪽은 완벽한 워터마크, 오른쪽에는 휴리스틱 워터마크가 적용된 결과다.

두 경우 모두 워터마크가 윈도우의 끝을 통과할 때 윈도우가 구체화된다. 예상하듯이 완벽한 워터마크는 시간이 흐르면서 파이프라인의 이벤트 시간 완결성을 제대로 잡아낸다. 반면 휴리스틱 워터마크에 사용된 알고리즘은 입력값 9를 놓치게 되고[4], 결과적으로 출력 지연이 발생하고 결과의 정확성이 떨어지면서 구체화된 출력의 모양이 크게 바뀌게 된다([12:00, 12:02). 윈도우 결과를 보면 5로 잘못 주어져 있다).

그림 2-10에 주어진 워터마크 트리거와 그림 2-5부터 2-7에 주어진 반복 업데이트 트리거의 큰 차이점은 워터마크 트리거가 입력의 완결 여부에 대해 판단할 수 있는 방법을 제공한다는 점이다. 시스템이 주어진 윈도우를 출력으로 구체화하기 전까지 우리는 시스템이 아직 입력이 완결됐다고 판단하지 않는다는 사실을 알 수 있다. 이는 입력에서 데이터 결핍을 판단할 필요가 있는 경우에 기준이 될 수 있기에 중요한 부분이다.

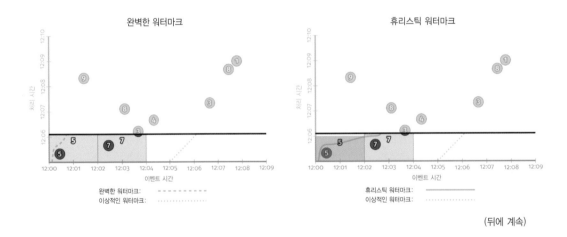

(뒤에 계속)

---

4 휴리스틱 워터마크 예에서 지연 데이터와 워터마크 지연(watermark lag)을 강조하기 위해 일부러 9를 선택해 보였음을 유의하자. 실제로는 다른 값을 놓쳐서 훨씬 적은 변화만 생길 수도 있다. 만약 남용 탐지(abuse detection)처럼 최대한 빠르게 유의미한 데이터 다수를 확인해 결과를 내야 하기에 지연 데이터를 무시해버리는 것이 목적인 상황이라면, 완벽한 워터마크 대신 꼭 휴리스틱 워터마크를 선택할 필요는 없다. 그때는 백분위 워터마크(percentile watermark)를 사용해 지연 데이터의 일부분을 계산에서 빼버릴 수 있다. 이는 3장에서 다룬다.

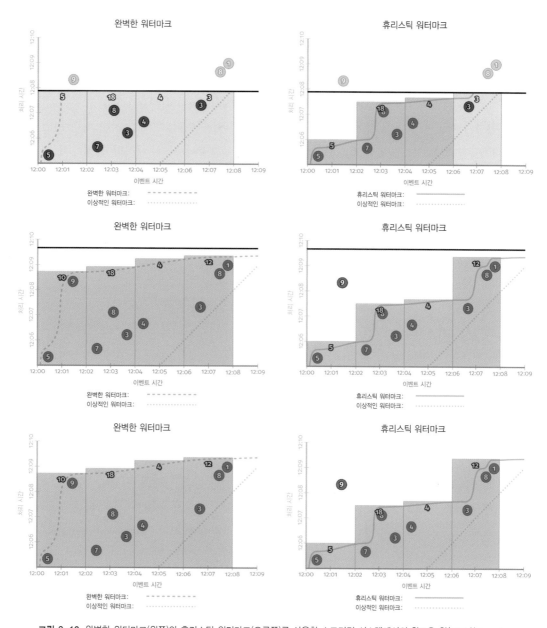

그림 2-10. 완벽한 워터마크(왼쪽)와 휴리스틱 워터마크(오른쪽)를 사용한 스트리밍 시스템에서의 윈도우 합(http://streaming book.net/fig/2-10)

데이터 손실 판단이 중요한 사례 중 하나는 외부 조인outer join이다. 워터마크 같은 완결성 개념 없이는 언제까지 조인이 완결되기를 기다렸다가 포기하고 부분 조인을 출력할지 결정할 방법이 없다. 그렇다고 워터마크 지원이 제대로 되지 않는 스트리밍 시스템에서 자주 쓰이는 처리 시간 지연을 바탕으로 이를 결정하는 방식은 1장에서 봤던 이벤트 시간 편차가 가변적일 수 있기 때문에 결코 안전한 방법이 아니다. 선택된 처리 시간 지연보다 편차가 작으면 문제없지만, 커지는 순간 결과는 엉망이 된다. 이러한 관점에서 이벤트 시간 워터마크는 외부 조인, 이상 탐지anomaly detection처럼 입력의 결핍에 대한 결정을 내려야 하는 다수의 스트리밍 사례에 필수적인 요소다.

이제 워터마크(사실상 완결성의 개념을 사용하는 모든 경우)가 갖는 두 가지 단점을 살펴보도록 하자.

너무 느림

워터마크가 (네트워크 대역폭 제한으로 입력 로그가 느리게 증가하는 등의 이유로) 알려진 미처리된 데이터를 기다리느라 정상적으로 지연되는 경우, 결과를 내는 기준이 워터마크의 진행 정도에만 의존하고 있다면 출력에 직접적으로 지연이 발생한다. 이는 그림 2-10의 왼쪽 그림에서 확인할 수 있다. 그림에서 늦게 도착한 9로 인해 다른 윈도우는 미리 완료됐음에도 뒤이은 모든 윈도우가 대기하게 된다. 이는 [12:02, 12:04) 윈도우에서 관찰 가능하며, 결과를 내기까지 첫 값이 관측된 후 7분가량이 늦어진다. 휴리스틱 워터마크는 이 정도로 상황이 안 좋지는 않으나(5분 정도의 대기가 생긴다), 그렇다고 워터마크 지연이 휴리스틱에서 발생하지 않는 것은 아니다. 여기서는 우리가 선택한 값으로 영향이 작아 보이는 것뿐이다.

요점은 이렇다. 워터마크가 완결성에 대한 매우 유용한 개념을 제공하는 것은 맞지만, 결과 생성을 위해 완결성에 의존하는 것이 항상 이상적이지는 않다. 시간이나 하루 단위로 유용한 정보를 보여주는 대시보드를 생각해보자. 현재 윈도우의 결과를 보기 위해 고전적인 배치 시스템이 하는 것처럼 온전히 1시간이나 하루를 기다리길 원하는 사람은 없을 것이다. 대신 입력이 진행되면서 다듬어진 결과가 보이고 종국에는 완벽해지는 것이 더 나을 것이다.

너무 성급함

휴리스틱 워터마크가 오판으로 실제 기다려야 하는 것보다 먼저 진행된다면, 워터마크 이전의 이벤트 시간을 갖는 데이터가 뒤늦게 도착할 수도 있다. 지연 데이터가 발생하는 것이다. 이는 오른쪽 그림에서 볼 수 있다. 워터마크가 윈도우가 관찰하는 모든 데이터를 보기 전에 윈도우의 끝을 지나고 결국 올바른 값인 14 대신 5를 결과로 내게 된다. 이 단점은 휴리스틱 워터마크에만 존재하는 문제다. 휴리스틱은 언제든지 틀릴 수 있음을 뜻하고, 결국 출력을 구체화하는 결정에 휴리스틱을 사용하면 정확성을 고려했을 때 충분하지 않은 결과가 나올 수 있다.

1장에서 완결성의 개념에 대해 이야기할 때 완결성은 무한 데이터스트림의 비순서 처리를 요하는 대부분의 경우에 충분하지 않다고 단호하게 이야기한 바 있다. 바로 지금 살펴본 두 가지 단점이 이런 주장의 근거이다. 완결성에만 의존하는 시스템에서는 낮은 지연과 정확성을 동시에 갖추는 것은 불가능하다.[5] 이제 양쪽에서 최선을 취하는 방법은 무엇일까? 만약 반복 업데이트 트리거가 낮은 지연을 보이지만 완결성에 대한 지원이 결핍돼 있고, 워터마크가 완결성을 지원하지만 지연 문제가 발생할 수 있다면 그 둘의 장점을 결합해보면 어떨까?

언제: 조기/정시/지연 트리거

지금까지 두 가지 주요한 트리거인 반복 업데이트 트리거와 완결성/워터마크 트리거를 살펴봤다. 많은 경우, 둘 중 하나만으로는 충분한 결과를 가져오지 못하지만 둘을 결합한다면 이야기가 달라진다. 빔은 이런 사실을 인지해 워터마크 트리거의 앞뒤로 반복 업데이트 트리거를 도입할 수 있도록 표준 워터마크 트리거를 확장해두고 있다. 복합된 트리거에 의해 구체화되는 패널pane을 다음 세 종류로 나누기 때문에 이를 조기/정시/지연 트리거early/on-time/late trigger라고 부른다.

---

5   물론 정확성이 중요하고 지연 발생이 중요하지 않은 경우도 있다. 그런 경우에는 파이프라인 출력을 위해 정확한 워터마크 (accurate watermark)를 단독으로 사용하는 것이 적절한 방법이다.

- 생략 가능한 조기 패널: 워터마크가 윈도우 끝을 지나기 전에 주기적으로 작동하는 반복 업데이트 트리거의 결과물이다. 이 트리거로 생성되는 패널은 예측 결과를 담고 있지만, 입력 데이터가 도착하면서 시간에 따라 윈도우가 변하는 모습을 관찰할 수 있게 해준다. 이는 워터마크가 너무 느려질 수 있는 단점을 보완해준다.

- 단일 정시 패널: 완결성/워터마크 트리거가 윈도우 끝을 통과한 후에 동작하는 결과물이다. 이 트리거가 중요한 이유는 이로 인해 시스템은 윈도우의 입력이 완료됐다고 믿을 수 있고,[6] 덕분에 누락된 데이터에 대한 판단이 가능해 외부 조인을 수행할 때 부분 조인을 출력하거나 하는 등의 행동이 가능해진다.

- 생략 가능한 지연 패널: 워터마크가 윈도우 끝을 통과한 후에 주기적으로 트리거되는 반복 업데이트 트리거의 결과물이다. 이 트리거와 조기 패널에 쓰인 트리거가 동일할 필요는 없다. 완벽한 워터마크의 경우 지연 패널은 의미가 없다. 하지만 휴리스틱 워터마크의 경우에는 늦게 도착하는 데이터가 있다면 지연 패널이 발생한다. 이는 너무 성급하게 동작하는 워터마크의 단점을 보완해준다.

이제 동작하는 모습을 보도록 하자. 기존의 파이프라인을 수정해 조기 트리거로는 1분 지연을 갖는 주기적인 처리 시간 트리거를, 지연 트리거로는 데이터 단위 트리거를 사용해보자. 이렇게 하면 조기 트리거는 1분에 한 번만 동작하기에 윈도우 크기가 대규모일 때 처리가 용이하며, 충분히 정확한 휴리스틱 워터마크에서는 동작할 일이 드문 지연 트리거에서는 불필요한 지연이 발생하지 않게 된다. 빔으로 작성된 코드는 예 2-7에, 결과는 그림 2-11에 보였다.

예 2-7. 조기, 정시, 지연 API를 통한 트리거

```
PCollection<KV<Team, Integer>> totals = input
  .apply(Window.into(FixedWindows.of(TWO_MINUTES))
                .triggering(AfterWatermark()
                    .withEarlyFirings(AlignedDelay(ONE_MINUTE))
```

---

6   이미 알고 있듯이 이 믿음은 완벽한 워터마크의 경우 보장이며, 휴리스틱 워터마크의 경우 추측이다.

```
                    .withLateFirings(AfterCount(1))))
    .apply(Sum.integersPerKey());
```

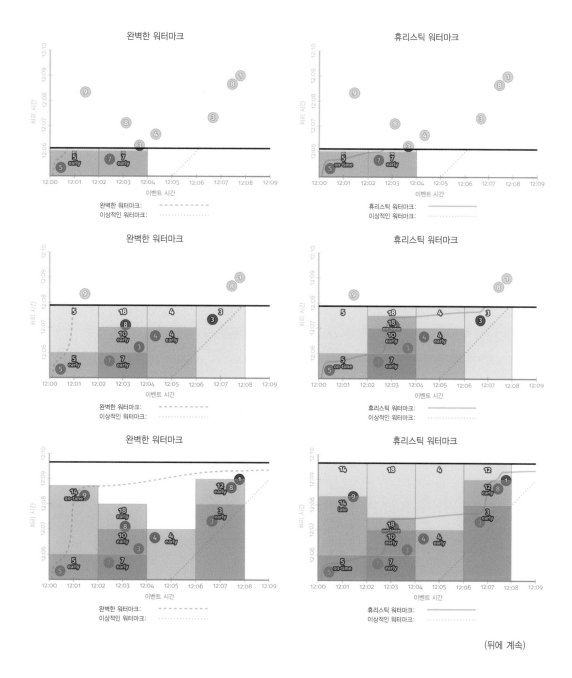

(뒤에 계속)

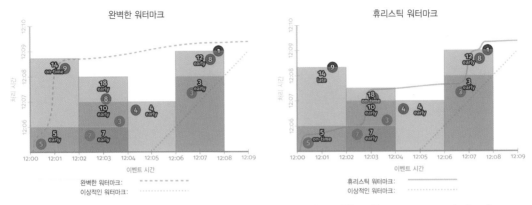

그림 2-11. 조기, 정시, 지연 트리거를 사용한 스트리밍 시스템에서의 윈도우 합(http://streamingbook.net/fig/2-11)

이 버전은 그림 2-9 대비 두 가지 장점을 갖는다.

- 두 번째 윈도우인 [12:02, 12:04)에서 워터마크가 너무 느린 경우는 이제 주기적으로 이뤄지는 1분 단위 조기 업데이트를 통해 해결되고 있다. 차이는 완벽한 워터마크의 경우에 좀 더 분명한데, 첫 출력까지의 시간이 7분에서 3분 30초 정도로 줄었다. 하지만 휴리스틱의 경우에도 개선된 모습이 보인다. 두 경우 모두 입력이 완료되는 시점과 최종 결과를 구체화하는 시간 간격은 줄이면서 시간이 지남에 따라 결과가 7, 10, 18로 정제되는 모습이 보인다.

- 첫 윈도우 [12:00, 12:02)에서 발생하는 휴리스틱 워터마크가 너무 성급한 경우는 이제 늦게 도착하는 9가 바로 새롭게 수정된 패널에 반영되고 올바른 값인 14를 결과로 낸다.

이 새로운 트리거의 흥미로운 점 중 하나는 완벽한 워터마크와 휴리스틱 워터마크를 사용한 두 경우의 차이가 좁혀진다는 점이다. 그림 2-10에서 보인 두 결과의 차이는 분명하지만 여기서 보인 결과는 상당히 유사하다. 심지어 그림 2-6부터 2-8에 보인 반복 업데이트 트리거를 사용한 결과와 비교해도 매우 흡사하다. 거기에 더해 워터마크 트리거를 사용하기 때문에 완결성에 대한 판단을 내릴 수 있게 된다. 따라서 데이터 누락을 고려할 필요가 있는 외부 조인, 이상 감지 등의 상황 역시 잘 다룰 수 있게 된다.

조기/정시/지연 트리거를 사용할 때 완벽한 트리거와 휴리스틱 트리거 사이의 남아 있는 가장 큰 차이는 바로 윈도우의 수명이다. 완벽한 워터마크에서는 워터마크가 윈도우 끝을 통과하고 나면 더 이상 해당 윈도우를 위한 데이터가 남아 있지 않음을 알게 돼 윈도우와 관련된 모든 상태 정보를 버릴 수 있다. 하지만 휴리스틱의 경우에는 지연 데이터의 가능성이 있기에 일정 시간 윈도우 정보를 유지해야 한다. 하지만 현재로서는 시스템이 얼마나 긴 시간 각 윈도우의 상태를 유지해줘야 하는지 알 방법이 없다. 이제 허용된 지연 범위^{allowed lateness}에 대한 이야기를 나눌 차례다.

언제: 허용된 지연 범위(가비지 컬렉션)

우리의 마지막 질문("결과 사이의 관계가 어떻게 되는가?")으로 넘어가기 전에 비순서 스트리밍 시스템과 관련해 현실적으로 필요한 내용인 가비지 컬렉션을 다루고자 한다. 그림 2-11에 보인 휴리스틱 워터마크 예에서 각 윈도우의 상태는 마지막까지 유지되고 있다. 이는 지연 데이터를 적절하게 처리하기 위해 필요한 부분이지만, 무한 데이터를 다루고 있다면 결국 메타데이터를 포함한 윈도우 상태를 영구적으로 보존해야 하는 비현실적인 상황이 되고, 종국엔 디스크 공간이 부족해지는 결과를 낳을 것이다.

결국 모든 현실의 비순서 처리 시스템은 윈도우 수명을 제한할 방법이 필요하다. 이를 위한 명쾌하고 간결한 방법은 시스템 내에 허용된 지연 범위를 정의해주는 것이다. 즉, 워터마크를 기준으로 입력 데이터가 얼마나 지연될 수 있는지 한계를 두는 것이다. 이 한계 이후에 도착하는 데이터는 무시된다. 개별 데이터가 얼마나 늦을 수 있는지 제한하면 윈도우 상태를 얼마나 오래 유지해야 하는지도 결정할 수 있게 된다. 워터마크가 윈도우 끝마다 설정된 지연 범위를 넘어설 때까지만 윈도우 상태를 유지하면 된다. 또한 이로써 시스템이 한계를 지나 도착한 데이터를 즉각 버리도록 해줘, 버려질 데이터를 처리하기 위해 자원을 낭비하지 않도록 해줄 수 있다.

허용된 지연 범위와 워터마크가 상호작용하는 부분은 다소 미묘해서 예를 통해 보는 것이 이해가 쉽다. 예 2-7, 그림 2-11에 보였던 휴리스틱 워터마크 파이프라인 예제에 1분짜리 지연 한계치를 추가해보자(1분은 우리가 사용할 예에 잘 맞도록 선택한 것뿐이며, 실제에서는 더 큰 허용 범위가 쓰인다).

예 2-8. 허용된 지연 범위를 갖는 조기/정시/지연 트리거

```
PCollection<KV<Team, Integer>> totals = input
  .apply(Window.into(FixedWindows.of(TWO_MINUTES))
              .triggering(
```

```
        AfterWatermark()
          .withEarlyFirings(AlignedDelay(ONE_MINUTE))
          .withLateFirings(AfterCount(1)))
        .withAllowedLateness(ONE_MINUTE))
    .apply(Sum.integersPerKey());
```

이 파이프라인이 동작하는 모습은 그림 2-12에 보였다. 허용된 지연 범위를 추가해 얻게 되는 효과를 강조하기 위해 추가한 부분은 다음과 같다.

- 처리 시간에서 현재 위치를 보여주는 굵은 검은 선에 동작 중인 윈도우의 지연 범위를 보여주기 위해 표시를 추가했다(지연 범위는 이벤트 시간에 속함을 기억하자).

- 워터마크가 윈도우의 지연 한계치$^{Lateness\ Horizon}$를 지나갈 때, 해당 윈도우는 닫히게 된다. 윈도우가 닫힐 때 해당 윈도우가 커버하는 (처리 시간 및 이벤트 시간에서의) 시간 영역을 점선 사각형으로 표시하고 있다. 워터마크 영역과 비교하기 위해 윈도우의 지연 한계치를 표시하도록 오른쪽으로 확장된 꼬리 부분을 늘려 두었다.

- 설명을 위해 이 그림에서만 첫 윈도우에 6을 갖는 새 값을 추가했다. 6은 지연 데이터이지만, 윈도우의 지연 한계치 내에 속하기 때문에 윈도우에 포함돼 최종적으로 11의 결과를 내게 된다. 반면 지연 데이터 9는 윈도우의 지연 한계치 밖에 있어 포함되지 않는다.

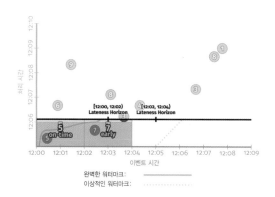

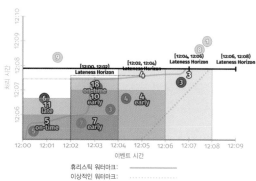

(뒤에 계속)

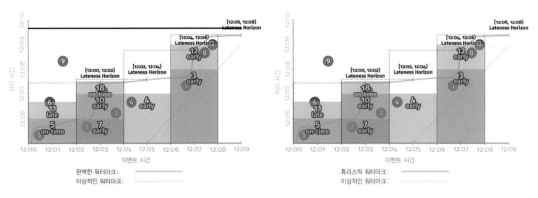

그림 2-12. 조기/정시/지연 트리거와 허용된 지연 범위(http://streamingbook.net/fig/2-12)

지연 한계치에 대해 두 가지 사실만 더 강조하고 넘어가도록 하자.

- 완벽한 워터마크를 사용할 수 있는 경우라면 지연 데이터를 걱정할 필요가 없다. 이때는 0초의 지연 허용 범위를 사용하면 된다. 이미 그림 2-10에서 봤던 모습이다.

- 휴리스틱 워터마크를 사용하는 경우라 해도 지연 한계치가 필요 없는 주요한 예외 중 하나는, 제한된 개수의 키로 전체 시간에 대해 총합을 계산하는 식과 같은 경우이다. 예를 들어 웹 브라우저 종류별로 사이트에 방문한 사용자 수를 누적하는 경우를 생각해보자. 이 경우, 시스템에서 동작하는 윈도우의 개수는 사용 중인 키로 제한되고, 키의 수가 다룰 만한 수준으로 적다면 윈도우의 수명을 굳이 제한할 필요가 없어진다.

이제 4번째이자 마지막 질문으로 넘어가보자.

어떻게: 누적

하나의 윈도우에 대해 트리거가 여러 패널을 결과로 생성하는 경우, 마지막 질문인 "결과 사이의 관계가 어떻게 되는가?"에 답을 해야 한다. 지금까지 봤던 예에서는 각각의 이어지는 패널은 이전 패널을 위에 놓이는 형태였다. 하지만 실제로는 세 가지[7] 다른 종류의 누적 모드accumulation mode가 존재한다.[8]

무시(discarding)

패널이 구체화될 때마다 이전에 저장된 값을 더하거나 하지 않고 무시한다. 이는 각각의 패널이 전에 존재하던 패널과 독립적인 값을 담고 있음을 의미한다. 무시 모드는 이후에 데이터를 받아 처리하는 시스템이 누적 작업을 스스로 하고자 할 때 유용하다. 예를 들어 이후 시스템으로 차이값을 보내고 이후 시스템에서 이를 받아 합을 구하는 식이다.

누적(accumulating)

그림 2-6에서 2-11에서처럼, 패널이 구체화될 때마다 이전에 저장된 상태가 보존되고, 기존 상태와 함께 새로운 값이 결정된다. 이는 각각의 패널이 갖는 값이 이전 패널 값을 바탕으로 형성됨을 의미한다. 누적 모드는 이후의 결과가 이전 결과를 간단히 덮어쓰는 형태일 때 유용하다. HBase나 Bigtable 같은 키/값 저장소에 결과를 출력하는 경우가 이에 해당한다.

누적 및 철회(accumulating and retracting)

누적 모드와 유사하지만 새 패널을 생성할 때 이전 패널과 독립적인 철회 정보도 함께 생성한다. 이 철회 정보는 새로 생성된 누적 결과와 함께 "이전에는 결과가 X라고 했지만, 이는 틀렸고, 마지막에 말한 X를 제거하고 Y로 교체하라"는 정보를 모두 담고 있다. 이 모드가 특히 유용한 경우로는 두 가지가 있다.

---

7   논리적으로 4번째 모드인 무시 및 철회 모드가 존재할 수 있음을 눈치챘을 수도 있다. 하지만 그런 모드는 실제 상황에서 별로 유용하지 않아 다루지 않는다.

8   돌이켜보면 구체화된 스트림에서 관찰되는 데이터의 특성을 바탕으로 이름을 정하는 것이 데이터는 생성하는 방법으로 이름을 정한 것보다 더 이해가 쉬웠을 것이라는 생각이 든다. 아마도 무시 모드 대신 델타 모드(delta mode), 누적 모드 대신 값 모드(value mode), 누적 및 철회 모드 대신 값 및 철회 모드(value and retraction mode)가 더 쉽지 않았을까? 하지만 무시/누적/누적 및 철회라는 이름이 이미 빔 1.x 및 2.x 시절에 쓰였고, 이 책에서 새로운 용어를 도입해 혼란을 더하고 싶지는 않다. 더구나 누적 모드는 빔 3.0에서 싱크 트리거(sink trigger, https://s.apache.org/beam-sink-triggers)가 도입되면 그 배경과 더 잘 어울릴 가능성이 크다. 이에 대한 자세한 내용은 8장에서 SQL을 논할 때 다룰 것이다.

- 현재 시스템에서 생성된 데이터를 소비한 이후 시스템이 결과를 다른 기준으로 다시 그룹핑하고자 할 때, 새로 생성된 값이 이전 값과 다른 키로 묶여 다른 그룹에 속할 수도 있다. 이 경우 새 값이 단순하게 이전 값을 덮어쓸 수는 없고, 대신 이전 값을 지우기 위한 명확한 정보가 필요하다.

- 조만간 자세히 살펴볼 세션 같은 동적 윈도우^{dynamic window}에서는 윈도우 머지^{window merging}가 발생하기 때문에 새 값 하나가 이전 값 여러 개를 대체할 수 있다. 이 경우 새 값만으로는 어떤 이전 값이 대체되는지에 대한 결정을 내리기 쉽지 않다. 이때 이전 값에 대한 철회 정보가 있다면 작업이 쉬워진다. 이에 대한 예는 8장에서 자세히 살펴볼 것이다.

각 모드의 차이는 나란히 놓고 보면 좀 더 분명해진다. 그림 2-11(조기/정시/지연 트리거를 사용한 모습)에서 두 번째 윈도우(이벤트 시간 [12:06, 12:08] 범위)에 속한 두 패널을 살펴보자. 표 2-1은 서로 다른 누적 모드에서 각 패널의 값이 어떻게 되는지를 보여준다(그림 2-11 자체에서는 누적 모드를 쓰고 있었다).

표 2-1. 그림 2-11 두 번째 윈도우를 사용한 누적 모드 비교

	무시	누적	누적 및 철회
Pane 1: inputs=[3]	3	3	3
Pane 2: inputs=[8, 1]	9	12	12, -3
Value of final normal pane	9	12	12
Sum of all panes	12	15	12

각각을 설명하면 다음과 같다.

무시

각 패널은 해당 패널 동안 도착한 값만을 담고 있다. 따라서 마지막 값은 전체 합을 담고 있지 않다. 대신 각 패널의 독립적인 값을 합하면 올바른 합인 12를 얻을 수 있다. 따라서 파이프라인의 결과를 받아 동작하는 이후 시스템이 직접 구체화된 패널

에 집계 등의 작업을 수행할 때 유용함을 알 수 있다.

누적

그림 2-11에서처럼 각 패널은 도착한 값에 이전 패널의 값을 더한다. 결과로, 마지막 값이 12로 올바른 합을 담고 있다. 하지만 개별 패널의 값을 더하면 패널 1의 입력이 중복해 더해지기 때문에 15라는 잘못된 결과를 얻게 된다. 새 값 안에 이전에 봤던 값이 포함돼 있기 때문에 이전 값을 새 값으로 덮어쓰고자 할 때 유용하다.

누적 및 철회 모드

각 패널은 누적 모드의 값은 물론 이전 패널 값의 철회 정보도 포함하고 있다. 따라서 철회 정보를 배제하고 마지막에 관찰된 값은 물론 철회 정보를 반영해 모든 구체화된 패널의 합을 구해도 올바른 값인 12를 얻을 수 있다. 이 부분에서 철회 정보의 강력함을 엿볼 수 있다.

예 2-9는 무시 모드를 사용하는 방법을 보여준다.

예 2-9. 조기/정시/지연 트리거를 사용하는 무시 모드 적용

```
PCollection<KV<Team, Integer>> totals = input
  .apply(Window.into(FixedWindows.of(TWO_MINUTES))
                  .triggering(
                    AfterWatermark()
                      .withEarlyFirings(AlignedDelay(ONE_MINUTE))
                      .withLateFirings(AtCount(1)))
                  .discardingFiredPanes())
  .apply(Sum.integersPerKey());
```

이를 휴리스틱 워터마크를 사용해 적용하면 그림 2-13과 같은 결과를 보일 것이다.

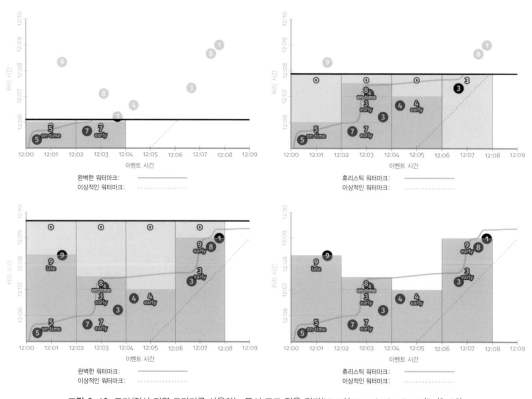

완벽한 워터마크:
이상적인 워터마크:

휴리스틱 워터마크:
이상적인 워터마크:

완벽한 워터마크:
이상적인 워터마크:

휴리스틱 워터마크:
이상적인 워터마크:

그림 2-13. 조기/정시 지연 트리거를 사용하는 무시 모드 적용 결과(http://streamingbook.net/fig/2-13)

출력의 전체적인 모양이 그림 2-11의 누적 모드와 유사하지만 여기서는 패널끼리 겹치는 부분이 없음에 유의하자. 각 패널은 서로 간에 독립적이다.

철회가 동작하는 모습을 보고 싶다면 예 2-10과 그림 2-14를 보도록 하자.

예 2-10. 조기/정시/지연 트리거를 사용하는 누적 및 철회 모드 적용

```
PCollection<KV<Team, Integer>> totals = input
  .apply(Window.into(FixedWindows.of(TWO_MINUTES))
              .triggering(
                AfterWatermark()
                  .withEarlyFirings(AlignedDelay(ONE_MINUTE))
                  .withLateFirings(AtCount(1)))
              .accumulatingAndRetractingFiredPanes())
  .apply(Sum.integersPerKey());
```

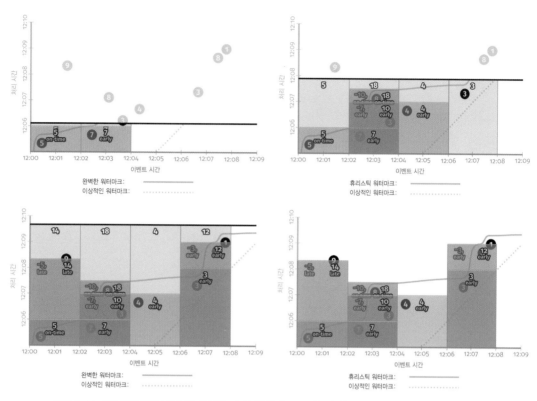

그림 2-14. 조기/정시/지연 트리거를 사용하는 누적 및 철회 모드 적용 결과(http://streamingbook.net/fig/2-14)

각 윈도우의 패널들이 겹치기 때문에 철회의 효과를 보기가 조금은 까다롭다. 철회는 붉은 색으로 표시했으며, 이 부분이 푸른색의 패널과 겹쳐져 보라색으로 표현돼 있다. 또한 패널 내의 출력값을 쉼표로 분리하고 수평으로 이동시켜 구분하기 쉽도록 했다.

그림 2-15에서는 그림 2-9, 2-11(휴리스틱 버전), 2-14의 마지막 프레임을 함께 그려 세 가지 모드가 어떻게 다른지 비교해볼 수 있다.

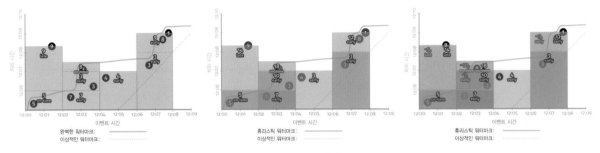

그림 2-15. 누적 모드의 비교

예상하고 있겠지만 무시, 누적, 누적 및 철회 모드의 순으로 저장 공간과 계산 비용을 더 사용하게 된다. 이런 점에서 누적 모드는 정확성, 지연, 비용의 세 축을 따라 절충이 필요한 부분에 또 다른 선택이 필요한 부분이다.

요약

2장을 통해 여러분은 이제 강력한 스트림 처리의 기본을 이해하게 됐고, 세상으로 나아가 놀라운 일들을 할 준비가 됐다. 물론 아직 읽어야 할 장이 8개나 남아 있으니 당장 달려 나가지는 않기를 바란다. 세상으로 달려 나갈 여러분이 잊지 않도록 배웠던 내용을 정리해보고자 한다. 우선 우리가 주로 다룬 개념들은 다음과 같다.

이벤트 시간 대 처리 시간

이벤트가 발생한 시간과 데이터 처리 시스템이 해당 이벤트를 관찰한 시간 사이를 구분하는 것은 중요하다.

윈도우

(빔 모델에서는 이벤트 시간으로 윈도우의 정의를 제한하긴 하지만) 처리 시간이나 이벤트 시간의 시간 경계를 따라 무한 데이터를 잘라 가며 처리하는 통상적으로 쓰이는 방법이다.

트리거

적용 목적에 적절하도록 출력을 구체화하는 정확한 시점을 명시하는 선언 방법이다.

워터마크

무한 비순서 데이터 처리에서 완결성과 누락 데이터에 대한 결정을 내릴 수 있게 해주는 이벤트 시간 내에서의 진행 정도를 표현하는 강력한 개념이다.

누적

시간에 따라 여러 번 구체화가 발생할 때 한 윈도우에서 나온 여러 결과 사이의 관계를 의미한다.

두 번째로 우리의 여정에 틀을 제공할 네 가지 질문을 만나봤다.

- 무슨 결과가 계산되는가? = 변환

- 이벤트 시간의 어디서 결과가 계산되는가? = 윈도우

- 처리 시간의 언제 결과가 구체화되는가? = 트리거와 워터마크

- 결과 사이의 관계가 어떻게 되는가? = 누적

세 번째로 (결국 정확성, 지연, 비용 같은 요소들 사이의 균형을 맞추는 것이 목표이기 때문에) 스트리밍 시스템의 이와 같은 모델로 얻을 수 있는 유연성을 강조하기 위해 최소한의 코드 수정으로 동일 데이터셋을 두고 얻을 수 있는 출력의 다양한 모습을 살펴봤다.

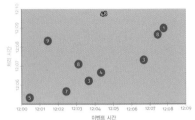

정수 합
예 2-1 / 그림 2-3

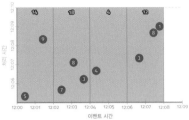

정수 합
고정 윈도우 배치
예 2-2 / 그림 2-5

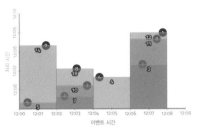

정수 합
고정 윈도우 스트리밍
반복되는 레크별 트리거
예 2-3 / 그림 2-6

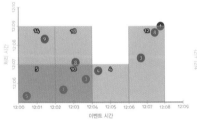

정수 합
고정 윈도우 스트리밍
정렬 지연 반복 트리거
예 2-4 / 그림 2-7

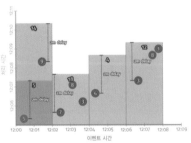

정수 합
고정 윈도우 스트리밍
비정렬 지연 반복 트리거
예 2-5 / 그림 2-8

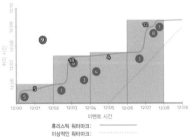

정수 합
고정 윈도우 스트리밍
휴리스틱 워터마크 트리거
예 2-6 / 그림 2-10

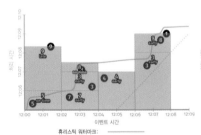

정수 합
고정 윈도우 스트리밍
조기/정시/지연 트리거
무시 모드
예 2-9 / 그림 2-13

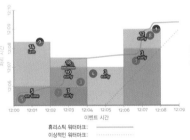

정수 합
고정 윈도우 스트리밍
조기/정시/지연 트리거
누적 모드
예 2-7 / 그림 2-11

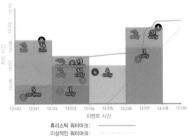

정수 합
고정 윈도우 스트리밍
조기/정시/지연 트리거
누적 및 철회 모드
예 2-10 / 그림 2-14

지금까지 우리가 살펴본 윈도우는 이벤트 시간 위에 놓이는 고정 윈도우 하나뿐이다. 알다시피 윈도우는 보다 다양한 형태를 가지며, 빔 모델을 마무리하기 전에 최소한 두 종류를 더 살펴볼 것이다. 하지만 그 전에 워터마크의 세상을 통해 잠시 우회해 가려고 한다. 워터마크에 대한 지식은 그 자체로도 재미있지만 앞으로 다룰 내용의 밑바탕이 돼 줄 것이다.

3장
워터마크

지금까지는 파이프라인 작성자 또는 데이터 과학자의 관점에서 스트림 처리를 살펴봤다. 2장에서 이벤트 시간^{event time}의 어디에서 처리가 일어나는지 그리고 처리 시간 ^{processing time}의 언제 결과가 구체화^{materialize}되는지에 대한 질문에 답을 일부 해줄 수 있는 워터마크^{watermark}를 소개한 바 있다. 여기서는 같은 질문을 스트림 처리 시스템의 기본 메커니즘의 관점에서 접근해보고자 한다. 이 메커니즘을 살펴보는 과정에서 워터마크와 관련된 개념을 더욱 잘 이해할 수 있을 것이다. 3장에서는 데이터 인입 시점에서 워터마크가 어떻게 생성되는지, 생성된 워터마크가 데이터 처리 파이프라인을 통해 어떻게 전파되는지, 또 출력 타임스탬프에는 어떤 영향을 주는지를 다룰 것이다. 또한 워터마크가 무한 데이터^{unbounded data}를 다루는 상황에서 앞서 언급한 두 질문에 답을 주기 위해 필요한 보장을 어떻게 제공하는지도 함께 설명할 것이다.

정의

데이터를 수집하며 결과를 지속적으로 출력하는 파이프라인에서 언제 이벤트 시간 윈도우^{window}를 닫아도 안전한지를 결정하는 일반적인 문제를 생각해보자. 이 파이프라인은 무한한 입력을 처리하고 있다고 가정한다.

이벤트 시간 윈도우 문제를 해결하기 위한 단순한 접근 방법은 이벤트 시간 윈도우를 현재 처리 시간을 기반으로 두는 것이다. 하지만 1장에서 봤듯이 데이터 처리와 전송이

즉각 이뤄지지 않기에 처리 시간과 이벤트 시간은 같을 수 없다. 파이프라인에서 갑작스럽게 발생하는 작은 문제로도 데이터가 엉뚱한 윈도우에 할당될 수 있다. 결국 이 방법은 할당되는 윈도우에 대해 보장을 해줄 수 없기에 실패한 방법이다.

역시나 직관적이지만 잘못된 또 다른 접근법은 파이프라인의 메시지 처리 속도를 고려해 반영하는 것이다. 이는 흥미로운 방법이긴 하지만 입력의 변화, 기대하는 결과의 다양성, 처리에 쓰이는 시스템 자원 등에 영향을 받아 임의로 달라질 수 있는 지표에 의존하게 된다. 더 중요한 문제는 진행 정도만으로는 완결성completeness이라는 근본적인 질문, 특히 일정 시간 간격 동안 모든 입력을 봤는지 여부에 답을 해주지 못한다는 점이다. 더구나 실제 시스템에서는 시스템이 입력을 제대로 처리하지 못하는 다양한 상황이 발생할 수 있다. 크래시crash나 네트워크 오류, 시스템 중단 등으로 인한 일시적인 오류나 혹은 직접적인 수정을 필요로 하는 프로그램 논리상의 문제 같은 지속적인 오류도 발생할 수 있다. 물론 진행 정도를 통해 오류가 다량으로 발생한다는 사실을 감지할 수도 있다. 그러나 진행 정도로는 절대로 하나의 데이터 파이프라인에서 제대로 처리되고 있지 않음을 알 방법이 없다. 그럼에도 이런 데이터 하나가 문제를 일으키는 것만으로도 출력 결과의 정확성은 영향을 받는다.

따라서 진행 정도를 측정하기 위한 좀 더 강력한 방법이 필요하다. 이를 위해 스트리밍 데이터에 근본적인 가정을 하나 깔아 두고자 한다. 즉, 각 데이터는 논리적인 이벤트 시간 타임스탬프를 포함하고 있다는 것이다. 이는 무한 데이터를 다루는 상황에서는 입력 데이터가 쉬지 않고 생성되기 때문에 충분히 합리적인 가정이라고 볼 수 있다. 대부분의 경우 실제 이벤트의 발생 시점을 논리적인 이벤트 시간 타임스탬프로 다룰 수 있다. 이벤트 시간을 포함하는 데이터를 통해 파이프라인 내에서 이벤트 시간 타임스탬프의 분포를 확인할 수 있다. 파이프라인은 여러 기기를 통해 병렬로 입력 데이터를 소비할 것이고, 개별 기기 간 순서에 대한 보장은 없다. 따라서 파이프라인에서 처리 중인 데이터의 이벤트 시간의 분포를 확인하면 그림 3-1과 같은 모양이 될 것이다.

파이프라인은 데이터를 입력받아 처리하고 나중에 완료된 것으로 표시할 것이다. 각 데이터는 '처리 중in-filght' 상태, 즉 데이터를 받았지만 아직 처리가 완료되지 않은 상태이거나, '완료completed' 상태, 즉 데이터에 대한 처리가 더 이상 필요하지 않은 상태 중 하나에 놓일 것이다. 이벤트 시간을 기준으로 데이터 분포를 확인해본다면 그림 3-1과 같은 형태가 된다. 시간이 지날수록 더 많은 데이터가 오른쪽의 '처리 중' 상태에 놓일 것이고, '처리 중'에 속한 데이터의 더 많은 수가 완료되면서 '완료' 상태에 놓일 것이다.

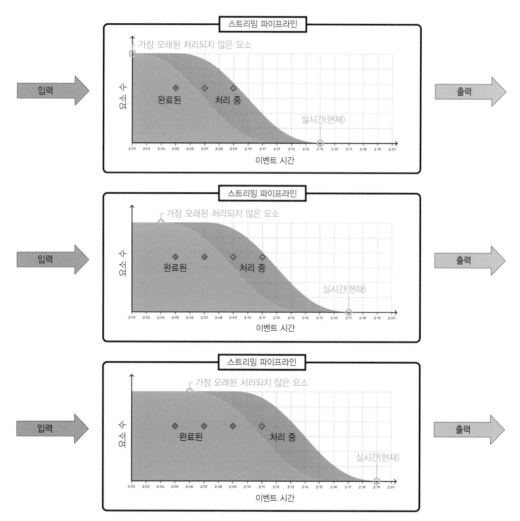

그림 3-1. 스트리밍 파이프라인 내에서 처리 중 및 완료된 데이터 이벤트 시간 분포. 새로운 데이터는 입력으로 도착하고 처리가 완료될 때까지 '처리 중(in-flight)' 상태로 유지된다. '처리 중' 분포의 가장 왼쪽 가장자리는 주어진 순간에 가장 오래된 처리되지 않은 요소에 해당된다(http://streamingbook.net/fig/3-1).

여기서 핵심은 파이프라인에서 처리되지 않은 데이터 중 가장 오래된 이벤트 시간에 해당하는 '처리 중' 부분의 가장 왼쪽 끝이다. 워터마크 정의에는 이 값을 사용한다.

> 워터마크는 아직 완료되지 않는 가장 오래된 작업이 갖는 단조[1] 증가monotinically increasing 타임스탬프이다.

이 정의에 의해 제공되는 두 가지 근본적인 특성을 알아보자.

완결성(completeness)

워터마크가 어떤 타임스탬프 T를 지나 진전이 이루어진 경우, 단조라는 속성으로 인해 시간 T를 기준으로 정시 또는 그 전에 발생한 이벤트는 만나지 않음을 보장받는다. 따라서 T에서의 혹은 그 이전의 모든 결과를 생성해도 올바르다. 다시 말해 워터마크를 사용하면 윈도우를 닫을 수 있는 시점을 알 수 있다.

가시성(visibility)

메시지가 어떤 이유로든 파이프라인 내에서 처리되지 않고 있으면, 워터마크가 진행되지 않는다. 또한 워터마크의 진행을 방해하는 데이터를 검토해 문제의 원인을 찾을 수 있다.

소스 워터마크 생성

이러한 워터마크는 어디에서 오는 것일까? 데이터 소스에 워터마크를 설정하려면 해당 소스에서 파이프라인으로 들어가는 모든 메시지에 논리적인 이벤트 시간을 할당해야 한다. 2장에서 알 수 있듯이 모든 워터마크는 완벽한 워터마크perfect watermark 나 휴리스틱 워터마크heuristic watermark 두 범주 중 하나에 속한다. 이 둘의 차이를 상기해보기 위해

---

[1] 단조 부분에 유의하자. 아직 이 단조라는 특성을 어떻게 만족할 수 있는지에 대해서는 논의하지 않았다. 입력에 대한 별도의 가정을 하지 않았기 때문에, 미처리 데이터의 이벤트 시간에서 가장 오래된 것만을 취한다면 워터마크가 항상 단조 형태를 갖지는 않는다. 조만간 이 문제를 다룰 것이다.

2장의 윈도우 합 예를 보여주는 그림 3-2를 살펴보자.

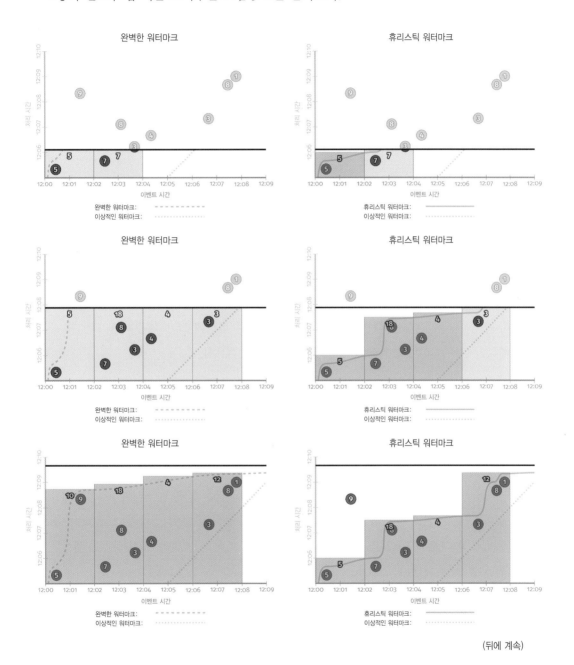

(뒤에 계속)

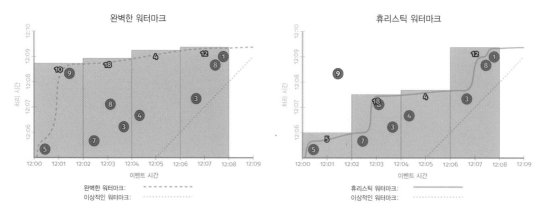

그림 3-2. 완벽한 워터마크(왼쪽)와 휴리스틱 워터마크(오른쪽)를 사용하는 윈도우 합(http://streamingbook.net/fig/3-2)

차이가 나는 부분은 완벽한 워터마크는 워터마크가 모든 데이터를 고려했음을 보장한다는 점이고, 휴리스틱은 지연 데이터late data가 발생할 수 있음을 인정한다는 점이다.

워터마크가 두 형태 중 하나로 만들어진 후에는 파이프라인 동작 내내 그 형태로 남아 있다. 워터마크의 생성 형태는 소비되는 입력 소스의 특성에 크게 의존한다. 그 이유를 이해하기 위해 워터마크의 생성 형태에 관한 예를 살펴보자.

완벽한 워터마크 생성

완벽한 워터마크를 생성하려면 워터마크가 그보다 작은 이벤트 시간을 갖는 데이터가 입력으로 들어오지 않도록 엄격하게 보장해주는 방식으로 입력 데이터에 타임스탬프를 할당해야 한다. 완벽한 워터마크를 사용하는 파이프라인은 지연 데이터를 고려할 필요가 없다. 그러나 완벽한 워터마크를 생성하려면 입력에 대한 완벽한 지식이 필요하므로 실제 대부분의 분산 입력 소스에는 적용이 어렵다. 다음은 완벽한 워터마크를 생성할 수 있는 몇 가지 사례다.

인입 타임스탬프(ingress timestamp)

시스템에 입력되는 데이터의 인입 시간을 이벤트 시간으로 설정하는 경우라면 완벽한 워터마크를 생성할 수 있다. 이 경우 소스 워터마크는 파이프라인에서 관찰되는 처리 시간을 추적하게 된다. 이는 본질적으로 2016년 이전에 윈도우를 지원하는 거의 모든 스트리밍 시스템이 사용했던 방법이다.

이벤트 시간이 단일의 단조 증가하는 형태(즉, 실제 처리 시간)로 할당되기에 시스템은 스트림 안에서 다음에 올 타임스탬프의 특성을 완벽하게 추정할 수 있게 된다. 그 결과로, 이벤트 시간 진행과 윈도우 처리가 매우 쉬워진다. 물론 단점도 있다. 워터마크가 실제 데이터 자체의 이벤트 시간과 무관하다. 시스템이 실제 데이터의 이벤트 시간은 무시하고, 인입 시간만을 데이터 처리의 지표로 삼기 때문이다.

시간순으로 정렬된 정적 로그 데이터

아파치 카프카^{Apache Kafka} 토픽처럼, 각 분할에 단조 증가하는 이벤트 시간이 포함돼 있는 정적 분할에 속하는 정적인 크기[2]를 갖는 시간순 로그 데이터는 완벽한 워터마크를 생성할 수 있는 비교적 단순한 경우에 해당한다. 워터마크 생성을 위해 입력 소스는 알려진 정적 분할 중 처리되지 않은 데이터의 가장 작은 이벤트 시간(즉, 가장 최근에 읽은 데이터의 최소 이벤트 시간)을 추적한다.

앞에서 언급한 인입 타임스탬프와 마찬가지로, 시스템은 정적 분할 내 이벤트 시간이 단조 증가한다는 사실을 알고 있기에 다음 타임스탬프에 대해 문제없이 추정할 수 있다. 이는 사실상 비순서^{out-of-order} 처리의 제한된 형태로 볼 수 있다. 일정한 분할 내에서 순서가 뒤바뀔 수 있는 정도가 해당 분할 내에서 관찰한 최소 이벤트 시간으로 제한되는 셈이다.

보통 분할 내에서 단조 증가 타임스탬프를 보장할 수 있는 유일한 방법은 해당 분할로 데이터가 쓰여지는 시점에 타임스탬프가 할당되는 경우다. 예를 들어 웹 프론트엔드가 카프카로 이벤트 로그를 직접 남기는 경우를 들 수 있다. 여전히 제한된 사용 사례에 해당하긴 하지만 그래도 워터마크가 데이터에 속한 이벤트 시간을 추적하는

---

2   정확히 말하자면, 일정 시점의 로그 개수를 시스템이 사전에 알 수 있도록 하는 방식으로 로그 개수를 정적으로 고정시켜야 하는 것은 아니다. 프라베가(Pravega, http://pravega.io)처럼 입력 로그의 개수가 동적으로 결정돼 구성되는 입력 소스에도 완벽한 워터마크를 구성할 수 있다. 다음 절에 설명할 예에서처럼 일정 시점에 동적 세트 안에서 로그 개수를 모를 때에만 휴리스틱 워터마크가 필요하다.

경우이기 때문에 데이터 인입 시점을 타임스탬프로 사용하는 것보다는 유용하다고 볼 수 있다.

휴리스틱 워터마크 생성

휴리스틱 워터마크 생성은 워터마크보다 이른 이벤트 시간을 갖는 데이터를 만나지 않는다는 보장이 아닌, 그럴 가능성이 적다는 추정에 대한 워터마크를 생성한다. 휴리스틱 워터마크를 생성해 사용하는 파이프라인은 지연 데이터 처리를 고려해야 한다. 지연 데이터는 휴리스틱 워터마크를 사용할 때만 발생한다. 휴리스틱이 충분히 좋은 경우에는 지연 데이터가 거의 발생하지 않으며, 워터마크는 완결성을 추정할 수 있는 도구 역할을 충실히 한다. 시스템은 청구서 처리처럼 정확성이 필요한 사례를 지원하기 위해 지연 데이터를 처리할 수 있는 방법을 반드시 제공할 필요가 있다.

다수의 실질적인 분산 입력 소스에서 완벽한 워터마크를 사용하기란 불가능하다. 하지만 입력 데이터의 구조적인 특성을 고려해 고도로 정확한 휴리스틱 워터마크를 생성하는 것은 가능하다. 휴리스틱 워터마크가 가능한 두 가지 경우를 보도록 하자.

시간순으로 정렬된 동적 로그 데이터

구조화된 동적 로그 파일(즉, 개별 파일 안에서는 이벤트 시간이 단조 증가하지만 파일 간의 이벤트 시간 관계는 고정되지 않는다)을 생각해보자. 여기서 예상되는 로그 파일의 전체(즉, 카프카 용어를 빌리자면 분할 전체에 해당한다)는 실행 시점에는 알 수 없다. 이러한 입력 형태는 여러 독립적인 팀이 입력을 생성하고 관리하는 글로벌 규모의 서비스에서 흔히 볼 수 있다. 이런 사용 사례에서 입력에 대한 완벽한 워터마크를 생성하는 것은 어렵지만, 정확한 휴리스틱 워터마크를 생성하는 것은 가능하다.

기존 로그 파일에서 처리되지 않은 데이터의 최소 이벤트 시간을 추적하고, 증가율을 모니터링하며, 네트워크 토폴로지^{network topology} 및 대역폭과 같은 외부 정보를 활용해 모든 입력에 대한 완벽한 지식이 없어도 놀라울 정도로 정확한 워터마크를 생성할 수 있다. 이런 유형의 입력 데이터는 구글에서 찾을 수 있는 가장 흔한 유형의 무한 데이터셋이므로 이때 사용할 수 있는 품질 좋은 워터마크를 생성하고 분석하는 풍부한 경험이 쌓여 있으며 수많은 사용 사례에서 이미 잘 동작함을 확인해왔다.

구글 클라우드 Pub/Sub

클라우드 Pub/Sub^{Cloud Pub/Sub}는 흥미로운 활용 사례에 해당한다. Pub/Sub은 순서를 보장하며 전달되지 않는다. 단일 게시자가 2개의 메시지를 순서대로 게시하더라도 가능성은 낮지만 순서가 뒤바뀔 수 있다. 이는 사용자 개입 없이 처리량을 높이기 위해 확장성을 갖추려는 아키텍처의 동적인 특성에서 연유한다. 결과적으로 클라우드 Pub/Sub에서 완벽한 워터마크를 보장할 방법이 없다. 그러나 클라우드 데이터플로우^{Cloud Dataflow} 팀은 클라우드 Pub/Sub 데이터에 대해 사용할 수 있는 지식을 활용해 충분히 정확한 휴리스틱 워터마크를 구축한 바 있다. 이 휴리스틱 구현은 3장 후반부에서 길게 이야기해볼 것이다.

사용자가 모바일 게임을 하고 점수 처리를 위해 파이프라인으로 정보가 전송되는 경우를 생각해보자. 일반적으로 모바일 장치를 입력으로 하는 모든 소스에 대해 완벽한 워터마크를 제공하는 것은 불가능하다. 오랜 시간 동안 오프라인 상태에 놓인 기기가 있을 수 있기에 절대적인 완결성에 대한 추정 방법을 제공할 길이 전무하다. 그러나 조금 전에 설명한 구글 Pub/Sub에서 쓰인 워터마크와 유사하게 현재 온라인 상태인 기기의 입력 완결성을 추적하는 워터마크를 구축하는 것은 상상해볼 수 있다. 더구나 낮은 지연^{low latency}을 갖는 결과를 내야 한다는 목적에서 보면, 온라인 상태인 사용자가 사용자의 대부분을 차지할 것이기 때문에 이는 처음 생각했던 것만큼 큰 단점이 되지는 않을 것이다.

휴리스틱 워터마크 생성과 관련해 정리하자면 소스에 대해 더 많이 알수록 휴리스틱이 향상되고 결국 더 적은 지연 데이터를 만나게 된다. 소스의 유형, 이벤트 분산 및 사용 패턴이 다양하다는 점을 고려할 때 모든 경우에 쓸 수 있는 하나의 해결책은 없다. 그러나 완벽한 워터마크든 휴리스틱이든 입력 소스에서 워터마크가 생성된 후 시스템은 파이프라인을 통해 워터마크를 문제없이 전파할 수 있다. 즉, 완벽한 워터마크는 이후 처리 시스템에서도 완벽한 상태를 유지하고, 휴리스틱 워터마크는 설정했을 때와 마찬가지로 휴리스틱으로 유지된다. 이는 워터마크의 장점이다. 파이프라인 전체에서 완결성을 추적해야 하는 복잡성을 입력 소스에서 워터마크를 생성하는 문제로 좁혀서 해결할 수 있게 된다.

워터마크 전파

지금까지 단일 작업 혹은 단일 단계의 맥락에서 입력이 갖는 워터마크를 고려했다. 하지만 대부분의 실제 파이프라인은 여러 단계로 구성된다. 워터마크가 독립적인 단계에 걸쳐 어떻게 전파되는지를 이해하면 파이프라인 전체에 주어지는 영향과 결과가 지연되는 정도를 이해하는 데 유용하다.

파이프라인 단계

파이프라인이 어떤 새로운 기준으로 데이터를 집계(aggregation)하려고 할 때마다 파이프라인에 단계를 도입해야 한다. 예를 들어 초기 데이터를 소비해 사용자별 집계를 수행하고, 이후 사용자별 데이터로 팀별 집계를 수행한다면 보통 다음과 같은 세 단계를 구성해야 한다.

- 초기 데이터 소비
- 데이터를 사용자별로 집계
- 데이터를 팀별로 집계

파이프라인에서 그룹핑(grouping)이 갖는 효과에 대해서는 6장에서 살펴볼 것이다.

워터마크는 이전에 설명했듯이 입력 소스에서 생성된다. 데이터가 시스템을 따라 흘러가며 처리되는 것처럼 개념적으로 워터마크도 시스템을 따라 흐른다.[3] 이때 다양한 수준으로 세분화해 워터마크를 추적할 수 있다. 여러 개의 구분된 단계로 구성된 파이프라인의 경우에는 각 단계마다 입력과 이전 단계에 의존하는 자신만의 워터마크를 추적할 것이다. 따라서 파이프라인에서 뒤에 나오는 단계일수록 앞에 놓인 단계보다 입력의

---

3 "시스템을 따라 흐른다"라고 할 때, 항상 일반적인 데이터와 같은 경로를 따라 흐른다는 뜻은 아니다. 아파치 플링크(Apache Flink)에서처럼 그럴 수도 있지만, 밀휠(MillWheel)이나 클라우드 데이터플로우에서처럼 별도의 경로로 전송될 수도 있다.

적은 부분을 볼 수밖에 없기 때문에 더 과거의 워터마크를 사용하게 된다.

파이프라인의 단일 작업, 즉 단계의 경계에서 워터마크를 정의할 수 있다. 이를 통해 파이프라인의 각 단계의 진행 정도를 파악할 수 있는 것은 물론 개별 단계마다 가능한 빠르게 독립적인 결과를 낼 수 있다. 단계의 경계에서 다음과 같은 워터마크를 정의할 수 있다.

- 입력 워터마크^{input watermark}는 해당 단계의 모든 업스트림 진행 상황(즉, 해당 단계에서 입력이 완료된 정도)을 담고 있다. 소스의 경우 입력 워터마크는 입력 데이터의 워터마크를 생성하는 소스 고유의 함수로 볼 수 있다. 소스가 아닌 단계의 경우 입력 워터마크는 모든 업스트림 소스와 해당 단계의 모든 샤드^{shard}/분할^{partition}/인스턴스^{instance}의 출력 워터마크 중 최솟값으로 정의된다.

- 출력 워터마크^{output watermark}는 해당 단계의 진행 정도를 담으며, 기본적으로 해당 단계의 입력 워터마크와 단계 내 처리 중인 모든 비지연 데이터의 이벤트 시간 중 최솟값으로 정의된다. 여기서 '처리 중'의 의미는 주어진 단계가 실제 수행하는 작업과 스트림 처리 시스템의 구현에 따라 달라진다. 보통은 집계를 위해 버퍼링돼 있으나 아직 다운스트림으로 구체화되지 않은 데이터와 다운스트림 단계로 전달 중인 출력 데이터 등을 포함한다.

특정 단계의 입출력 워터마크를 정의함에 있어 유용한 특징 중 하나는 해당 단계로 인해 발생하는 이벤트 시간 지연을 계산할 수 있다는 점이다. 한 단계의 입력 워터마크 값에서 출력 워터마크 값을 빼면 해당 단계로 인해 발생하는 이벤트 시간 지연을 알 수 있다. 이 지연은 각 단계의 출력이 실시간으로 얼마나 늦어지고 있는지를 보여준다. 예를 들어 10초 크기의 윈도우 집계를 수행하는 단계의 지연 시간은 10초 이상의 지연을 발생시키므로, 단계의 출력이 입력 및 실시간 대비 최소한 그만큼 지연될 수밖에 없다. 입출력 워터마크의 정의는 파이프라인 전체에서 워터마크의 순환적인 관계를 보여준다. 파이프라인 내 연이은 단계는 해당 단계의 이벤트 시간 지연에 따라 필요한 만큼 워터마크를 지연시킨다.

각 단계 안에서 처리 과정 역시 단일 요소로 구성돼 있지 않다. 한 단계 내 처리 과정을 여러 개념적 요소를 갖는 흐름으로 분할할 수 있으며, 각각의 요소가 출력 워터마크에 영향을 준다. 이미 언급했듯이 이러한 구성 요소의 정확한 특성은 단계가 수행하는 작업과 구현 방법에 따라 달라진다. 개념적으로 이러한 각 구성 요소는 작업이 완료될 때까지 진행 중인 작업이 머무는 버퍼 역할을 한다. 예를 들어 데이터가 도착하면 처리를 위해 버퍼링된다. 이는 나중에 지연된 집계 작업을 위해 기록되고, 집계 작업이 시작되면 다운스트림 단계에서 소비할 때까지 대기하기 위해 출력 버퍼로 결과가 쓰여진다(그림 3-3 참조).

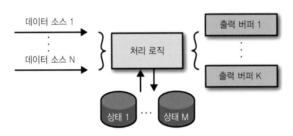

그림 3-3. 처리 중 데이터를 위한 버퍼를 갖는 스트리밍 시스템 단계의 시스템 구성 요소 예시. 각각은 연결된 워터마크를 가지며, 단계의 전체 출력 워터마크는 모든 버퍼의 워터마크 중 최소가 될 것이다.

각 버퍼마다 자체 워터마크를 갖도록 해, 이와 같은 버퍼의 진행 정도를 추적할 수 있다. 각 단계의 버퍼가 갖는 워터마크의 최소가 해당 단계의 출력 워터마크를 만들게 된다. 즉, 출력 워터마크는 다음 워터마크의 최소가 된다.

- 데이터를 보내는 단계에서는 소스별 워터마크

- 파이프라인 외부 소스에 대해서는 외부 입력별 워터마크

- 기록될 수 있는 각 상태에 대해서는 상태별 구성 요소 워터마크

- 데이터를 수신하는 단계에 대해서는 출력 버퍼별 워터마크

이렇게 다양하게 세분화해 워터마크를 사용할 수 있도록 해주면 시스템 동작을 가시적으로 파악하기 쉬워진다. 워터마크를 통해 시스템 내 다양한 버퍼를 거쳐 가는 데이터의 위치를 추적하고 어디서 지연이 발생하는지 쉽게 진단이 가능하다.

워터마크 전파 이해하기

입출력 워터마크와 워터마크 전파에 미치는 영향 사이의 관계를 더욱 잘 이해하기 위한 예를 살펴보자. 게임 점수 예를 보려고 하는데 팀 점수의 합계 대신 사용자 참여 수준을 측정해볼 것이다. 사용자의 게임에 참여 시간이 게임을 얼마나 즐기는지 보여준다는 가정을 세우고, 사용자별 세션 길이를 계산하는 작업을 수행하고자 한다. 세션 길이를 계산하기 위해 "무엇, 어디서, 언제, 어떻게"라는 네 가지 질문에 맞춰 파이프라인을 구성하고, 고정된 시간 내 평균 세션 길이를 구하기 위해 다시 한 번 질문에 맞춰 파이프라인을 구성해볼 것이다.

좀 더 흥미로운 예를 만들기 위해 모바일용 점수와 콘솔용 점수 두 데이터셋으로 작업한다고 가정해, 이 두 독립적인 데이터셋에 병렬로 정수 합을 통한 계산을 동일하게 수행하려고 한다. 서로 다른 게임 플랫폼에서 다른 데이터 수집 전략을 적용했다고 가정해, 한 파이프라인에서는 모바일 기기에서 게임을 한 사용자 점수를 계산하고, 다른 파이프라인에서는 콘솔에서 게임을 한 사용자 점수를 계산할 것이다. 중요한 부분은 두 단계로 구성된 두 파이프라인이 동일한 작업을 수행하지만 서로 다른 데이터에 대해 수행돼 출력 워터마크가 매우 달라진다는 점이다.

먼저, 예제 3-1을 참조해 이 파이프라인의 첫 단계에 대한 코드를 보도록 하자.

예 3-1. 세션 길이 계산

```
PCollection<Double> mobileSessions = IO.read(new MobileInputSource())
  .apply(Window.into(Sessions.withGapDuration(Duration.standardMinutes(1)))
              .triggering(AtWatermark())
              .discardingFiredPanes())
  .apply(CalculateWindowLength());


PCollection<Double> consoleSessions = IO.read(new ConsoleInputSource())
  .apply(Window.into(Sessions.withGapDuration(Duration.standardMinutes(1)))
              .triggering(AtWatermark())
              .discardingFiredPanes())
  .apply(CalculateWindowLength());
```

각각의 입력을 독립적으로 읽은 후 이전에는 팀 단위로 키를 적용했지만, 이 예에서는 사용자 단위로 키를 적용했다. 그런 다음 파이프라인의 첫 단계에서 세션으로 윈도우를 적용하고, CalculateWindowLength라는 사용자 지정 PTransform을 호출한다. 이 PTransform은 단순하게 키(즉, 사용자)를 기준으로 그룹핑한 다음 현재 윈도우 크기를 해당 윈도우의 값으로 처리해 사용자별 세션 길이를 계산한다. 이 경우 기본 트리거(AtWatermark) 및 기본 누적 모드(discardingFiredPanes)는 생략해도 좋지만 명시적으로 적어뒀다. 특정 사용자 둘에 대한 각 파이프라인의 결과는 그림 3-4와 같다.

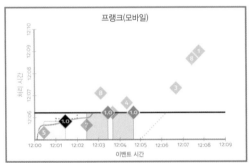
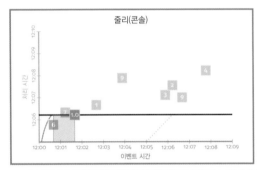
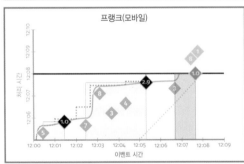
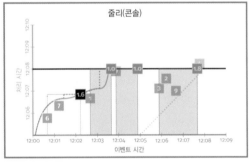
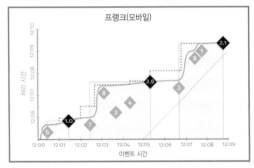
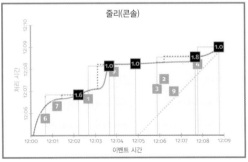

그림 3-4. 2개의 다른 입력 파이프라인에서 사용자별 세션 길이(http://streaming book.net/fig/3-4)

여러 단계에 걸쳐 데이터를 추적해야 하기에 모바일 점수와 관련된 것은 빨간색으로, 콘솔 점수와 관련된 것은 파란색으로, 그림 3-5에서 평균 세션 길이에 대한 워터마크와 출력은 노란색으로 표시했다.

개별 세션 길이를 계산하기 위해 "무엇", "어디서", "언제", "어떻게"라는 질문에 대한 내용을 파이프라인으로 구성했다. 이제 이렇게 구한 세션 길이를 시간의 고정 윈도우 안에서 전체 세션 길이 평균으로 변환하기 위해 다시 한 번 파이프라인을 구성할 것이다. 이를 위해 우선 데이터 소스를 단일로 구성한 후에 고정 윈도우를 적용해야 한다. 우리가 계산한 세션 길이 값에 세션에서 필요한 정보를 담아뒀기 때문에, 이제 하루에 걸쳐 시간의 고정 윈도우 안에서 세션의 전체 평균을 계산하면 된다. 이를 위한 코드가 예 3-2에 주어져 있다.

예 3-2. 세션 길이 계산

```
PCollection<Double> mobileSessions = IO.read(new MobileInputSource())
  .apply(Window.into(Sessions.withGapDuration(Duration.standardMinutes(1)))
            .triggering(AtWatermark())
            .discardingFiredPanes())
  .apply(CalculateWindowLength());


PCollection<Double> consoleSessions = IO.read(new ConsoleInputSource())
  .apply(Window.into(Sessions.withGapDuration(Duration.standardMinutes(1)))
            .triggering(AtWatermark())
            .discardingFiredPanes())
  .apply(CalculateWindowLength());


PCollection<Float> averageSessionLengths = PCollectionList
  .of(mobileSessions).and(consoleSessions)
  .apply(Flatten.pCollections())
  .apply(Window.into(FixedWindows.of(Duration.standardMinutes(2)))
            .triggering(AtWatermark())
  .apply(Mean.globally());
```

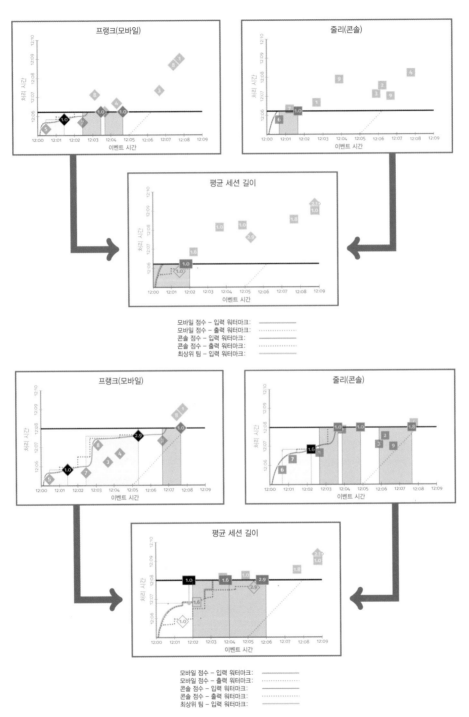

(뒤에 계속)

116

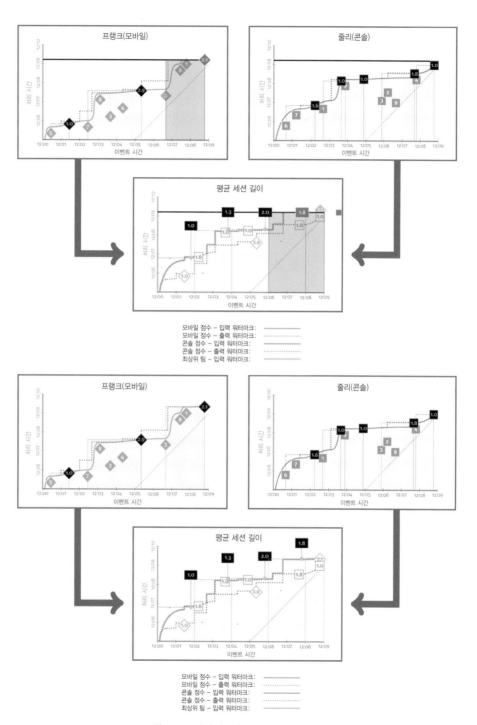

그림 3-5. 모바일 및 콘솔 게임 세션의 평균 길이

이 파이프라인의 실제 동작은 그림 3-5에 보였다. 이전처럼 두 파이프라인은 모바일 및 콘솔의 개별 세션 길이를 계산하고 있다. 그런 다음 계산된 세션 길이가 파이프라인의 두 번째 단계로 전달돼 고정 윈도우 안에서 전체 세션 길이의 평균이 계산된다.

여기서 중요한 두 가지 사항은 다음과 같다.

- 모바일 세션과 콘솔 세션 단계의 출력 워터마크는 적어도 각각의 대응하는 입력 워터마크만큼 늦으며 실제로는 조금 더 늦게 된다. 이는 실제 시스템에서 계산 응답에 시간이 걸리고, 주어진 입력에 대한 처리가 완료될 때까지 출력 워터마크가 진행되지 않기 때문이다.

- 평균 세션 길이 단계의 입력 워터마크는 두 단계의 출력 워터마크 중 최솟값이다.

즉, 다운스트림 입력 워터마크는 결국 업스트림 출력 워터마크 중 최소를 뜻하는 다른 이름이라고 볼 수 있다. 이는 3장의 앞부분에서 다룬 두 유형의 워터마크 정의와 일치한다. 또한 업스트림 단계가 이를 뒤따르는 단계보다 시간상 앞서기에, 더 멀리 있는 다운스트림 워터마크일수록 더 과거를 다룬다는 사실도 확인할 수 있다.

여기서 주목할 만한 점은 예 3-1에서 간단히 네 가지 질문을 대해 생각하는 명쾌한 방법으로 파이프라인의 결과를 변경할 수 있었다는 점이다. 처음에는 사용자별 세션 길이를 계산했고, 다음에 2분 단위로 세션 길이 전체 평균을 계산했다. 이를 통해 게임을 하는 사용자의 전반적인 행동을 훨씬 더 통찰력 있게 이해할 수 있으며, 단순한 데이터 변환과 실제 데이터 과학의 차이점을 조금이나마 확인할 수 있다.

이제 이 파이프라인이 어떻게 동작하는지에 대한 기본적인 내용을 이해했으니 네 가지 질문을 고민하는 것과 관련해 좀 더 미묘한 문제 중 하나인 출력 타임스탬프를 자세히 살펴볼 차례다.

워터마크 전파와 출력 타임스탬프

그림 3-5에서는 출력 타임스탬프에 대한 내용을 대략 살펴봤다. 그러나 그림에서 두 번

째 단계를 자세히 살펴보면, 첫 단계의 각 출력에 윈도우 끝과 일치하는 타임스탬프가 할당된 것을 볼 수 있다. 이는 지극히 자연스러운 선택이지만 유일한 방법은 아니다. 3장 앞부분에서 알 수 있듯이 워터마크는 거꾸로 움직일 수는 없다. 이러한 제약을 생각할 때, 한 윈도우에 대한 유효한 타임스탬프 범위는 (비지연 데이터만이 워터마크를 유지할 수 있기에) 윈도우에서 가장 오래된 지연 없는 데이터의 타임스탬프에서 시작하고 무한대까지 확장될 수 있다고 추정할 수 있다. 이때 선택 가능한 많은 방법이 있지만 실제로는 대부분의 상황에서 의미 있는 선택은 다음 몇 가지로 제한된다.

윈도우의 끝[4]

출력 타임스탬프가 윈도우 경계를 나타내도록 하려면 윈도우 끝을 사용하는 것이 유일하게 안전한 방법이 된다. 잠시 후 살펴보겠지만, 가능한 방법 중 워터마크가 가장 매끄럽게 진행되도록 해준다.

첫 번째 비지연 데이터의 타임스탬프

첫 번째 비지연 데이터의 타임스탬프를 사용하면 워터마크를 최대한 보수적으로 유지할 수 있다. 그러나 그로 인해 워터마크 진행에 방해가 될 수 있다는 단점이 있다.

특정 데이터의 타임스탬프

특정한 경우에는 (시스템 관점에서) 다른 임의 데이터의 타임스탬프가 올바른 선택이 되기도 한다. 특정 쿼리에 대한 스트림과 해당 쿼리 결과에 발생한 클릭 이벤트의 스트림을 조인하는 경우를 생각해보자. 조인을 수행한 후 어떤 시스템은 쿼리의 타임스탬프가 더 유용하다고 판단하기도 하며, 다른 시스템은 클릭 이벤트의 타임스탬프를 선호하기도 한다. 데이터가 늦게 도착하지 않은 이상 워터마크의 정확성 관점에서는 어느 경우든 유효하다.

---

4   워터마크의 정확성 관점에서 윈도우의 시작을 선택하는 것은 안전하지 않다. 이유는 윈도우의 첫 데이터는 종종 윈도우 자체의 시작 이후에 오기에 워터마크가 윈도우의 시작부터 포함된다는 사실이 보장되지 않는다.

출력 타임스탬프에 대한 몇 가지 대체 가능한 선택을 살펴봤으니, 출력 타임스탬프 선택이 전체 파이프라인에 주는 영향을 살펴보자. 가능한 한 극적인 변화를 보이기 위해 예 3-3 및 그림 3-6에서 윈도우에서 가능한 가장 빠른 타임스탬프를 사용하는 경우를 보겠다.

예 3-3. 세션 윈도우의 출력 타임스탬프가 가장 빠른 데이터로 설정되는 평균 세션 길이 파이프라인

```
PCollection<Double> mobileSessions = IO.read(new MobileInputSource())
  .apply(Window.into(Sessions.withGapDuration(Duration.standardMinutes(1)))
            .triggering(AtWatermark())
            .withTimestampCombiner(EARLIEST)
            .discardingFiredPanes())
.apply(CalculateWindowLength());


PCollection<Double> consoleSessions = IO.read(new ConsoleInputSource())
  .apply(Window.into(Sessions.withGapDuration(Duration.standardMinutes(1)))
            .triggering(AtWatermark())
            .withTimestampCombiner(EARLIEST)
            .discardingFiredPanes())
.apply(CalculateWindowLength());


PCollection<Float> averageSessionLengths = PCollectionList
  .of(mobileSessions).and(consoleSessions)
  .apply(Flatten.pCollections())
  .apply(Window.into(FixedWindows.of(Duration.standardMinutes(2)))
            .triggering(AtWatermark())
  .apply(Mean.globally());
```

120

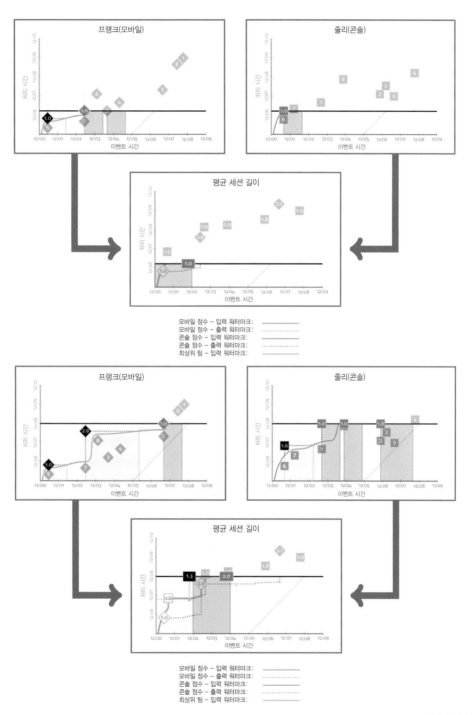

프랭크(모바일)

줄리(콘솔)

평균 세션 길이

모바일 점수 – 입력 워터마크:
모바일 점수 – 출력 워터마크:
콘솔 점수 – 입력 워터마크:
콘솔 점수 – 출력 워터마크:
최상위 팀 – 입력 워터마크:

프랭크(모바일)

줄리(콘솔)

평균 세션 길이

모바일 점수 – 입력 워터마크:
모바일 점수 – 출력 워터마크:
콘솔 점수 – 입력 워터마크:
콘솔 점수 – 출력 워터마크:
최상위 팀 – 입력 워터마크:

(뒤에 계속)

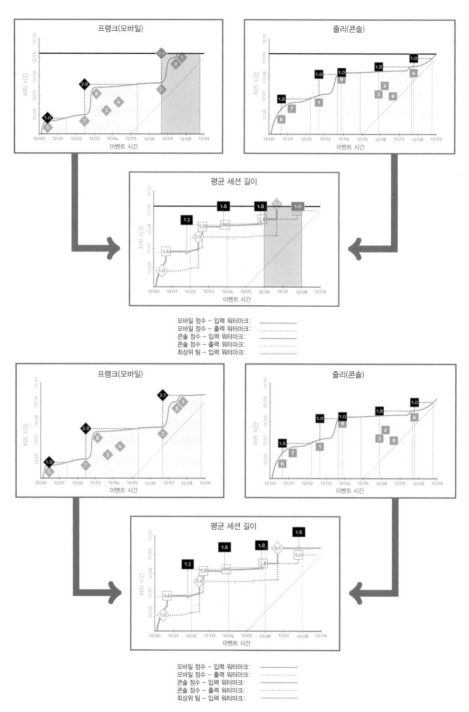

그림 3-6. 가장 빠른 데이터의 타임스탬프에서 출력되는 세션의 평균 세션 길이(http://streamingbook.net/fig/3-6)

122

출력 타임스탬프 선택이 어떤 영향을 주는지 이해하기 위해 각 단계의 출력 워터마크가 무엇에 고정돼 있는지 보여주는 첫 단계의 점선을 살펴보자. 출력 타임스탬프가 윈도우 끝으로 선택된 그림 3-7과 3-8에 비교했을 때, 출력 워터마크가 선택된 타임스탬프 때문에 지연되고 있다. 같은 그림에서 이로 인해 두 번째 단계의 입력 워터마크도 지연되는 것을 확인할 수 있다.

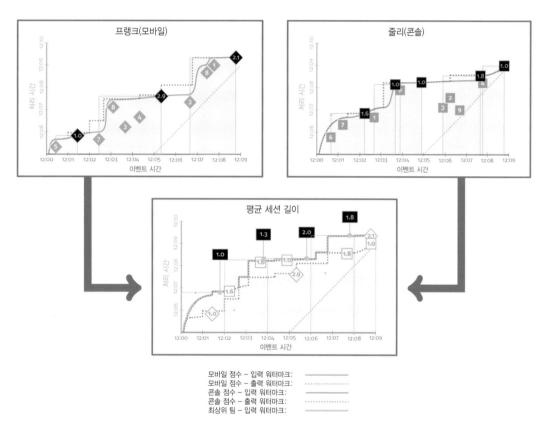

그림 3-7. 윈도우 출력 타임스탬프 선택에 따른 워터마크와 결과 비교. 이 그림의 워터마크는 세션 윈도우 끝의 출력 타임스탬프에 대응한다(그림 3-5).

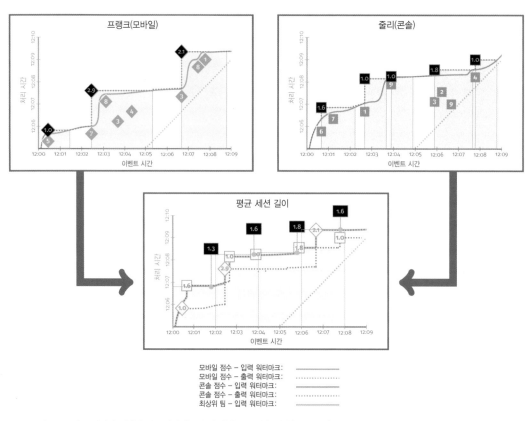

모바일 점수 – 입력 워터마크: ───────
모바일 점수 – 출력 워터마크: ·············
콘솔 점수 – 입력 워터마크: ───────
콘솔 점수 – 출력 워터마크: ·············
최상위 팀 – 입력 워터마크: ───────

그림 3-8. 이 그림에서 워터마크는 세션 윈도우의 시작 부분에 놓인다(그림 3-6). 이 그림에서 워터마크가 더 지연되고 결과로 나오는 평균 세션 길이가 달라지는 것을 알 수 있다.

그림 3-7과 비교할 때의 차이점 중 다음 두 가지에 주목할 필요가 있다.

워터마크 지연

그림 3-5와 비교해 그림 3-6에서 워터마크는 훨씬 느리게 진행된다. 이는 첫 단계의 출력 워터마크가 해당 윈도우에 대한 입력이 완료될 때까지 모든 윈도우의 첫 번째 요소의 타임스탬프로 유지되기 때문이다. 주어진 윈도우가 구체화된 이후에야 출력 워터마크(더불어 다운스트림의 입력 워터마크)가 진행될 수 있다.

의미적 차이

이제 세션 타임스탬프가 세션에서 가장 이른 비지연 데이터와 일치하도록 할당되므로, 다음 단계에서 세션 길이 평균을 계산할 때 개별 세션이 다른 고정 윈도우 안에서 끝나는 경우가 많다. 지금까지 본 두 가지 선택 중 어느 하나가 본질적으로 옳거나 그른 것이 아니라 단지 다른 것일 뿐이다. 그러나 필요한 경우 특정 사용 사례에 대한 올바른 선택을 내릴 수 있도록 그 둘이 다를 수 있고 다를 경우 어떻게 다른지 이해하고 있어야 한다.

까다로운 겹치는 윈도우의 경우

출력 타임스탬프와 관련해 미묘하지만 중요한 또 다른 문제는 슬라이딩 윈도우$^{sliding\ window}$를 처리하는 방법이다. 출력 타임스탬프를 초기 데이터로 설정하는 단순한 접근 방식은 워터마크가 (올바르게) 보류돼 다운스트림 지연이 발생할 가능성이 크다. 이유를 살펴보기 위해 동일한 유형의 슬라이딩 윈도우를 사용하는 두 단계로 구성된 파이프라인을 살펴보자. 데이터가 연이은 윈도우 3개로 배치된다고 가정한다. 이 경우 입력 워터마크가 진행됨에 따라 슬라이딩 윈도우가 다음처럼 행동할 것이라 기대할 것이다.

- 첫 단계의 첫 윈도우가 완료되면 다운스트림으로 보낸다.

- 이후 두 번째 단계에서 첫 윈도우가 완료되면 다운스트림으로 보낼 수 있다.

- 잠시 후 첫 단계에서 두 번째 윈도우가 완료되는 식으로 작업이 계속 이어질 것이다.

하지만 패널의 첫 비지연 데이터의 타임스탬프를 출력 타임스탬프로 선택한다면, 실제로는 다음과 같은 일이 일어난다.

- 첫 단계의 첫 윈도우가 완료되면 다운스트림으로 보낸다.

- 두 번째 단계의 첫 윈도우는 입력 워터마크가 업스트림의 두 번째 및 세 번째 윈도우의 출력 워터마크에 의해 붙잡혀 있기 때문에 완료될 수 없다. 가장 초기에 있는 데이터의 타임스탬프가 해당 윈도우의 출력 타임 스탬프로 쓰이고 있기에 이러한 워터마크의 행동은 올바른 것으로 볼 수 있다.

- 첫 단계의 두 번째 윈도우가 완료되면 다운스트림으로 보낸다.

- 두 번째 단계의 첫 번째 그리고 두 번째 윈도우는 업스트림의 세 번째 윈도우에 의해 보류돼 아직 완료될 수 없다.

- 첫 단계의 세 번째 윈도우가 완료되면 다운스트림으로 보낸다.

- 두 번째 단계의 세 윈도우 모두는 이제 완료돼 이후 단계로 보낼 수 있다.

이와 같은 윈도우의 행동은 올바른 것이지만, 결과를 구체화시키는 시점을 불필요하게 지연시키게 한다. 이 때문에 빔은 겹치는 윈도우에 대해서는 N+1번째 윈도우의 출력 타임스탬프가 항상 N번째 윈도우의 끝 지점보다 커지도록 하는 특별한 로직을 적용하고 있다.

백분위 워터마크

지금까지 우리는 주어진 단계에서 처리 중인 데이터의 최소 이벤트 시간으로 측정된 워터마크만을 고려했다. 최솟값을 추적해 시스템은 모든 앞선 타임스탬프가 반영된 시점을 알 수 있다. 반면, 처리 중인 데이터가 갖는 이벤트 타임스탬프의 전체 분포를 고려해 좀 더 세분화된 워터마크 조건을 만들 수도 있다.

데이터 분포의 최소 지점을 고려하는 대신 분포의 백분위를 고려해 일정 시점보다 앞선 타임스탬프를 갖는 데이터의 일부 퍼센트를 처리했음을 보장해줄 수 있다.[5]

이 방식의 장점은 무엇일까? 만약 대부분 올바른 결과만 얻어도 충분한 경우라면, 백분위 워터마크percentile watermark를 통해 데이터 분포의 특이값을 워터마크에서 배제함으로써 최소 이벤트 시간을 추적했을 때보다 빠르고 부드럽게 진행되는 워터마크를 얻을 수 있다. 그림 3-9는 90% 백분위 워터마크가 100%에 시간적으로 가까운 이벤트 시간 분포를 보여주고 있다. 그림 3-10은 특이값이 훨씬 뒤처져서 90% 백분위 워터마크가 100%보다 시간적으로 훨씬 앞서는 경우를 보여준다. 이런 특이값을 워터마크에서 배제

---

5 백분위 워터마크는 현재 빔에는 구현돼 있지 않지만, 밀휠(MillWheel) 같은 다른 시스템에는 구현돼 있다.

함으로써, 백분위 워터마크는 특이값으로 인해 발생하는 지연을 줄이면서 분포 대부분을 추적할 수 있게 된다.

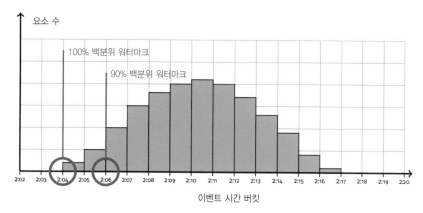

그림 3-9. 일반적인 경우의 워터마크 히스토그램

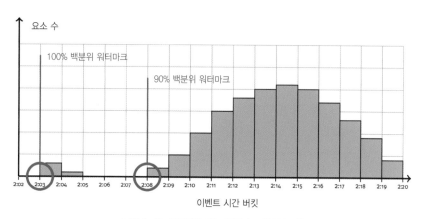

그림 3-10. 특이값을 갖는 워터마크 히스토그램

그림 3-11은 2분 고정 윈도우로 경계를 그리는 데 사용된 백분위 워터마크의 예를 보여준다. 백분위 워터마크로 추적한 덕에 도착한 데이터의 타임스탬프 백분위를 바탕으로 좀 더 조기에 경계를 그리는 모습을 볼 수 있다.

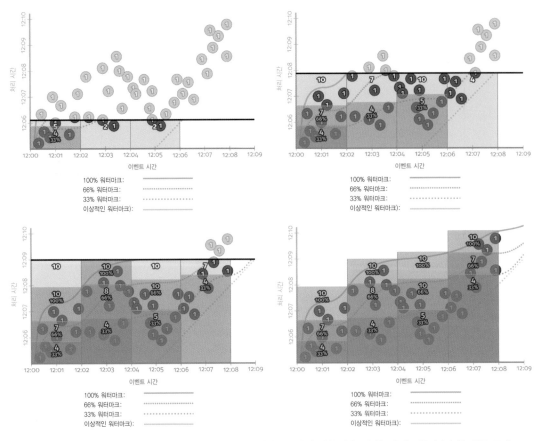

그림 3-11. 다양한 백분위 워터마크의 영향. 백분위 수가 증가함에 따라 더 많은 이벤트가 윈도우에 포함되지만 윈도우를 구체화하는 시간도 지연된다(http://streamingbook.net/fig/3-11).

그림 3-11은 데이터 분포에서 각 타임스탬프의 33%, 66%, 100%(즉, 전체) 분포의 워터마크를 보여준다. 예상대로 전체를 포함하는 워터마크를 추적하는 경우보다 일찍 경계를 그릴 수 있다. 33% 및 66% 백분위 워터마크는 각 윈도우를 조기에 트리거할 수 있지만 더 많은 지연 데이터를 갖는다는 단점이 있다. 예를 들어 첫 번째 창인 [12:00, 12:02)의 경우, 33% 백분위 워터마크를 기준으로 닫힌 윈도우는 4개의 이벤트만 포함하고 12:06에 결과를 구체화한다. 66% 백분위 워터마크를 사용하는 경우 동일한 이벤트 시간 윈도우에 7개의 이벤트가 포함되며 12:07에 구체화된다. 100% 백분위 워터마크를 사용하면 10개의 이벤트가 모두 포함되며 12:08까지 결과가 구체화되지 않고 지

연된다. 따라서 백분위 워터마크는 결과를 구체화하는 대기 시간과 결과의 정확성 간의 균형을 조절할 수 있는 방법을 제공한다.

처리 시간 워터마크

지금까지 시스템을 통해 흘러가는 데이터와 관련된 워터마크에 관해 살펴봤다. 워터마크를 통해 가장 오래된 데이터와 실시간 사이의 전반적인 지연을 확인할 수 있음도 알아봤다. 그러나 이것만으로는 늦게 도착하는 데이터와 시스템에서 발생하는 지연을 구분하기에는 충분하지 않다. 다시 말해, 이벤트 시간 워터마크만 검사해서는 1시간 전의 데이터를 신속하고 지체 없이 처리하는 시스템과 실시간 데이터를 처리하다가 1시간 동안 지연이 발생한 시스템을 구분할 수 없다는 뜻이다.

이러한 구분을 위해서는 처리 시간 워터마크processing-time watermark가 필요하다. 스트리밍 시스템에는 처리 시간과 이벤트 시간이라는 두 가지 시간 영역이 있음을 알고 있다. 지금까지는 워터마크를 이벤트 시간 영역에서 시스템을 따라 흐르는 데이터가 갖는 타임스탬프의 함수로서 정의해왔다. 이는 이벤트 시간 워터마크에 해당한다. 이제 처리 시간 워터마크를 정의하기 위해 처리 시간에도 동일한 모델을 적용해보자.

스트림 처리 시스템은 단계 간의 데이터 셔플shuffle, 데이터를 영구적인 저장 상태persistent state에서 읽어오거나 쓰는 행동, 또는 워터마크 진행에 맞춰 지연된 집계를 시작하는 식의 작업을 지속적으로 수행하고 있다. 이러한 모든 작업은 파이프라인의 현재 또는 업스트림 단계에서 수행된 이전 작업에 대한 응답으로 수행된다. 따라서 데이터 요소가 시스템을 통해 흐르는 것처럼, 이러한 요소를 처리하는 일련의 작업도 시스템을 통해 흐르게 된다.

처리 시간 워터마크는 이벤트 시간 워터마크를 정의한 것과 동일한 방식으로 정의한다. 다만, 아직 완료되지 않은 가장 오래된 작업의 이벤트 시간 타임스탬프 대신 아직 완료되지 않은 가장 오래된 연산의 처리 시간 타임스탬프를 사용한다. 처리 시간 워터마크에 발생하는 지연의 예로는 한 단계에서 다른 단계로 메시지가 전달되지 못하는 상태나, 상태나 외부 데이터를 읽기 위한 입출력이 진행되지 못하거나 처리가 완료되지 못하도록 발생하는 예외 상황 등이 있을 수 있다.

따라서 처리 시간 워터마크는 데이터에서 발생하는 지연과는 별개로 처리가 지연되는 상황을 감지할 수 있는 방법이 된다. 이 차이가 갖는 가치를 이해하기 위해 이벤트 시간 워터마크 지연을 보이는 그림 3-12의 그래프를 보도록 하자.

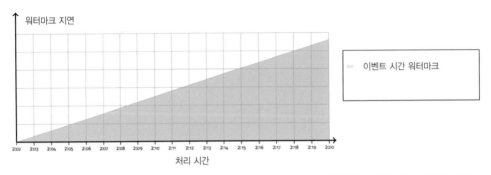

그림 3-12. 이벤트 시간 워터마크의 증가. 이 정보로는 지연이 데이터 버퍼링으로 인한 것인지 시스템 처리 지연으로 인한 것인지 알 수 없다.

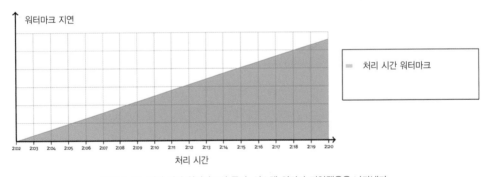

그림 3-13. 처리 시간 워터마크의 증가. 시스템 처리가 지연됐음을 나타낸다.

그림 3-12와 같은 상황에서 처리 시간 워터마크 역시 증가하고 있다면 시스템에서 이뤄지는 연산이 지연되고 있음을 뜻하며 그로 인해 데이터 지연 역시 발생하고 있다는 설명이 가능하다. 이와 같은 상황이 발생할 수 있는 실제 예로는, 파이프라인 단계 간 데이터 전송을 방해하는 네트워크 문제나 실패로 인해 재시도가 이뤄지는 경우이다. 일반

적으로 처리 시간 워터마크가 증가하면 시스템이 동작하는 데 필요한 작업이 완료되지 못하는 문제가 있음을 나타내며 이를 해결하기 위해 종종 사용자 또는 관리자의 개입이 필요할 수 있다.

그림 3-14에서는 처리 시간 워터마크는 별로 지연되지 않는다. 이는 시스템이 수행하는 연산에는 문제가 없음을 알려준다. 이벤트 시간 워터마크 지연이 여전히 증가하고 있다는 것은 전송되기 전 데이터가 대기를 위해 집계되고 있음을 나타낸다. 예를 들어 윈도우 경계에서 집계 결과를 보내기 위해 일부 상태를 버퍼에 담아두는 경우가 이에 해당하며, 이는 그림 3-15에서 보인 것처럼 파이프라인의 정상 작동에 해당한다.

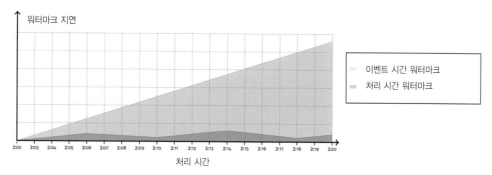

그림 3-14. 이벤트 시간 워터마크 지연은 증가하나 처리 시간 워터마크는 안정적이다. 이는 시스템 연산이 데이터 처리를 완료하지 못한다는 뜻이 아니라 시스템 내에서 데이터가 버퍼링돼 처리 대기 중임을 나타낸다.

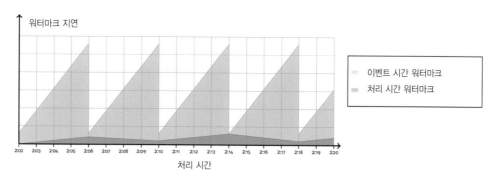

그림 3-15. 고정 윈도우에서 볼 수 있는 워터마크 지연. 이벤트 시간 워터마크 지연은 데이터가 각 윈도우에 대해 버퍼링되는 동안 증가하고, 각 윈도우의 집계 결과가 정시 트리거를 통해 보내지면 감소한다. 반면 처리 시간 워터마크는 시스템 수준의 지연을 추적한다(문제없는 파이프라인에서는 비교적 안정적으로 유지된다).

전송되기 전에 대기 중인 일부 버퍼링된 상태임을 나타낸다. 예를 들어 윈도우 경계가 집계 결과를 내보내기를 기다리는 동안 일부 상태를 버퍼링할 수 있고, 이는 그림 3-15와 같이 파이프라인의 정상 작동에 해당한다.

따라서 처리 시간 워터마크는 시스템 지연과 데이터 지연을 구분할 때 유용하다. 가시성 외에도 일시적인 상태의 가비지 컬렉션과 같은 작업을 위해 시스템 구현 수준에서 처리 시간 워터마크를 사용할 수 있다(이는 루벤이 5장에서 자세히 설명할 것이다).

사례 연구

워터마크의 동작 방식을 이해하기 위한 토대를 마련했으니 이제 워터마크의 여러 동작이 구현되는 방식을 이해하기 위해 실제 시스템을 살펴볼 차례다. 실제 사례를 통해 워터마크의 확장성scalability 및 가용성availability뿐 아니라 지연과 정확성 사이를 조절하며 균형을 잡을 수 있는 정보를 얻을 수 있기를 바란다.

사례 연구: 구글 클라우드 데이터플로우의 워터마크

스트림 처리 시스템에서 워터마크를 구현하는 방법에는 여러 가지가 있다. 여기에서는 아파치 빔 파이프라인을 실행하기 위한 완전 관리형 서비스fully managed service인 구글 클라우드 데이터플로우Google Cloud Dataflow의 구현에 대해 간단히 살펴보고자 한다. 데이터플로우는 데이터 처리 워크플로우를 정의하기 위한 SDK와 구글 클라우드 플랫폼상에서 해당 워크플로우를 실행하기 위한 클라우드 플랫폼 관리 서비스를 포함하고 있다.

데이터플로우는 데이터 처리 그래프 내에 있는 데이터 처리 단계를 여러 물리적인 워커로 분산하며, 이때 각 워커에는 일정 키 범위가 배정된다. GroupByKey 연산이 수행될 때마다 데이터는 해당 키로 셔플돼야 한다.

그림 3-16은 GroupByKy를 사용한 처리 그래프를 논리적으로 표현한 모습을 보여준다.

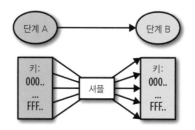

그림 3-16. GroupByKey 단계는 다른 DoFn로부터 데이터를 소비한다. 이는 첫 단계와 두 번째 단계의 키 사이에 데이터 셔플이 있음을 뜻한다.

각 워커에 배정된 키 범위는 그림 3-17에 예로 보였다.

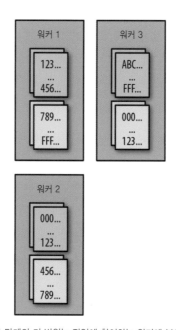

그림 3-17. 두 단계의 키 범위는 작업에 참여하는 워커에 분산돼 할당된다.

워터마크 전파를 다룰 때, 각 단계의 여러 하위 구성 요소가 워터마크를 유지하는 부분에 대해 이야기한 바 있다. 데이터플로우는 이런 각 요소마다 범위별 워터마크를 추적한다. 그리고 다음 조건이 충족되도록 하면서, 워터마크 취합$^{\text{watermark aggregation}}$ 과정을 통해 전 범위에 대한 워터마크의 최소를 계산한다.

- 모든 범위는 반드시 워터마크를 보고한다. 워터마크가 없으면 해당 범위는 알 수 없는 것으로 취급돼 워터마크가 진행될 수 없다.

- 워터마크가 단조 증가하도록 한다. 지연 데이터로 인해 워터마크가 반대로 이동하게 되는 상황이라면 워터마크를 업데이트하지 않는다.

구글 클라우드 데이터플로우는 중앙화된 요소를 통해 워터마크 취합을 진행한다. 물론 이 부분 역시 효율을 위해 분산 처리될 수 있다. 정확성의 관점에서 워터마크 취합은 워터마크에 대한 '단일 진실 공급원single source of true ' 역할을 한다.

분산된 환경에서 워터마크 취합을 정확하게 하려면 몇 가지 해결해야 할 문제가 있다. 워터마크가 조기에 진행되면 제시간에 도착한 데이터가 지연 데이터로 처리되므로 워터마크가 조기에 진행되지 않도록 해주는 것이 중요하다. 특히 워커마다 작업이 물리적으로 분산 할당되기에 단일 워커만이 한 키의 영구적인 저장 상태를 수정할 수 있도록 특정 키 범위에 대한 영구적인 상태는 해당 키 범위를 담당하는 워커에게만 일임돼야 한다. 워터마크의 정확성을 위해 워커에서 유래한 워터마크 갱신 내용은 워커가 자신에게 주어진 영구적인 저장 상태를 여전히 담당하고 있을 때에만 워터마크를 취합하는 쪽으로 전송돼야 한다. 따라서 워터마크 갱신 프로토콜은 상태 소유권에 대한 유효성 확인도 반드시 고려해야 한다.

사례 연구: 아파치 플링크의 워터마크

아파치 플링크Apache Flink는 고성능의 항상 가용하고 정확한 분산 데이터 스트리밍 애플리케이션을 위한 오픈 소스 스트림 처리 프레임워크로, 플링크 러너runner를 사용해 빔 프로그램을 실행할 수 있다. 플링크상에서 실행될 때 빔은 워터마크 같은 스트림 처리 개념의 플링크 내 구현에 의존한다. 중앙집중식의 워터마크 취합 방식을 사용하는 구글 클라우드 데이터플로우와 달리 플링크는 워터마크를 데이터와 같은 흐름 내에서 추적하고 취합한다.[6]

---

6 플링크 워터마크에 관한 자세한 설명은 플링크 문서에서 확인할 수 있다(https://ci.apache.org/projects/flink/flink-docs-release -1.3/dev/event_time.html).

플링크의 동작을 이해하기 위해 그림 3-18에 플링크 파이프라인을 표현해봤다.

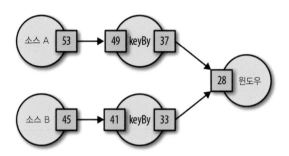

그림 3-18. 두 소스를 갖는 플링크 파이프라인. 이벤트 시간 워터마크는 데이터와 같은 흐름으로 전달된다.

이 예에서 데이터는 두 소스에서 생성된다. 이 데이터 소스는 데이터스트림과 같은 경로상에 동기적으로 전송되는 워터마크 '체크포인트checkpoint'도 함께 생성한다. 이는 소스 A에서 타임스탬프 53에 대한 워터마크 체크포인트가 생성되면, 소스 A에서는 53 이전의 타임스탬프를 갖는 비지연 데이터는 발생하지 않음을 보장한다. 다운스트림의 KeyBy 연산은 입력 데이터와 워터마크 체크포인트를 소비한다. 새로운 워터마크 체크포인트가 소비됨에 따라 다운스트림 연산의 워터마크 역시 진행되고, 다운스트림 연산들을 위한 새로운 워터마크 체크포인트가 차례로 생성될 수 있다.

데이터스트림과 함께 워터마크 체크포인트를 전송하는 방식은 중앙 취합을 사용하는 클라우드 데이터플로우와 다르며, 몇 가지 흥미로운 장단점을 보여준다.

데이터스트림과 함께 내보내는 워터마크는 다음과 같은 장점을 갖는다.

줄어든 워터마크 전파 지연 및 현저히 낮은 워터마크 지연

　워터마크가 네트워크상에서 여러 번 전송된 후에 중앙에서 취합되는 것을 기다릴 필요가 없기 때문에 워터마크 지연을 현저히 낮출 수 있다.

워터마크 집계에 대한 단일 실패 지점 없음

　한곳에서 워터마크 취합을 하는 경우 문제가 발생하면 전체 파이프라인에서 워터마크 지연이 일어난다. 데이터와 같은 경로를 사용하면 파이프라인 일부를 사용할 수

없어도 전체 파이프라인에서 워터마크 지연이 일어나지는 않는다.

타고난 확장성

클라우드 데이터플로우의 확장성이 뛰어날지라도, 중앙집중식으로 워터마크를 취합하면서 확장성을 유지하는 것이 데이터와 같은 흐름으로 워터마크를 보내며 얻는 확장성에 비하면 더 복잡할 수밖에 없다.

데이터 흐름과 별도로 워터마크를 취합할 때의 장점은 다음과 같다.

단일 진실 공급원

디버깅이나 모니터링, 파이프라인 진행에 맞춰 입력을 조절하고자 하는 경우 등에 워터마크를 따로 다루는 것이 데이터스트림 안에 워터마크를 포함시키는 것보다 유리하다. 이는 후자의 경우 시스템의 각 부분이 부분적인 정보만을 가지고 있게 되기 때문이다.

소스 워터마크 생성

일부의 경우에 소스 워터마크 생성에는 시스템 전반에 걸친 정보가 필요하다. 예를 들어 소스가 일시적으로 유휴 상태이거나 데이터 전송 속도가 느릴 수도 있고, 워터마크 생성에 소스나 다른 시스템 구성 요소의 데이터와 분리된 정보가 필요할 수도 있다. 이 경우 별도로 구성된 중앙집중식 요소를 통하면 훨씬 다루기가 쉽다. 이와 같은 실제 사례로는 구글 클라우드 Pub/Sub의 소스 워터마크를 들 수 있다.

사례 연구: 구글 클라우드 Pub/Sub의 소스 워터마크

구글 클라우드 Pub/Sub는 독립적인 애플리케이션 간에 메시지를 주고받을 수 있는 완전 관리형 실시간 메시지 전송 서비스다. 여기서는 클라우드 Pub/Sub를 통해 파이프라인으로 전송되는 데이터에 대해 합리적인 휴리스틱 워터마크를 생성하는 방법을 설명하고자 한다.

먼저 Pub/Sub의 동작 방식을 설명할 필요가 있다. 메시지는 Pub/Sub 토픽topic에 게시되고 여러 곳에서 특정 토픽을 구독할 수 있다. 토픽으로 메시지를 보내면 해당 토픽을 구동 중인 모든 곳으로 같은 메시지가 전달된다. 클라이언트는 메시지를 당겨서^{pull} 가져가고, 제공된 ID를 통해 특정 메시지를 받았음을 확인해주게 된다. 어떤 메시지를 가지고 갈지는 클라이언트가 정하지 못하며, Pub/Sub는 가장 오래된 메시지를 우선 제공하기 위해 노력하지만 이런 사실이 보장되지는 않는다.

워터마크를 위한 휴리스틱을 만들기 위해 Pub/Sub로 보내지는 데이터에 대해 몇 가지 가정을 하고자 한다. 특히 원본 데이터의 타임스탬프가 정상 동작한다고 가정할 필요가 있다. 여기서 정상 동작이란 Pub/Sub로 보내지기 전에 소스 데이터의 타임스탬프가 순서를 벗어남에 있어 제한이 있음을 의미한다. 허용된 제한 범위 밖으로 순서가 뒤바뀐 타임스탬프를 갖는 모든 데이터는 지연 데이터로 간주된다. 현재 구현에서 이 제한 범위는 10초로 돼 있다. 즉, Pub/Sub로 보내기 전 10초 내의 타임스탬프를 갖는 데이터는 지연 데이터가 되지 않는다. 이 값을 추정 대역$^{estimation\ band}$이라고 부른다. 이를 다른 관점에서 살펴보면 파이프라인이 완벽하게 입력을 따라잡고 있다고 할 때, 워터마크는 데이터의 순서가 바뀔 경우를 고려해 실시간보다 10초 늦게 쫓아가고 있음을 의미한다. 파이프라인에 대한 백로그^{backlog}를 사용하는 경우, 워터마크 추정을 위해 추정 대역인 10초 범위뿐만 아니라 전체 백로그를 사용한다.

이제 Pub/Sub가 직면한 문제를 살펴보자. Pub/Sub는 순서를 보장하지 않으므로 백로그에 대해 충분히 알기 위해서 추가적인 메타데이터가 있어야 한다. 다행히도 Pub/Sub는 클라이언트로부터 수신 여부가 미확인된 가장 오래된 게시 타임스탬프$^{publish\ timestamp}$를 통해 백로그를 추적할 수 있게 해준다. Pub/Sub는 애플리케이션에서 사용하는 메타데이터에는 무관심하기에 이는 전송할 메시지의 이벤트 타임스탬프와는 다르다. 그보다는 Pub/Sub에서 메시지를 받은 시간을 표시하는 타임스탬프라고 볼 수 있다.

이와 같은 측정 방식이 이벤트 시간 워터마크와는 같지 않음에 유의하자. 사실상 이는 Pub/Sub 메시지 전달을 위한 처리 시간 워터마크에 가깝다. Pub/Sub 게시 타임스탬프는 이벤트 타임스탬프와 다르고, 만약 오래전의 데이터가 전송되는 경우 해당 메시지의 이벤트 타임스탬프와 게시 타임스탬프의 차이는 클 수 있다. 또한 앞서 언급했듯이 제한된 형태지만 메시지의 순서가 뒤바뀌는 것을 허용하기 때문에 둘의 순서 역시 다를 수 있다.

하지만 이 게시 타임스탬프를 백로그 추적을 위해 사용해 백로그에 존재하는 이벤트 타임스탬프에 대한 충분한 정보를 알고, 다음과 같은 과정을 통해 합리적인 워터마크를 만들 수 있다.

입력 메시지를 포함하는 토픽마다 기본 구독base subscription과 추적 구독tracking subscription이라는 이름의 구독 2개를 생성한다. 기본 구독은 파이프라인이 실제 처리될 데이터를 읽을 목적으로 사용하며, 추적 구독은 워터마크 추정을 위해 메타데이터를 위한 목적으로 사용한다.

그림 3-19에 기본 구독의 예를 보였다. 보다시피 메시지는 순서가 뒤바뀌어 도착할 수 있다. 각 메시지에 pt라는 이름의 Pub/Sub 게시 타임스탬프와 et라는 이름의 이벤트 시간 타임스탬프를 표시했다. 두 시간 영역은 전혀 무관함을 잊지 말자.

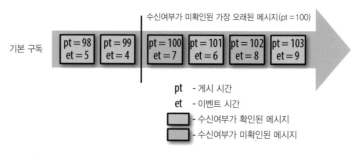

그림 3-19. Pub/Sub 구독에 도착한 메시지의 처리 시간 및 이벤트 시간 타임스탬프

기본 구독의 일부 메시지는 아직 클라이언트로부터 수신이 확인되지 않아 백로그를 구성하게 된다. 이는 아직 해당 메시지가 전달되지 않았거나, 전달됐지만 미처리 상태임을 의미한다. 이 구독에서 메시지를 가져가는 것은 여러 샤드로 분산될 수 있음을 기억하자. 따라서 기본 구독만을 봐서는 워터마크가 무엇이 돼야 할지 알 수 없다.

그림 3-20에서 추적 구독을 보였다. 추적 구독은 기본 구독의 백로그를 효율적으로 조사해 백로그 내에서 이벤트 타임스탬프의 최소를 찾는다. 추적 구독이 메시지를 기본

구독보다 빠르게 따라잡도록 해(백로그가 최소화된다) 기본 구독의 가장 오래된 미확인 메시지보다 더 최근의 메시지들을 조사할 수 있다.

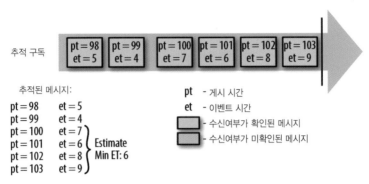

그림 3-20. 기본 구독과 동일한 메시지를 수신하는 추가적인 추적 구독

추적 구독으로부터 데이터를 가져가는 비용을 줄여서 추적 구독이 빠르게 메시지들을 따라잡도록 할 수 있다. 만약 추적 구독이 늦어지는 상황이 발생하면 워터마크 진행을 일시적으로 중단시킬 수도 있다. 이를 위해 다음 중 최소한 하나의 조건은 만족돼야 한다

- 추적 구독이 기본 구독보다 충분히 빠르도록 한다. 충분히 빠르다는 것은 추적 구독이 최소한 추정 대역만큼은 앞서야 함을 뜻한다. 이를 통해 추정 대역 내에서 순서가 뒤바뀐 경우를 고려할 수 있게 된다.

- 추적 구독이 실시간에 충분히 가깝다. 즉, 이 경우 추적 구독에 대한 백로그는 없게 된다.

메시지의 게시 타임스탬프와 이벤트 타임스탬프에 대한 메타 정보를 안전하게 저장한 후 최대한 빠르게 추적 구독 내 메시지를 확인된 것으로 처리한다. 이 메타데이터는 저밀도 히스토그램sparse histogram 형식으로 저장돼 저장 공간과 안전하게 기록해야 하는 데이터의 크기를 최소화한다.

이제 합리적인 워터마크 추정을 위한 충분한 정보를 가지고 있다. 기본 구독에서 가장 오래된 미확인 메시지보다 최신인 게시 타임스탬프를 갖는 메시지의 이벤트 타임스탬

프 범위나 추정 대역 너비만큼을 추적 구독에서 확인한다. 이를 통해 백로그의 모든 이벤트 타임스탬프, 혹은 백로그가 작은 경우엔 가장 최근의 추정 대역을 고려해 워터마크 추정에 사용할 수 있다.

마지막으로 워터마크 값은 앞서 취해진 범위 내 최소 이벤트 시간으로 결정된다.

이 방법은 입력에서 10초라는 제한 범위 내 모든 타임스탬프를 워터마크 계산에 고려해 지연 데이터로 삼지 않는다는 점에서 정확하게 동작한다. 그러나 지나치게 보수적인 워터마크를 생성해 2장에서 살펴본 바 있는 너무 느리게 진행하는 워터마크를 만들어 낼 수도 있다. 추적 구독에서 기본 구독의 가장 오래된 미확인 메시지보다 나중에 도착한 모든 메시지를 고려하는 것이기 때문에, 워터마크 추정에 이미 수신이 확인된 메시지의 이벤트 타임스탬프가 포함될 수도 있다.

추가로 워터마크 진행을 원활하게 하기 위한 몇 가지 휴리스틱도 있다. 이 방법은 메시지가 빈번하게 도착하는 경우에 잘 동작하지만 그렇지 않은 경우라면 합리적인 추정을 하기에는 부족할 수 있다. 만약 2분이 넘도록 구독에 데이터가 보이지 않는다면(즉, 백로그가 없다면) 워터마크를 실시간 근처로 진행시킨다. 이를 통해 메시지가 더 이상 오지 않는 상황에서도 워터마크와 파이프라인은 계속 진행될 수 있다.

위의 모든 방법을 통해 소스 데이터의 이벤트 타임스탬프가 추정 대역 안에서 순서가 뒤바뀌더라도 불필요한 지연 데이터 발생이 없음을 보장할 수 있다.

요약

지금까지 스트림 처리 시스템의 진행 정도를 견고하게 정의할 용도로 메시지 이벤트 시간을 어떻게 사용하는지 살펴봤다. 그리고 이 진행 정도라는 개념을 통해 이벤트 시간의 어디서 처리가 진행 중인지, 처리 시간의 언제 결과가 구체화되는지 답을 준다는 사실을 배웠다. 특히 파이프라인으로 데이터가 인입되는 지점인 소스에서 어떻게 워터마크가 생성되는지, 이후 파이프라인으로 전파되며 어떻게 어디서와 언제라는 질문에 답을 꾸준히 줄 수 있는지 배웠다. 또한 워터마크에서 출력 윈도우 타임스탬프를 변화시키는 것이 어떤 의미를 갖는지도 살펴봤다. 마지막으로, 대규모 시스템에서 워터마크를 구축할 때 실제 시스템에서 고려할 사항을 알아봤다.

이제 워터마크가 내부에서 어떻게 동작하는지 공부했으니, 4장에서는 좀 더 복잡한 상황에 답하기 위해 윈도우와 트리거를 사용하는 문맥에서 워터마크의 역할을 살펴보도록 하자.

4장

고급 윈도우

저만큼 3장을 즐기셨기를 바란다. 워터마크는 흥미로운 주제이며 Slava는 지구상의 누구보다 워터마크를 더 잘 알고 있다. 이제 워터마크에 대해 더 깊이 이해했으므로 무엇을, 어디서, 언제, 어떻게 질문하는 것과 관련된 몇 가지 고급 주제에 관해 자세히 알아보고자 한다.

처음 만나볼 내용은 처리 시간 윈도우processing-time windowing이다. 이는 앞서 살펴본 '어디서'와 '언제'를 섞어 놓은 형태로, 처리 시간 윈도우가 이벤트 시간 윈도우event-time windowing와 어떤 관계에 놓이는지 좀 더 잘 이해하고, 어떤 상황에서 어떤 윈도우를 사용해야 하는지 알아보고자 한다. 그런 후 이벤트 시간 윈도우와 관련된 좀 더 어려운 개념인 세션 윈도우session window를 깊이 있게 다루고, 마지막으로 일반화된 커스텀 윈도우custom windowing가 왜 유용하고 놀랍도록 직관적인지 살펴보려고 한다. 커스텀 윈도우의 예로 비정렬 고정 윈도우unaligned fixed window, 키 단위 고정 윈도우per-key fixed window, 유한 세션 윈도우bounded session window 이 세 가지 형태를 살펴볼 예정이다.

언제/어디서: 처리 시간 윈도우

처리 시간 윈도우가 중요한 이유는 두 가지다.

- 웹 서비스 트래픽의 초당 쿼리수처럼 모니터링을 하는 경우 인입되는 데이터스

트림을 관측 시점을 기준으로 분석할 필요가 있다. 이 경우 처리 시간 윈도우가 적합하다.

- 사용자의 행동 트랜드나 결제, 점수 분석처럼 이벤트가 발생한 시점이 중요한 경우에는 절대 처리 시간 윈도우를 사용해서는 안 되며, 처리 시간 윈도우를 제대로 이해하고 있어야 처리 시간 윈도우가 적합한 경우와 그렇지 않은 경우를 구분할 수 있다.

오늘날 많은 스트리밍 시스템이 처리 시간 윈도우를 지원한다는 사실을 고려할 때, 처리 시간 윈도우와 이벤트 시간 윈도우의 차이점을 제대로 이해하는 것이 중요하다.

이 책에서처럼 윈도우가 엄격히 이벤트 시간 기반으로 동작하는 모델 안에서 처리 시간 윈도우를 사용하는 방법으로 다음 두 가지가 있다.

트리거(trigger) 사용

이벤트 시간을 무시하고(즉, 이벤트 시간 전범 위에 걸친 하나의 전역 윈도우global window를 사용하고) 처리 시간 축에서 해당 윈도우의 스냅샷snapshot을 제공하는 트리거를 사용한다.

인입 시간(ingress time) 사용

데이터가 인입하는 시간을 이벤트 시간으로 설정하고, 일반적인 이벤트 시간 윈도우를 그대로 사용한다. 이는 사실상 스파크 스트리밍 1.x가 사용하는 방식이다.

두 방식은 거의 유사하지만 다단 파이프라인multi-stage pipeline을 사용할 때 미묘한 차이를 만들 수 있음에 유의하자. 트리거를 사용하는 방식에서는 다단 파이프라인의 각 단계마다 독립적으로 처리 시간 윈도우를 자르게 된다. 따라서 한 단계에서 N번째 윈도우에 나왔던 데이터가 이후 단계에서는 N-1번째나 N+1번째 윈도우에 나올 수 있다. 반면, 인입 시간을 사용하는 경우 데이터가 N번째 윈도우에 속한다면 (클라우드 데이터플로우의 경우에는) 워터마크, (스파크 스트리밍의 경우에는) 마이크로배치 경계microbatch boundary, 혹은 엔진 레벨에서 쓰이는 다른 조정 방식에 의해 단계 사이의 동기화가 이루어져 한 파이프라인 안에서 계속 같은 윈도우에 남아 있다.

이미 수차례 강조했듯이, 처리 시간 윈도우의 큰 단점은 윈도우의 내용이 입력 데이터의 관측 순서에 따라 달라진다는 점이다. 좀 더 구체적인 설명을 위해, 이벤트 시간 윈도우, 트리거를 사용한 처리 시간 윈도우, 인입 시간을 사용한 처리 시간 윈도우를 차례로 살펴보자.

각 윈도우는 두 입력셋에 적용될 예정이며(조합하면 총 여섯 가지), 두 입력셋은 정확히 같은 이벤트(같은 값이 같은 이벤트 시간에 발생)를 다른 관측 순서로 배치한 것이다. 첫 번째 셋은 지금까지 예에서 다룬 것과 같은 관측 순서를 가지며, 그림 4-1에 흰색으로 표시돼 있다. 두 번째 셋은 다른 관측 순서로 배치돼 있으며 보라색으로 표시돼 있다. 보라색의 예는 사용하고 있는 복잡한 분산 시스템이 다른 순서로 동작할 경우 실제로 발생할 수 있는 변화로 생각해볼 수 있다.

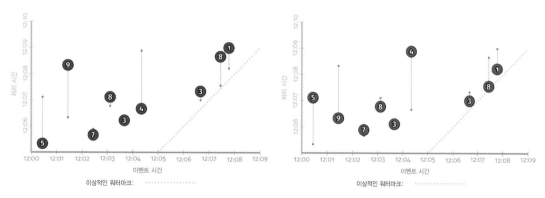

그림 4-1. 값과 이벤트 시간은 그대로 두고 관측 순서를 변경한 예(http://streamingbook.net/fig/4-1)

이벤트 시간 윈도우

비교의 기준을 잡기 위해 우선 두 가지 다른 관측 순서를 보이는 예에 휴리스틱 워터마크를 적용한 이벤트 시간 고정 윈도우를 적용해보자. 예 2-7과 그림 2-10에서 쓰였던 조기/지연early/late 코드를 다시 사용하면 그림 4-2의 결과를 얻을 수 있다. 왼쪽은 이전에 봤던 그림과 같으며, 오른쪽은 새로운 관측 순서를 반영한 그림이다. 여기서 중요한 것은 다른 관측 순서로 인해 결과의 전반적인 모양이 다르지만 4개의 윈도우가 갖는 최종 결과인 14, 18, 3, 12는 동일하다는 것이다.

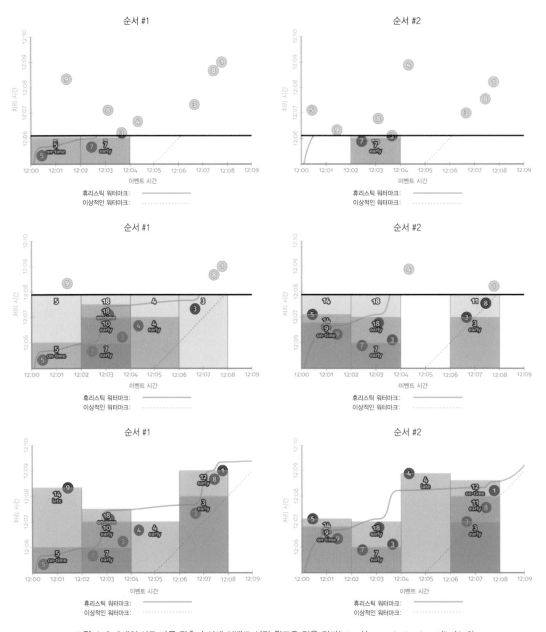

그림 4-2. 2개의 서로 다른 관측 순서에 이벤트 시간 윈도우 적용 결과(http://streamingbook.net/fig/4-2)

트리거를 사용한 처리 시간 윈도우

이제 방금 소개했던 두 방식의 처리 시간 윈도우와 비교해 이벤트 시간 윈도우를 적용한 예를 보자. 우선 살펴볼 것은 트리거를 사용하는 방식이다. 처리 시간 윈도우가 이 방식으로 동작하도록 하는 데에는 세 가지를 고려할 필요가 있다.

윈도우

이벤트 시간 윈도우로 처리 시간 윈도우를 흉내내기 위해 전역 이벤트 시간 윈도우를 사용한다.

트리거

처리 시간 윈도우의 원하는 크기에 맞춰 처리 시간 도메인에서 주기적으로 트리거를 작동시킨다.

누적

무시 모드discarding mode를 사용해 윈도우 패널pane 간의 독립성을 확보해 윈도우 패널이 마치 독립적인 처리 시간 윈도우처럼 동작하게 만든다.

대응하는 코드는 예 4-1에 주어져 있다. 빔Beam에서는 전역 윈도우가 기본이기 때문에 다른 윈도우를 설정하지 않는 이상 전역 윈도우가 적용된다.

예 4-1. 전역 이벤트 시간 윈도우에 반복 무시 패널(repeated discarding pane)을 적용한 처리 시간 윈도우 구현

```
PCollection<KV<Team, Integer>> totals = input
  .apply(Window.triggering(Repeatedly(AlignedDelay(ONE_MINUTE)))
              .discardingFiredPanes())
  .apply(Sum.integersPerKey());
```

서로 다른 순서를 갖는 두 경우에 이를 적용한 결과는 그림 4-3에 있다. 그림에서 재미있는 사실 몇 가지를 추리면,

- 이벤트 시간 패널을 사용해 처리 시간 윈도우를 흉내 내고 있기 때문에, 윈도우는 처리 시간 축을 따라 표시되며, 가로축 대신 세로축에서 그 너비를 측정할 수 있다.

- 처리 시간 윈도우는 데이터의 관찰 순서에 영향을 받기 때문에 이벤트가 사실상 같은 시간에 발생했더라도 윈도우의 각 결과는 관찰 순서에 따라 달라진다. 왼쪽의 경우 12, 18, 18을 얻었지만, 오른쪽에서는 7, 36, 5를 얻게 된다.

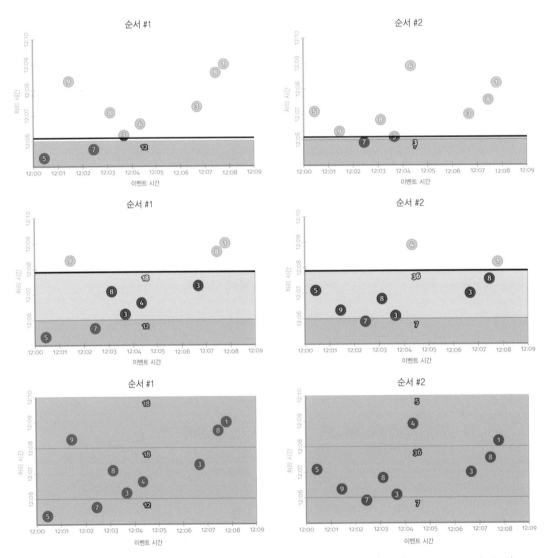

그림 4-3. 같은 입력의 두 관측 순서에 트리거를 사용한 처리 시간 윈도우를 적용한 결과(http://streamingbook.net/fig/4-3)

인입 시간을 사용한 처리 시간 윈도우

마지막으로 이벤트 시간을 인입 시간으로 설정해 처리 시간 윈도우를 구현하는 경우를
살펴보자. 코드와 관련해 설명할 부분이 네 가지 있다.

시간 변환

데이터가 도착할 때 각 이벤트 시간을 도착 시간으로 덮어써야 한다. 빔에서는
outputWithTimestamp 메소드를 사용해 입력 요소의 시간을 현재 시간으로 설정하
는 새로운 DoFn을 제공함으로써 이를 표현할 수 있다.

윈도우

표준 이벤트 시간 고정 윈도우를 사용한다.

트리거

도착 시간을 사용한다는 것은 완벽한 워터마크를 사용할 수 있음을 의미하므로, 워
터마크가 윈도우의 끝을 통과할 때 암묵적으로 실행되는 기본 트리거를 사용한다.

누적 모드

윈도우당 하나의 결과만 얻게 되므로, 누적 모드의 영향은 없다.

실제 코드는 예 4-2에 주어져 있다.

예 4-2. 전역 이벤트 시간 윈도우에 반복 무시 패널을 적용한 처리 시간 윈도우 구현

```
PCollection<String> raw = IO.read().apply(ParDo.of(
  new DoFn<String, String>() {
    public void processElement(ProcessContext c) {
      c.outputWithTimestmap(new Instant());
    }
  });
PCollection<KV<Team, Integer>> input =
  raw.apply(ParDo.of(new ParseFn()));
PCollection<KV<Team, Integer>> totals = input
  .apply(Window.info(FixedWindows.of(TWO_MINUTES))
  .apply(Sum.integersPerKey());
```

스트리밍 엔진에서 이를 실행한 결과는 그림 4-4와 같다. 데이터가 도착하면 이벤트 시간은 인입 시간(도착 시의 처리 시간)으로 덮어쓰이고, 이상적인 워터마크를 따라 놓이게 된다. 그림과 관련해서 주목할 부분은 다음과 같다.

- 다른 처리 시간 윈도우와 마찬가지로, 입력 순서가 변할 때 다른 결과를 얻게 된다.

- 이전 예와 달리 윈도우는 이벤트 시간 영역, 즉 가로축을 따라서 표시된다. 그럼에도 실제로는 이벤트 시간 윈도우는 아니며, 데이터의 원래 시간을 지우고 파이프라인에 의해 관측된 시간으로 대체해 이벤트 시간을 처리 시간으로 대체해 사용하는 것뿐이다.

- 그럼에도 워터마크 덕분에 트리거가 이전 처리 시간 윈도우 예제와 동일한 시간에 동작한다. 더구나 출력되는 결괏값도 이전 예와 동일하다. 왼쪽은 12, 18, 18이며, 오른쪽은 7, 36, 5이다.

- 도착 시간을 사용하는 경우 완벽한 워터마크를 사용할 수 있기 때문에, 실제 워터마크가 이상적인 워터마크와 일치하게 된다.

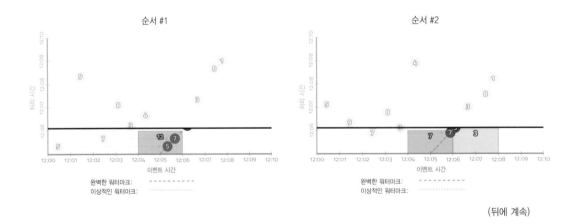

(뒤에 계속)

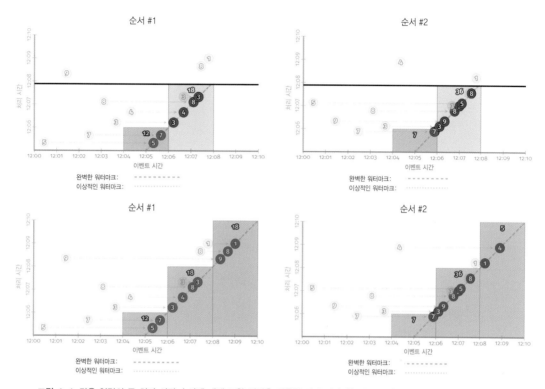

그림 4-4. 같은 입력의 두 처리 시간 순서에 대해 도착 시간을 사용한 처리 시간 윈도우를 적용한 결과(http://streamingbook. net/fig/4-4)

처리 시간 윈도우를 구현하는 여러 방법을 보는 것이 흥미롭긴 하지만 첫 장에서부터 반복해서 강조하고 있는 내용은 이것이다. 이벤트 시간 윈도우는 순서에 독립적이며, 처리 시간 윈도우는 그렇지 않다. 만약 이벤트가 실제로 일어난 시점이 중요하다면, 유의미한 결과를 얻기 위해서 반드시 이벤트 시간 윈도우를 사용해야 한다.

어디서: 세션 윈도우

처리 시간 윈도우에 대해 충분히 살펴봤으니 이제 이벤트 시간 윈도우를 살펴보자. 우선 우리가 가장 좋아하는 형태인 데이터 기반의 동적 윈도우에 대해 살펴보자. 바로 세션^{session}이다.

세션은 데이터상의 활동 기간^{activity period}을 잡아내는 특수한 형태의 윈도우로, 활동 기간은 일정 길이의 비활동 간격^{inactivity gap}이 보일 때 끝나게 된다. 사용자의 일정 행동과 관련된 시간 동안 해당 사용자의 활동을 관찰할 수 있는 방법을 제공하기에 데이터 분석에서 유용하다. 즉, 세션 내 활동의 상호 관련성을 볼 수 있어, 세션 길이에 따른 참여도에 대한 추론 등을 가능하게 해준다.

윈도우의 관점에서 세션은 두 가지 흥미로운 특성을 보인다.

- 데이터 기반 윈도우^{data-driven window}에 해당한다. 윈도우의 위치와 크기가 고정^{fxied}이나 슬라이딩^{sliding} 윈도우처럼 미리 정의된 일정 패턴에 기반하지 않고, 입력 데이터만으로 직접 결정된다.

- 비정렬 윈도우^{unaligned window}의 특성을 보인다. 윈도우가 모든 데이터에 같은 형태로 적용되지 않고, (사용자 단위 같은) 데이터의 특정 부분 집합에 적용되는 형태를 보인다. 이는 모든 데이터에 같은 형태로 적용되는 고정 혹은 슬라이딩 윈도우와 대조되는 모습이다.

경우에 따라 한 세션 내 데이터마다 미리 공통 아이디 같은 것으로 표시를 해둘 수도 있다. 예를 들어 서비스 품질 정보를 위해 하트비트 핑^{heartbeat ping}을 수행하는 비디오 재생기가 있다면, 재생 중인 동안 일정한 세션 아이디를 핑 정보에 미리 표시를 해두는 것이 가능하다. 이렇게 하면 나중에 해당 아이디를 키로 사용해 세션을 구성하기가 훨씬 수월해진다.

하지만 좀 더 일반적인 경우, 즉 실제 세션을 미리 알 수 없는 경우라면 시간에 대한 정보만 가지고 데이터의 위치를 통해 세션을 구성해야 한다. 비순서^{out-of-order} 데이터를 다룰 때 이 부분이 특히 어려워진다.

그림 4-5에서 5개의 독립적인 데이터가 60분의 간격 타임아웃^{gap timeout}을 갖는 세션 윈도우로 묶이는 모습을 볼 수 있다. 각 데이터는 자신만의 60분짜리 윈도우에서 시작한다(데이터 하나마다 배정되는 이 윈도우를 프로토 세션^{proto-session}이라고 부른다). 이후 겹치는

프로토 세션을 병합해 3개, 2개의 데이터를 갖는 더 큰 2개의 세션 윈도우를 생성할 수 있다.

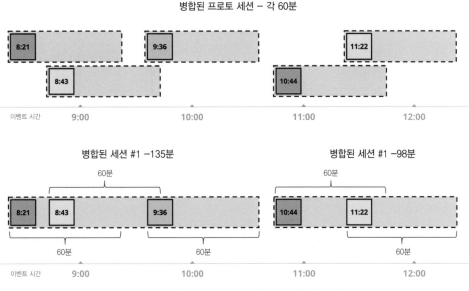

그림 4-5. 병합 전의 프로토 세션 윈도우와 병합 후의 결과

세션 지원의 핵심은 작고 서로 겹치는 윈도우를 병합해 최종 세션 윈도우를 생성한다는 것이다. 각각의 작은 윈도우는 단일 데이터를 담고 있으며, 한 세션 안에서 데이터는 미리 약속된 타임아웃보다 짧은 비활동 간격으로 분리된다. 따라서 비순서out-of-order 형태로 들어오는 데이터를 보게 되더라도 각 데이터를 위한 개별 윈도우를 구성한 후 병합해 최종 세션을 구성할 수 있다.

설명을 위해 예를 보자. 세션 타임아웃을 1분으로 놓는다면 그림 4-6에서 검은 점선으로 그려진 2개의 세션을 최종 구성할 수 있다. 각 세션은 사용자 활동이 모여 있는 부분을 포함하며, 1분 이내의 시간 차이를 보이는 이벤트가 세션 안에 모여 있게 된다.

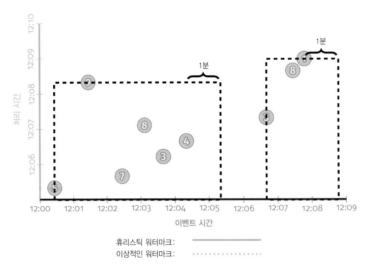

그림 4-6. 계산하고자 하는 최종 세션의 모습

이벤트를 보며 시간 흐름에 따라 윈도우가 병합되고 세션을 구성하는 모습을 구체적으로 살펴보자. 예 2-10에서 사용한 철회^{retraction}를 지원하는 조기 지연 코드^{early/late code}를 가져와 1분 간격의 타임아웃 대신 세션을 구성하는 형태로 수정할 것이다. 예 4-3이 그 결과이다.

예 4-3. 세션 윈도우와 철회를 지원하는 조기/정시/지연 점화(early/on-time/late firing)

```
PCollection<KV<Team, Integer>> totals = input
  .apply(Window.into(Sessions.withGapDuration(ONE_MINUTE))
              .triggering(
                AfterWatermark()
                  .withEarlyFirings(AlignedDelay(ONE_MINUTE))
                  .withLateFirings(AfterCount(1))))
  .apply(Sum.integersPerKey());
```

이를 스트리밍 엔진에서 실행하면, 그림 4-7에서 볼 수 있는 결과를 얻게 된다(최종 세션 모습을 보여주기 위해 검은 점선은 그대로 뒀다).

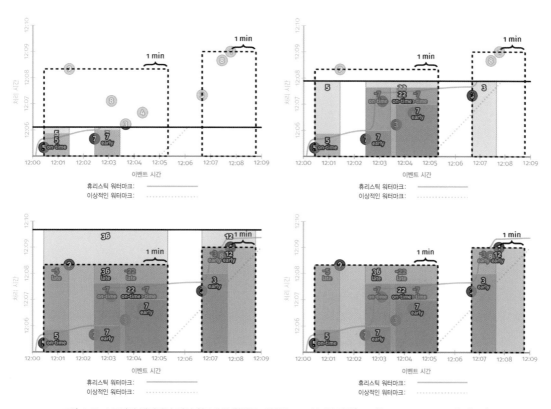

그림 4-7. 스트리밍 엔진에서 세션 윈도우와 철회를 지원하는 조기/지연 점화(http://streamingbook.net/fig/4-7)

복잡하지만 과정을 설명하면 다음과 같다.

- 값으로 5를 갖는 첫 데이터가 도착하면 우선 해당 데이터의 이벤트 시간에 시작하는 단일 프로토 세션으로 배치되고, 세션 갭 지속 기간이 확장되기 시작한다. 예를 들어 데이터가 발생한 시점으로부터 1분 동안 확장되는 식이다. 나중에 이 윈도우와 겹치는 다른 윈도우를 만나게 되면, 이는 같은 세션으로 병합된다.

- 두 번째 데이터인 7이 나오면 처음의 5와 겹치지 않기에 자신만의 프로토 세션으로 들어간다.

- 이 과정에서 첫 번째 윈도우의 워터마크를 통과하고, 12:06 직전에 정시 결과로서 결과 5가 구체화된다. 곧이어 처리 시간이 12:06을 지날 때 예측 결과speculative

^{result}로서 두 번째 윈도우 역시 구체화된다.

- 이후 3, 4가 오고 이들의 프로토 세션은 겹친다. 그 결과로 이 둘은 병합되고 조기 트리거에 의해 12:07에 7의 결과를 갖는 단일 윈도우가 생성된다.

- 8이 도착하면 이전의 7을 갖는 두 윈도우와 겹치고, 셋이 병합돼 22를 갖는 하나의 세션을 구성한다. 워터마크가 해당 세션의 끝을 지나면, 이전의 7 값을 갖는 두 윈도우가 철회되고 22를 결과로 갖는 새 세션을 구체화한다.

- 9가 늦게 도착하면 비슷한 과정이 이루어져서, 5와 22를 갖는 세션과 병합돼 36이라는 세션이 구성된다. 5, 22 값의 두 윈도우가 철회되고 지연 트리거에 의해 36이 생성된다.

세션은 상당히 강력한 도구이며, 세션에서 놀라운 부분은 스트리밍 처리의 복잡성이 별개의 구성 가능한 조각으로 분리해 표현하는 모델을 통해 쉽게 설명될 수 있다는 점이다. 결국 여러분은 데이터를 유용한 형태로 가공하는 세세한 부분보다는 당장 신경 써야 하는 비지니스 로직에 좀 더 집중할 수 있게 된다.

이 이야기가 믿기 어렵다면, 스파크 스트리밍 1.x에서 세션을 손수 구축하는 방법을 설명하는 블로그를 읽어보자(http://bit.ly/2sXe3vJ). (스파크 스트리밍의 문제를 지적하려는 의도는 아니다. 스파크 진영은 스파크 1.x상에서 특정 세션을 지원하는데 필요한 부분을 문서화하는 것을 간과했으나 나머지 부분은 충분히 잘 해뒀다). 이를 보면 알겠지만 상당히 복잡하며 적절한 이벤트 시간 세션이나 추측, 지연 점화, 철회 같은 기능을 지원하지도 않는다.

어디서: 커스텀 윈도우

지금까지는 고정, 슬라이딩, 세션처럼 미리 정의된 형태의 윈도우 전략에 대해 살펴봤다. 지금까지의 내용으로도 상당히 많은 표준 형태의 윈도우를 살펴봤지만, 커스텀 윈도우 전략을 지원하면 실제로 도움이 되는 경우가 많다. 그 가운데 세 가지를 이제부터 살펴볼 것이다.

156

오늘날 대부분의 시스템은 빔에서 지원하는 정도로 커스텀 윈도우를 지원하지는 않는다.[1] 따라서 빔의 접근 방법을 중심으로 살펴볼 것이다. 빔에서 커스텀 윈도우 전략은 두 가지로 구성된다.

윈도우 배정(window assignment)

각 요소를 초기 윈도우로 배치하는 작업을 의미한다. 극단적으로 각 요소를 개별 윈도우로 배치하는 것이 가능하며, 이는 매우 강력하다.

생략 가능한 윈도우 병합(window merge)

윈도우가 그룹핑 시점에 병합될 수 있도록 한다. 시간에 따라 윈도우가 특정 형태로 변화해 갈 수 있으며, 이미 세션을 다룰 때 살펴본 바 있다.

윈도우 전략이 얼마나 단순한지 또 커스텀 윈도우가 얼마나 유용한지 느껴보기 위해 고정 윈도우와 세션을 빔으로 직접 구현해보고, 커스텀 윈도우를 통한 변형transformation이 필요한 실제 경우를 살펴보고자 한다. 그 과정을 통해 우리는 커스텀 윈도우 전략이 얼마나 쉬운지, 또 기존 윈도우 구현에 요구 사항이 맞지 않는 경우 커스텀 윈도우 지원이 없다는 사실이 얼마나 제약이 되는지 살펴볼 것이다.

고정 윈도우의 변형

우선 상대적으로 단순한 고정 윈도우 전략의 구현을 보도록 하자. 고정 윈도우 구현은 예상대로 매우 단순하며, 다음과 같은 로직으로 구성된다.

배정

요소가 타임스탬프와 윈도우 크기 및 오프셋 매개변수에 맞춰 적절한 고정 윈도우로 배치된다.

---

1   우리가 아는 한, 아파치 플링크(Apache Flink)는 빔이 지원하는 만큼의 커스텀 윈도우를 지원하는 유일한 시스템이다. 정확히 이야기하자면, 윈도우 제거(window evictor) 지원으로 사실상 빔보다 더 잘 지원하고 있다.

병합

해당 없음

예 4-4. 요약된 형태의 고정 윈도우 구현

```
public class FixedWindows extends WindowFn<Object, IntervalWindow> {
  private final Duration size;
  private final Duration offset;
  public Collection<IntervalWindow> assignWindow(AssignContext c) {
    long start = c.timestamp().getMillis() - c.timestamp()
                  .plus(size)
                  .minus(offset)
                  .getMillis() % size.getMillis();
    return Arrays.asList(IntervalWindow(new Instant(start), size));
  }
}
```

이 코드를 보이는 목적이 여러분에게 고정 윈도우를 어떻게 구현하는지 보이려고 하는 것은 아님을 잊지 말자(물론 고정 윈도우가 어떻게 구현되는지, 또 그 구현이 얼마나 단순한지 살펴보는 것은 좋은 일이다). 커스텀 윈도우가 있는 경우와 없는 경우 각각에 대해, 상대적으로 기본적인 요구 사항을 지원하는 것이 얼마나 쉬워지고 어려워지는지 비교해보려는 것이 그 목적이다. 이제 고정 윈도우가 변형돼 쓰이는 두 경우를 살펴보자.

비정렬 고정 윈도우

기본 고정 윈도우 구현의 한 가지 특성은 윈도우가 모든 데이터에 일관되게 적용된다는 것이다. 예를 들면 우리가 앞서 봤던 예에서 정오부터 1시까지 적용되는 윈도우는 모든 팀에 일관되게 적용된다. 팀 간의 비교 등을 하고자 하는 경우 이런 정렬 방식은 매우 유용하다. 하지만 그 대가로 잘 눈에 띄지 않는 비용을 치러야 한다. 정오에서 1시에 걸치는 윈도우들은 대략 같은 시간에 완료되며, 이는 시스템에 1시간에 한 번씩 윈도우를 구체화하기 위한 부하가 걸림을 뜻한다.

예 4-5를 통해 구체적인 예를 보자. 지금까지 대부분의 예에서 그랬던 것처럼 점수 합산 파이프라인을 사용하고자 하며, 2분짜리 고정 윈도우와 단일 워터마크 트리거를 사용한다.

예 4-5. 워터마크 완료 트리거(예 2-6과 동일)

```
PCollection<KV<Team, Integer>> totals = input
  .apply(Window.into(FixedWindows.of(TWO_MINUTES))
               .triggering(AfterWatermark()))
  .apply(Sum.integersPerKey());
```

이 예에서 병렬로 들어오는 같은 데이터셋에서 다른 2개의 키를 보게 된다(그림 4-8 참고). 모든 키에 대해 윈도우가 정렬되기에 두 키의 결과 역시 정렬된다. 그 결과로 워터마크가 윈도우 끝을 지날 때마다 N개의 패널이 구체화된다. 이 예에서는 N값이 2에 불과하지만 N이 수백만 개로 급격하게 증가하면 시스템에 부하가 걸릴 수밖에 없다.

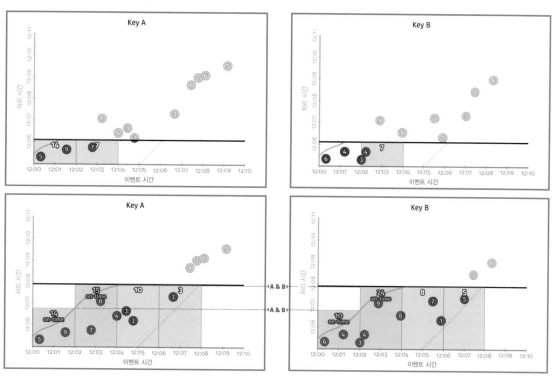

(뒤에 계속)

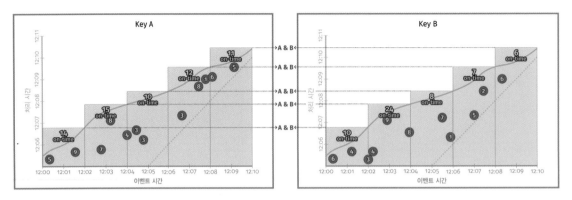

그림 4-8. 정렬된 고정 윈도우(http://streamingbook.net/fig/4-8)

두 팀 간의 점수 비교처럼 윈도우 간의 비교가 필요한 경우가 아니라면, 윈도우가 완료되는 시점을 분산시켜 부하를 낮출 수 있다. 이를 통해 시스템은 더욱 예측 가능한 상태가 되며, 부하가 최대로 걸리는 경우를 대비하기 위한 프로비저닝provisioning 요구 사항을 줄일 수 있다. 하지만 대부분의 시스템에서 비정렬 고정 윈도우는 시스템이 지원해줘야 사용할 수 있다.[2] 커스텀 윈도우 지원이 있다면 기본 고정 윈도우 구현을 약간만 수정해 비정렬 고정 윈도우를 지원하도록 할 수 있다. 우리가 하고자 하는 바는 같은 키를 갖는 데이터 요소를 묶어주는 윈도우는 계속 보장하되, 다른 키 간의 정렬 제한을 완화시키고자 하는 것이다. 이를 위해 기본 고정 윈도우 전략 코드를 다음과 같이 수정할 수 있다.

예 4-6. 요약된 형태의 비정렬 고정 윈도우 구현

```
public class UnalignedFixedWindows
    extends WindowFn<KV<K, V>, IntervalWindow> {
  private final Duration size;
  private final Duration offset;
  public Collection<IntervalWindow> assignWindow(AssignContext c) {
    long perKeyShift = hash(c.element().key()) % size;
    long start = perKeyShift + c.timestamp().getMillis()
                  - c.timestamp()
                     .plus(size)
```

---

2   이 책을 쓰는 시점에 우리가 아는 한 그런 시스템은 존재하지 않는다.

160

```
                      .minus(offset)
      return Arrays.asList(IntervalWindow(new Instant(start), size));
  }
}
```

여전히 같은 키를 갖는 모든 데이터 요소의 윈도우는 정렬된다.[3] 하지만 다른 키를 갖는 데이터 요소 윈도우는 정렬되지 않으며, 키 간의 비교를 의미 없게 만드는 대신 윈도우가 완료될 때 발생하는 부하를 분산시킬 수 있다. 이제 우리가 사용하던 파이프라인을 새 윈도우 전략을 쓰도록 수정할 수 있다.

예 4-7. 단일 워터마크 트리거를 쓰는 비정렬 고정 윈도우

```
PCollection<KV<Team, Integer>> totals = input
  .apply(Window.into(UnalignedFixedWindows.of(TWO_MINUTES))
                .triggering(AfterWatermark()))
  .apply(Sum.integersPerKey());
```

이제 그림 4-9를 통해 이전과 동일한 데이터셋을 대상으로 고정 윈도우가 다르게 정렬되는 모습을 확인할 수 있다(예에서 우리는 비정렬 윈도우의 장점을 최대한 보이기 위해 최대한 차이를 보이도록 했으나, 랜덤하게 선택하는 경우에도 유사한 결과를 얻을 수 있다).

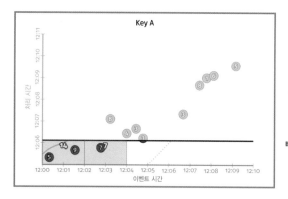
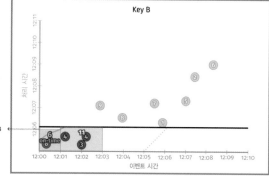

---

3   이는 사실상 키를 갖는 데이터를 사용하는 경우를 가정한다. 하지만 윈도우는 태생이 키로 묶는 것에 의존하기 때문에, 이런 가정이 무리가 되는 것은 아니다.

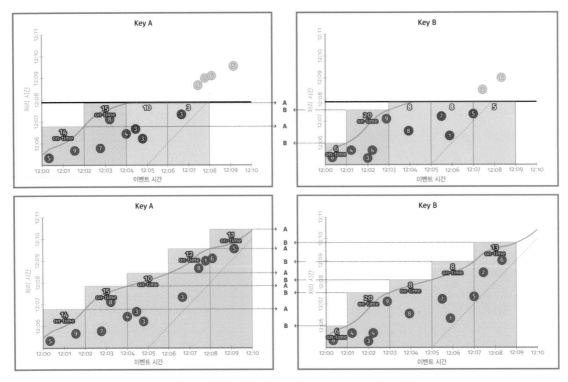

그림 4-9. 비정렬 고정 윈도우(http://streamingbook.net/gif/4-9)

그림에서 여러 키에 대해 동시에 여러 패널이 생성되는 경우가 사라졌음에 주목하자. 대신 패널이 좀 더 고르게 퍼져서 도착하고 있다. 이는 적용하고자 하는 요구 사항이 만족한다면 한 차원(키 사이의 비교가 가능함)을 다른 차원(최대 부하를 위한 프로비저닝 요구 사항을 감소시킴)의 이득으로 교환하는 예로 볼 수 있다. 이와 같은 유연함은 대량의 데이터를 최대한 효율적으로 다루고자 할 때 중요하다.

이제 처리되는 데이터에 좀더 묶여서 동작하는 고정 윈도우의 두 번째 변형을 살펴보자.

요소/키 단위 고정 윈도우

두 번째 예는 클라우드 데이터플로우의 초기 사용자를 위해 나왔던 것으로, 이 회사는 고객을 위해 분석 데이터를 생성하는 데 개별 고객이 매트릭^{metric}을 모을 때 사용할 윈도우 크기를 설정할 수 있도록 해주고자 했다. 즉, 각 사용자가 고정 윈도우의 크기를 정의할 수 있도록 해주려는 것이었다.

허용해줄 윈도우 크기의 종류가 고정돼 있다면 이런 사례를 지원하는 것은 그리 어려운 일이 아니다. 이를테면 30분, 60분, 90분 단위의 고정 윈도우를 선택할 수 있게 옵션으로 제공하고 각 옵션마다 분리된 파이프라인을 돌리는 방법을 생각해볼 수 있다. 이상적이진 않지만 말이 안 되는 방법은 아니다. 하지만 제공하는 옵션 종류가 늘어날수록 금방 비현실적인 방법이 되고, 진짜로 임의의 윈도우 크기를 지원하는 것은 사실상 불가능하다.

다행히 고객이 처리하는 각 데이터가 이미 필요로 하는 윈도우 크기를 메타데이터로 포함하고 있기에, 기존 고정 윈도우 구현을 약간 수정해 임의의 사용자별 고정 윈도우 크기를 지원할 수 있다.

예 4-8. 요소 단위 윈도우 크기를 지원하는 수정된 (요약된 형태의) 고정 윈도우 구현

```
public class PerElementFixedWindows<T extends HasWindowSize%gt;
    extends WindowFn<T, IntervalWindow> {
  private final Duration offset;
  public Collection<IntervalWindow> assignWindow(AssignContext c) {
    long perElementSize = c.element().getWindowSize();
    long start = perKeyShift + c.timestamp().getMillis()
                    - c.timestamp()
                        .plus(size)
                        .minus(offset)
                        .getMillis() % size.getMillis();
    return Arrays.asList(IntervalWindow(
      new Instant(start), perElementSize));
  }
}
```

이 변화를 통해 각 요소는 포함된 메타데이터에 기술된 크기에 맞춰 적절한 크기의 고정 윈도우로 배치된다.[4] 예 4-9에서 볼 수 있듯이 이 새로운 전략을 사용하는 파이프라

---

4 요소 자체가 윈도우 크기를 반드시 알아야 하는 것은 아니다. 필요한 상황에 맞춰 (예를 들어 사용자별로) 적절한 윈도우 크기를 찾아 사용하거나 캐시해둘 수 있다.

인 코드는 간단하다.

예 4-9. 단일 워터마크 트리거를 갖는 요소 단위 고정 윈도우 크기

```
PCollection<KV<Team, Integer>> totals = input
  .apply(Window.into(PerElementFixedWindows.of(TWO_MINUTES))
              .triggering(AfterWatermark()))
  .apply(Sum.integersPerKey());
```

이제 이 파이프라인이 동작하는 모습을 그림 4-10에서 볼 수 있다. 키 A를 위한 요소는
2분 크기의 윈도우를, 키 B의 경우에는 1분 크기의 윈도우를 갖게 된다.

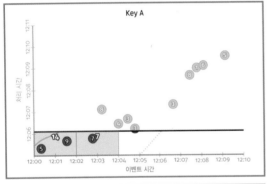
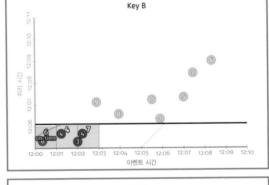

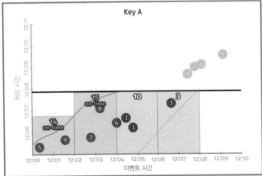
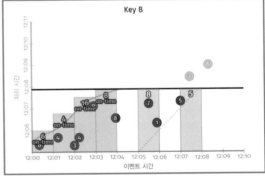

(뒤에 계속)

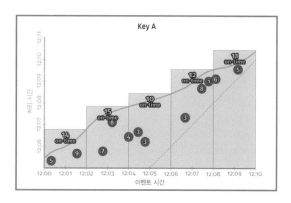
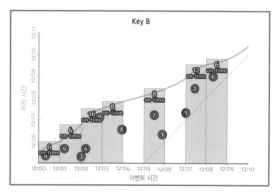

그림 4-10. 키 단위 커스텀 크기 고정 윈도우(http://streamingbook.net/fig/4-10)

물론 이런 방식이 여러분이 필요로 하는 것은 아닐 수 있다. 윈도우 크기와 관련된 설정을 어디에 저장할지는 표준 API로 제공하기에는 지나치게 사례 의존적일 수 있다. 그럼에도 앞서 소개한 고객의 요구 사항이 보여주듯이 이와 같은 사례가 존재함은 틀림없다. 이것이 바로 커스텀 윈도우가 제공하는 유연성이 강력한 이유이다.

세션 윈도우의 변형

커스텀 윈도우의 유용함을 강조하기 위해 마지막 예를 보도록 하자. 마지막 예는 세션 변형에 대한 것이다. 세션 윈도우는 고정 윈도우보다는 복잡하며, 그 구현은 다음과 같이 구성된다.

배정

　각 요소는 요소의 타임스탬프에 시작해 비활동 간격이 보일 때까지 확장되는 프로토 세션 윈도우로 위치된다.

병합

　이후 묶는 과정에서 모든 윈도우가 정렬된 후 겹치는 윈도우끼리는 병합된다.

요약된 형태의 세션 코드는 예 4-10에 주어져 있다.

예 4-10. 요약된 형태의 세션 구현

```java
public class Sessions extends WindowFn<Object, IntervalWindow> {
  private final Duration gapDuration;
  public Collection<IntervalWindow> assignWindows(AssignContext c) {
    return Arrays.asList(
      new IntervalWindow(c.timestamp(), gapDuration));
  }
  public void mergeWindows(MergeContext c) throws Exception {
    List<IntervalWindow> sortedWindows = new ArrayList<>();
    for (IntervalWindow window : c.windows()) {
      sortedWindows.add(window);
    }
    Collections.sort(sortedWindows);
    List<MergeCandidate> merges = new ArrayList<>();
    MergeCandidate current = new MergeCandidate();
    for (IntervalWindow window : sortedWindows) {
      if (current.intersects(window)) {
        current.add(window);
      } else {
        merges.add(current);
        current = new MergeCandidate(window);
      }
    }
    merges.add(current);
    for (MergeCandidate merge : merges) {
      merge.apply(c);
    }
  }
}
```

마찬가지로 이 코드를 보이는 목적은 세션 윈도우를 어떻게 작성하는지를 보이려는 것이 아니다. 커스텀 윈도우를 통하면 새로운 요구 사항을 지원하기 쉬움을 보이려는 것임을 잊지 말자.

유한 세션

우리가 여러 번 필요로 했던 커스텀 세션의 사례는 유한 세션bounded session이다. 유한 세

166

션은 시간이나 요소의 개수 같은 조건을 정해 일정한 크기 이상으로 커지지 않는 세션을 뜻한다. 유한 세션은 요구 사항 충족을 위해 사용되거나 스팸 데이터 방지 등에 쓰일 수 있다. 하지만 변형할 수 있는 형태의 한계를 생각하면(예를 들어 어떤 경우엔 이벤트 시간에서 전체 세션의 크기가 중요하고, 어떤 경우엔 세션에 포함되는 요소 개수가 다른 경우는 요소의 밀도가 중요할 수 있다) 유한 세션을 위한 깔끔한 API를 제공하기란 쉽지 않다. 좀 더 실용적인 접근 방법은 사용자가 스스로 필요로 하는 커스텀 윈도우 로직을 구현할 수 있도록 해주는 것이다. 예를 들어 예 4-11은 시간으로 제한되는 세션 윈도우를 보여준다.

예 4-11. 요약된 형태의 세션 구현

```java
public class BoundedSessions extends WindowFn<Object, IntervalWindow> {
  private final Duration gapDuration;
  private final Duration maxSize;
  public Collection<IntervalWindow> assignWindows(AssignContext c) {
    return Arrays.asList(
      new IntervalWindow(c.timestamp(), gapDuration));
  }
  private Duration windowSize(IntervalWindow window) {
    return window == null
      ? new Duration(0)
      : new Duration(window.start(), window.end());
  }
  public static void mergeWindows(
      WindowFn<?, IntervalWindow>.MergeContext c) throws Exception {
    List<IntervalWindow> sortedWindows = new ArrayList<>();
    for (IntervalWindow window : c.windows()) {
      sortedWindows.add(window);
    }
    Collections.sort(sortedWindows);
    List<MergeCandidate> merges = new ArrayList<>();
    MergeCandidate current = new MergeCandidate();
    for (IntervalWindow window : sortedWindows) {
      MergeCandidate next = new MergeCandidate(window);
      if (current.intersects(window)) {
        current.add(window);
        if (windowSize(current.union) <= (maxSize - gapDuration))
```

```
          continue;
        // 현재 윈도우가 경계를 넘었으니 내보내고 다음으로 넘어감
      next = new MergeCandidate();
    }
    merges.add(current);
    current = next;
  }
  merges.add(current);
  for (MergeCandidate merge : merges) {
    merge.apply(c);
  }
 }
}
```

항상 그렇듯이 파이프라인을 수정하는 것은 어렵지 않다. 예 2-7을 가져와 수정한 예 4-12를 보자.

예 4-12. 조기/정시/지연 API를 통한 조기/정시/지연 점화

```
PCollection<KV<Team, Integer>> totals = input
  .apply(Window.into(BoundedSessions
                     .withGapDuration(ONE_MINUTE)
                     .withMaxSize(THREE_MINUTES))
             .triggering(
               AfterWatermark()
                 .withEarlyFirings(AlignedDelay(ONE_MINUTE))
                 .withLateFirings(AfterCount(1))))
  .apply(Sum.integersPerKey());
```

실행 결과는 그림 4-11과 같다.

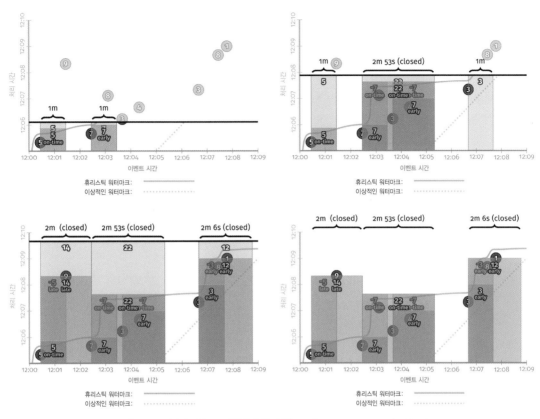

그림 4-11. 길이가 3분으로 제한된 유한 세션(http://streamingbook.net/fig/4-11)

그림 2-7의 유한 세션 구현에서 5분 정도에 해당하는 [12:00.26, 12:05.20) 범위에 걸쳐 있는 값 36을 갖는 큰 세션이 2분과 2분 53초의 두 세션으로 나뉘는 모습에 주목하자.

대부분의 시스템이 커스텀 윈도우를 지원하지 않는 상황에서, 제약 없는 세션 구현만 지원하는 시스템상에서 이러한 내용을 구현하는 것은 결코 쉽지 않다. 유일한 수단은 생성된 세션을 지켜보다가 길이 제한을 초과하는 경우 잘라내도록 세션을 묶어내는 로직을 작성하는 것뿐이다. 이 경우 세션을 구성하면서가 아닌 사후에 분해할 방법이 필요하고, (7장에서 살펴볼) 증분 취합incremental aggregation의 이득을 포기하는 결과가 발생하게 된다. 또, 세션이 잘리기 전에 이미 완전한 크기로 구성되기 때문에 스팸 데이터 방지시에 세션 크기를 제한함으로써 얻을 수 있는 이점도 사라진다.

한 크기로는 충분치 않다

지금까지 전형적인 데이터 처리 시스템에서 제공하는 기본 윈도우 형태에 변형을 주는 세 가지 사례인 비정렬 고정 윈도우, 요소 단위 고정 윈도우, 유한 세션을 살펴봤다. 커스텀 윈도우를 통해 이들 모두를 지원하는 것이 얼마나 쉬운지, 또한 커스텀 윈도우 없이는 얼마나 어려워질 수 있는지 알아봤다. 현재까지는 커스텀 윈도우에 대한 지원이 충분하지 않지만, 대량의 데이터를 가능한 효율적으로 다뤄야 하는 복잡한 실제 사례에 쓰일 파이프라인을 구축할 때 상당한 유연성을 제공한다.

요약

고급 윈도우는 복잡한 주제다. 4장에서는 다음과 같은 세 가지 고급 개념을 다뤘다.

처리 시간 윈도우

처리 시간 윈도우가 이벤트 시간 윈도우와 어떤 관계에 놓이는지, 또 처리 시간 윈도우가 태생적으로 유용한 경우를 살펴봤고, 이벤트 시간 윈도우가 제공하는 결과의 안정성이 필요해 처리 시간 윈도우 적용이 어려운 경우도 설명했다.

세션 윈도우

윈도우를 병합하는 동적인 전략을 처음 소개했고, 필요한 곳에 간단히 사용할 수 있는 강력한 구조를 시스템이 제공해줌으로써 얼마나 많은 사용자의 짐을 덜어줄 수 있는지 이야기했다.

커스텀 윈도우

여기서는 커스텀 윈도우 지원으로 비교적 간단히 구현 가능함에도 시스템이 정적인 형태의 윈도우 전략만을 제공한다면 구현이 어렵거나 불가능한 세 가지 실제 사례를 살펴봤다.

- 비정렬 고정 윈도우는 고정 윈도우와 워터마크 트리거를 함께 사용해 시간에 따라 결과가 더욱 고르게 분포되도록 하는 효과를 갖는다.

- 요소 단위 고정 윈도우는 (사용자 단위나 광고 캠페인 별로 조정 가능한 윈도우 크기를 제공하는 것처럼) 요소마다 고정 윈도우의 크기를 동적으로 고를 수 있는 유연성을 제공해준다.

- 유한 세션 윈도우는 세션이 커질 수 있는 범위를 제한한다. 예를 들어 스팸 데이터에 대응하거나 파이프라인이 구체화할 세션 완료에 적용되는 지연에 한계를 두는 용도로 쓰인다.

3장에서 워터마크를 깊이 있게 살펴본 후 여기서 고급 윈도우에 대해 전반적으로 살펴봤으니, 여러 방면에서 강력한 스트림 처리의 기본은 모두 살펴본 셈이다. 이제 빔 모델을 살펴보는 여정을 마무리하고 책의 1부도 마무리하도록 하자.

이어지는 5장에서는 일관성 보장, 즉 '정확히 한 번' 처리와 부작용에 대해 루벤이 설명해 줄 것이다. 이후 6장부터는 스트림과 테이블을 다루는 2부로 진입하게 된다.

'정확히 한 번' 보장과 부작용

이제 프로그래밍 모델과 API에 대한 이야기에서 이를 구현하는 시스템으로 주제를 전환해보자. 모델과 API를 통해 사용자는 자신이 원하는 바를 기술할 수 있다. 하지만 실제로 대규모로 정확하게 해당 계산을 수행하려면 실질적인 구현체인 시스템(보통은 분산 시스템)이 필요하다.

5장에서는 시스템이 정확한 결과를 얻기 위해 빔 모델을 올바르게 구현하는 방법에 대해 다루고자 한다. 스트리밍 시스템에서는 종종 '정확히 한 번exactly-once' 보장에 대한 이야기가 나온다. 이는 모든 데이터가 정확히 한 번 처리되도록 하는 것을 뜻한다. 이제 이 보장이 의미하는 바와 이를 어떻게 구현할 수 있는지 설명할 것이다.

이해를 위한 사례로 5장에서는 주로 구글 클라우드 데이터플로우에서 정확히 한 번만 데이터를 처리할 수 있게 해주는 기술을 설명할 것이지만, 5장 말미에서 '정확히 한 번' 보장을 위해 인기 있는 다른 스트리밍 시스템이 사용하는 기술도 소개한다.

왜 '정확히 한 번' 보장이 중요한가?

많은 사용자에게 데이터 처리 파이프라인에서 데이터 누락의 가능성이 용납될 수 없다는 사실은 말할 필요도 없다. 그럼에도 역사적으로 많은 범용 스트리밍 시스템은 이에 대한 보장을 해주지 못했으며 단순히 최선의 노력만을 약속할 뿐이었다. 다른 시스템은

'최소한 한 번at-least-once' 보장을 통해 누락 없이 적어도 한 번은 데이터가 처리됨을 보장해줬으나 중복 처리의 가능성이 있어 집계aggregation 결과는 부정확할 수 있었다. 실제로 '최소한 한 번' 보장을 제공하는 시스템은 메모리상에서 집계 작업을 수행해 시스템에 문제가 발생하면 결과에 손실이 발생할 수 있다. 이런 시스템은 짧은 지연 시간으로 예측 결과만을 제공할 수 있었지만 결과의 정확성에 대해서는 아무것도 보장해주지 못했다.

1장에서 소개했듯이 이런 이유로 람다 아키텍처Lambda Architecture가 등장하게 됐다. 람다 아키텍처에서는 스트리밍 시스템을 빠르지만 부정확한 결과를 얻기 위해 사용하고, (보통 하루의 끝에) 배치 시스템을 통해 정확한 결과를 얻도록 해준다. 이는 데이터스트림이 재현 가능한 경우에만 가능한 방법이지만 충분히 많은 데이터가 이 조건을 만족해 쓸 만한 방법이었다. 그럼에도 많은 이들은 람다 아키텍처를 사용하면서 다음과 같은 문제를 만나게 됐다.

부정확성(inaccuracy)

사용자는 실패가 불러오는 영향을 과소평가하는 경향이 있다. 종종 실험을 통해 적은 비율의 데이터만이 손실되거나 중복될 것이라 예상하지만 실제 운이 없으면 10% 혹은 그 이상의 데이터가 영향받을 수 있다는 사실에 놀라기도 한다. 이런 점에서 오직 절반의 보장만을 약속한다고 봐야 하며, 완전한 보장에 대한 약속 없이는 사실상 어떤 일도 일어날 수 있다고 생각해야 한다.

불일치(inconsistency)

최종 계산에 사용되는 배치 시스템은 종종 스트리밍 시스템과 다른 방식으로 데이터를 다룬다. 따라서 두 파이프라인이 비슷한 결과를 내도록 하는 것은 처음 생각보다는 훨씬 더 어렵다.

복잡성(complexity)

람다 아키텍처는 정의에 따라 서로 다른 코드 둘을 작성하고 유지해야 한다. 또한 각각 다른 실패 모드를 가진 2개의 복잡한 분산 시스템을 실행하고 유지해야 한다. 매우 단순한 형태의 파이프라인이 아니라면 이 부담은 생각보다 크다.

예측 불가능성(unpredictability)

많은 실사례에서 사용자는 매번 다른 비율로 스트리밍 결과와 배치 결과가 다르다는 것을 확인하게 된다. 그렇게 되면 사용자는 스트리밍 데이터를 불신하게 되고, 배치 결과를 기다리게 된다. 결국 낮은 지연을 갖는 결과가 갖는 가치가 처음부터 사라지는 셈이다.

지연(latency)

일부 경우에는 지연 시간이 짧으면서 정확한 결과가 필요하다. 람다 아키텍처는 이를 애초에 제공하지 않는다.

다행히도 다수의 빔 구현 시스템은 더 많은 것들을 해낼 수 있다. 5장에서 '정확히 한 번' 보장을 제공하는 스트림 처리가 단일 코드와 API만으로 사용자들이 정확한 데이터를 얻을 수 있게 해주고, 또한 데이터 누락의 위험을 피하게 해주는지 살펴볼 것이다. 종종 파이프라인의 출력 결과에 영향을 주는 다양한 종류의 문제가 '정확히 한 번' 보장과 구분되지 않고 다뤄지기에, 우선 빔과 데이터 처리 문맥에서 '정확히 한 번' 보장이 포함하는 문제와 범위에 대해 확실히 해두고자 한다.

정확성 대 완결성

빔 파이프라인이 데이터를 처리할 때 데이터가 누락되거나 중복 처리되지 않도록 해줘야 한다. 그러나 스트리밍 파이프라인의 특성상 시간 윈도우 집계가 완료된 후 데이터가 늦게 나타날 수 있다. 빔 SDK는 시스템이 이러한 지연 데이터를 얼마나 기다릴지를 설정할 수 있게 해준다. 이 시간보다 늦게 도착한 데이터는 모두 무시된다. 이 기능은 정확성^{accuracy}이 아닌 완결성^{completeness}에 대한 것으로 볼 수 있다. 즉, 처리 시간 동안 나타난 모든 데이터는 정확히 한 번 처리되고, 늦게 도착한 데이터는 명시적으로 무시된다.

지연 데이터는 보통 스트리밍 시스템의 문맥에서 나오지만, 배치 시스템도 사실 같은 완결성의 문제를 안고 있다. 오전 2시에 이전 하루 동안의 데이터를 처리하는 배치 시스템을 생각해보자. 만약 이전 하루의 데이터가 오전 2시 이후에 수집된다면 이는 해당 배치 시스템에서 제대로 처리되지 않을 것이다. 따라서 배치 시스템 역시 정확성은 제공해도 완결성을 항상 제공하기는 어렵다.

부작용

빔과 데이터플로우의 특징 중 하나는 사용자가 파이프라인 그래프의 일부분으로 실행되는 코드를 직접 작성해 삽입할 수 있게 해준다는 것이다. 데이터플로우는 이 코드가 데이터당 한 번만 실행됨을 보장해주지 않는다.[1] 즉, 하나의 데이터에 사용자 코드를 여러 번 실행할 수도 있고, 여러 워커worker에서 같은 데이터를 대상으로 동시에 실행될 수도 있다. 이는 시스템 장애 시에도 '최소한 한 번' 보장을 제공하기 위해 필요한 부분이다. 이러한 중복 계산 결과 중 하나만이 선택돼 파이프라인으로 흘러가게 된다.

결과적으로 멱등성idempotence이 없는 부작용은 정확히 한 번만 실행됨이 보장되지 않는다. 만약 외부 서버로 데이터를 전송하는 등 파이프라인 외부에 영향을 주는 부작용을 포함하는 코드를 작성한다면, 단일 데이터에 대해 두 번 이상 실행되는 결과가 나올 수 있다. 외부 서비스에 영향을 주는 작업을 데이터플로우가 원자적으로 다룰 수 있는 방법이 없기에 이런 상황은 불가피하다. 보통 파이프라인은 최종 결과를 파이프라인 밖으로 내보내고, 그러한 작업은 멱등성을 갖지 않는다. 5장의 후반부에서 살펴보겠지만, 종종 그런 경우 싱크sink에 멱등성이 없는 작업을 멱등성을 보장하는 형태로 재구성하는 추가적인 단계를 넣어 문제를 회피할 수 있다.

문제 정의

지금까지 우리가 실제 다뤄야 할 것은 이야기하지 않고 관련된 이야기만 다뤘다. '정확히 한 번' 보장이 의미하는 바는 무엇일까? 이를 이해하기 위해 먼저 예제 5-1에 보인

---

1   사실 우리가 아는 한 모든 빔 지원 시스템을 통틀어 이를 보장하는 시스템을 알지 못한다.

간단한 스트리밍 파이프라인[2]으로 시작해보자.

예 5-1. 간단한 스트리밍 파이프라인

```
Pipeline p = Pipeline.create(options);
// 사용자마다 1분 단위 이벤트 개수를 계산한다.
PCollection<..> perUserCounts =
        p.apply(ReadFromUnboundedSource.read())
         .apply(new KeyByUser())
         .Window.<..>into(FixedWindows.of(Duration.standardMinutes(1)))
         .apply(Count.perKey());
// 사용자별 개수를 처리해 어딘가에 기록한다.
perUserCounts.apply(new ProcessPerUserCountsAndWriteToSink());
// 사용자별 개수를 더해 모든 이벤트의 1분 단위 개수를 구한다.
perUserCounts.apply(Values.<..>create())
                .apply(Count.globally())
                .apply(new ProcessGlobalCountAndWriteToSink());
p.run();
```

이 파이프라인은 서로 다른 윈도우 둘의 집계를 계산한다. 첫 번째는 1분 동안 각 개별 사용자로부터 발생한 이벤트 수를 계산하고, 두 번째는 1분 동안 발생한 총 이벤트 수를 계산한다. 두 집계 모두 지정되지 않은 스트리밍 싱크에 기록된다.

데이터플로우는 여러 워커에서 동시에 파이프라인을 실행한다. 각 GroupByKey(Count 연산은 내부에서 GroupByKey를 사용) 후에 동일한 키를 갖는 모든 데이터가 셔플shuffle이라는 절차 이후 동일한 머신에서 처리된다. 데이터플로우 워커는 RPC(원격 프로시저 호출)를 사용해 데이터를 셔플해 한 키에 대한 모든 데이터가 같은 머신에 배정되도록 한다.

그림 5-1은 예제 5-1에서 데이터플로우가 생성하는 셔플의 모습을 보여준다.[3] Count. perKey는 각 사용자의 모든 데이터를 지정된 워커로 셔플하고, Count.global은 이러한 모든 부분 결과를 단일 워커로 셔플해 총 합계를 계산한다.

---

2   데이터플로우는 정확성을 보장하는 배치도 지원한다. 하지만 여기서는 스트리밍 문맥에 집중하도록 하자.

3   데이터플로우 최적화기(optimizer)는 많은 단계를 묶어 필요한 곳에만 셔플이 추가되도록 한다.

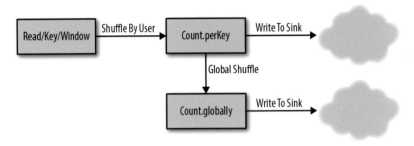

그림 5-1. 파이프라인 내 셔플

데이터플로우가 데이터를 정확하게 처리하려면 이 셔플에서 모든 데이터가 정확히 한 번만 셔플되도록 해줘야 한다. 잠시 후 알게 되겠지만 셔플의 분산된 특성으로 인해 이 문제 해결은 쉽지 않다.

또한 파이프라인은 파이프라인 외부와 데이터를 읽고 쓴다. 따라서 데이터플로우는 이 과정에서 부정확한 결과가 초래하지 않도록 보장해줘야 한다. 데이터플로우는 기술적으로 가능할 때마다 소스 및 싱크에 대해 이른바 아파치 스파크와 아파치 플링크^Apache Flink가 종단간 '정확히 한 번'^end-to-end exactly-once 보장이라 부르는 특성을 지원해준다.

5장에서 다루는 내용은 크게 세 가지로 구성돼 있다.

셔플
　　데이터플로우가 매 데이터가 셔플될 때 정확히 한 번 보장을 제공하는 방법

소스
　　데이터플로우가 매 소스 데이터가 처리될 때 정확히 한 번 보장을 제공하는 방법

싱크
　　데이터플로우가 매 싱크 과정에서 정확한 결과를 보장하는 방법

178

셔플에서의 '정확히 한 번' 보장

방금 설명한 대로 데이터플로우의 스트리밍 셔플은 RPC를 사용한다. RPC 통신이 개입하는 상황이라면 데이터 무결성에 대해 심사숙고할 필요가 있다. 우선 RPC는 여러 가지 이유로 실패할 수 있다. 네트워크가 중단되거나 RPC가 완료 전에 타임아웃되거나 수신 서버가 어떤 이유로 응답을 실패한 것으로 줄 수도 있다. 데이터플로우는 셔플 도중 데이터 손실이 발생하지 않도록 업스트림 백업^{upstream backup}을 사용한다. 이는 단순히 발신하는 쪽에서 수신 확인을 받을 때까지 RPC를 반복해 시도함을 뜻한다. 또한 데이터플로우는 발신 서버에 크래시^{crash}가 발생해도 RPC를 계속 재시도하도록 보장해준다. 이렇게 하면 모든 데이터가 적어도 한 번은 전달된다고 보장할 수 있다.

이제 문제는 이러한 재시도가 중복 데이터를 만들 수 있다는 점이다. 데이터플로우를 포함해 대부분의 RPC 프레임워크는 발신 서버에 성공 또는 실패를 표시하는 상태를 준다. 이때 분산 시스템에서는 RPC가 실패한 것처럼 보여도 종종 실제로는 성공할 수 있다는 점을 기억해야 한다. 여기에는 여러 이유가 있다. RPC 경쟁 상황^{race condition}이 발생해 타임아웃이 나는 경우, RPC가 성공했음에도 수신 서버가 확인 응답에 실패하는 경우 등이다. 발신 서버가 실제로 신뢰할 수 있는 유일한 응답은 성공에 대한 응답뿐이다.

상태로 실패를 반환하는 RPC는 일반적으로 호출이 성공했는지 여부만을 나타낸다. 특정 오류 코드로 명확한 실패 이유를 전달할 수는 있지만, 데드라인 초과^{Deadline Exceeded} 같은 다수의 일반적인 RPC 오류는 그 의미가 모호하다. 스트리밍 셔플 시에[4] 실제로 성공한 RPC를 다시 시도하면 데이터가 두 번 전달될 수 있기에 데이터플로우에서는 이러한 중복을 감지하고 제거하는 방법이 필요하다.

이 작업에 대한 알고리즘 자체는 매우 간단하다(그림 5-2 참고). 전송되는 모든 메시지는 고유한 식별자가 붙는다. 각 수신 서버는 이미 처리한 모든 식별자의 목록을 저장해둔다. 데이터를 받을 때마다 이 목록에서 식별자를 찾고 발견되면 중복으로 무시된다. 데

---

4   배치 파이프라인에서도 셔플 시 중복에 대한 처리는 필요하다. 다만 배치에서는 문제 해결이 훨씬 쉽다. 이 때문에 과거 스트리밍 시스템과 달리 배치 시스템들은 이미 중복 처리를 적용해왔다. 스파크 스트리밍(Spark Streaming)처럼 마이크로배치(microbatch) 방식을 쓰는 스트리밍 시스템은 중복 감지를 배치 셔플 시 적용했다.

이터플로우는 확장성을 갖는 키/값 저장소 기반 위에 구축되므로 이 저장소를 중복 제거 목록을 보관하는 용도로 사용한다.

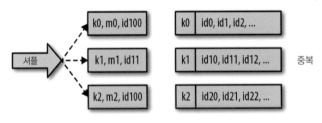

그림 5-2. 셔플에서의 중복 감지

결정론 다루기

이런 전략을 현실에서 실제 동작하게 하려면 사실 많은 고민이 필요하다. 한 가지 바로 떠오르는 문제는 빔 모델이 사용자 코드가 비결정적인 출력을 생성하도록 허용한다는 점이다. 즉, ParDo는 동일한 입력 데이터에 대해 (재시도 때문에) 두 번 실행되면서 각 재시도마다 다른 출력을 생성할 수 있다. 이러한 출력 중 하나만 파이프라인에 투입되는 것이 기대하는 동작이겠지만, 비결정적인 결과 때문에 두 출력이 동일한 ID를 갖는다는 것을 보장하기 어렵다. 더 까다로운 점은 ParDo가 여러 데이터를 결과로 낼 수 있다는 것이다. 즉, 재시도가 이뤄질 때마다 심지어 다른 수의 결과가 생성될 수 있다

그렇다면 차라리 모든 사용자 코드가 결정적인 결과만을 생성해야 한다고 요구하는 것은 어떨까? 경험상 이는 쉽지 않다. 실제로 많은 파이프라인에 비결정적 변환이 필요하다. 또한 파이프라인 작성자는 자신이 작성한 코드가 비결정적이라는 사실 자체를 깨닫지 못하는 경우가 매우 빈번하다. 예를 들어 입력 데이터를 보충하기 위해 클라우드 빅테이블Cloud Bigtable에서 추가적인 데이터를 조회하는 변환을 고려해보자. 변환 재시도 사이에 빅테이블 내의 값이 변경될 수 있으므로 이는 비결정적인 작업에 해당한다. 현재 시간이나 난수 생성기에 의존하는 코드 역시 비결정적이다. 사용자 코드가 순전히 결정적이라 할지라도 늦은 데이터를 허용하는 이벤트 시간 집계에는 비결정적인 입력이 있을 수 있다.

데이터플로우는 체크포인트checkpoint를 사용해 비결정적 처리를 효과적으로 결정적으로 바꾸어 문제를 해결한다. 변환에서 나오는 각 출력은 고유 ID와 함께 다음 단계로 전달되기 전에 안정적인 저장소로 체크포인트된다.[5] 셔플 전달 시 재시도가 일어나면 체크포인트된 출력을 전달해 재시도 과정에서 사용자의 비결정적 코드가 실행되지 않는다. 다시 말해 사용자의 코드는 여러 번 실행될 수 있어도 이러한 실행 중 하나만이 선택되는 것이다. 더욱이 데이터플로우는 안정적인 저장소에 중복 결과가 쓰이는 것을 방지하기 위해 일관된 저장소를 사용한다.

성능

'정확히 한 번' 보장을 제공하는 셔플 전달을 구현하기 위해 데이터 ID 목록이 각 수신자 키마다 저장된다. 도착하는 모든 데이터에 대해 데이터플로우는 수신 서버 키에 저장된 데이터 ID를 확인해 중복 여부를 확인한다. 단계별로 발생하는 모든 출력은 생성된 데이터 ID를 중복 감지에 안정적으로 쓸 수 있도록 저장소로 체크포인트된다.

하지만 이 과정을 신중하게 구현하지 않으면 읽기/쓰기가 크게 증가해 파이프라인의 전반적인 성능이 저하된다. 따라서 '정확히 한 번' 보장을 위해 I/O를, 특히 매 데이터마다 발생하는 I/O를 줄일 필요가 있다.

데이터플로우는 그래프 최적화 및 블룸 필터Bloom filter라는 두 가지 핵심 기술을 통해 이 목표를 달성하고 있다.

그래프 최적화

데이터플로우는 실행 전에 파이프라인 그래프에 일련의 최적화를 적용한다. 이러한 최적화 중 하나는 퓨전fusion으로, 여러 논리적 단계를 단일 실행 단계로 융합하는 과정에

---

5   이 체크포인트 과정이 효율적으로 진행되도록 신경을 써야 한다. 예를 들어 기반 키/값 저장소와 밀접하게 연관된 스키마(schema)나 접근 패턴 최적화(access pattern optimization) 등을 고려해야 한다.

해당한다. 그림 5-3은 몇 가지 간단한 예를 보여준다.

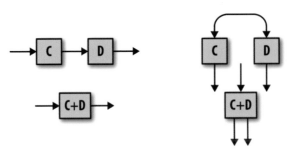

그림 5-3. 최적화 예: 퓨전

모든 퓨전된 단계는 하나의 단위로 실행되므로 '정확히 한 번' 보장을 위해 단계별로 추가로 데이터를 저장할 필요가 없어진다. 많은 경우, 퓨전은 전체 그래프를 몇 개의 물리적 단계로 축소해 필요한 데이터 전송량을 크게 줄여준다(더불어 저장소 사용량도 줄여준다).

또한 데이터플로우는 그림 5-4와 같이 데이터를 주요 그룹핑 작업으로 보내기 전에 로컬에서 부분 결합을 수행해 Count나 Sum 등 결합법칙과 교환법칙을 만족하는 Combine 작업을 최적화한다. 이를 통해 전달할 데이터 수를 크게 줄여 결과적으로 입출력 데이터량도 줄일 수 있다.

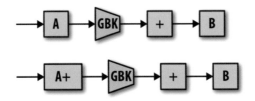

그림 5-4. 최적화 예: 결합기 리프팅

블룸 필터

앞서 언급한 최적화는 최적화의 부가적인 결과를 통해 '정확히 한 번' 보장을 위한 성능을 향상시키는 접근이다. 이제, '정확히 한 번' 보장 자체를 최적화하는 것을 목표로 도입된 블룸 필터를 살펴보고자 한다.

정상적인 파이프라인에서는 대부분의 데이터는 중복되지 않는다. 이 사실과 함께 집합 내 요소 여부를 빠르게 검사할 수 있게 해주는 간결한 데이터 구조인 블룸 필터를 사용해 성능을 크게 향상시킬 수 있다. 블룸 필터는 매우 흥미로운 특성을 가지고 있다. 거짓 양성false positive은 반환할 수 있지만 절대 거짓 음성false negative을 반환하지는 않는다. 필터가 "요소가 집합에 있다"라고 알려주면 요소가 실제 집합 내에 있을 가능성이 (계산 가능한 확률로) 있다는 것을 의미한다. 그러나 필터가 집합 내에 요소가 없다고 하면 확실히 존재하지 않는다. 이러한 특성을 통해 다음과 같은 접근이 가능하다.

데이터플로우 구현은 다음과 같이 작동한다. 각 워커는 자신이 본 모든 ID의 블룸 필터를 유지한다. 새 데이터 ID를 만날 때마다 이를 필터에서 조회한다. 필터가 결과로 음성을 반환하면 이 데이터는 중복되지 않은 것이며 워커 입장에서는 비용이 큰 저장소 조회를 건너뛸 수 있다. 블룸 필터가 양성을 반환하는 경우에만 이 두 번째 조회를 수행할 필요가 생긴다. 블룸 필터의 거짓 양성율이 낮게 유지되는 한 비용이 큰 두 번째 조회가 발생할 가능성은 낮다.

그러나 블룸 필터는 시간이 지남에 따라 필터가 채워지는 경향이 있고, 그럴수록 거짓 양성율이 증가한다. 또한 워커가 재시작할 때마다 저장된 ID 목록을 스캔해 블룸 필터를 새로 구성해야 한다. 다행히도 데이터플로우는 각 데이터마다 시스템 타임스탬프를 붙여주고 있다.[6] 따라서 블룸 필터 하나를 만들어 사용하는 대신 10분 간격으로 개별 필터를 만들어 쓴다. 데이터가 도착하면 데이터플로우는 시스템 타임스탬프를 바탕으로 적절한 필터를 쿼리하게 된다.[7] 필터가 시간에 지남에 따라 가비지 컬렉션에 의해 처리되도록 할 수 있기에 블룸 필터가 포화 상태가 되는 것을 방지하고, 또한 시작 시 스캔돼야 하는 데이터의 양을 제한해주는 역할도 한다.[8]

---

6 이는 사용자가 제공하는 타임스탬프가 아니라 송신 서버에서 배정하는 처리 시간 타임스탬프에 해당한다.

7 이 알고리즘이 동작하기 위해서는 주의가 필요하다. 각 송신 서버는 시스템 타임스탬프가 엄격하게 증가하도록 해줘야 하며, 서버가 재시작하는 경우에도 이 보장이 유지될 수 있도록 해야 한다.

8 이론적으로 일정 시간 범위에 정해진 개수의 데이터가 보이는 시점부터 블룸 필터를 생성하도록 해 재시작 과정에서 필요한 스캔에 대한 부담을 완화할 수 있다.

그림 5-5는 이 과정을 보여준다. 데이터가 시스템에 도착하고 도착 시간을 기준으로 블룸 필터에 배정된다. 필터에 처음 도착하는 데이터는 중복되지 않기에 모든 목록 조회 전에 필터링된다. 데이터 r1은 중복해 전달되므로 실제로 중복인지 확인하기 위해 목록 조회가 필요하다. r4 및 r6도 마찬가지이다. r8은 중복되지 않는다. 그러나 블룸 필터의 거짓 양성으로 인해 목록 조회가 발생하는 모습을 표현했다.

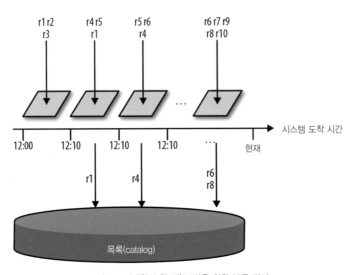

그림 5-5. '정확히 한 번' 보장을 위한 블룸 필터

가비지 컬렉션

모든 데이터플로우 워커는 자신이 본 고유 데이터 ID를 저장해둔다. 데이터플로우의 상태 및 일관성 모델은 키 단위이므로, 실제 구현에서 각 키는 해당 키로 전달된 데이터의 목록을 저장해둔다. 저장 장치의 제약으로 이런 정보를 영구적으로 보관할 수는 없기에 처리가 확인된 데이터 ID 정보를 가비지 컬렉션을 통해 정리할 필요가 있다.

이를 위한 한 가지 전략은 전송 서버가 엄격하게 증가하는 일련 번호를 데이터마다 달아서 아직 전달 중인 (수신이 확인되지 않은) 가장 이른 일련 번호를 추적하는 것이다. 그보다 앞선 모든 데이터는 이미 수신이 확인됐기 때문에 가비지 컬렉션의 대상이 될 수 있다.

그러나 더 나은 대안이 있다. 앞서 언급했듯이 데이터플로우는 이미 블룸 필터 버킷을 구분하기 위해 시스템 타임스탬프로 각 데이터에 표시를 해두고 있다. 따라서 일련 번호를 사용해 가비지 컬렉션을 수행하는 대신 이러한 시스템 타임스탬프를 기반으로 가비지 컬렉션 워터마크를 계산하는 것이 가능하다(이는 3장에서 설명했던 처리 시간 워터마크로 볼 수 있다). 이 접근 방식에서 부수적으로 얻는 이점은 이 워터마크가 특정 처리 단계에서 대기하는 데 소요된 시간을 기반으로 하기에 (사용자가 지정한 이벤트 시간 기반과는 달리) 파이프라인의 어떤 부분에 지연이 발생하는지를 직관적으로 알 수 있게 해준다는 점이다. 이 메타데이터는 데이터플로우 WebUI에 표시되는 시스템 지연 지표의 밑바탕이 된다.

데이터가 이미 가비지 컬렉션의 대상이 된 타임스탬프를 가지고 늦게 도착하는 경우에는 어떻게 해야 할까? 이런 현상은 네트워크 파편network remnant으로 인해 발생하는 것으로, 이전에 전송한 데이터가 네트워크상에 일정 시간 정체돼 있다가 갑자기 나타나는 현상이다. 가비지 컬렉션을 트리거하는 낮은 워터마크low watermark는 데이터 전달이 확인될 때까지는 진행되지 않기 때문에, 이렇게 뒤늦게 나타나는 데이터는 이미 성공적으로 처리됐음이 보장된다. 따라서 간단히 무시하면 된다.

소스에서의 '정확히 한 번' 보장

빔은 데이터를 데이터플로우 파이프라인으로 읽어들이기 위한 소스 API를 제공한다.[9] 데이터플로우가 처리 중 실패가 발생하면 소스에서 데이터를 다시 읽어올 수 있고, 소스에 의해 생성된 고유한 데이터가 정확히 한 번만 처리되도록 보장해줄 필요가 있다.

대부분의 결정성 소스deterministic source에 대해 데이터플로우는 이 과정을 투명하게 처리한다. 예를 들어 파일에서 데이터를 읽어오는 경우를 생각해보자. 파일 내 데이터는 파일을 몇 번을 읽든 항상 결정된 순서로 결정된 바이트 위치에 존재한다.[10] 파일 이름과

---

9   이 책을 집필하는 시점에 더욱 유연한 새로운 API인 SplittableDoFn이 제공된다(http://bit.ly/2JQa7GJ).

10   파일을 읽는 도중 악의적으로 파일을 수정하는 경우를 고려하지는 않는다.

바이트 위치만 있으면 각 데이터를 정확히 구분할 수 있으며, 따라서 이를 바탕으로 개별 데이터에 대한 고유한 ID를 자동으로 생성할 수 있다.

유사한 결정성 보장을 제공하는 또 다른 소스로는 아파치 카프카^{Apache Kafka}가 있다. 각각의 카프카 토픽은 정적인 분할^{partition}로 나뉘며 분할 내 데이터 순서는 항상 결정적이다. 이러한 결정성 소스는 중복 없이 데이터플로우에서 원활하게 동작한다.

그러나 모든 소스가 그리 간단하지는 않다. 예를 들어 데이터플로우 파이프라인에 쓰이는 일반적인 소스 중 하나는 구글 클라우드 Pub/Sub이다. Pub/Sub는 비결정성 소스에 해당한다. 여러 구독자가 Pub/Sub 토픽에서 데이터를 가져갈 수 있지만, 어떤 구독자가 특정 메시지를 받을지를 예측할 수는 없다. 처리에 실패할 경우, Pub/Sub는 메시지를 다시 전달하지만 메시지가 원래 처리 방식과 다르게 다른 순서로 다른 워커에 전달될 수 있다. 이 비결정적인 동작으로 인해 재시도 시에 안정적인 데이터 ID를 결정적으로 할당할 방법이 없기 때문에 데이터플로우가 중복을 감지하기 위해 추가적인 도움이 필요하다는 것을 의미한다(5장의 뒷부분에서 Pub/Sub에 대해 더 자세히 살펴볼 것이다).

데이터플로우는 데이터에 ID를 자동으로 할당할 수 없기 때문에 비결정성 소스는 데이터의 ID가 무엇이 돼야 하는지 시스템에 알려줄 필요가 있다. 빔은 소스 API로 Unbounded Reader.getCurrentRecordId 메소드[11]를 제공한다. 소스에서 각 데이터에 고유 ID를 제공하고 데이터플로우에게 중복 제거[12]가 필요하다고 통보하면 동일한 ID의 데이터는 필터링된다.

싱크에서의 '정확히 한 번' 보장

어느 시점에서 모든 파이프라인은 데이터를 외부로 출력해야 하며 싱크는 단순히 이러한 출력 작업을 수행하는 변형^{transformation}일 뿐이다. 데이터를 외부로 전달하는 것은 일종의 부작용이며, 이미 데이터플로우는 부작용에 대해서는 '정확히 한 번' 보장을 제공

---

11   SplittableDoFn API(http://bit.ly/2JQa7GJ)는 이를 위해 다른 메소드를 갖는다.

12   requiresDedupping을 오버라이드(override)한다.

하지 않는다고 이야기했다. 그렇다면 싱크는 어떻게 출력이 정확히 한 번만 일어나도록 보장할 수 있을까?

가장 간단한 답은 빔 SDK 중 일부로 제공되는 여러 종류의 싱크를 사용하는 것이다. 이 싱크는 여러 번 실행되더라도 중복이 생성되지 않도록 신중하게 설계돼 있다. 가능하면 파이프라인을 작성할 때 이러한 기본 제공 싱크 중 하나를 사용하는 것이 좋다.

그러나 때로는 기본 제공되는 싱크로 충분하지 않아 직접 작성해야 하는 경우가 있다. 가장 좋은 접근 방식은 작성한 부작용이 멱등성을 유지하도록 해서 반복 실행해도 문제가 없도록 하는 것이다. 그러나 종종 DoFn의 일부 구성 요소는 비결정적이라서 반복 실행될 때 변화가 있을 수 있다. 예를 들어 윈도우 집계에서 한 윈도우 내의 어떤 데이터가 있는지는 비결정적일 수 있다!

예를 들어 한 윈도우가 요소 e0, e1, e2로 트리거됐다가 윈도우 처리를 완료하기 전에 (하지만 이 요소들을 부작용으로 이미 전송한 후에) 워커에 문제가 생겼다고 가정해보자. 이제 해당 워커가 재시작하면, 같은 윈도우가 다시 트리거될 것이다. 그런데 하필 이 시점에 지연 데이터인 e3이 도착했다고 생각해보자. 이 요소는 윈도우 처리를 완료하기 전에 도착했기 때문에, 반복 실행할 때는 지연 데이터로 간주되지 않는다. 따라서 DoFn이 e0, e1, e2, e3로 수행되고 부작용 연산으로 보내진다. 이런 경우에는 부작용 연산이 멱등성을 보장한다고 해도 아무 도움도 되지 않는다.

비결정적인 특성이 생길 수 있는 다른 경우도 있을 수 있다. 이러한 위험을 해결하는 표준인 방법은 현재 데이터플로우가 DoFn 출력 중 하나만을 셔플 경계로 통과시켜 주는 보장을 활용하는 것이다.[13]

이 보장을 이용하는 간단한 방법은 내장된 Reshuffle 변환을 통하는 것이다. 예 5-2에 주어진 패턴은 부작용을 갖는 연산이 결정적인 데이터만을 받도록 보장해주는 모습을 보여준다.

---

13 언젠가는 이처럼 경계를 거쳐 결과를 결정적으로 고정해주는 특성을 더욱 분명하게 빔 모델에 정의할 수 있을 것이다. 다른 빔 구현은 비결정적인 사용자 코드를 다루는 능력에서 차이를 보인다.

예 5-2. Reshuffle 예시

```
c.apply(Window.<..>into(FixedWindows.of(Duration.standardMinutes(1))))
 .apply(GroupByKey.<..>.create())
 .apply(new PrepareOutputData())
 .apply(Reshuffle.<..>of())
 .apply(WriteToSideEffect());
```

이 파이프라인은 싱크 단계를 PrepareOutputData 및 Write ToSideEffect의 두 단계로 나누고 있다. PrepareOutputData는 멱등성을 갖는 쓰기에 해당하는 데이터를 출력한다. 단순히 하나씩 실행하는 경우라면 실패 시 전체 프로세스가 반복될 수 있고, 그로 인해 PrepareOutputData가 생성한 다른 결과도 함께 부작용으로 기록될 수 있다. 하지만 둘 사이에 Reshuffle을 추가하면 데이터플로우는 이러한 일이 발생하지 않도록 보장해 준다.

물론 데이터플로우는 여전히 WriteToSideEffect 작업을 여러 번 실행할 수 있다. 따라서 부작용 자체는 여전히 멱등성을 갖춰야 한다. 그렇지 않으면 싱크가 중복된 데이터를 받는다. 예를 들어 데이터 저장소의 값을 설정하거나 덮어쓰는 작업은 멱등성을 가지며 여러 번 실행되더라도 올바른 출력을 생성한다. 반면 목록에 데이터를 추가하는 작업은 멱등성을 갖지 않으며, 작업이 여러 번 실행되면 매번 동일한 값이 추가되는 잘못된 결과가 나온다.

Reshuffle은 DoFn의 입력을 안정화하는 간단한 방법을 제공하지만 GroupByKey 역시 마찬가지이다. 하지만 현재 DoFn의 입력을 안정화하기 위해 GroupByKey를 추가할 필요가 없도록 수정하는 방안이 제안돼 있다. 대신 특수한 주석인 @RequiresStableInput을 WriteToSideEffect에 달아 해당 변환에 안정적인 입력을 보장하는 형태가 될 수도 있다.

사용 사례

이해를 위해 몇 가지 기본 제공 소스 및 싱크를 살펴보며 앞서 언급한 패턴을 구현하는 방법을 구체적으로 살펴보고자 한다.

소스 예시: 클라우드 Pub/Sub

클라우드 Pub/Sub는 게시자의 메시지를 구독자에게 전달해주는 확장 가능하고 안정적이며 짧은 지연 시간을 자랑하는 완전 관리형 시스템이다. 게시자는 이름을 갖는 주제에 데이터를 게시하고 구독자는 해당 이름으로 주제를 구독해 데이터를 가져온다. 단일 주제에 여러 구독을 생성할 수 있으며, 이 경우 각 구독자는 구독 생성 시점부터 주제에 게시된 모든 데이터의 전체 복사본을 받는다. Pub/Sub는 데이터 수신이 확인될 때까지 계속 데이터를 전달하도록 보장한다. 따라서 같은 데이터가 여러 번 전달될 수 있다.

Pub/Sub는 분산 환경을 고려해 많은 게시 프로세스가 동일한 주제에 게시할 수 있고 많은 구독 프로세스가 동일 주제를 구독해 메시지를 가져올 수 있다. 데이터를 가져온 후 구독자는 일정 시간 내에 수신을 확인해 줘야 하며, 그렇지 않으면 해당 절차가 만료돼 Pub/Sub는 같은 데이터를 다른 구독 프로세스에 다시 전송한다.

이러한 특성으로 인해 Pub/Sub는 높은 확장성을 보이지만 데이터플로우 같은 시스템에서 사용하기에는 어려운 소스 형태가 된다. 어떤 데이터가 어떤 작업자에게 어떤 순서로 전달될지 알 수 없으며, 더욱이 실패한 경우 발생하는 재전송은 서로 다른 순서로 이전과 다른 작업자에게 데이터를 보낼 수도 있다.

Pub/Sub는 각 메시지에 메시지 ID를 배정하며 이 ID는 재전송시에도 동일하게 유지된다. 데이터플로우 Pub/Sub 소스는 기본적으로 이 ID를 사용해 Pub/Sub에서 중복 항목을 제거한다(데이터는 ID의 해시hash를 기반으로 셔플되므로 재전송 시에도 항상 같은 워커에서 처리된다). 그러나 경우에 따라 이 정도로는 충분하지 않을 수 있다. 사용자 프로세스가 게시를 다시 시도할 수도 있으며 그 결과 Pub/Sub에 중복 항목이 발생할 수 있다. 서비스의 관점에서는 이들이 같은 데이터이므로 같은 데이터 ID를 가질 것이다. 데이터플로우의 Pub/Sub 소스는 사용자가 이러한 데이터 ID를 사용자 정의 속성으로 제공할 수 있도록 해주고 있다. 게시자가 재시도 시 동일한 ID를 전송해주면 데이터플로우는 이러한 중복을 감지해낼 수 있다.

빔은 (따라서 데이터플로우도) Pub/Sub에 대한 참조 구현을 소스 형태로 제공한다. 그러나 이는 데이터플로우 내에서 사용하는 것이 아니라 (아파치 스파크, 플링크 등) 데이터플로우 이외의 구현에서 사용하기 위한 것이다. 다양한 이유로 인해 데이터플로우는 내부적으로 Pub/Sub를 처리하고 이 공개된 Pub/Sub 소스를 사용하지는 않는다.

싱크 예시: 파일

파일에 지속적으로 데이터를 출력하기 위해 빔의 파일 싱크(TextIO, AvroIO 및 FileBasedSink를 구현하는 기타 싱크)를 사용할 수 있다. 예제 5-3은 예시를 보여준다.

예 5-3. 윈도우화된 파일 쓰기

```
c.apply(Window.<..>into(FixedWindows.of(Duration.standardMinutes(1))))
 .apply(TextIO.writeStrings().to(new MyNamePolicy()).withWindowedWrites());
```

예제 5-3 코드는 윈도우에 속한 데이터를 포함하는 파일을 매분마다 10개의 파일로 작성한다. MyNamePolicy는 샤드와 윈도우를 기반으로 출력 파일의 이름을 결정하는 사용자 작성 함수이다. 트리거를 사용할 수도 있으며, 이 경우 각 트리거 패널이 새 파일로 출력될 것이다.

이 과정은 예제 5-3에 보여준 패턴을 변형해 구현된다. 파일이 임시 위치에 기록되고 이러한 임시 파일 이름을 GroupByKey를 통해 후속 단계로 전송한다. GroupByKey가 임시 파일을 최종 저장 위치로 원자적으로 이동해준다. 예제 5-4의 의사 코드는 일관된 스트리밍 파일 싱크가 빔에서 어떻게 구현되는지에 대한 개괄을 보여준다(자세한 내용은 빔 소스의 FileBasedSink 및 WriteFiles를 참조하자).

예 5-4. 파일 싱크

```
c
  // 각 데이터를 랜덤 샤드 ID로 표시한다.
  .apply("AttachShard", WithKeys.of(new RandomShardingKey(getNumShards())))
  // 모든 데이터를 같은 샤드로 그룹핑한다.
  .apply("GroupByShard", GroupByKey.<..>())
  // 각 윈도우에서 샤드별 요소를 임시 파일로 저장한다. 이는 비결정적인 부작용으로
  // 이 DoFn이 여러 번 실행되면 여러 임시 파일을 작성하게 된다.
  // 이 가운데 하나만이 마지막 단계로 전달될 것이다.
```

```
  .apply("WriteTempFile", ParDo.of(new DoFn<..> {
    @ProcessElement
    public void processElement(ProcessContext c, BoundedWindow window) {
      // Write the contents of c.element() to a temporary file.
      // User-provided name policy used to generate a final filename.
     c.output(new FileResult()).
    }
  }))
  // 파일 리스트를 싱글톤 키로 그룹핑한다.
  .apply("AttachSingletonKey", WithKeys.<..>of((Void)null))
  .apply("FinalizeGroupByKey", GroupByKey.<..>create())
  // 원자적으로 파일 이름을 변경해서 마무리. 이 과정은 멱등성을 보장한다.
  // 일단 이 DoFn이 주어진 FileResult에 대해 실행되면 임시 파일은 사라지고
  // 추가로 실행해도 영향을 주지 않는다.
  .apply("Finalize", ParDo.of(new DoFn<..>, Void> {
    @ProcessElement
    public void processElement(ProcessContext c) {
      for (FileResult result : c.element()) {
        rename(result.getTemporaryFileName(), result.getFinalFilename());
      }
}})));
```

WriteTempFile에서 비멱등성 작업이 어떻게 수행되는지 볼 수 있다. GroupByKey가 완
료된 후 Finalize 단계에서는 재시도가 이뤄지더라도 항상 동일한 결과를 받게 된다.
파일 이름 변경은 멱등성이 보장되기 때문에[14] 이를 통해 '정확히 한 번' 보장을 제공하
는 싱크를 구성할 수 있다.

싱크 예시: 구글 빅쿼리

구글 빅쿼리Google BigQuery는 완전 관리형의 클라우드 네이티브 데이터 웨어하우스cloud-
native data warehouse로, 빔은 빅쿼리를 싱크로 제공하고 빅쿼리는 매우 짧은 지연 시간을 보
장하는 스트리밍 삽입 API를 제공해준다. 이 스트리밍 삽입 API를 사용해 삽입되는 데

---

14 사용자가 소스 파일이 더 이상 존재하지 않는 실패 상황을 제대로 다룬다고 가정한다.

이터에 고유 ID를 지정할 수 있으며 빅쿼리는 동일 ID를 통해 중복된 삽입을 필터링한다.[15] 이 기능을 사용하려면 빅쿼리 싱크가 각 데이터에 대해 통계적으로 고유한 ID를 생성해 줘야 한다. 이를 위해 고유한 128비트 ID를 생성하는 java.util.UUID 패키지를 사용한다.

임의의 UUID^{Universally Unique Identifier}를 생성하는 과정은 비결정적인 작업이므로 빅쿼리에 삽입하기 전에 Reshuffle을 추가해 줘야 한다. 이렇게 하면 데이터플로우에서 일어나는 모든 재시도는 항상 동일한 UUID를 사용하게 된다. 빅쿼리에 중복 데이터를 삽입하게 되면 이 동일한 삽입 ID를 통해 빅쿼리는 필터링을 수행한다. 예 5-5에 표시된 의사 코드는 빅쿼리 싱크가 구현되는 모습을 보여준다.

예 5-5. 빅쿼리 싱크

```
// 각 데이터에 고유 ID를 적용한다.
c
 .apply(new DoFn<> {
   @ProcessElement
   public void processElement(ProcessContext context) {
     String uniqueId = UUID.randomUUID().toString();
     context.output(KV.of(ThreadLocalRandom.current().nextInt(0, 50),
                 new RecordWithId(context.element(), uniqueId)));
   }
 })
 // Reshuffle을 통해 데이터가 고정된 ID를 갖도록 한다.
 .apply(Reshuffle.<Integer, RecordWithId>of())
 // 중복 제거를 위한 고유 ID가 붙은 데이터를 빅쿼리로 보낸다.
 .apply(ParDo.of(new DoFn<..> {
   @ProcessElement
   public void processElement(ProcessContext context) {
     insertIntoBigQuery(context.element().record(), context.element.id());
   }
 });
```

---

15 서비스를 특성으로 인해, 빅쿼리가 모든 중복을 제거해주지는 않는다. 사용자는 주기적으로 테이블에 쿼리를 돌려 삽입 API가 제거하지 못한 중복을 제거할 수 있다. 관련해서는 빅쿼리 문서를 참조하자.

싱크를 비멱등성을 갖는 단계(난수 생성)와 멱등성을 갖는 단계로 분할하는 모습을 여기서도 확인할 수 있다.

다른 시스템

이제 데이터플로우의 '정확히 한 번' 보장에 대해 설명했으므로 이를 다른 인기 있는 스트리밍 시스템과 간략히나마 비교해보자. 각각은 '정확히 한 번' 보장을 다른 방식으로 구현하고 있고 결과적으로 데이터플로우와는 다른 장단점을 갖는다.

아파치 스파크 스트리밍

스파크 스트리밍은 지속적인 데이터 처리를 위해 마이크로배치 아키텍처^{microbatch architecture}를 사용하고, 사용자는 논리적인 관점에서 스트림 개체를 처리하게 해준다. 내부적으로 스파크는 이 스트림을 연속적인 일련의 RDD[16]로 표현해낸다. 각 RDD는 배치 형태로 처리되며 스파크는 정확성을 보장하기 위해 배치 처리가 갖는 '정확히 한 번' 보장에 의존한다. 앞서 언급했듯이 정확한 배치 셔플을 위한 기술은 이미 긴 시간 알려져 있었다. 이 접근 방식은 딥 파이프라인과 대규모 입력의 경우 출력이 지연되는 결과가 발생할 수 있으며, 원하는 만큼의 짧은 지연 시간을 달성하기 위해서 종종 별도의 튜닝이 필요하다.

스파크는 모든 작업이 멱등성을 보장한다고 가정하고 있으며, 작업 그래프의 현재 지점까지 작업 체인을 반복해 작동시킬 수 있다. 그러나 체크포인트 기능을 통해 RDD가 구체화되도록 해 해당 RDD 이전의 작업이 다시 작동되지 않도록 보장해준다. 이 체크포인트 기능은 사실 성능상의 이유(예: 비용이 많이 드는 작업의 반복 방지)를 위한 것이지만 이를 이용해 비멱등성을 갖는 부작용을 구현할 때도 사용할 수 있다.

---

16   RDD는 "Resilient Distributed Dataset"의 약자로 빔의 PCollection처럼 스파크의 분산 데이터셋의 추상화된 구조로 보면 된다.

아파치 플링크

아파치 플링크 역시 스트리밍 파이프라인에서 '정확히 한 번' 보장을 제공하지만 데이터플로우나 스파크와는 다른 방식을 사용한다. 플링크 스트리밍 파이프라인은 주기적으로 전체 파이프라인의 안정적인 스냅샷을 계산한다. 플링크 스냅샷은 점진적으로 계산되므로 스냅샷을 계산하는 동안 모든 연산이 일시 중단될 필요가 없다. 이렇게 스냅샷 생성 동안 데이터가 시스템을 계속 흘러가도록 해 스파크 스트리밍 접근 방식에서 보이는 일부 지연 문제를 완화할 수 있다.

플링크는 소스에서 진행되는 데이터스트림에 특수한 번호가 지정된 스냅샷 마커를 삽입해 스냅샷을 구현한다. 각 연산에서 스냅샷 마커를 수신하면 특정 알고리즘을 실행해 상태를 외부 위치에 복사하고 스냅샷 마커를 다운스트림 연산에 전파한다. 모든 과정에서 스냅샷 알고리즘을 실행하면 전체 스냅샷을 사용할 수 있게 된다. 워커에 오류가 발생하면 전체 파이프라인이 마지막으로 저장된 전체 스냅샷으로 상태를 롤백한다. 이때 전송 중인 메시지는 스냅샷에 포함될 필요가 없다. 플링크의 모든 메시지 전달은 순서가 보장되는 TCP 기반 채널을 통해 수행된다. 연결 실패는 마지막으로 정상 처리된 일련번호[17]에서 연결을 다시 시작해 처리할 수 있다. 데이터플로우와 달리 플링크에서 작업은 워커에 정적으로 할당되기 때문에 연결이 동일한 송신 서버에서 다시 시작되고 같은 데이터가 재실행된다고 가정할 수 있다.

플링크는 언제든지 이전 스냅샷으로 롤백할 수 있으므로 스냅샷에 아직 반영되지 않은 상태 수정은 임시적인 것으로 간주해야 한다. 플링크 파이프라인 외부로 데이터를 전송하는 싱크는 스냅샷이 완료될 때까지 기다린 후 해당 스냅샷에 포함된 데이터만 전송해야 한다. 플링크는 notifySnapshotComplete 콜백을 제공해 싱크가 각 스냅샷이 완료되는 시기를 알 수 있도록 하고 데이터를 계속 전송할 수 있도록 해준다. 이로 인해 플링크 파이프라인에 출력 지연이 발생할 수 있지만 이 지연 시간은 싱크에서만 발생한다.[18]

---

17 이러한 일련번호는 연결마다 할당되며, 스냅샷 관리에 사용하는 번호와는 무관하다.

18 멱등성이 보장되지 않는 싱크에만 해당되는 이야기이다. 멱등성을 제공하는 싱크는 스냅샷 완료를 기다릴 필요가 없다.

실제로 스파크는 파이프라인의 각 단계에서 배치 단위로 시간이 지연되기 때문에 플링크가 딥 파이프라인에 대해 스파크보다 종단간 지연 시간을 낮출 수 있다.

플링크의 분산 스냅샷은 스트리밍 파이프라인에서 일관성을 다루는 세련된 방법이다. 그러나 파이프라인에 대해 여러 가지 가정을 깔아야 한다. 실패 시 이전 스냅샷으로 롤백함으로 인해 발생하는 영향이 크기 때문에 실패가 드물다고 가정해야 한다.[19] 출력에서 지연 시간을 짧게 유지하기 위해 스냅샷이 빠르게 완료될 수 있다고 가정한다. 초대형 클러스터에서 스냅샷 완성에 걸리는 시간이나 실패율이 증가해 문제가 되지 않는지는 좀 더 살펴볼 필요가 있다.

(적어도 단일 스냅샷 시간 단위 안에서) 작업이 워커에 정적으로 할당된다고 가정함으로써 구현도 단순하게 돼 있다. 이 가정 덕에 플링크는 연결 실패 시 같은 데이터를 같은 워커로부터 순서대로 가져올 수 있음을 알기 때문에, 워커 간의 '정확히 한 번' 보장을 제공하는 전송 계층을 간단히 제공할 수 있다. 반대로 데이터플로우의 경우 작업이 워커 간에 지속적으로 분산되기 때문에(더불어 워커 수는 지속적으로 증가 및 축소를 반복한다) 이런 가정을 만족하기 어렵다. 이로 인해 데이터플로우는 '정확히 한 번' 보장을 제공하기 위해 더욱 복잡한 전송 계층을 구현해야 했다.

요약

요약하자면, '정확히 한 번' 처리는 예전에는 낮은 지연 시간과 양립할 수 없다고 생각했지만, 실은 충분히 가능하다. 실제로 데이터플로우는 지연 시간을 늘리지 않고도 '정확히 한 번' 보장을 제공하고 있다.

비록 5장이 데이터플로우와 관련된 기술에 집중했으나, 다른 스트리밍 시스템 역시 '정확히 한 번' 보장을 제공한다. 아파치 스파크 스트리밍은 스트리밍 파이프라인을 여

---

19   특히 플링크는 워커 실패의 평균 시간이 스냅샷 구성에 필요한 시간보다 작다고 가정한다. 그렇지 않으면 파이프라인은 진행되지 못할 것이다.

러 개의 작은 배치 작업으로 구동하며, 스파크의 배치 러너^{runner}에서 제공하는 '정확히 한 번' 보장을 사용한다. 아파치 플링크는 찬디 램포트 분산 스냅샷^{Chandy Lamport distributed snapshot}을 사용해 '정확히 한 번' 보장을 제공한다. 서로 다른 스트리밍 시스템이 어떻게 동작하는지 여러분의 이해도를 넓히기 위해 이러한 다른 시스템도 학습해보기를 추천한다.

2부

스트림과 테이블

6장

스트림과 테이블

이제 스트림^{stream}과 테이블^{table}에 대한 이야기를 나눌 시간이다. 1장에서 데이터가 갖는 두 가지 중요한 직교적인 개념을 소개한 바 있다. 바로 기수^{cardinality}와 구성^{constitution}에 대한 내용이다. 지금까지는 주로 유한과 무한, 즉 데이터의 기수라는 특성에만 집중해왔다. 구성 측면의 스트림과 테이블에 대한 고민은 무시해왔으며, 덕분에 내부 동작에 대한 큰 고민 없이 무한 데이터셋 도입으로 테이블이 어떤 어려움에 봉착했는지 다룰 수 있었다. 이제 시각을 넓혀 구성이라는 데이터의 특성이 더해지면 어떤 일이 생기는지 살펴보고자 한다.

과장스럽게 보이겠지만, 우리는 기수에서 구성으로 넘어가는 과정을 고전역학과 양자역학을 학습하는 과정에 비유해보려고 한다. 과학 시간에 뉴턴의 법칙 같은 고전역학을 배운 적이 있을 것이다. 고전역학에 어느 정도 익숙해진 후에 사실 고전역학은 전체 그림의 일부분일 뿐이고, 실제로는 그보다 아래에서 사물이 어떻게 움직이는지를 설명하는 양자역학이 존재함을 배우게 된다. 이 둘을 한 번에 배우기엔 너무 복잡하기에 물리학을 가르칠 때 둘을 한 번에 전달하는 경우는 없다. 물리학이 데이터 처리보다 훨씬 어렵다는 점을 제외하면 기수에서 구성으로 넘어가는 부분도 크게 다르지 않다. 머지않아 이 두 개념이 함께 어우러지는 멋진 모습을 볼 수 있을 것이다.

6장의 핵심은 두 가지로 정리할 수 있다.

- 지금까지 책에서 다룬 빔 모델과 (데이터베이스 분야에서 유래한) 마틴 클래프만^{Martin}

Kleppmann(http://bit.ly/2LO0cik)과 제이 크렙스$^{Jay\ Kreps}$(http://bit.ly/2sX0bl8)의 글로
유명해진 스트림/테이블 이론과의 관계를 설명할 것이다. 스트림/테이블 이론은
빔 모델의 기반 동작 원리를 설명하는 좋은 방법이다. 추가로 둘의 관계를 이해
하면 강력한 스트림 처리 개념들이 SQL로 어떻게 깔끔하게 들어올 수 있는지 고
민할 때 도움이 된다. 이 부분은 8장에서 살펴볼 것이다.

- 좋지 않은 물리학 비유를 계속할 것이다. 책을 쓰는 작업은 고되다. 계속 써 나가
려면 우리에게도 재미있는 무언가가 필요하다.

스트림/테이블의 기본: 스트림/테이블의 특수상대론

스트림/테이블에 대한 기본적인 아이디어는 데이터베이스 분야에서 나왔다. SQL에 익
숙한 독자라면 이미 테이블의 핵심 속성을 알고 있을 것이다. 요약하자면 테이블은 데
이터를 행과 열로 보관하며, 각 열은 명시적이든 아니든 일정 종류의 키로 구분된다.

학창 시절 데이터베이스 수업을 기억해보면 대부분의 데이터베이스를 떠받치고 있는
자료 구조가 추가 전용 로그$^{append-only\ log}$임을 기억할 것이다. 트랜잭션^{transaction}이 데이터
베이스 내 테이블에 적용될 때 이 트랜잭션은 로그에 기록된다. 그리고 이 로그의 내용
이 테이블에 적용되면서 테이블상에 갱신 내용이 구체화된다. 스트림/테이블에 대응시
켜보자면 이 로그는 스트림에 해당한다.

이제 스트림에서 테이블을 만드는 방법은 떠올리기 쉽다. 테이블은 스트림에서 보이는
트랜잭션 로그를 적용한 결과라 볼 수 있다. 반면 테이블에서 스트림은 어떻게 만들어낼
수 있을까? 본질적으로는 역으로 생각하면 된다. 스트림은 테이블의 변화 로그^{changelog}에
해당한다. 테이블에서 스트림으로의 변환을 설명할 때 쓰이는 전형적인 예로 구체화 뷰
$^{materialized\ view}$가 있다. SQL에서 사용자는 테이블에 쿼리를 적용해 구체화 뷰를 생성하고,
이 구체화 뷰는 데이터베이스 시스템 내에서 또 다른 물리 테이블로 생성된다. 구체화
뷰는 해당 쿼리 결과를 캐싱해둔 것으로 볼 수 있으며, 이후 원본 테이블의 내용이 변함
에 따라 데이터베이스 시스템은 구체화 뷰 역시 적절하게 변화시켜둔다. 예상 가능하

겠지만, 구체화 뷰는 원본 테이블에 대한 변화 로그를 통해 구현된다. 소스 테이블에 변화가 있을 때마다 로그로 남게 되고, 구체화 뷰의 쿼리 문맥 안에서 변화 내용을 구체화 뷰 테이블에 적용한다.

스트림과 테이블 사이의 변환에 대한 내용을 또 다시 물리학에 비유하자면 이제 스트림/테이블의 특수상대론이라 부를 만한 것을 소개할 차례다.

스트림 → 테이블

시간에 따른 업데이트 내용을 담은 스트림을 모아 테이블을 생성한다.

테이블 → 스트림

시간에 따른 테이블 변화를 관찰해 스트림을 생성한다.

이 두 개념은 매우 중요하며, 스트림 처리에 이 개념을 주의해서 적용한 덕에 아파치 카프카가 크게 성공할 수 있었다. 하지만 이것만으로는 스트림과 테이블 관계를 우리의 빔 모델 개념에 적용하기에는 충분히 일반적이지는 않다. 이제 조금 더 깊이 가 볼 시간이다.

스트림/테이블의 일반상대론을 향해서

스트림/테이블 이론을 우리가 알고 있는 빔 모델에 엮기 위해서는 정리해야 할 문제들이 있다. 구체적으로 보면 이렇다.

- 배치 처리batch processing는 어떻게 바라봐야 하는가?

- 유한bounded 및 무한unbounded 데이터셋과 스트림의 관계는 어떻게 되는가?

- 무엇을, 어디서, 언제, 어떻게라는 4가지 문제를 스트림/테이블에 어떻게 적용해야 하는가?

이를 위해 스트림과 테이블에 대한 제대로 된 개념 정리를 해둘 필요가 있다. 이미 살펴본 것처럼 서로 간의 관계를 통해 이해하는 것에 더해 이번에는 독립적으로 정의해보자.

- 테이블은 휴지 상태의 데이터다.

  그렇다고 테이블이 모든 면에서 정적이라는 뜻은 아니다. 대부분의 유용하게 쓰이는 테이블은 시간에 따라 변한다. 다만 어떤 주어진 시점에 테이블의 스냅샷은 전체로서의 데이터셋에 대한 그림을 보여준다.[1] 그런 점에서 테이블은 시간에 따라 누적된 데이터가 개념적으로 쌓이고 우리가 이를 관찰할 수 있는 장소의 역할을 한다. 즉, 휴지 상태의 데이터인 셈이다.

- 스트림은 동작 상태의 데이터다.

  테이블이 특정 시점에 전체로서의 데이터셋 뷰를 스냅샷으로 잡는 것이라면, 스트림은 시간에 따른 데이터의 변화를 잡아내는 것으로 생각할 수 있다. 줄리안 하이드$^{Julian\ Hyde}$는 이를 스트림은 테이블의 미분이고 테이블은 스트림의 적분이라고 표현한다. 어쨌든 스트림의 중요한 특성 중 하나는 테이블이 변화해갈 때 테이블 내 데이터의 본질적인 움직임을 잡아낸다는 점이다. 즉, 동작 상태의 데이터인 셈이다.

테이블과 스트림은 밀접하게 관련돼 있으나 두 개가 같은 것은 아니다. 물론 많은 경우 하나에서 다른 하나를 유도해낼 수는 있어 비록 그 차이가 작아 보이지만 차이가 있다는 사실은 중요하다. 이에 관해서는 나중에 살펴볼 것이다.

배치 처리 대 스트림/테이블

이제 앞서 언급했던 정리가 필요한 내용들을 하나씩 따져보자. 우선 배치 처리에 관해 살펴보고자 한다. 이야기 말미에 두 번째 문제, 즉 스트림과 유한/무한 데이터와의 관계에 대한 답까지 첫 번째 문제의 답에서 나오기 때문에 자연스레 알 수 있게 될 것이다.

---

1 일부 경우에 테이블 자체에서 시간을 쿼리(query)로 받기도 한다. 이를 통해 과거 일정 시점의 테이블 스냅샷을 확인할 수 있다.

맵리듀스의 스트림 테이블 분석

분석을 상대적으로 단순하면서 동시에 구체적으로 하기 위해 전통적인 맵리듀스^{MapReduce} (http://static.googleusercontent.com/media/research.google.com/ko//archive/mapreduce -osdi04.pdf) 작업이 어떻게 스트림/테이블 세계에 들어맞을 수 있는지 살펴보자. 이름 에서 알 수 있듯이 맵리듀스는 크게 맵^{map}과 리듀스^{reduce}로 구성돼 있다. 하지만 분석을 위해서 이를 여섯 단계로 나눠 다루고자 한다.

MapRead

입력 데이터를 소비하고 가공해 맵핑^{mapping}을 위해 표준적인 키/값 쌍으로 만든다.

Map

반복해서 혹은 동시에 병렬로 앞 단계에서 처리된 입력으로부터 단일 키/값 쌍[2]을 소비해 맵핑 과정을 통해 (0개 이상의) 키/값 쌍을 생성한다.

MapWrite

Map 단계에서 나온 값을 키를 기준으로 모아 (중간 결과 저장에 사용할) 영구 저장소 에 키/값-리스트 형태로 쓴다. 즉, MapWrite는 사실상 키로 그룹핑하는 체크포인트 작업에 해당한다.

ReduceRead

앞서 저장된 셔플 데이터^{shuffle data}를 소비하며 다음 단계를 위해 표준 키/값-리스트 형태로 변환한다.

Reduce

반복해서 혹은 동시에 병렬로 단일 키와 그 키에 연결된 값 리스트를 소비하며 데이 터를 생성한다. 데이터는 여전히 이전과 같은 키와 연결돼 있을 수 있다.

---

2   아직 키를 사용해 묶는 작업이 이뤄지지 않았기 때문에, 맵퍼(mapper) 하나가 보는 연속된 2개 데이터의 키에 대한 어떠한 보장도 없다. 여기서 키의 존재를 가정하는 이유는 키가 붙은 데이터셋이 자연스럽게 소비될 수 있도록 해주기 위함이다. 만약 입력 데이 터에 키가 붙어 있지 않다면 글로벌 널(null) 키가 배정된 것으로 볼 수 있다.

ReduceWrite

리듀스 단계의 결과를 데이터 저장소에 쓴다.

MapWrite와 ReduceRead 단계를 묶어 종종 셔플 단계[shuffle phase]라고 부르기도 하지만 우리 목적에서는 분리해 생각하는 것이 좋다. 추가로, MapRead와 ReduceWrite 단계에서 제공되는 기능을 요즘은 소스[source]와 싱크[sink]라고 부르고 있다. 다시 본론으로 돌아가서, 이제 이 절차가 스트림/테이블과 어떻게 관련돼 있는지 알아보자.

스트림/테이블로서의 맵

정적인[3] 데이터셋에서 시작하고 끝나기 때문에 우선 테이블에서 시작해 테이블로 끝난다는 것은 분명하다. 하지만 그 사이에 어떤 일이 일어날까? 쉽게 생각하면 전체 과정에서 테이블이 쓰인다고 생각할 수도 있다. 결국 배치 처리라는 것이 개념적으로는 테이블을 소비해 테이블을 생성하는 것이기 때문이다. 만약 배치 처리를 고전적인 SQL 쿼리를 수행하는 것처럼 생각해 본다면 이는 제법 자연스러운 결론처럼 들린다. 하지만 좀 더 가까이서 어떤 일이 일어나는지 살펴보면 이야기가 달라진다.

우선 MapRead는 테이블을 소비해 무언가를 생성한다. 이 생성된 무언가가 다음의 Map 단계에서 소비된다. 이를 제대로 이해하기 위해서 Map 단계의 API를 살펴보는 것이 도움이 된다. 자바[Java]에서 API는 다음과 같이 생겼다.

```
void map(KI key, VI value, Emit<KO, VO> emitter);
```

이 API는 입력 테이블 내 각각의 키/값 쌍을 대상으로 반복돼 호출된다. 이 부분이 마치 입력 테이블이 스트림으로 소비되는 것처럼 들린다면 맞는 생각이다. 나중에 테이블이 어떻게 스트림으로 변환되는지 살펴볼 것이며, 일단은 MapRead 단계가 입력 테이블의

---

3   배치 처리에 주어지는 입력을 정적이라고 부르는 것이 다소 무리일 수도 있다. 실제로는 소비되는 데이터는 처리되는 도중에도 꾸준히 변할 수 있다. 우리가 임의의 시간 범위 안에서 HBase/Bigtable로부터 데이터를 직접 읽어 사용한다면, 데이터가 변하지 않는다고 보장할 수 없다. 하지만 대부분의 경우 추천하는 방법은 입력 데이터의 정적인 스냅샷을 처리하는 것이다. 이를 어길 경우 발생하는 문제는 본인의 책임이다.

휴지 상태에 있는 데이터를 반복해 다루며 Map 단계에서 소비될 스트림 형태로 결과를 생성한다는 사실이 중요하다.

다음으로, Map 단계는 스트림을 소비한 다음에 무엇을 할까? Map 단계는 요소 단위의 변환 작업이기 때문에 입력 데이터를 휴지 상태로 변환하는 식의 일은 일어나지 않는다. 비록 이 단계에서 일부 요소를 필터링하거나 여러 요소로 변환해 실질적인 기수 변화를 가져올 수는 있으나, Map 단계 종료 후에 모든 요소는 독립적으로 남아 있다. 고로 Map 단계는 스트림을 소비해 스트림을 생성한다고 할 수 있다.

맵 단계가 완료되면 이제 MapWrite 단계로 진입한다. 이미 설명했듯이 MapWrite 단계에서는 데이터를 키로 묶어 영구적인 저장소에 기록한다. 여기서 영구적인 부분은 중요하지 않다. 만약 어떤 식으로든 같은 효과만 낼 수 있으면 된다(예를 들어 전단계의 입력이 저장돼 있고 실패 시 중간 결과를 다시 계산할 수 있다면 이도 충분히 영구적이라고 부를 수 있다. 이는 스파크가 RDD$^{Resilient\ Distributed\ Dataset}$를 사용해 취한 접근법과 비슷하다). 중요한 것은 데이터가 묶여서 디스크나 메모리에 저장된다는 것이다. 이 그룹핑 작업의 결과로 이전에는 스트림에서 개별적으로 전송되던 데이터가 키로 결정되는 위치에 놓이게 돼 키 단위의 그룹들이 쌓이게 된다. 이 설명이 이전에 본 스트림에서 테이블로의 변환을 정의한 내용과 얼마나 유사한지 주목하자. 시간에 따른 업데이트 내용을 담은 스트림을 모아 테이블을 생성한다. 데이터스트림을 키를 기준으로 묶는 과정에서 MapWrite는 데이터를 휴지 상태로 놓고 스트림을 다시 테이블로 바꾸는 역할을 한다.[4]

이제 MapReduce 단계의 절반에 왔다. 그림 6-1에 지금까지의 과정을 정리해뒀다.

세 단계를 거쳐 테이블에서 스트림으로 다시 스트림에서 테이블로 변환하는 과정을 봤다. MapRead는 테이블을 스트림으로 바꿨으며, Map 과정에서 사용자 코드를 통해 이 스트림은 다른 새로운 스트림으로 변환된다. 이후 MapWrite는 이를 다시 테이블로 변

---

4 키로 스트림을 그룹핑하는 것(grouping by key)은 단순히 키로 스트림을 분할하는 것(partitioning by key)과는 다름에 유의하자. 키로 스트림을 분할하는 작업은 같은 키를 가진 데이터가 같은 서버에서 처리되도록 하기 위함이지 데이터를 휴지 상태로 두려는 작업이 아니다. 분할 작업은 스트림에 이뤄지는 작업이다. 그룹핑 작업은 키로 분할한 후에 각 파티션을 적절한 그룹에 저장하는 작업까지 이뤄지는 것으로 볼 수 있다. 이 작업으로 데이터는 휴지 상태가 되고 결국 스트림은 테이블로 변환된다.

환한다. 남은 세 단계에서도 비슷한 과정이 일어나기 때문에 지금보다 빠르게 설명을 이어 가려 한다. 하지만 여전히 중요한 사항 하나는 짚어보고자 한다.

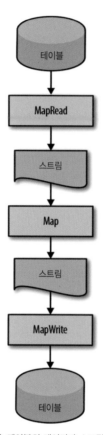

그림 6-1. 맵리듀스에서 맵 단계. 테이블의 데이터가 스트림으로 변환됐다가 다시 돌아온다.

스트림/테이블로서의 리듀스

MapWrite 단계 이후 단계를 이어서 살펴보자. ReduceRead 자체는 흥미로운 부분이 별로 없다. 기본적으로는 MapRead와 동일하나 MapWrite에 의해 저장되는 데이터가 키/값 리스트 쌍이기 때문에 읽어들이는 값이 단일 값이 아닌 값의 리스트라는 것만 다를 뿐이다.

뭔가 특별할 것이 있어 보이는 Reduce 역시 이 문맥에서는 특별할 것 없이 각 키에 대해 단일 값 대신 값 리스트를 받는 Map 단계로 보면 된다. Reduce는 단일 데이터를 0개 이상의 다른 데이터로 맵핑하는 과정일 뿐이다.

ReduceWrite가 우리가 주목해야 할 단계다. Reduce가 스트림을 생성하고 마지막 결과는 테이블이기 때문에 이미 이 단계에서 스트림이 테이블로 변환됨을 알 수 있다. 하지만 대체 무슨 일이 일어나는 것일까? 이미 MapWrite에서처럼 결과를 키로 그룹핑해 영구 저장소에 두는 결과로 테이블로의 변환이 이뤄진다고 이야기한다면 큰 어려움 없이 따라올 수 있을 것이다. 하지만 앞에서 키와 연결 짓는 작업이 Reduce 단계에서 필수가 아니라고 이야기한 바 있다. 키와 연결 짓는 작업이 이뤄진다면 ReduceWrite는 MapWrite와 사정이 다르지 않다.[5] 하지만 생략된다면 그래서 Reduce에서 나온 결과물에 키가 없다면 어떤 작업을 통해 데이터가 휴지 상태가 될 수 있을까?

이를 이해하기 위해 다시 SQL을 생각해보자. 흔한 경우는 아니지만 SQL에서 테이블이 각 행을 고유하게 구분할 수 있는 프라이머리 키[primary key]를 꼭 가질 필요는 없다. 키가 없는 테이블의 경우 삽입되는 각 열은 새로운 독립적인 열로 간주된다(비록 같은 테이블에 동일한 내용의 열이 있다고 해도 그러하다). 이는 마치 암묵적인 AUTO_INCREMENT 필드가 키로 쓰이는 것과 비슷한 상황이다(키 없는 테이블의 대부분의 구현은 실제 이렇게 돼 있다. 이때 논리적인 구분자로 노출이 불가능한 일종의 물리적인 블럭 위치 같은 것을 키로 사용할 수도 있다). ReduceWrite 단계에서 이런 암묵적인 키 배정이 키를 갖지 않는 데이터에 대해 일어난다고 볼 수 있다. 다시 말해 개념적으로는 여전히 키로 묶는 작업이 이뤄지고 있는 셈이다. 사용자가 제공하는 키가 없다면 ReduceWrite는 각 데이터를 항상 새로운 키를 갖고 개별 데이터를 그룹핑하는 것처럼 동작하고 결국 데이터는 휴지 상태가 된다.[6]

---

5   구현 관점에서 가장 큰 차이는 ReduceWrite의 경우, MapWrite 단계에서 이미 키로 그룹핑돼 있음을 알고 있고, 더 나아가 결과에 키가 남아 있는 한 Reduce가 키를 수정할 수 없음을 알고 있기에 리듀스로 생성된 결과를 간단히 쌓아 가기만 하면 그룹핑이 가능하다는 차이가 있다. 이는 MapWrite 단계에서 필요한 본격적인 셔플 구현보다 훨씬 단순하다.

6   이를 바라보는 다른 방법은 테이블에 업데이트 가능한(updatable) 종류와 추가 가능한(appendable) 두 종류가 있다고 생각하는 것이다. 이 방식은 플링크(Flink) 진영에서 자신들의 API를 설명한 방법이다. 이 설명 방법이 비록 두 상황에서 관찰되는 모습을 직관적으로 잡아낸 것이지만, 우리는 스트림에서 테이블로의 변환을 위해 실제 일어나는 일이 그룹핑이라는 본질을 흐리는 설명이라 생각한다.

그림 6-2를 보면 스트림/테이블 관점에서의 전체 과정이
그려져 있으며, 테이블 → 스트림 → 스트림 → 테이블 →
스트림 → 스트림 → 테이블이라는 변환 과정을 볼 수 있다.
맵리듀스 예에서 유한 데이터와 우리가 배치 처리라고 생각
하는 과정을 다뤘으나 실제로 내부에서는 스트림과 테이블
이 존재함을 알 수 있다.

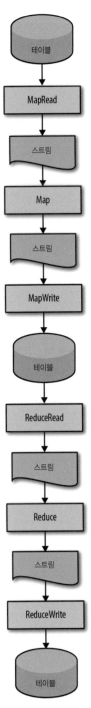

그림 6-2. 스트림/테이블 관점에서 살펴
본 맵리듀스에서 맵과 리듀스 단계

배치 처리와의 조화

이제 앞서 이야기했던 질문에 대한 답을 생각해보자.

1. 질문: 배치 처리를 스트림/테이블 이론으로 어떻게 설명할 수 있을까?

   답: 어렵지 않으며 기본 패턴은 다음과 같다.

   a. 테이블은 통째로 스트림으로 변환된다.

   b. 스트림은 그룹핑이 일어나기 전까지 새로운 스트림으로 처리된다.

   c. 그룹핑은 스트림을 테이블로 변환한다.

   d. 파이프라인이 끝날 때까지 위 과정을 반복한다.

2. 질문: 스트림과 무한/유한 데이터와의 관계는 어떨까?

   답: 맵리듀스 예제에서 볼 수 있듯이, 스트림은 무한이든 유한이든 데이터가 이동하는 형태일 뿐이다.

이런 사실을 고려하면 스트림/테이블 이론이 유한 데이터의 배치 처리와 상충되거나 하지 않음을 쉽게 이해할 수 있다. 사실 이는 배치 처리와 스트리밍 처리가 실제로는 그렇게 다르지 않다는 사실을 지지해주는 내용일 뿐이다. 결국 기저에는 스트림과 테이블이 있을 뿐이다.

이제 스트림/테이블의 일반론으로 좀 더 다가갈 차례다. 정리를 위해 무엇, 어디서, 언제, 어떻게라는 4개의 질문을 스트림/테이블 문맥에서 살펴보고자 한다.

스트림/테이블 세상에서의 무엇, 어디서, 언제, 어떻게

이 절에서, 네 가지 질문을 각각 살펴보고 스트림/테이블과 어떻게 관련돼 있는지 보고자 한다. 또한 이전 절에서 해소하지 못한 질문에 답하고자 한다. 그룹핑이 데이터를 휴지 상태로 가져오는 것이라면, 반대로 데이터를 이동 상태로 놓아주는 언그룹핑에서는 대체 어떤 일이 일어나는 것일까? 이에 대해선 나중에 다루고 우선 변환에 대해 알아보자.

무엇: 변환

3장에서 변환transformation은 파이프라인이 무엇을 계산하는지 우리에게 알려준다고 설명한 바 있다. 예를 들어 모델을 구축하거나 합을 계산하거나 스팸을 필터링하거나 하는 식이다. 앞서 살펴본 맵리듀스 예에서 6개의 단계 중 4개가 바로 무엇에 대한 질문에 답을 준다.

- Map과 Reduce는 모두 파이프라인 사용자가 만든 요소 단위의 변환을 입력 스트림으로 들어오는 키/값 혹은 키/값 리스트상에 적용한다. 이를 통해 새로운 변환된 스트림이 생성된다.

- MapWrite와 ReduceWrite는 모두 해당 단계(Reduce가 생략되는 경우 암묵적으로) 배정된 키에 따라 이전 단계에서 나온 출력을 그룹핑한다. 이 변환에서 입력 스트림은 출력 테이블이 된다.

이렇게 살펴보면 스트림/테이블 이론의 관점에서 본질적으로 두 종류의 변환이 있음을 알게 된다.

비그룹핑(nongrouping)

Map과 Reduce에서 본 것처럼 이 종류의 연산은 데이터스트림을 받아 새로운 변환된 스트림을 생성한다. 비그룹핑 변환의 예에는 스팸 메시지 삭제 같은 필터filter, 큰 복합 레코드를 구성 요소로 분할하는 점화기exploder, 100으로 나누는 것 같은 변이자mutator가 포함된다.

그룹핑(grouping)

MapWrite와 ReduceWrite에서 본 이 연산은 레코드 스트림을 받아 그룹핑해 테이블로 변환한다. 그룹핑 변환의 예로는 조인join, 집계aggregation, 리스트/집합 누적list/set accumulation, 변화로그 적용changelog application, 히스토그램 생성histogram creation, 머신러닝 모델 트레이닝machine learning model training 같은 것들이 있다.

이것들이 어떻게 묶일 수 있는지 알아보기 위해 처음 변환에 대해 살펴봤던 그림 2-2의 수정된 버전을 보도록 하자. 이전 페이지로 오갈 필요가 없도록 예 6-1에 다시 적어뒀다.

예 6-1. 합계 파이프라인

```
PCollection<String> raw = IO.read(...);
PCollection<KV<Team, Integer>> input = raw.apply(new ParseFn());
PCollection<KV<Team, Integer>> totals =
  input.apply(Sum.integersPerKey());
```

이 파이프라인은 입력 데이터를 읽어 개별 팀 멤버 점수를 파싱하고 팀별로 합을 낸다. 이벤트 시간/처리 시간에 따른 과정은 그림 6-3에 주어져 있다.

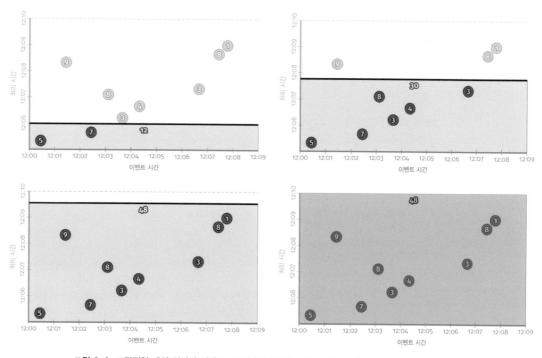

그림 6-3. 고전적인 배치 처리의 이벤트 시간/처리 시간에 따른 모습(http://streamingbook.net/fig/6-3)

그림 6-4는 같은 파이프라인을 스트림/테이블 관점에서 표현한 것이다.

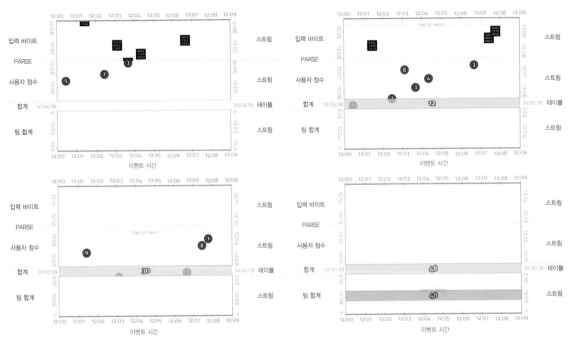

그림 6-4. 고전적인 배치 처리의 스트림/테이블 관점(http://streamingbook.net/fig/6-4)

같은 상황을 스트림/테이블 관점에서 표현한 그림에서 시간 흐름은 시간이 지날수록 처리 시간 축(Y축)에서 아래쪽으로 그래프 영역을 스크롤하는 것으로 표현돼 있다. 이런식으로 표현할 때 좋은 점은 비그룹핑과 그룹핑 연산의 차이점을 잘 드러난다는 것이다. 이전에는 `Sum.integersByKey`를 제외한 초기 변환 과정을 생략했으나 여기서는 초기 파싱 연산을 포함했다. 이를 통해 합을 내는 그룹핑 연산과 파싱이라는 비그룹핑 연산의 차이를 대조해볼 수 있다. 비그룹핑 연산은 스트림으로 들어오는 데이터를 휴지 상태로 만들거나 하는 작업을 하지 않고 다른 스트림을 생성할 뿐이다. 반면 그룹핑 연산은 스트림으로 들어오는 모든 데이터를 합에 포함시킴으로써 휴지 상태로 만들고 있다. 이 예가 유한 데이터에 이뤄지는 배치 처리이기에 최종 결과는 입력이 끝난 직후 생성된다. 2장에서 이야기했듯이, 유한 데이터에는 충분한 예이지만 무한 데이터 상황으로 가면 입력이 끝나지 않기 때문에 이야기가 달라진다.

그림의 스트림/테이블 부분을 보면, 만약 마지막 결과로 합만 계산할 필요가 있다면, 다

212

시 말해 파이프라인 내에서 결과로 나온 합을 추가로 변환할 필요가 없다면, 시간에 따라 새 데이터가 도착하면서 그룹핑 연산으로 생성된 테이블에 우리가 원하는 결과가 들어가 있게 된다. 그럼 그 테이블에서 필요할 때마다 결과를 읽어오면 되지 않을까?

이 방식이 바로 데이터베이스로서의 스트림 처리를 옹호하는 진영에서 주장하고자 하는 바다(주로 카프카와 플링크 진영이 이에 해당한다).[7] 즉, 파이프라인에서 그룹핑 연산을 할 때마다 해당 단계의 출력 결과를 포함하는 테이블을 생성하게 된다. 만약 이 출력 결과가 파이프라인이 계산하고자 하는 최종 결과라면 이를 따로 구체화할 필요 없이 테이블에서 바로 읽으면 된다. 시간에 따라 변화하는 결과를 빠르고 쉽게 읽을 수 있다는 장점 외에도, 이런 방식은 출력을 구체화하기 위해 파이프라인에 추가적인 싱크 과정을 추가할 필요가 없다.[8] 또한 중복된 데이터를 저장할 필요가 없으니 저장소가 절약되고, 싱크 단계를 구축하기 위한 엔지니어링 작업이 필요 없어진다. 유일하게 조심해야 할 사항이 하나 있다면 해당 테이블을 수정할 수 있는 경로를 데이터 처리 파이프라인으로만 제한해야 한다는 것이다. 값이 외부 수정으로 바뀔 수 있다면 일관성 보장은 어려워진다.

업계의 다수가 이와 같은 접근 방식을 추천해왔고, 다양한 시나리오에서 폭넓게 쓰이고 있다. 구글 내 밀휠^{MillWheel} 사용자들 역시 빅테이블^{Bigtable} 기반의 상태 테이블에서 데이터를 직접 꺼내 서비스하는 식으로 동일한 접근을 썼고, 우리의 팀은 구글 내에서 사용 중인 C++ 기반의 아파치 빔과 동등한 구현체인 구글 플룸$^{Google\ Flume}$ 내에 파이프라인 밖에서도 상태에 접근할 수 있는 직접적인$^{first-class}$ 지원을 추가하고 있다. 빠른 시일 내에 이러한 개념을 아파치 빔에서도 만나볼 수 있기를 기대한다.

테이블에 주어진 값이 최종 결과인 경우 테이블에서 결과를 바로 읽어내는 것은 매우 유용하다. 하지만 파이프라인에서 추가로 수행해야할 부분이 있다면(예를 들어 앞선 예에

---

7   예에서 알 수 있듯이, 이는 스트리밍에 국한된 내용은 아니다. 만약 테이블을 외부에서도 읽을 수 있도록 설정해두면 배치 시스템에서도 동일한 효과를 얻을 수 있다.

8   사용 중인 스토리지를 위한 싱크가 적절치 않을 경우 이는 매우 어려운 작업이 될 수 있다. 일관성을 보장해주는 적절한 싱크를 구축하는 것은 놀라울 정도로 어려운 작업이다.

서 최고 점수를 기록한 팀을 찾는 경우를 생각해보자), 점진적인 형태로 테이블을 다시 스트림으로 변환해줘 무한 데이터를 다룰 수 있게 해주는 좀 더 좋은 방법이 필요하다. 이를 위해 남아 있는 질문 3개를 계속 살펴보고자 한다. 우선 윈도우^{window}에서 시작해 트리거^{trigger}로 확장한 후 마지막으로 누적^{accumulation}을 다룰 것이다.

어디서: 윈도우

3장에서 봤듯이 윈도우는 이벤트 시간의 어디에서 그룹핑이 발생할지 이야기해준다. 앞서 경험을 토대로, 그룹핑이 테이블 생성을 이끌기 때문에 윈도우가 스트림에서 테이블로의 변환에서 어떤 역할을 수행한다고 추측할 수 있다. 윈도우가 스트림/테이블 이론과 상호작용하는 면은 다음과 같다.

윈도우 배정(window assignment)

실질적으로 레코드를 하나 혹은 그 이상의 윈도우에 배치함을 뜻한다.

윈도우 병합(window merging)

세션처럼 데이터 기반으로 동적으로 생성되는 윈도우를 가능하게 하는 로직이다.

윈도우 배정의 결과는 단순하다. 레코드가 개념적으로 윈도우에 배치되면 해당 윈도우의 정의는 그룹핑에 사용할 암묵적인 조합 키를 생성하기 위해 해당 레코드에 사용자가 붙이는 키와 결합된다.[9]

설명을 위해 3장에서 봤던 윈도우 예제를 스트림과 테이블의 관점에서 살펴보자. 코드는 예 6-2처럼 생겼었다(이번에는 파싱 부분을 생략하지 않았다).

---

9   하나의 값을 슬라이딩 윈도우(sliding window)에서처럼 여러 윈도우로 추가하는 경우, 값이 개별 윈도우마다 개념적으로는 여러 개의 독립적인 레코드로 복제돼야 함을 의미한다. 물론 시스템이 똑똑하게 겹치는 윈도우의 특정 형태를 다루고 있음을 알아서 실제 값을 복사하는 작업을 피하는 최적화를 적용할 수도 있다. 이 방식이 스파크가 슬라이딩 윈도우에 적용하는 방식이다.

예 6-2. 합계 파이프라인

```
PCollection<String> raw = IO.read(...);
PCollection<KV<Team, Integer>> input = raw.apply(new ParseFn());
PCollection<KV<Team, Integer>> totals = input
  .apply(Window.into(FixedWindows.of(TWO_MINUTES)))
  .apply(Sum.integersPerKey());
```

그리고 이를 표현한 그림은 그림 6-5처럼 생겼었다.

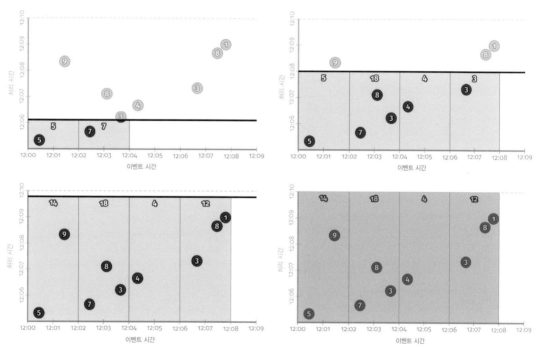

그림 6-5. 배치 처리에서 윈도우 합의 이벤트 시간/처리 시간(http://streamingbook.net/fig/6-5)

이제 그림 6-6은 스트림/테이블 관점에서의 그림을 보여준다.

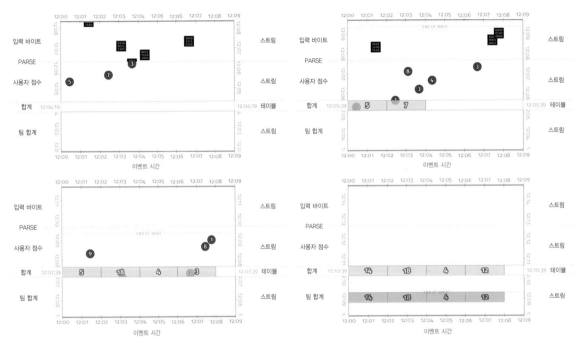

그림 6-6. 배치 처리에서 윈도우 합의 스트림/테이블(http://streamingbook.net/fig/6-6)

이는 그림 6-4와 매우 유사하다. 하지만 데이터가 차지하는 4개의 윈도우에 대응해 테이블 내에 1개 대신 4개의 그룹핑이 일어나게 된다. 하지만 이전과 마찬가지로 결과를 생성하기 전에 유한한 입력이 끝나기를 기다려야 한다. 무한 데이터에 대한 이야기는 다음 절에서 다룰 예정이다. 우선 그 전에 윈도우 머지^{wndow merging}에 대해 살펴보자.

윈도우 머지

윈도우 머지의 결과는 배정보다 복잡하지만 논리적으로 어떤 일이 일어나야 하는지 생각해본다면 그리 어렵지 않게 이해할 수 있다. 머지될 수 있는 윈도우로 스트림이 그룹핑될 때 함께 머지될 수 있는 모든 윈도우를 대상으로 고려한다. 이때 머지 대상은 보통 같은 키의 데이터를 갖는 윈도우로 제한된다. 이유는 윈도우가 키가 아닌 키+윈도우를 기준으로 그룹핑을 조절하기 때문이다. 이런 이유로 시스템은 키+윈도우 쌍을 단순히 엮어서 조합 키로 사용하지 않고 계층 구조를 만들어 사용한다. 최상단에 사용자가 할

216

당한 키를 놓고 하위에 윈도우를 두는 것이다. 데이터를 실제로 그룹핑할 때 우선 사용자가 할당한 키로 그룹핑한다. 이후 시스템은 계층적으로 저장된 키+윈도우 조합 키를 사용해 해당 키 안에서 윈도우로 그룹핑을 이어간다. 윈도우로 그룹핑하는 과정에서 윈도우 머지가 일어난다.

스트림/테이블 관점에서 흥미로운 부분은 윈도우 머지가 시간에 따라 테이블에 적용되는 변경 사항을 수정하는 방법이다. 머징 윈도우가 아닌 경우 그룹핑되는 각각의 새 요소는 테이블에 단일 수정 사항이 돼 요소의 키+윈도우에 해당하는 그룹으로 요소를 추가한다. 머징 윈도우의 경우, 새 요소를 그룹핑하는 행위는 하나 이상의 기존 윈도우가 새 윈도우로 머지되는 효과를 낳는다. 따라서 머지는 현재 키를 위한 모든 기존 윈도우를 조사해서 어떤 윈도우가 새 윈도우와 머지될 수 있는지 판단하고, 테이블로 새로 머지된 윈도우를 추가하면서 이전의 머지되지 않은 윈도우를 삭제하는 작업을 원자적으로 수행한다. 이것이 윈도우 머지를 지원하는 시스템들이 보통 원자성^{atomicity}이나 병렬성^{parallelization} 단위를 단순 키가 아닌 키+윈도우 조합으로 정의하고 있는 이유이다. 그렇게 하지 않으면 정확성^{correctness} 보장에 필요한 강한 일관성^{string consistency}을 제공하는 것이 불가능해지거나 가능하더라도 구현 비용이 크게 증가한다. 이 정도까지 상세하게 내부를 살펴보기 시작하면 윈도우 머지를 처리하는 지저분한 작업을 해주는 시스템을 사용하는 것이 얼마나 편리한지를 깨달을 수 있다. 윈도우 머지와 관련한 더욱 상세한 내용은 「데이터플로우 모델(The Dataflow Model)」 논문의 2.2.2절에서 다루고 있다(http://bit.ly/2sXgVJ3).

윈도우는 사실상 그룹핑에 약간의 변화를 주는 것이며, 고로 스트림에서 테이블로의 변환 과정에 약간의 변화를 주는 것으로 볼 수 있다. 윈도우 배정에서는 그룹핑에서 쓰이는 암묵적인 조합 키에 윈도우를 포함시키는 단순한 작업이 일어나고, 윈도우 머지에서는 해당 조합 키가 계층적인 구조의 키로 다루어져 시스템이 키에 따른 그룹핑을 하고 해당 키 안에서 머지할 윈도우를 찾고, 그런 다음에 영향받는 테이블에 필요한 변경을 원자적으로 수행하는 복잡한 작업을 다루게 해준다. 이는 단계별로 추상화를 해 얻는 중요한 이득이다.

아직까지는 무한 데이터의 경우에 점직적인 형태로 테이블에서 스트림으로 변환하는 문제를 다루지 않았다. 이제 이 문제를 다루기 위해 트리거를 다시 살펴보자.

언제: 트리거

3장에서 우리는 트리거가 윈도우 내용이 언제 구체화되는지를 결정한다고 설명한 바 있다(워터마크는 특정한 트리거에 대해 입력이 완료됐음을 알리는 신호 역할을 했다). 데이터가 윈도우로 그룹핑되고 난 후 트리거는 해당 데이터가 이후 단계로 언제 보내질지 결정한다. 스트림/테이블 관점에서 그룹핑이 결국 스트림에서 테이블로의 변환을 의미함을 이미 잘 알고 있다. 이제 트리거가 그룹핑에 반대되는 역할을 수행함을 깨달을 수 있다. 즉, 앞서 언그룹핑이라고 소개했던 작업에 해당하는 것이다. 트리거는 테이블에서 스트림으로의 변환을 담당한다.

스트림/테이블에서 트리거는 테이블에 적용되는 특별한 절차이며, 이를 통해 테이블 내 데이터는 관련 이벤트에 응답하기 위해 구체화된다. 그렇게 보면 고전적인 데이터베이스의 트리거와 매우 유사해 보이며, 실제 트리거라는 이름은 우연히 선택된 것이 아니라 둘이 본질적으로 같은 것이기 때문에 선택된 이름이다. 트리거를 명시할 때 사실상 시간 흐름에 따라 테이블의 각 행에 적용될 코드를 쓰는 셈이다. 트리거가 동작하면 테이블에 휴지 상태로 놓여 있는 데이터를 가져와 동작 상태로 바꿔 새로운 스트림을 생성한다.

우리 예로 다시 돌아가보자. 2장에서 봤던 새 레코드가 도착할 때마다 새로운 결과를 생성했던 단순한 형태의 트리거로 시작하자. 코드와 이벤트 시간/처리 시간을 시각화한 모습은 예 6-3과 그림 6-7에 주어져 있다.

예 6-3. 매 레코드마다 적용되는 트리거

```
PCollection<String> raw = IO.read(...);
PCollection<KV<Team, Integer>> input = raw.apply(new ParseFn());
PCollection<KV<Team, Integer>> totals = input
  .apply(Window.into(FixedWindows.of(TWO_MINUTES))
```

```
        .triggering(Repeatedly(AfterCount(1))));
.apply(Sum.integersPerKey());
```

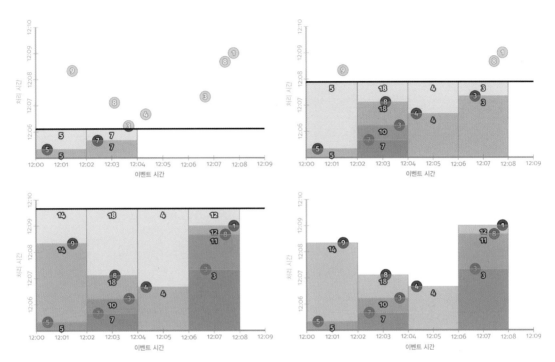

그림 6-7. 스트리밍 시스템에서 레코드 단위 트리거(http://streamingbook.net/fig/6-7)

이전과 마찬가지로 새로운 결과는 새로운 레코드를 만날 때마다 생성된다. 이를 스트림/테이블 관점에서 그린 그림은 6-8에 주어져 있다.

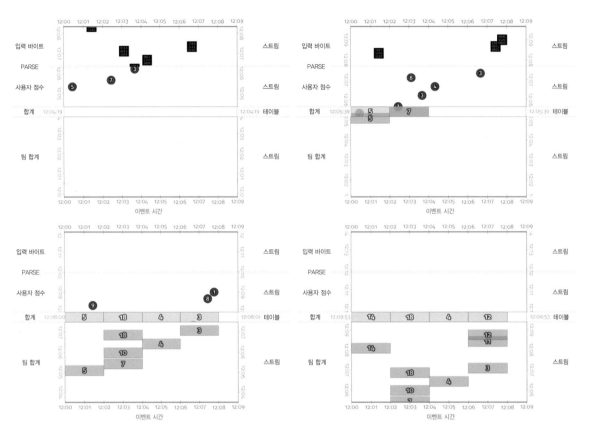

그림 6-8. 스트리밍 시스템에서 레코드 단위 트리거를 갖는 윈도우 합의 스트림/테이블 관점(http://streamingbook.net/fig/6-8)

레코드 단위 트리거를 사용할 때의 흥미로운 사실은 레코드 단위 트리거로 인해 데이터가 휴지 상태에서 바로 스트림으로 변환되기 때문에 데이터를 휴지 상태로 만드는 효과가 잘 안 보인다는 점이다. 그럼에도 그룹핑으로 나온 결과는 여전히 테이블에 휴지 상태로 남아 있고 그 데이터에서 언그룹핑된 값의 스트림이 흘러 나가게 된다.

휴지와 동작 상태의 관계에 대한 더 나은 이해를 위해 2장에서 봤던 기본적인 워터마크 스트리밍 예제로 넘어가보자. 이 예에서 워터마크가 윈도우의 끝을 통과하는 것이 곧 완료를 의미해 결과가 출력됐다. 이에 대한 코드와 이벤트 시간/처리 시간으로 본 시각화는 예 6-4(여기서는 간단히 휴리스틱 워터마크 버전만을 남겨뒀다)와 그림 6-9에 주어져 있다.

예 6-4. 워터마크 완료 트리거

```
PCollection<String> raw = IO.read(...);
PCollection<KV<Team, Integer>> input = raw.apply(new ParseFn());
PCollection<KV<Team, Integer>> totals = input
  .apply(Window.into(FixedWindows.of(TWO_MINUTES))
              .triggering(AfterWatermark()))
  .apply(Sum.integersPerKey());
```

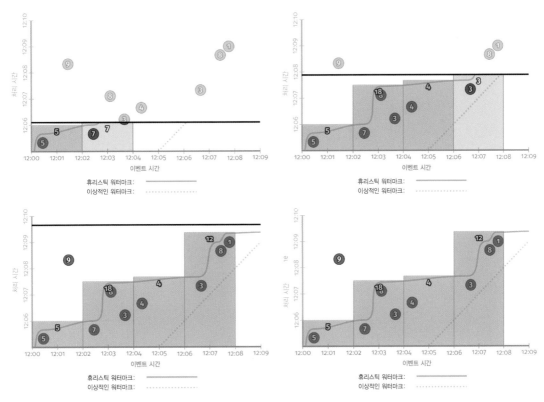

그림 6-9. 스트리밍 엔진에서 휴리스틱 워터마크를 사용한 윈도우 합의 이벤트 시간/처리 시간(http://streamingbook.net/fig/6-9)

예 6-4에 주어진 트리거는 워터마크가 윈도우를 지날 때 윈도우가 구체화돼야 함을 뜻하고 그 덕에 시스템은 파이프라인에 주어진 무제한의 입력이 완료될수록 점진적인 형태로 결과를 출력하게 된다. 이 예의 스트림/테이블 관점에 관한 그림은 그림 6-10에 있다.

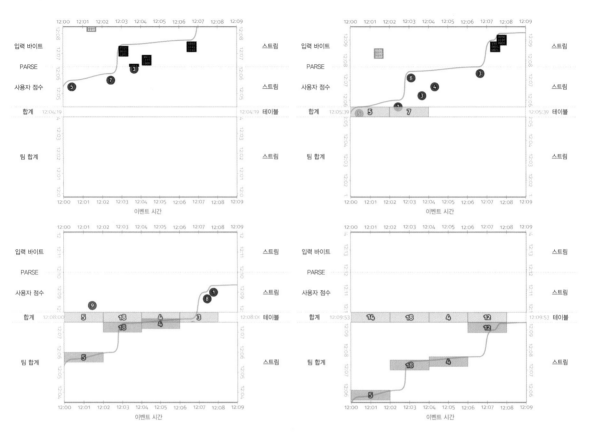

그림 6-10. 스트리밍 엔진에서 휴리스틱 워터마크를 사용한 윈도우 합의 스트림/테이블 관점(http://streamingbook.net/fig/6-10)

여기서 테이블에 트리거가 주는 언그룹핑 효과를 명확하게 볼 수 있다. 워터마크가 각 윈도우의 끝을 지나면서 해당 윈도우의 결과를 테이블에서 가져오고, 이를 다음 처리 단계로 보내기 위해 테이블의 다른 값에서 떼어내 스트림으로 만든다. 이전과 마찬가지로 늦게 도착한 데이터를 다뤄야 하는 문제는 여전히 남아 있으며, 예 6-5에서 좀 더 포괄적인 트리거를 사용한 모습을 볼 수 있다.

예 6-5. 조기/정시/지연(early/on-time/ate) API를 통한 조기/정시/지연 점화

```
PCollection<String> raw = IO.read(...);
PCollection<KV<Team, Integer>> input = raw.apply(new ParseFn());
PCollection<KV<Team, Integer>> totals = input
```

```
.apply(Window.into(FixedWindows.of(TWO_MINUTES))
        .triggering(
          AfterWatermark()
            .withEarlyFirings(AlignedDelay(ONE_MINUTE))
            .withLateFirings(AfterCount(1))))
.apply(Sum.integersPerKey());
```

이 예의 이벤트 시간/처리 시간 관점의 그림은 그림 6-11을 보면 된다.

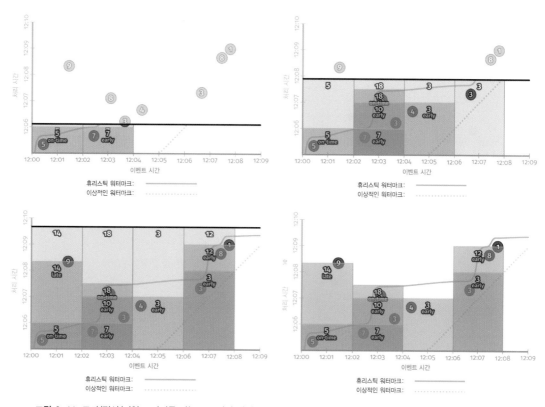

그림 6-11. 조기/정시/지연 트리거를 갖는 스트리밍 엔진에서 윈도우 합의 이벤트 시간/처리 시간(http://streamingbook.net/fig/6-11)

스트림/테이블 버전은 그림 6-12와 같다.

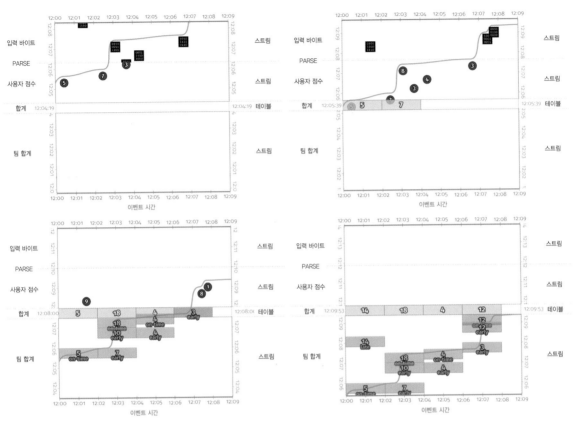

그림 6-12. 조기/정시/지연 트리거를 갖는 스트리밍 엔진에서 윈도우 합의 스트림/테이블 관점(http://streamingbook.net/fig/6-12)

이 버전은 예 6-6에 주어진 트리거에 의해 테이블 내 독립적인 데이터가 스트림으로 변환되는 모습을 보여줌으로써 트리거의 언그룹핑 효과를 더욱 명확하게 보여준다.

지금까지 이야기한 모든 트리거(이벤트 시간, 처리 시간, 개수 세기, 조기/정시/지연 등)의 의미는 스트림/테이블 관점에서 봤을 때 우리가 예상한 범위에서 크게 달라지지 않는다. 따라서 이에 대해 더 이야기하는 것은 낭비일 뿐이다. 하지만 지금까지 고전적인 배치 처리 상황에서 트리거를 어떻게 바라봐야 하는지에 대한 이야기를 많이 하지는 않았다. 이제 배치 파이프라인에서 기저에 있는 스트림/테이블의 동작을 이해했으니 이 부분을 살펴볼 때가 됐다.

중요한 것은 사실 클래식 배치 시나리오에서 사용되는 트리거는 입력이 완료됐을 때 점화되는 딱 한 종류만 있다는 것이다. 앞에서 봤던 맵리듀스 작업 중 MapRead 단계에서 배치 작업의 입력이 시작부터 완료돼 있다고 한다면[10] 해당 트리거는 파이프라인이 시작되자마자 개념적으로 입력 테이블의 모든 데이터에 대해 점화된다. 입력 테이블은 개별 요소의 스트림으로 변환되고 이후 Map 단계가 이를 처리하기 시작한다.

ReduceRead 단계처럼 파이프라인 중간에서 테이블에서 스트림으로의 변환이 일어날 때도 같은 종류의 트리거가 쓰인다. 하지만 이 경우 트리거는 테이블의 모든 데이터가 완료될 때까지 실제로 기다려줘야 한다(즉, 셔플에 모든 데이터가 출력될 때까지 기다릴 필요가 있다). 이는 그림 6-4와 6-6에서 예로 보인 배치 파이프라인이 최종 결과를 출력하기 전에 입력의 끝을 기다리는 것과 다르지 않다.

고전적인 배치 처리가 항상 입력 데이터 완료 트리거^{input-data-complete trigger}를 사용한다고 한다면, 대체 파이프라인에 있는 다른 종류의 트리거가 배치 처리 상황에서 어떤 의미를 갖는지 궁금할 것이다. 답은 간단하다. 이는 상황에 따라 달라진다. 이와 관련해 2가지 살펴볼 부분이 있다.

트리거 보장 (혹은 보장의 부재)

대부분의 배치 처리 시스템은 이와 같은 잠금-읽기-처리-그룹핑-쓰기-반복의 과정을 염두에 두고 설계됐다. 그런 상황에서 가시적인 변화를 만들 수 있는 단계는 파이프라인의 마지막 셔플 단계밖에 없기 때문에 좀 더 섬세한 제어가 가능한 트리거를 제공하는 것은 어려울 수밖에 없다. 그렇다고 사용자가 지정한 트리거가 무시된다는 뜻은 아니다. 트리거의 의미는 필요한 경우 더 완화된 형태로 해석될 수 있도록 규정돼 있다.

예를 들어 `AfterWatermark` 트리거는 워터마크가 윈도우의 끝을 통과한 후에 점화

---

10   배치 파이프라인의 동작을 상위 레벨에서 개념적으로 보면 데이터 전체에 대해 한 번에 점화하는 트리거의 복잡도를 미화하고 있다. 테이블이 한 컴퓨터에서 처리할 수 없을 만큼 크다면 특히나 그러하다. 빔에 최근 추가된 SplittableDoFn API(https://s.apache.org/splittable-do-fn)에서 이와 관련한 내용을 더 확인할 수 있다.

된다. 하지만 윈도우의 끝을 얼마나 지난 후에 점화되는지에 대한 보장은 없다. 이와 유사하게, AfterCount(N) 트리거 역시 최소 N개의 요소를 처리한 후에 점화되지만, N은 입력 전체가 될 수도 있다.

트리거가 단순히 고전적인 배치 시스템을 모델 안에 수용하기 위해 이렇게 교묘하게 정의된 것은 아니다. 이는 트리거의 비동기성과 비결정적인 면을 고려할 때 모델 자체에서 필요로 하는 부분이다. 정교하게 튜닝되고 낮은 지연latency을 보이는 진짜 스트리밍 시스템에서도 AfterWatermark 트리거가 윈도우의 끝에서 정확하게 점화되는 것을 보장하는 건 사실상 불가능하다. 아마도 지극히 제한적인 상황이 아니라면 (예를 들어 상대적으로 적은 부하 상태에서 파이프라인에 주어진 모든 데이터를 단일 서버로 처리하는 경우) 그러할 것이다. 그리고 설사 이를 보장할 수 있다고 해도 과연 무슨 의미가 있을까? 트리거는 테이블에서 스트림으로 데이터의 흐름을 제어하는 기능을 할 뿐이다.

배치와 스트리밍 섞기

지금까지 배운 내용을 바탕으로 배치와 스트리밍 시스템 사이의 주요한 의미적 차이는 테이블을 점진적으로 점화할 수 있는지 뿐이라는 사실이 분명해졌다. 하지만 과연 이것이 정말 의미적인 차이일까? 혹시 시스템에서 지연되는 정도나 처리량의 차이일 뿐은 아닐까? (배치 시스템은 결과 확인이 매우 늦는 대신 높은 처리량을 보인다.)

이제 40쪽의 '배치와 스트리밍의 효율 차이'에서 우리가 이야기했던 부분으로 돌아가보자. 효율성 차이(이 부분은 배치가 더 좋음)와 무제한 데이터를 다룰 수 있는 능력(이 부분은 스트리밍이 더 좋음)을 제외하면 배치와 스트리밍 시스템 사이에 큰 차이는 없다. 그리고 대부분의 효율성 차이는 (처리량을 위해 지연되는 정도를 감수하면서) 더 큰 번들 크기와 더 효율적인 셔플 구현(즉, 스트림 → 테이블 → 스트림 변환)에서 기인한다고 이야기했었다. 그렇게 본다면 양쪽에서 좋은 부분만을 추린 시스템이 가능해야 한다. 즉, 무제한 데이터를 자연스럽게 다룰 수 있으면서 번들 크기, 셔플 구현 등을 투명하게 조절하도록 해줘 상황에 따라 지연과 처리량, 비용을 저울질할 수 있어야 한다.

이것이 바로 아파치 빔이 API 레벨에서 하고 있는 작업이다.[11] 즉, 실행 엔진 수준에서의 통합할 여지도 있다는 뜻이 된다. 그렇게 되면 배치와 스트리밍 구분이 사라지고 독립된 개념으로 존재하는 둘에 작별을 고할 수 있게 된다. 상황에 따라 최적의 경험을 제공하도록 양쪽으로부터 최선의 아이디어를 결합한 일반적인 데이터 처리 시스템이 탄생할 수 있는 것이다. 언젠가는 이것이 가능할 것이다.

이제 트리거에 관한 설명이 끝났다. 빔 모델과 스트림/테이블 이론 사이의 관계에 대해 전체적인 그림을 그리기 전에 누적 하나만 남겨두고 있다.

어떻게: 누적

2장에서 이미 누적 모드$^{accumulation\ mode}$에 대해 배운 바 있다. 무시^{discarding}, 누적^{accumulating}, 누적 및 철회$^{accumulating\ and\ retracting}$의 세 가지 모드는 한 윈도우에 트리거가 여러 번 점화됐을 때 결과 간의 관계가 어떻게 되는지 설명해준다. 다행히도 누적과 스트림/테이블과의 관계는 매우 직관적이다.

- 무시 모드에서는 시스템이 이전 결과를 날려버리거나 다음 트리거가 점화됐을 때 차이(delta)를 계산하기 위해 이전 값을 보관해둬야 한다.[12] 이 모드의 더 나은 이름은 델타 모드$^{Delta\ mode}$였을 것이다.

- 누적 모드는 추가 작업이 필요 없다. 점화 시점에 테이블 내에 윈도우를 위한 현재 값이 출력된다. 이 모드는 값 모드$^{Value\ mode}$라고 부르는 것이 나았을 것이다.

- 누적 및 철회 모드에서는 윈도우에서 이전에 점화된 (하지만 아직 철회되지 않은) 모든 값의 사본이 보존된다. 이 값 리스트는 세션처럼 윈도우 머지가 일어나는 경우 그 크기가 제법 커질 수 있다. 하지만 새 값이 이전 값을 덮어쓸 수 없는 경

---

11 배치(batch)의 B와 스트리밍(streaming)의 eam을 섞으면 빔(Beam)이 된다. 빔의 이름은 실제 그렇게 지어졌다.

12 윈도우 머지의 경우 현재 값 머지를 위해 두 윈도우의 현재 값들을 머지하는 것뿐만 아니라, 이후에 머지된 차이 값을 계산하기 위해 이전 값들끼리도 머지될 필요가 있다.

우에는 이전 트리거 점화의 영향을 되돌리기 위해 필요하다. 이 모드의 더 나은 이름은 값 및 철회 모드Value and Retraction mode였을 것이다.

누적 모드의 스트림/테이블 관점 표현은 크게 차이가 없기 때문에 더 이상 다루지 않고자 한다.

빔 모델에서 스트림/테이블의 전반적인 모습

이상 네 가지 질문을 다룬 후에 빔 모델 파이프라인에서 스트림/테이블의 전반적인 모습을 확인할 시점이다. 지금까지 살펴본 팀 점수 계산 파이프라인 예를 통해 스트림/테이블 관점에서의 전반적인 구조를 살펴보도록 하자. 파이프라인의 전체 코드는 예 6-6에 주어져 있다(6-4와 동일하다).

예 6-6. 점수 파싱 파이프라인 전체 코드

```
PCollection<String> raw = IO.read(...);
PCollection<KV<Team, Integer>> input = raw.apply(new ParseFn());
PCollection<KV<Team, Integer>> totals = input
  .apply(Window.into(FixedWindows.of(TWO_MINUTES))
              .triggering(
                AfterWatermark()
                  .withEarlyFirings(AlignedDelay(ONE_MINUTE))
                  .withLateFirings(AfterCount(1))))
  .apply(Sum.integersPerKey());
```

파이프라인 중간에 쓰인 PCollection 타입으로 단계를 분리하면(각 단계에서 일어나는 일을 좀 더 잘 보이기 위해 실제 타입보다는 Team이나 User Score 같은 의미 전달이 쉬운 타입 이름을 사용했다) 그림 6-13을 얻게 된다.

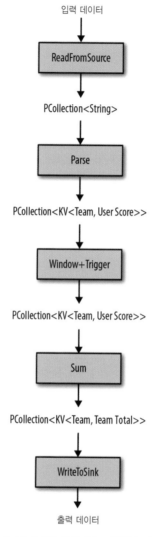

입력 데이터

ReadFromSource

PCollection<String>

Parse

PCollection<KV<Team, User Score>>

Window+Trigger

PCollection<KV<Team, User Score>>

Sum

PCollection<KV<Team, Team Total>>

WriteToSink

출력 데이터

그림 6-13. 팀 점수 합산 파이프라인의 논리 단계

실제 이 파이프라인을 구동하면, 우선 최적화 단계를 거쳐 논리적인 실행 계획을 최적화된 물리 실행 계획으로 변환하는 일이 일어난다. 구체적인 방법은 각 실행 엔진마다 다르고 실제 물리적인 실행 계획 역시 다르다. 하지만 있을 법한 물리 계획을 그려보면 그림 6-14와 같다.

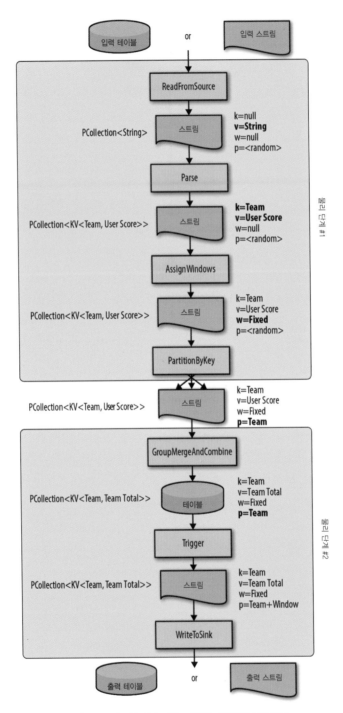

그림 6-14. 팀 점수 합산 파이프라인의 이론적인 물리 단계

알아볼 것이 많으니 천천히 살펴보도록 하자. 우선 그림 6-13과 6-14 사이에는 3가지 주요한 차이가 있다.

논리적 연산 대 물리적 연산

물리적인 실행 계획을 세우는 과정에서 실행 엔진은 논리적인 연산을 엔진이 지원하는 기초 연산$^{primitive\ operation}$으로 변환해야 한다. Parse의 경우처럼 물리 엔진과 본질적으로 동일한 경우도 있고 그렇지 않은 경우도 있다.

물리적 단계와 퓨전

각 논리적 단계를 파이프라인에서 완전히 독립적인 물리적 단계로 실행하는 것은 비효율적일 가능성이 크다. 이는 직렬화^{serialization}, 네트워크 통신, 직렬화 해제 ^{deserialization} 등으로 오버헤드가 발생하기 때문이다. 이 때문에 최적화기는 보통 많은 물리적 연산을 가능하면 하나의 물리적 단계로 융합시키려고 한다. 이를 퓨전^{fusion}이라고 한다.

키, 값, 윈도우, 분할

각각의 물리적 연산이 무엇을 수행하는지 분명히 보이기 위해 중간에 사용되는 PCollection 타입을 키, 값, 윈도우, 데이터 분할로 구분해 표시했다.

이제 각각의 논리적 연산을 구체적으로 살펴보고, 물리적 계획으로 어떻게 변환됐는지 그리고 스트림/테이블과의 관계는 어떤지 살펴보자.

ReadFromSource

Parse를 따라오는 물리적인 연산과 퓨전됐다는 것을 제외하면 특별한 내용은 없다. 이 단계에서는 입력 바이트를 소비하고, 보통 그런 입력엔 키, 윈도우, 분할의 개념이 없다. 원본 데이터는 카산드라^{Cassandra} 테이블처럼 테이블일 수도 있고, 레빗엠큐 ^{RabiitMQ}에서처럼 스트림일 수도 있고, 로그 압축 모드$^{log\ compaction\ mode}$에 있는 카프카처럼 둘 다일 수도 있다. 결과는 스트림으로 나온다.

Parse

논리적인 Parse 연산은 비교적 직접적인 방법으로 물리 연산으로 변환된다. Parse는 입력 바이트를 읽어 키(팀 ID)와 값(점수)을 추출한다. 비그룹핑 연산이기에 스트림을 소비해 스트림을 생성한다.

Window+Trigger

이 논리 연산은 구분된 여러 물리 연산으로 퍼져서 구현된다. 처음은 윈도우 배정이며 이때 각 요소는 일정 윈도우로 배정된다. 이는 AssignWindows 연산에서 즉시 일어나며, 스트림 내 요소를 요소가 속할 하나 이상의 윈도우로 간단히 표시해두는 비그룹핑 연산이다. 결과로는 스트림이 생성된다.

두 번째로는 앞서 배운 내용으로 그룹핑 연산의 일부로 윈도우 머지가 일어난다. 윈도우 머지는 파이프라인 내에서 GroupMergeAndCombine에서 구현된다. 이에 대한 내용은 논리 Sum 연산을 다룰 때 함께 다루겠다.

마지막으로 트리거가 남아 있다. 트리거는 그룹핑 이후에 일어나며 그룹핑으로 생성된 테이블을 다시 스트림으로 바꾸는 작업을 한다. 이는 자체로 별도 연산으로 구현되며 GroupMergeAndCombine 이후에 실행된다.

Sum

합은 실제로는 여러 연산이 결합된 형태로 크게 분할과 집계aggregation로 구성된다. 분할은 비그룹핑 연산이며 스트림 내에 같은 키를 갖는 요소를 같은 물리 장비에서 처리되도록 조율한다. 분할을 셔플shuffling이라고 부르기도 하지만 이 용어는 다소 혼동의 여지가 있다. MapReduce에서 셔플은 종종 분할과 그룹핑을 지칭한다(이야기가 나온 김에 얘기하자면 정렬까지 포함한다). 분할은 물리적으로 스트림을 그룹핑이 가능한 상태로 변경하지만 실제 그룹핑을 수행하지는 않는다. 따라서 비그룹핑 연산이며 결과로 스트림을 낸다.

분할 이후엔 그룹핑이 따라온다. 그룹핑 자체도 복합적인 연산이다. 우선 이전에 키로 분할해 두었기에 가능해진 키로 그룹핑하는 작업이 일어난다. 그다음엔 윈도우 머지와 윈도우로 그룹핑하는 작업이 이루어진다. 마지막으로 합은 빔에서 본질적으로는 증분 취합 연산^{incremental aggregation operation}에 해당하는 CombineFn으로 구현돼 있기에 결합^{combining} 작업이 따라온다. 이 작업에서는 개별 요소가 도착할 때 합을 구한다. 더 구체적인 내용은 설명의 목적을 고려하면 크게 중요하지는 않다. 여기서 중요한 사실은 이 부분은 그룹핑 연산이기 때문에 스트림은 이제 시간에 따라 변화하는 팀별 합을 포함하는 테이블에 휴지 상태로 놓인다는 점이다.

WriteToSink

마지막으로 트리거(기억하겠지만 GroupMergeAndCombine 안에서 구현된다)를 통해 생성된 스트림을 출력 데이터 싱크로 쓰는 작업이 남아 있다. 데이터 자체는 테이블이거나 스트림이다. 테이블이라면 WriteToSink는 테이블에 데이터를 쓰기 위해 그룹핑 연산을 수행해야 한다. 스트림이라면 그룹핑은 필요 없을 것이다(그럼에도 카프카 같은 곳으로 쓰는 작업이 일어난다면 분할 작업은 필요할 수 있다).

여기서 핵심은 물리적인 실행 계획에서 일어나는 상세한 내용이 아니라, 빔 모델과 스트림/테이블 세상과의 전반적인 관계다. 세 가지 종류의 연산인 비그룹핑(예: Parse), 그룹핑(예: GroupMergeAndCombine), 언그룹핑(예: Trigger)을 봤고, 비그룹핑 연산은 항상 스트림을 소비해 스트림을 생성한다. 그룹핑 연산은 항상 스트림을 소비하고 테이블을 생성한다. 언그룹핑 연산은 테이블을 소비해 스트림을 생성한다. 이런 내용을 바탕으로 이제 빔 모델과 스트림/테이블의 관계에 대한 좀 더 일반적인 이론을 세울 시간이 됐다.

스트림/테이블의 일반 상대론

스트림 처리, 배치 처리, 무엇, 어디, 언제, 어떻게라는 4개의 질문을 살펴보고 빔 모델이 전체적으로 스트림/테이블 이론과 어떻게 연관돼 있는지 공부했으니, 이제 좀 더 일반적인 스트림/테이블 관련성의 정의를 살펴볼 차례다.

스트림/테이블의 일반 상대론

- 데이터 처리 파이프라인은 배치이든 스트리밍이든 테이블, 스트림, 그 둘에 적용되는 연산으로 구성된다.

- 테이블은 휴지 상태의 데이터이며, 시간에 따라 데이터가 누적되고 관찰할 수 있는 보관소^{container}로서의 역할을 한다.

- 스트림은 동작 상태의 데이터로, 시간에 따라 테이블 변화를 이산화된 형태로 가시화해준다.

- 스트림과 테이블에는 연산이 적용되며, 결과로 새로운 스트림이나 테이블이 나온다. 가능한 경우를 분류하면 다음과 같다.
  - 스트림 → 스트림: 비그룹핑(요소 단위) 연산
    비그룹핑 연산을 스트림에 적용하면 스트림 내의 데이터를 변화시키지만 여전히 스트림으로 남아 다른 스트림을 생성한다. 이 스트림을 원본과 다른 기수를 가질 수 있다.
  - 스트림 → 테이블: 그룹핑 연산
    스트림 내 데이터를 그룹핑하면 데이터를 휴지 상태로 만들며 시간에 따라 변화하는 테이블을 생성한다.
    - 윈도우는 이벤트 시간이라는 차원을 그룹핑으로 통합해준다.
    - 윈도우 머지는 시간에 따라 동적으로 일어나며 관찰되는 데이터에 따라 윈도우의 모양을 바꿀 수 있게 해준다. 이때 키는 해당 키 아래로 그룹핑돼 자식 요소로 배치되는 윈도우와 함께 원자성/병렬성의 단위가 된다.
  - 테이블 → 스트림: 언그룹핑(트리거) 연산
    테이블 내 데이터에 트리거를 적용하면 데이터는 동작 상태가 돼 시간에 따른 테이블의 변화를 잡아내는 스트림을 생성해준다.
    - 워터마크는 이벤트 시간을 기준으로 입력이 완료되는 시점을 알려주며, 이는 이벤트 시간을 포함하는 데이터에 트리거를 적용할 때 유용한 참조

점reference point 역할을 한다. 특히 무한 스트림으로 들어오는 데이터를 이벤트 시간 윈도우로 그룹핑할 때 유용하다.

— 트리거의 누적 모드는 차이/값을 유지할지, 또 이전 차이/값을 위한 철회를 허용할지를 결정해 스트림의 특성을 결정해준다.

— 테이블 → 테이블: 해당 연산 없음

데이터가 휴지 상태에서 시작해 동작 상태 없이 휴지 상태로 놓이게 하는 연산은 불가능하기 때문에 테이블을 소비해 테이블을 생성하는 연산은 없다. 결과로 테이블에 적용되는 모든 수정 사항은 사실상 스트림을 거쳐 이뤄진다.

이 법칙이 맘에 드는 이유는 그 자체로 말이 되기 때문이다. 물 흐르듯 자연스럽고 직관적이며, 데이터가 일련의 연산을 어떻게 거쳐 가는지 쉽게 이해할 수 있게 해준다. 데이터가 일정 시점에 두 구성 중 하나(스트림 혹은 테이블)의 형태로 존재한다는 사실을 분명하게 보여주며, 둘 사이의 전환을 이해할 수 있는 간단한 규칙을 제시해준다. 또한 윈도우가 우리 모두가 이미 본능적으로 이해하고 있는 그룹핑의 다른 형태에 불과하다는 사실을 보여줘 윈도우의 실체를 드러내준다. 왜 일반적으로 그룹핑 연산이 항상 스트림을 멈추게 하는지(스트림 상태의 데이터를 휴지 상태의 테이블로 만들기 때문에), 또 어떤 종류의 연산(트리거 즉, 언그룹핑 연산)이 데이터를 다시 흘러가게 하는지도 명확히 보여준다. 마지막으로 통합된 배치/스트림 처리가 개념적인 단계에서 어떤 모습이 돼야 하는지도 보여준다.

6장을 처음 쓰기 시작했을 때 사실 최종 결과물이 어떻게 나올지 확신이 없었다. 하지만 결과물을 보니 처음 상상했던 것보다 훨씬 더 만족스럽다. 7장에서는 분석 과정에서 꾸준히 스트림/테이블 상대론을 사용할 것이며, 스트림/테이블 이론 덕에 우리는 이해가 쉽지 않을 내용들도 명쾌하고도 직관적으로 이해할 수 있을 것이다. 스트림/테이블은 정말 최고가 아닐 수 없다.

요약

6장에서 우리는 스트림/테이블 이론의 기본을 살펴봤다. 먼저 스트림과 테이블을 상대적으로 정의했다.

스트림 → 테이블

> 시간에 따라 스트림의 업데이트 내용을 모으면 테이블이 된다.

테이블 → 스트림

> 시간에 따라 테이블의 변화를 관찰한 내용이 스트림이 된다.

다음 각각을 독립적으로 정의했다.

- 테이블은 휴지 상태의 데이터이다.
- 스트림은 동작 상태의 데이터이다.

그런 후 배치 계산을 수행하는 고전적인 맵리듀스 모델을 스트림/테이블의 관점에서 살펴봤고, 배치 처리는 다음의 4단계로 구성된다는 결론에 이르렀다.

1. 테이블 전체가 읽혀 스트림을 생성한다.
2. 스트림은 그룹핑 연산을 만날 때까지 새로운 스트림으로 처리된다.
3. 그룹핑은 스트림을 테이블로 바꾼다.
4. 파이프라인 내 연산을 모두 마칠 때까지 1-3단계를 반복한다.

이 분석에서 우리는 스트림이 스트림 처리는 물론 배치 처리에서도 쓰이고 있으며, 데이터의 스트림이라는 형태는 해당 데이터가 유한인지 무한인지와는 무관하다는 사실을 배웠다.

다음으로, 스트림과 테이블의 관계를 살펴보고, 빔 모델이 제공하는 강력한 비순서 스트림 처리에 대해 알아보는 데 적지 않은 시간을 할애했다. 마지막에는 스트림과 테이블의 일반 상대론을 소개하며 이전 절을 마무리지었다. 스트림/테이블의 기본 정의에 더해 해당 이론에서 중요한 점은 데이터 처리 파이프라인에는 4가지(사실은 3가지) 형태의 연산이 존재한다는 것이었다.

스트림 → 스트림

비그룹핑 (요소 단위) 연산

스트림 → 테이블

그룹핑 연산

테이블 → 스트림

언그룹핑(트리거) 연산

테이블 → 테이블

(없음)

이런 식으로 연산을 분류하면, 주어진 파이프라인을 따라 데이터가 어떻게 흘러가는지 이해하기가 훨씬 단순해진다.

마지막으로 그리고 어쩌면 가장 중요한 내용일 수도 있는, 스트림/테이블 관점에서 결국 배치와 스트리밍이 개념적으로는 동일한 것이라는 내용을 소개했다. 이는 데이터가 유한하든 그렇지 않든 상관없다. 데이터 처리의 처음부터 끝까지 그냥 스트림/테이블의 관점으로 바라볼 수 있다.

7장

영구적 저장 상태의 실용성

사람들은 왜 책을 쓸까? 책을 쓰는 과정에서 느끼는 창작의 즐거움, 문법과 구두점을 맞춰 나가는 기쁨, 사람에 따라 나르시시즘을 표출하는 방법이라는 부분을 제외하면 기본적으로 나중에 다시 확인할 수 있도록 흘러가는 아이디어를 붙잡아 두고자 하는 욕망이 남을 것이다. 데이터 처리 파이프라인에서 영구적인 저장 상태가 필요한 이유를 책을 쓰는 이유에 비유해봤다.

영구적인 저장 상태persistent state는 말 그대로 6장에서 언급한 테이블에 해당된다. 다만 이 테이블이 상대적으로 손실이 없는 매체에 저장돼야 한다는 요구 사항이 따른다. 사이트 신뢰성 엔지니어에게 묻는 것이 아닌 이상 로컬 디스크에 저장하는 것도 이를 만족한다고 볼 수 있다. 물론 여러 디스크에 나눠 중복 저장하는 것이 더 좋을 것이며, 좀 더 나은 것은 물리적으로 떨어진 디스크에 나눠 중복 저장하는 것이다. 메모리에 저장하는 것은 영구적인 저장 상태의 조건을 만족한 것으로 보기 어렵지만, UPS 전력 공급기와 발전기가 있는 여러 컴퓨터 메모리에 중복 저장하는 것은 그럴 수 있다.

7장의 목표는 다음과 같다.

- 파이프라인에서 영구적인 저장 상태의 필요성을 깨닫는다.

- 파이프라인에서 쉽게 만날 수 있는 두 가지 암시적 저장 상태를 살펴본다.

- 암시적 저장 상태가 적합하지 않은 실제 사용 사례(광고의 전환 어트리뷰션)를 살펴보고, 일반화된 명시적인 상태 관리의 중요한 특징들을 살펴본다.

- 아파치 빔$^{Apache\ Beam}$에서 볼 수 있는 것과 같은 저장 상태 API를 구체적으로 살펴본다.

동기부여

우선 더 자세하게 영구적인 저장 상태의 필요성을 고민해보자. 6장에서 그룹핑이 테이블^{table}을 생성한다는 것은 이미 설명했다. 그리고 7장 처음에 이야기했듯이 이 테이블을 저장하는 이유는 그 안에 포함된 일시적인 데이터를 붙잡아두는 것이다. 하지만 이것이 왜 필요할까?

불가피한 실패

이 질문에 대한 답은 무한^{unbounded} 입력 데이터를 처리하는 경우를 보면 가장 명확하게 알 수 있으니 거기서부터 시작하겠다. 가장 큰 문제는 무한 데이터를 처리하는 파이프라인이 실제로 영원히 실행되는 것을 의도하고 있다는 사실이다. 그러나 영구히 실행한다는 것은 이러한 파이프라인이 보통 실행되는 환경에서는 달성하기 어려운 훨씬 까다로운 서비스 수준의 목표다. 장기 실행 파이프라인은 하드웨어 고장, 필수적인 유지 보수, 코드 변경, 파이프라인 전체를 중단시키는 잘못 구성된 명령 등으로 인해 불가피하게 중단된다. 이러한 일이 일어났을 때 중단 지점부터 작업을 다시 시작할 수 있도록 하기 위해 파이프라인은 중단 전 지점까지의 기록이 필요하다. 이 부분이 영구적인 저장 상태가 필요한 지점이다.

이제 이 아이디어를 무한 데이터 이상으로 확장해보자. 이 문제는 무한 데이터와만 관련된 것일까? 배치 파이프라인$^{batch\ pipeline}$도 영구적 저장 상태가 필요할까? 그 이유는 무엇일까? 지금까지 만난 모든 배치 대 스트리밍 질문과 마찬가지로, 답은 배치 및 스트리밍 시스템 자체의 특성과는 관련이 적고 역사적으로 처리하는 데 사용된 데이터의 유형과 더 관련돼 있다(이는 6장에서 배운 내용을 감안하면 별로 놀랄 일은 아니다).

유한 데이터는 본질적으로 크기가 한정돼 있다. 결과적으로 유한 데이터를 처리하는 시스템(역사적으로는 배치 시스템)은 그러한 경우에 맞게 적응해왔다. 배치 시스템은 종종 실패하는 상황이 발생하면 데이터를 전체적으로 재처리할 수 있다고 가정한다. 즉, 처리 파이프라인의 일부가 실패하더라도 입력 데이터가 사용 가능하면 파이프라인의 적절한 부분을 재시작하고 동일한 입력을 다시 읽어 처리하도록 할 수 있다. 이를 입력 재처리 input reprocessing라고 한다.

또한 배치 시스템은 실패 발생이 드물다고 가정하고, 가능한 한 영구적인 상태 저장을 최소화하면서 일반적인 경우를 위한 최적화에 집중한다. 실패 시 재처리로 발생하는 비용을 그냥 수용하는 것이다. 계산 비용이 높은 다단계 파이프라인의 경우, 실행을 더욱 효율적으로 재개할 수 있는 일종의 단계별 글로벌 체크포인트를 셔플shuffle 과정의 부분으로 도입할 수 있지만, 요구되는 부분은 아니며 다수의 시스템에서 존재하지 않을 수 있다.

반면 무한 데이터는 그 크기가 무한하다고 가정해야 한다. 결과적으로 무한 데이터를 처리하는 시스템(역사적으로 스트리밍 시스템)은 이를 만족하도록 구축돼왔다. 재처리에 데이터를 일부분만 사용할 수 있다고 가정한다. '최소한 한 번at-least-once' 보장 또는 '정확히 한 번exactly-once' 보장을 제공하려면 더 이상 재처리에 쓸 수 없는 모든 데이터는 영구적으로 유지되는 체크포인트 대상으로 고려해야 한다. 단, '최대 한 번at-most-once' 보장만 제공하는 것이 목표라면 체크포인트는 필요하지 않다.

결국 영구적인 저장 상태는 배치 또는 스트리밍이라는 특성과는 무관하다. 상태는 두 상황 모두에서 유용할 수 있다. 다만 무제한 데이터를 처리할 때 그 중요성이 크므로 일반적으로 스트리밍 시스템이 영구적인 저장 상태를 더욱 정교하게 지원한다는 것을 깨달을 수 있을 것이다.

정확성 및 효율성

데이터 처리 중 실패를 피할 수 없고 이를 해결해야 하는 상황에서 영구적인 저장 상태는 다음 두 가지를 제공해준다.

- 일시적인 입력에 대한 정확성을 제공하는 근간이 된다. 유한 데이터를 처리할 때는 보통 입력 데이터를 언제든 다시 사용할 수 있다고 가정한다.[1] 하지만 무한 데이터의 경우 이런 가정은 현실성이 떨어진다. 영구적인 저장 상태는 불가피한 실패 상황이 발생할 때 입력 소스에서 이전에 받은 데이터를 버린 후에도 처리를 계속할 수 있도록 필요한 중간 결과를 유지하게 해준다.

- 실패 복구 과정에서 중복 작업과 저장해야 하는 데이터를 최소화하는 방법을 제공한다. 입력이 일시적인지 여부에 관계없이 파이프라인 구성 요소에서 문제가 발생하면 체크포인트되지 않은 부분은 다시 계산을 수행해야 한다. 입력과 파이프라인의 특성에 따라 이러한 재처리는 그 과정에서 수행해야 하는 작업의 양과 재처리 지원을 위해 저장하는 데이터의 양이라는 측면에서 비용이 될 수 있다.

  중복 작업을 최소화하는 것은 비교적 단순하다. 파이프라인 내 부분적인 진행 상황(계산된 중간 결과뿐 아니라 체크포인트 시간을 기준으로 입력 내 현재 위치)를 체크포인트함으로써, 오류 발생 시 반복해야 하는 작업량을 크게 줄일 수 있다. 대부분의 경우 이는 휴지 상태의 데이터인 테이블과 관련돼 있다. 그래서 앞서 영구적인 저장 상태를 테이블과 그룹핑의 문맥에서 이야기한 것이다. 하지만 (카프카에서처럼) 같은 기능을 스트림의 형태로 제공하는 경우도 있다.

  유지해야 하는 데이터의 양을 최소화하는 부분은 더 많은 설명이 필요하며, 7장의 상당 부분을 할애할 것이다. 간단히 설명하면 다수의 실사용 사례에서 파이프라인 내 체크포인트 시점까지의 모든 원시 입력을 저장하는 것보다 훨씬 적은 공간을 차지하는 중간 계산 값을 저장하는 것이 실용적이다(예를 들어 평균을 계산할 때, 총 합과 값 개수를 기억하는 것이 모든 값을 리스트로 기억하는 것보다 간결하다). 이렇게 중간 결과를 체크포인트에 사용하면 저장해야 하는 데이터의 양을 대폭 줄일 수 있을 뿐만 아니라 장애 시 복구에 필요한 재처리의 양 또한 줄일 수 있다.

  게다가 더 이상 필요 없는 (즉, 파이프라인이 이미 완벽하게 계산한) 영구적인 저장 상

---

1   이때 '영원히'는 "배치 파이프라인 실행을 성공적으로 완료해 더 이상 입력이 필요하지 않을 때까지"를 뜻한다.

242

태에 지능적으로 가비지 컬렉션을 적용해 기술적으로는 영원히 들어오는 입력임에도 영구적인 저장 상태에 유지되는 데이터의 양을 시간과 무관하게 일정한 수준으로 유지할 수 있다. 이를 통해 무한 데이터를 처리하는 파이프라인이 강력한 일관성 보장을 제공하면서 동시에 파이프라인에 주어진 원시 입력을 모두 기억할 필요 없이 실제로 영구적으로 동작하도록 만들 수 있다.

이처럼 영구적인 저장 상태는 데이터 처리 파이프라인에서 정확성과 효과적인 내결함성^{tolerance}을 제공하는 수단이다. 이 두 방향에서 어느 정도 영구적인 저장 상태의 도움이 필요한지는 파이프라인에 주어진 입력과 수행하는 작업의 특성에 따라 크게 달라진다. 무한 입력은 유한 입력보다 정확성 면에서 더 많은 도움이 필요할 것이며, 계산 비용이 큰 작업은 그렇지 않은 작업보다 효율성 면에서 더 많은 도움이 필요할 것이다.

암시적 상태

이제 영구적인 저장 상태의 실제에 대해 본격적으로 이야기해보자. 대부분 이는 모든 것을 항상 저장하는 것(일관성은 좋으나 효율성이 좋지 않음)과 아무것도 저장하지 않는 것(일관성은 좋지 않고 효율성이 좋음) 사이에서 적절한 균형을 찾는 문제로 귀결된다. 이 스펙트럼 중 모든 것을 항상 저장하는 쪽부터 설명을 시작할 것이며, 일관성을 망치지 않으면서 효율성으로 인한 구현 복잡도를 조절하는 방법을 다룰 것이다(일관성이 중요하지 않은 경우 아무것도 저장하지 않는 식으로 일관성을 포기하는 것은 너무 쉽기 때문에 따로 설명이 필요 없다). 이전과 마찬가지로 아파치 빔 API를 사용해 구체적인 설명을 하지만 논의되는 개념 자체는 오늘날 존재하는 대부분의 시스템에 적용 가능하다.

또한 데이터를 압축하는 것 외에 원시 입력의 크기를 줄일 수 있는 방법은 별로 없기 때문에, 데이터를 그룹핑하는 과정에서 생성된 중간 결과를 테이블 내에 유지하는 방법을 중심으로 이야기하고자 한다. 여러 데이터를 그룹핑하는 과정은 구현 복잡성을 비용으로 치러 효율성을 높일 수 있는 기회가 된다.

원시 그룹핑

이야기의 첫 단계는 스펙트럼 중 모든 데이터를 항상 저장하는 방식으로 파이프라인 내 그룹핑을 가장 간단한 형태로 구현해보는 것이다. 즉, 입력 데이터를 원시 그룹핑^{raw} grouping하는 것이다. 이 경우 그룹핑은 보통 리스트에 데이터를 계속 추가하는 작업이 돼, 새 데이터가 그룹핑 작업에 도착할 때마다 해당 그룹의 리스트에 추가된다.

빔에서는 간단히 GroupByKey 변환을 PCollection에 적용해 이 행동을 얻을 수 있다. 동작 상태의 PCollection을 나타내는 스트림은 키로 그룹핑돼 휴지 상태의 테이블을 생성하며 동일한 키를 갖는 값의 리스트로 그룹핑된다.[2] 이는 GroupByKey의 PTransform 시그니처를 보면 알 수 있다. K/V 쌍의 PCollection을 입력으로 받고 K/Iterable<V> 쌍을 출력으로 낸다.

```
class GroupByKey<K, V> extends PTransform<
    PCollection<KV<K, V>>, PCollection<KV<K, Iterable<V>>>>
```

해당 테이블의 키+윈도우에 대해 트리거가 실행될 때마다 해당 키+윈도우에 대한 새 패널을 내보낸다. 이때 값은 시그니처에서 볼 수 있듯이 Iterable<V>가 된다.

예 7-1에서 실제 동작을 살펴보자. 예 6-5의 합계 파이프라인(고정 윈도우 및 조기/정시/지연 트리거 포함)을 가져와서 7장 후반부에 설명할 증분 결합^{incremental combining} 대신 원시 그룹핑을 사용하도록 수정했다. 먼저 파싱된 사용자/점수 키/값 쌍에 GroupByKey 변환을 적용한다. GroupByKey 작업은 원시 그룹핑을 수행해 사용자와 점수의 Iterable<Integer> 그룹을 쌍으로 하는 키/값 쌍의 PCollection을 생성한다. 그런 다음 Iterable<Integer>를 IntStream<Integer>로 변환하고 sum을 호출하는 간단한 MapElements 람다^{lambda}를 사용해 각 iterable 내 모든 Integer를 합산한다.

---

2   현재 빔이 이 테이블을 직접 외부로 노출하지 않음을 기억하자. 새 PCollection으로 테이블 내용을 관찰하기 위해서는 테이블을 다시 스트림으로 트리거해야 한다.

예 7-1. 조기/정시/지연 API를 통한 조기, 정시 및 지연 점화

```
PCollection<String> raw = IO.read(...);
PCollection<KV<Team, Integer>> input = raw.apply(new ParseFn());
PCollection<KV<Team, Integer>> groupedScores = input
  .apply(Window.into(FixedWindows.of(TWO_MINUTES))
               .triggering(
                 AfterWatermark()
                   .withEarlyFirings(AlignedDelay(ONE_MINUTE))
                   .withLateFirings(AfterCount(1))))
  .apply(GroupBy.<String, Integer>create());
PCollection<KV<Team, Integer>> totals = input
  .apply(MapElements.via((KV<String, Iterable<Integer>> kv) ->
    StreamSupport.intStream(
      kv.getValue().spliterator(), false).sum()));
```

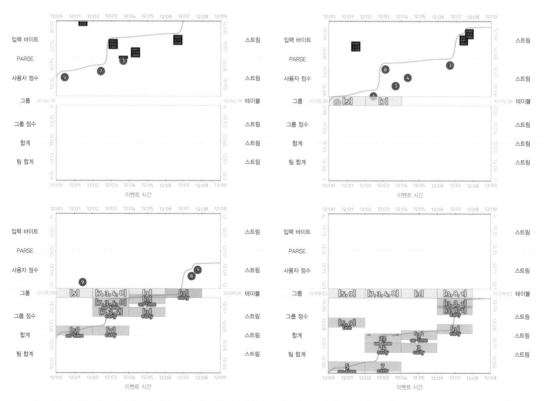

그림 7-1. 윈도우와 초기/정시/지연 트리거를 사용해 입력의 원시 그룹핑을 통한 합계. 원시 입력은 그룹핑돼 GroupByKey 변환을 통해 테이블에 저장된다. 트리거된 후 MapElements 람다는 단일 패널 내의 원시 입력을 합산해 팀별 점수를 산출한다 (http://streaming book.net/fig/7-1).

이것을 증분 결합을 사용했던 그림 6-10과 비교하면 결과가 훨씬 좋지 않다는 것을 알 수 있다. 첫째, 훨씬 더 많은 데이터를 저장하고 있다. 윈도우마다 단일 정수 대신 이제 해당 윈도우에 대한 모든 입력을 저장하고 있다. 둘째, 여러 트리거가 발생하면 이미 이전 트리거 실행에서 계산했던 입력을 다시 합산하는 중복 작업을 하고 있다. 마지막으로 그룹핑 작업이 상태를 영구 저장소로 체크포인트하는 지점이라고 해도, 실패가 발생하면 테이블 내 모든 트리거에 대한 합을 다시 계산해야 한다. 데이터도 계산도 많이 중복됨을 알 수 있다. 훨씬 더 좋은 방법은 증분 결합으로 실제 합을 점진적으로 계산하고 체크포인트에 사용하는 것이다.

증분 결합

효율성을 위해 구현 복잡성을 높이는 첫 단계는 증분 결합이다. 이 개념은 빔 API에서 CombineFn 클래스를 통해 구현된다. 간단히 설명하면, 증분 결합은 결합 법칙associativity 과 교환 법칙commutativity을 만족하는 사용자 정의 결합 연산자상에 생성되는 자동적인 상태의 한 형태로 볼 수 있다(좀 더 정확한 의미는 잠시 후에 더 자세히 다룰 것이다). 이어지는 논의에 꼭 필요한 것은 아니지만, CombineFn API의 중요한 부분은 예 7-2와 같다.

예 7-2. 아파치 빔의 CombinedFn API의 간략한 모습

```
class CombineFn<InputT, AccumT, OutputT> {
    // 빈 값을 표현하는 누적기를 반환
    AccumT createAccumulator();

    // 주어진 입력 값을 주어진 누적기에 더함
    AccumT addInput(AccumT accumulator, InputT input);

    // 주어진 누적기를 새로운 결합된 누적기로 병합
    AccumT mergeAccumulators(Iterable<AccumT> accumulators);

    // 주어진 누적기의 출력 값을 반환
    OutputT extractOutput(AccumT accumulator);
}
```

CombineFn은 AccumT 타입의 누적기^{accumulator}라고 부르는 부분 집계$^{partial\ aggregate}$로 결합될 수 있으며, InputT 유형의 입력을 받는다. 이러한 누적기 자체는 새로운 누적기로 결합될 수도 있다. 마지막으로 누적기는 OutputT 타입의 출력 값으로 변환될 수 있다. 평균 계산과 같은 경우, 입력은 정수, 누적기는 정수 쌍(즉, Pair〈입력 합, 입력 개수〉), 출력은 결합된 입력의 평균 값을 나타내는 단일 부동소수점 값이 되는 식이다.

하지만 이런 구조가 무슨 의미가 있을까? 개념적으로 증분 결합의 기본 개념은 합계, 평균 같은 많은 유형의 집계가 다음과 같은 특성을 보인다는 점에서 시작한다.

- 증분 집계는 중간 형태로 입력의 전체 목록보다 간결하게 N개 입력을 결합한 부분적인 진행 상황을 잡아둔다(즉, CombineFn의 AccumT 타입). 앞서 논의했듯이 평균의 경우 이는 합계/개수의 쌍이며, 단순 합은 누적기로 단일 숫자를 사용하기에 더 간단해진다. 히스토그램은 특정 범위 안에 보이는 값의 개수를 세기 위한 버킷으로 구성돼 보다 복잡한 누적기를 사용한다. 이 세 가지 경우 모두 N개의 요소 집계를 나타내는 누적기가 소비하는 공간은 N이 커짐에 따라 원래 N개의 요소 자체가 소비하는 공간보다 훨씬 더 작아진다.

- 증분 집계$^{incremental\ aggregation}$는 다음 두 차원에서 순서와 무관하다.
  — 개별 요소 즉,
    ```
    COMBINE(a, b) == COMBINE(b, a)
    ```
  — 요소의 그룹핑 즉,
    ```
    COMBINE(COMBINE(a, b), c) == COMBINE(a, COMBINE(b, c))
    ```

이러한 속성은 각각 교환 법칙과 결합 법칙으로 알려져 있다. 이는 요소와 부분 집계를 임의 순서와 임의 하위 그룹으로 자유롭게 결합해도 무방함을 의미한다.[3] 이렇게 하면 다음의 두 가지 방법으로 집계를 최적화할 수 있게 된다.

---

3 또는 우리의 동료인 켄 노울레스(Kenn Knowles)가 알려줬듯이 3개의 매개변수를 갖는 교환 법칙 형태 혹은 결합 법칙도 표현할 수 있다. 즉, COMBINE(a, b, c) == COMBINE(a, c, b) == COMBINE(b, a, c) == COMBINE(b, c, a) == COMBINE(c, a, b) == COMBINE(c, b, a)가 된다. 수학은 재미있는 학문이다.

증분화(incrementalization)

개별 입력의 순서가 중요하지 않기에 미리 모든 입력을 버퍼링한 다음 엄격한 순서로 처리할 필요가 없다(예를 들어 이벤트 시간 순서를 지킬 필요가 없다. 하지만 여전히 집계 이전에 입력을 이벤트 시간을 기준으로 적절한 윈도우로 보내야 할 필요는 있다). 그냥 데이터가 도착할 때마다 하나씩 간단히 결합할 수 있다. (중간 형태가 원시 입력보다 부분 집계에서 더 간결하기 때문에) 이는 버퍼링해야 하는 데이터의 양을 크게 감소시킬 뿐만 아니라, (전체 입력이 버퍼링된 후 한 번에 모두 집계되는 것과 비교하면) 시간에 따른 계산 부하를 더욱 균등하게 분산시킬 수 있다.

병렬화(parallelization)

입력의 부분적인 그룹이 결합되는 순서가 중요하지 않기 때문에 임의로 그룹 연산을 분배할 수 있다. 특히 이런 부분 그룹 연산을 여러 서버로 분산시킬 수 있다. 이러한 최적화는 빔 CombineFn의 기원인 맵리듀스^{MapReduce} Combiner의 핵심을 이룬다.

맵리듀스 Combiner의 최적화는 특정 키에 데이터가 몰려 단일 서버에서 처리되기에는 너무 큰 입력 스트림을 대상으로 그룹핑 연산을 수행해야 하는 문제를 해결하는 데 필수적이다. 대표적인 예로는 비교적 낮은 차원(예를 들어 크롬, 파이어폭스, 사파리 같은 웹 브라우저 제품군)으로 대용량 데이터(예를 들어 인기 웹사이트의 웹 트래픽)를 분류하는 경우를 들 수 있다. 특히 트래픽 양이 월등히 많은 웹사이트의 경우, 웹 브라우저 제품군 하나를 서버 하나에 배정한다고 해도 단일 서버에서 통계를 계산하기가 쉽지 않다. 그러나 합계처럼 결합 법칙과 교환 법칙이 만족되는 경우 초기 집계를 여러 서버로 분산시킬 수 있으며, 각 서버는 부분 집계를 계산한다. 이렇게 여러 서버에서 생성된 부분 집계(이제 처음 입력보다 훨씬 적은 크기를 갖는다)를 단일 서버에서 추가로 결합해 최종 집계를 산출할 수 있다.

또한 이 병렬화 기능은 한 가지 추가적인 이점을 제공하는데, 집계 작업이 자연스럽게 윈도우 병합$^{window\ merging}$과 호환된다. 두 윈도우가 병합되면 속한 값도 같이 병합돼야 한다. 원시 그룹핑에서 이는 두 버퍼링된 값의 전체 목록을 합치는 것을 뜻하며, 비용은 $O(N)$이 된다. 그러나 CombinFn은 보통 $O(1)$에 해당하는 연산이 된다.

증분 결합의 예를 보이기 위해 예 6-5에 보였던 합계 파이프라인을 예 7-3에 보였다.

예 7-3. 예 6-5에 보인 증분 결합을 통한 그룹핑과 합계

```
PCollection<String> raw = IO.read(...);
PCollection<KV<Team, Integer>> input = raw.apply(new ParseFn());
PCollection<KV<Team, Integer>> totals = input
  .apply(Window.into(FixedWindows.of(TWO_MINUTES))
              .triggering(
                AfterWatermark()
                  .withEarlyFirings(AlignedDelay(ONE_MINUTE))
                  .withLateFirings(AfterCount(1))))
  .apply(Sum.integersPerKey());
```

실행 결과는 그림 6-10(그림 7-2에도 표시)에서 볼 수 있다. 그림 7-1과 비교했을 때, 저장되는 데이터 양과 수행되는 계산의 양 측면에서 훨씬 더 효율적임을 알 수 있다.

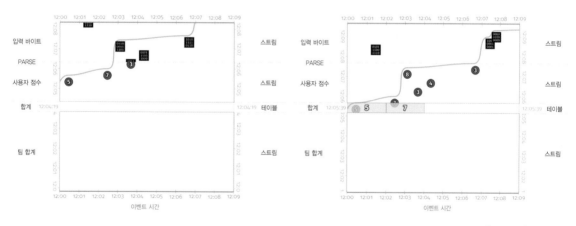

(뒤에 계속)

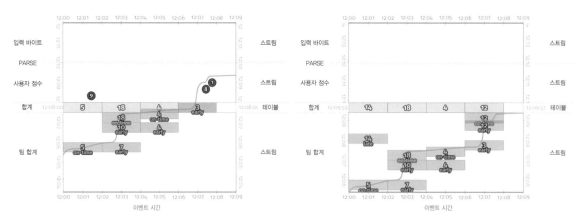

그림 7-2. 증분 결합을 통한 그룹핑과 합계. 여기서는 증분 합계가 계산돼 입력 목록이 아닌 테이블에 저장되며 나중에 따로 전체 합계를 내야 한다(http://streamingbook.net/fig/7-2).

그룹핑 작업을 위한 더 간결한 중간 표현을 제공하고 개별 요소와 부분 그룹 수준에서 순서에 대한 요구를 완화함으로써, 빔의 CombineFn은 구현 복잡성을 대가로 효율성을 높일 수 있다. 이를 통해 단일 키에 데이터가 몰리는 경우도 쉽게 해결할 수 있고, 윈도우 병합과도 잘 어울리는 결과를 얻는 것이 가능하다.

하지만 단점은 사용하고자 하는 그룹핑이 상대적으로 제약된 형태여야 한다는 것이다. 합계, 평균 등에는 적용이 가능하지만 실사용 사례에는 다른 경우도 많으며, 구현 복잡도와 효율성 사이에서 좀 더 세세한 제어가 가능한 일반적인 접근법이 필요한 경우도 있다. 이제 이런 일반적인 접근법을 만나볼 시간이다.

일반화된 상태

지금까지 살펴본 두 암묵적 접근법 모두 장점을 갖지만, 유연성이라는 관점에서는 부족하다. 원시 그룹핑은 그룹 전체를 처리하기 전에 작업에 주어진 원시 입력을 항상 버퍼링해야 하기 때문에 도중에 일부분을 부분적으로 처리할 방법이 없다. 증분 결합은 부분 처리를 허용하지만 처리 방식이 결합 법칙과 교환 법칙을 만족해야 한다는 것과 데이터가 하나씩 도착해야 한다는 제약이 있다.

스트리밍의 영구적인 저장 상태를 더욱 일반화된 방법으로 지원하려면 더 유연한 방법이 필요하다. 구체적으로 다음 세 가지 관점에서 유연성을 확보할 필요가 있다.

- 데이터 구조의 유연성. 즉, 쓰고 읽는 데이터를 작업에 가장 적절하고 효율적인 방식으로 구성할 수 있는 방법이 필요하다. 원시 그룹핑은 기본적으로 추가 가능한 리스트 형식을 제공하며, 증분 결합은 항상 전체로 쓰고 읽는 단일 값 형식을 제공한다. 그러나 맵map, 트리tree, 그래프graph, 집합set처럼 각각 다른 접근 패턴과 비용으로 영구적인 저장 데이터를 구조화하는 수많은 방법이 있다. 이렇게 다양한 데이터 타입을 지원하는 것은 효율성에 매우 중요한 역할을 한다.

  빔은 단일 DoFn이 각각 타입을 갖는 여러 상태 필드를 선언할 수 있도록 해 이와 같은 유연성을 확보한다. 이러한 방식으로 논리적으로는 독립적인 상태(예를 들어 사용자 방문과 광고 노출)를 분리해 저장할 수 있으며, 접근 패턴을 고려할 때 자연스러운 방식으로 타입(예를 들어 맵과 리스트)을 결정할 수 있다.

- 쓰기 및 읽기 단위의 유연성. 즉, 최적의 효율성을 갖도록 지정된 시간에 쓰거나 읽는 데이터의 양과 유형을 제어할 수 있어야 한다. 이는 주어진 시점에 필요한 양의 데이터를 더 많지도 더 적지도 않게, 또 가급적이면 병렬로 정확하게 쓰고 읽을 수 있음을 뜻한다.

  특정 상황에서 읽어야 하는 데이터의 양을 대폭 줄이기 위해 집합 내 요소를 확인하는 연산이 내부적으로 블룸 필터Bloom filter를 사용할 수 있다는 사례에서 볼 수 있듯이, 전용의 데이터 타입은 집중된 접근 패턴 유형을 고려할 수 있게 해준다. 이런 사실을 감안하면 이는 앞선 항목의 내용과도 관련돼 있다고 볼 수 있다. 하지만 여기에는 (퓨처future 등을 통해) 병렬로 대규모 읽기 요청을 다량 보낼 수 있도록 허용하는 것 등도 포함된다.

  빔에서는 데이터 타입별 API를 통해 유연하고 정교한 쓰기와 읽기가 가능해 세분화된 접근 방법을 제공하며, 비동기 I/O와 결합돼 쓰기와 읽기를 효과적으로 일괄 처리해준다.

- 처리 스케줄링의 유연성. 즉, 이벤트 시간과 처리 시간이라는 두 시간 영역 중 하나에서 특정 유형의 데이터 처리가 발생하는 시간을 연결 지을 수 있는 기능이다. 이 관점에서 트리거는 제한된 형태의 유연성을 제공한다고 볼 수 있다. 완결성 트리거^{completeness trigger}는 윈도우 끝을 통과하는 워터마크에 처리를 연결 짓는 방법을, 반복 업데이트 트리거^{repeated update trigger}는 처리 시간 영역의 주기적인 진행에 처리를 연결 짓는 방법을 제공한다. 그러나 특정 형태의 조인^{join}처럼 전체 윈도우의 완결성이 아니라 조인 내 특정 데이터가 갖는 이벤트 시간까지의 완결성을 고려해야 하는 경우에는 트리거만으로는 불충분하다. 따라서 좀 더 일반적인 해결책이 필요하다.

  빔에서는 타이머^{timer 4}를 통해 유연한 처리 스케줄링을 제공하고 있다. 타이머는 특정 시점을 이벤트 시간이나 처리 시간 영역에 연결 짓는 특수한 종류의 상태로, 해당 시점에 도달했을 때 호출되는 메소드^{method}를 명시할 수 있다. 이런 식으로 처리의 일정 부분을 미래의 더 적절한 시간까지 지연시키는 것이 가능하다.

이 세 가지 특징의 공통점은 유연성을 제공한다는 것에 있다. 일부 사용 사례는 원시 그룹핑이나 증분 조합이라는 비교적 덜 유연한 방법으로도 문제없이 처리 가능하다. 하지만 이처럼 상대적으로 좁은 영역 밖에서 문제를 해결하려면 이 둘만으로는 부족한 경우가 많다. 그런 경우 영구적인 저장 상태를 필요에 따라 최적으로 사용할 수 있는 완전히 일반적인 상태 API의 성능과 유연성이 필요해진다.

다른 방법으로 생각하면 원시 그룹핑과 증분 결합은 (최소한 증분 결합을 생각하면) 자동 최적화를 위한 몇 가지 바람직한 속성을 가지면서 동시에 파이프라인을 간결하게 표현할 수 있도록 어느 정도 높은 수준으로 추상화된 형태로 볼 수 있다. 하지만 때로는 필요한 동작이나 성능을 얻기 위해 낮은 수준으로 가야 하고, 일반화된 상태 지원을 통해 이를 이룰 수 있다.

---

4   사실 타이머는 2장에서 논의한 완결성 및 반복 업데이트 트리거의 대부분을 구현할 때 쓰이는 기능이다. 가비지 컬렉션 역시 이 타이머에 기반하고 있다.

사용 사례: 전환 어트리뷰션

일반화된 상태 지원이 동작하는 모습을 보도록 하자. 원시 그룹핑이나 증분 결합 모두 제대로 지원하지 못하는 사례로 광고의 전환 어트리뷰션conversion attribution을 살펴보고자 한다. 전환 어트리뷰션은 광고 효과에 대한 구체적인 피드백을 제공하기 위해 광고계 전반에 걸쳐 널리 쓰이는 기법이다. 비교적 이해하기 쉽지만 요구 사항이 지금까지 고려했던 두 유형의 암묵적인 상태 지원만으로는 만족되지 않는다.

특정 사이트로 트래픽을 유도한 광고 노출advertisement impression과 함께 웹사이트로 진입하는 트래픽을 모니터링하는 분석 파이프라인이 있다고 가정해보자. 목표는 메일링 리스트에 가입하거나 물품을 구입하는 것처럼 사이트 내에서 특정 목표를 달성하기 위해 사용자에게 노출된 특정 광고의 어트리뷰션을 제공하는 것이다.

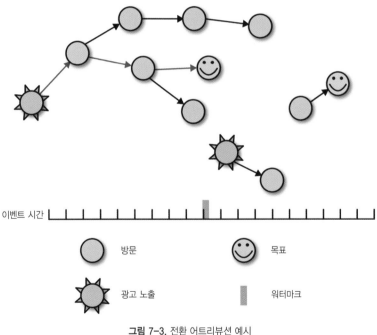

그림 7-3. 전환 어트리뷰션 예시

그림 7-3은 웹사이트 방문, 목표, 광고 노출 등의 예를 보여준다. 성공한 어트리뷰션 전환을 빨간색 화살표로 강조해뒀다. 무한 비순서 스트림에 대한 전환 어트리뷰션을 구축

하려면 지금까지 본 광고 노출, 방문 및 목표를 추적해야 한다. 이때 영구적인 저장 상태가 필요해진다.

이 그림에서 사용자가 웹사이트를 돌아다닌 모양은 그래프로 표시된다. 광고 노출은 사용자에게 표시되고 클릭돼 사용자가 사이트를 방문하게 만든 광고다. 방문은 사이트에서 본 단일 페이지를 나타낸다. 목표는 사용자가 방문하길 기대하는 대상으로 따로 식별된 특정 페이지다(예를 들면 구매 완료나 메일링 리스트 가입 등이 이에 해당된다). 전환 어트리뷰션의 목적은 사용자가 사이트 내에서 어떤 목표를 달성하도록 이끈 광고 노출을 식별하는 것이다. 이 그림에서는 빨간색 화살표로 표시된 전환이 하나 있다. 관련된 이벤트가 순서대로 도착하지 않을 수 있으므로, 이벤트 시간 축에 입력이 정확하다고 판단되는 시간을 나타내는 워터마크 참조 지점이 표시돼 있다.

강력한 대규모 전환 어트리뷰션 파이프라인 구축에는 많은 노력이 필요하지만 명확하게 언급할 가치가 있는 몇 가지 측면이 있다. 즉, 구축하려는 모든 파이프라인은 다음 작업을 수행해야 한다.

비순서 데이터 처리

웹사이트 트래픽과 광고 노출 데이터는 분산된 수집 서비스로 구현되는 별도 시스템에서 가져오기 때문에 데이터가 무질서하게 도착할 수 있다. 파이프라인은 이에 탄력적으로 대응해야 한다.

대규모 데이터 처리

이 파이프라인이 다수의 독립 사용자에 대한 데이터를 처리할 것이라고 가정해야 할 뿐만 아니라, 주어진 광고 캠페인의 규모와 웹사이트의 인기도에 따라 어트리뷰션의 근거를 확보하기 위해 많은 양의 광고 노출 및 트래픽 데이터를 저장해야 할 수도 있다. 예를 들어 사용자당 90일치의 방문, 노출, 목표 트리[5] 데이터를 저장해 여러 달에

---

5 웹 브라우저의 특성으로, 우리가 분석하려는 방문 기록은 HTTP 참조 필드로 연결된 URL의 트리에 해당된다. 실제로는 이는 유향 그래프(directed graph) 형태가 되겠지만, 설명을 간결하게 하기 위해 각 페이지는 사이트상의 단일 참조 페이지에서만 진입한다고 가정해 그래프 대신 트리를 구성하기로 한다. 이를 그래프로 일반화하는 작업은 트리 기반 구현의 자연스런 확장에 해당하며, 여기서 전달하고자 하는 이야기들이 더 중요함을 알려줄 뿐이다.

걸친 어트리뷰션을 확보하는 일이 드물게 발생하는 일이 아니다.

스팸 대응

돈이 관련되면 정확성이 중요하다. 방문 및 노출이 정확히 한 번 반영되도록 하는 것 ('실질적으로 한 번 처리effectively-once processing'를 지원하는 시스템을 사용하면 쉽게 얻을 수 있다)은 물론 광고주들에게 불공평하게 요금을 부과하려는 스팸 공격으로부터 광고 주들을 보호해야 한다. 예를 들어 동일한 사용자가 연속해서 여러 번 클릭하는 광고 는 여러 번의 노출로 도착하지만 그런 클릭이 일정한 시간 내 발생하는 한(예를 들면 같은 날 이내라면) 한 번만 반영돼야 한다. 즉, 시스템에서 모든 개별 노출이 중복으로 처리되지 않도록 보장해 기술적으로는 분명 구분되는 이벤트라고 해도 비즈니스 논 리에 따라 중복으로 해석해 제거할 수 있어야 한다.

성능 최적화

무엇보다 이 파이프라인이 다뤄야 하는 데이터의 잠재적인 규모 때문에 파이프라인 의 성능을 최적화하는 데 주의를 기울여야 한다. 영구 저장에 데이터를 쓰는 비용으 로 인해 영구적인 상태 저장이 이러한 파이프라인에서 종종 성능상 병목 지점이 될 수 있다. 따라서 앞서 논의한 저장 상태가 갖는 유연성이라는 특성을 통해 설계가 가 능한 한 제 성능을 발휘할 수 있도록 하는 것이 매우 중요하다.

빔을 사용한 전환 어트리뷰션

이제 해결하려는 기본 문제를 이해하고 몇 가지 중요한 요구 사항을 정확하게 염두에 두었으니 빔의 상태 및 타이머 API를 사용해 기본적인 전환 어트리뷰션 변환을 구축해 보자. 다른 빔 DoFn과 마찬가지로 작성할 테지만 영구적인 저장 상태와 타이머 필드를 읽고 쓸 수 있는 상태 및 타이머 확장을 사용할 것이다. 실제 코드에 관심이 있는 독자 를 위해 깃허브(http://bit.ly/2yeAGAQ)에 전체 구현을 준비해뒀다.

빔의 모든 그룹핑 작업과 마찬가지로 상태 API의 적용 범위는 현재 키와 윈도우로 제한 되며, 윈도우의 수명은 허용된 지연 범위allowed lateness 매개변수로 결정된다. 이 예에서는 단일 전역 윈도우로 작업을 수행할 것이다. 대부분의 **DoFn**과 마찬가지로 병렬 작업은 키 단위로 적용된다. 또한 예를 단순하게 하기 위해 영구적으로 저장된 상태가 끝없이 커지는 것을 막기 위해 필요한 90일 기준으로 방문 및 노출을 가비지 컬렉션하는 작업은 생략할 것이다.

예 7-4에 보인 것처럼 방문, 노출, 방문/노출 조합(조인에 사용됨) 그리고 완료된 어트리뷰션에 대한 POJO 클래스 몇 개를 정의해보자.

예 7-4. Visit, Impression, VisitOrImpression, Attribution 객체의 POJO 정의

```java
@DefaultCoder(AvroCoder.class)
class Visit {
    @Nullable private String url;
    @Nullable private Instant timestamp;
    // 참조 URL. 이 예에서는 더욱 일반적인 유형 그래프 대신 단순한 트리로
    // 문제를 풀기 위해 모든 웹 페이지는 정확히 하나의 참조 URL을 갖는다고
    // 가정함을 기억하자.
    @Nullable private String referer;
    @Nullable private boolean isGoal;

    @SuppressWarnings("unused")
    public Visit() {
    }

    public Visit(String url, Instant timestamp, String referer,
                 boolean isGoal) {
        this.url = url;
        this.timestamp = timestamp;
        this.referer = referer;
        this.isGoal = isGoal;
    }

    public String url() { return url; }
    public Instant timestamp() { return timestamp; }
    public String referer() { return referer; }
    public boolean isGoal() { return isGoal; }

    @Override
```

```java
    public String toString() {
        return String.format("{ %s %s from:%s%s }", url, timestamp, referer,
                            isGoal ? " isGoal" : "");
    }
}

@DefaultCoder(AvroCoder.class)
class Impression {
    @Nullable private Long id;
    @Nullable private String sourceUrl;
    @Nullable private String targetUrl;
    @Nullable private Instant timestamp;

    public static String sourceAndTarget(String source, String target) {
        return source + ":" + target;
    }

    @SuppressWarnings("unused")
    public Impression() {
    }

    public Impression(Long id, String sourceUrl, String targetUrl,
                    Instant timestamp) {
        this.id = id;
        this.sourceUrl = sourceUrl;
        this.targetUrl = targetUrl;
        this.timestamp = timestamp;
    }

    public Long id() { return id; }
    public String sourceUrl() { return sourceUrl; }
    public String targetUrl() { return targetUrl; }
    public String sourceAndTarget() {
        return sourceAndTarget(sourceUrl, targetUrl);
    }
    public Instant timestamp() { return timestamp; }

    @Override
    public String toString() {
        return String.format("{ %s source:%s target:%s %s }",
```

```
                            id, sourceUrl, targetUrl, timestamp);
    }
}

@DefaultCoder(AvroCoder.class)
class VisitOrImpression {
    @Nullable private Visit visit;
    @Nullable private Impression impression;

    @SuppressWarnings("unused")
    public VisitOrImpression() {
    }

    public VisitOrImpression(Visit visit, Impression impression) {
        this.visit = visit;
        this.impression = impression;
    }

    public Visit visit() { return visit; }
    public Impression impression() { return impression; }
}

@DefaultCoder(AvroCoder.class)
class Attribution {
    @Nullable private Impression impression;
    @Nullable private List<Visit> trail;
    @Nullable private Visit goal;

    @SuppressWarnings("unused")
    public Attribution() {
    }

    public Attribution(Impression impression, List<Visit> trail, Visit goal) {
        this.impression = impression;
        this.trail = trail;
        this.goal = goal;
    }

    public Impression impression() { return impression; }
    public List<Visit> trail() { return trail; }
```

```
    public Visit goal() { return goal; }

    @Override
    public String toString() {
        StringBuilder builder = new StringBuilder();
        builder.append("imp=" + impression.id() + " " + impression.sourceUrl());
        for (Visit visit : trail) {
            builder.append(" → " + visit.url());
        }
        builder.append(" → " + goal.url());
        return builder.toString();
    }
}
```

다음으로 사용자를 키로 한 Visit와 Impression을 소비하는 빔 DoFn을 정의한다. 이는 Attribution을 생성할 것이며, 시그니처는 예 7-5에 주어져 있다.

예 7-5. 전환 어트리뷰션 변환을 위한 DoFn 시그니처

```
class AttributionFn extends DoFn<KV<String, VisitOrImpression>, Attribution>
```

DoFn에서 다음을 구현해야 한다.

1. 모든 방문 정보를 URL을 키로 맵에 저장해, 목표로부터 거꾸로 방문을 추적할 필요가 있을 때 사용할 수 있도록 한다.

2. 모든 노출을 URL을 키로 맵에 저장해, 목표로 가는 시작점이 된 노출을 구분할 수 있도록 한다.

3. 목표가 된 방문을 발견할 때마다, 해당 목표의 타임스탬프에 대한 이벤트 시간 타이머를 설정한다. 이 타이머에 보류된 목표에 대한 어트리뷰션을 수행하는 메소드를 연결해둔다. 이를 통해 목표로 가는 입력이 완료될 때에만 어트리뷰션이 발생하도록 한다.

4. 빔은 동적 타이머 셋에 대한 지원이 부족하다(현재 모든 타이머는 파이프라인 정의 시점에 선언돼야 하지만 각 개별 타이머를 실행 중에 서로 다른 시점에 설정하고 재설정

할 수는 있다). 하지만 여기서는 추적을 필요로 하는 모든 목표에 대한 타임스탬프를 추적할 필요가 있다. 따라서 모든 보류 중인 목표 중 최소 타임스탬프에 대해서만 하나의 어트리뷰션 타이머를 설정한다. 가장 빠른 타임스탬프를 갖는 목표 처리가 끝나면, 그다음 타임스탬프를 갖는 목표를 위해 타이머를 재설정하는 식으로 접근한다.

이제 구현을 단계별로 살펴보자. 우선 **DoFn** 내의 모든 상태 및 타이머 필드에 대한 선언이 필요하다. 상태의 경우 필드 자체에 대한 데이터 타입(맵 또는 목록 등)뿐 아니라 여기에 포함된 데이터의 타입 및 관련 코더^{coder}를 선언한다. 타이머의 경우 관련된 시간 영역을 선언한다. 그런 다음 각 선언에 고유한 ID 문자열(@StateID/@TimerId 어노테이션 사용)을 할당해 나중에 매개변수나 메소드와 동적으로 연결할 수 있도록 한다. 여기서는 예 7-6에서 확인할 수 있는 것처럼 다음과 같이 정의한다.

- 방문과 노출에 대한 두 MapState

- 목표에 대한 단일 SetState

- 최소 보류 목표 타임스탬프를 추적하기 위한 ValueState

- 지연된 어트리뷰션 로직에 대한 Timer

예 7-6. 상태 필드 선언

```
class AttributionFn extends DoFn<KV<String, VisitOrImpression>, Attribution> {
    @StateId("visits")
    private final StateSpec<MapState<String, Visit>> visitsSpec =
        StateSpecs.map(StringUtf8Coder.of(), AvroCoder.of(Visit.class));

    // 단일 쿼리가 여러 노출로 이어질 수 있기 때문에
    // 노출의 키는 sourceUrl(쿼리)과 targetUrl(클릭) 모두를 사용한다.
    // 이 둘은 Impression.sourceAndTarget 메소드를 통해 단일 문자열로 인코딩된다.
    @StateId("impressions")
    private final StateSpec<MapState<String, Impression>> impSpec =
        StateSpecs.map(StringUtf8Coder.of(), AvroCoder.of(Impression.class));

    @StateId("goals")
```

```
    private final StateSpec<SetState<Visit>> goalsSpec =
        StateSpecs.set(AvroCoder.of(Visit.class));

    @StateId("minGoal")
    private final StateSpec<ValueState<Instant>> minGoalSpec =
        StateSpecs.value(InstantCoder.of());

    @TimerId("attribution")
    private final TimerSpec timerSpec =
        TimerSpecs.timer(TimeDomain.EVENT_TIME);
```

... 예 7-7에서 이어짐 ...

다음으로 핵심인 `@ProcessElement` 메소드를 구현한다. 이는 새 데이터가 도착할 때마다 실행되는 부분이다. 앞에서 언급했듯이 목표를 추적하고 어트리뷰션 로직을 워터마크를 통해 추적되는 이벤트 시간의 진행 정도에 연결해주는 타이머를 관리하면서 방문과 노출을 영구적인 상태로 저장할 필요가 있다. 상태와 타이머는 `@ProcessElement` 메소드에 전달된 매개변수를 통해 접근할 수 있으며, 빔 런타임은 `@StateId` 및 `@TimerId` 어노테이션으로 표시된 적절한 매개변수로 메소드를 호출해준다. 기본 로직 자체는 예 7-7에 보인 것처럼 비교적 간단하다.

예 7-7. @ProcessElement 구현

... 예 7-6에 이어서 ...

```
@ProcessElement
public void processElement(
        @Element KV<String, VisitOrImpression> kv,
        @StateId("visits") MapState<String, Visit> visitsState,
        @StateId("impressions") MapState<String, Impression> impressionsState,
        @StateId("goals") SetState<Visit> goalsState,
        @StateId("minGoal") ValueState<Instant> minGoalState,
        @TimerId("attribution") Timer attributionTimer) {
    Visit visit = kv.getValue().visit();
    Impression impression = kv.getValue().impression();

    if (visit != null) {
```

```
        if (!visit.isGoal()) {
            LOG.info("Adding visit: {}", visit);
            visitsState.put(visit.url(), visit);
        } else {
            LOG.info("Adding goal (if absent): {}", visit);
            goalsState.addIfAbsent(visit);
            Instant minTimestamp = minGoalState.read();
            if (minTimestamp == null || visit.timestamp().isBefore(minTimestamp)) {
                LOG.info("Setting timer from {} to {}",
                        Utils.formatTime(minTimestamp),
                        Utils.formatTime(visit.timestamp()));
                attributionTimer.set(visit.timestamp());
                minGoalState.write(visit.timestamp());
            }
            LOG.info("Done with goal");
        }
    }
    if (impression != null) {
        // 같은 소스 및 타깃 URL을 갖는 논리적인 노출 중복을 제거한다.
        // 여기서는 먼저 도착한 (즉, 처리 시간이 앞서는) 경우가 보존된다.
        // 좀 더 강력한 접근 방법은 이벤트 시간에서 앞선 것을 고르는 것이겠지만,
        // 그렇게 하기 위해서는 결정 전 추가적인 읽기 작업이 필요하기 때문에
        // 처리 시간을 사용하는 방식이 다소 성능상 우위에 있다.
        LOG.info("Adding impression (if absent): {} → {}",
                impression.sourceAndTarget(), impression);
        impressionsState.putIfAbsent(impression.sourceAndTarget(), impression);
    }
}
```

... 예 7-8에 이어서 ...

이제 이 부분이 일반화된 상태 API에서 기대하는 기능 세 가지와 어떻게 연결되는지 살펴보자.

데이터 구조의 유연성

맵, 집합, 값, 타이머를 사용하며 채용한 알고리즘에 효율적인 방법으로 상태를 다룰 수 있게 해준다.

쓰기 및 읽기 단위의 유연성

처리되는 모든 방문 및 노출에 대해 @ProcessElement 메소드가 호출되므로 해당 메소드는 가능한 한 효율적으로 동작해야 한다. 이를 위해 필요로 하는 특정 필드에서 값을 읽을 필요 없이, 미세하고 세분화된 쓰기 작업을 하고 있다. 또한 @ProcessElement 메소드 내에서 새 목표를 만나는 드문 경우에만 상태를 읽고 있다. 그리고 그 경우 (잠재적으로 훨씬 큰) 맵과 리스트는 건드리지 않고 단일 정수 값만을 읽고 있다.

처리 스케줄링의 유연성

타이머 덕분에 필요한 모든 입력을 받았다는 확신이 있을 때까지 복잡한 목표 관련 작업을 지연할 수 있어, 중복 작업을 최소화하고 효율성을 극대화할 수 있다.

핵심 처리 로직을 정의했으니 이제 마지막 부분인 목표 어트리뷰션 메소드를 살펴보자. 이 메소드에는 @TimerId 어노테이션을 붙여 타이머가 만료될 때 실행할 코드라고 표시하고 있다. 이 코드는 @ProcessElement 메소드보다 훨씬 복잡하다.

1. 우선 방문 및 노출 맵과 목표를 담은 집합을 모두 로드한다. 어트리뷰션 흐름을 거꾸로 추적하기 위해 맵이 필요하고, 타이머 만료의 결과로 어느 목표를 위한 어트리뷰션을 추적하는 것인지 알기 위해, 또한 다음으로 추적할 보류된 목표가 무엇인지 파악하기 위해서 목표 집합이 필요하다.

2. 상태를 로딩한 후, 반복을 통해 타이머를 위한 목표를 하나씩 처리한다.

    -   (목표에서 시작해 역추적해) 사용자의 현재 방문이 노출과 관련돼 있는지 확인한다. 그렇다면 이번 목표의 어트리뷰션을 완료한 것이며, 확인된 결과를 출력하고 반복을 종료할 수 있다.

    -   다음으로, 현재 방문에 거꾸로 이어지는 방문이 있는지 확인한다. 그렇다면 거꾸로 가는 연결점을 찾았으므로 해당 방문으로 옮겨서 반복을 계속한다.

    -   일치하는 노출이나 방문이 없는 경우 노출 없이 사용자가 목표 페이지에 진입한 경우에 해당한다. 이 경우 반복을 종료하고 다음 목표를 진행한다.

3. 어트리뷰션을 위해 준비된 목표 목록을 모두 소비한 후에 다음 보류된 목표를 위해 타이머를 설정하고, 최소 보류 목표 타임스탬프를 추적하는 ValueState를 재설정한다.

이해를 돕기 위해 먼저 설명한 목록의 2번에 해당하는 로직부터 대략적으로 살펴보자. 예 7-8에 있다.

예 7-8. 목표 어트리뷰션 로직

... 예 7-7에 이어서 ...

```java
private Impression attributeGoal(Visit goal,
                                 Map<String, Visit> visits,
                                 Map<String, Impression> impressions,
                                 List<Visit> trail) {
    Impression impression = null;
    Visit visit = goal;
    while (true) {
        String sourceAndTarget = Impression.sourceAndTarget(
            visit.referer(), visit.url());
        LOG.info("attributeGoal: visit={} sourceAndTarget={}",
                visit, sourceAndTarget);
        if (impressions.containsKey(sourceAndTarget)) {
            LOG.info("attributeGoal: impression={}", impression);
            // 노출 추적 성공.
            return impressions.get(sourceAndTarget);
        } else if (visits.containsKey(visit.referer())) {
            // 다른 방문 페이지 발견. 이어서 진행.
            visit = visits.get(visit.referer());
            trail.add(0, visit);
        } else {
            LOG.info("attributeGoal: not found");
            // 추적된 노출 없음. 실패 반환.
            return null;
        }
    }
}
```

... 예 7-9에 이어서 ...

(몇몇 간단한 지원용 메소드는 생략하고) 남은 코드는 상태를 초기화하고 가져오는 작업,
어트리뷰션 로직을 실행하는 작업, 남아 있는 보류된 목표 어트리뷰션 작업 스케줄링을
수행하는 역할을 한다. 이는 예 7-9에 있다.

예 7-9. 목표 어트리뷰션에 대한 전반적인 @TimerId 처리 로직

... 예 7-8에 이어서 ...

```java
@OnTimer("attribution")
public void attributeGoal(
        @Timestamp Instant timestamp,
        @StateId("visits") MapState<String, Visit> visitsState,
        @StateId("impressions") MapState<String, Impression> impressionsState,
        @StateId("goals") SetState<Visit> goalsState,
        @StateId("minGoal") ValueState<Instant> minGoalState,
        @TimerId("attribution") Timer attributionTimer,
        OutputReceiver<Attribution> output) {
    LOG.info("Processing timer: {}", Utils.formatTime(timestamp));

    // 퓨처를 사용해 상태 읽기를 배치로 수행
    ReadableState<Iterable<Map.Entry<String, Visit> > > visitsFuture
        = visitsState.entries().readLater();
    ReadableState<Iterable<Map.Entry<String, Impression> > > impressionsFuture
        = impressionsState.entries().readLater();
    ReadableState<Iterable<Visit>> goalsFuture = goalsState.readLater();

    // 가져온 상태에 접근
    Map<String, Visit> visits = buildMap(visitsFuture.read());
    Map<String, Impression> impressions = buildMap(impressionsFuture.read());
    Iterable<Visit> goals = goalsFuture.read();

    // 대응하는 목표 찾기
    Visit goal = findGoal(timestamp, goals);

    // 목표 어트리뷰션 진행
    List<Visit> trail = new ArrayList<>();
```

```
    Impression impression = attributeGoal(goal, visits, impressions, trail);
    if (impression != null) {
        output.output(new Attribution(impression, trail, goal));
        impressions.remove(impression.sourceAndTarget());
    }
    goalsState.remove(goal);

    // 필요시 다음 타이머 설정
    Instant minGoal = minTimestamp(goals, goal);
    if (minGoal != null) {
        LOG.info("Setting new timer at {}", Utils.formatTime(minGoal));
        minGoalState.write(minGoal);
        attributionTimer.set(minGoal);
    } else {
        minGoalState.clear();
    }
}
```

이 코드 역시 @ProcessElement 메소드와 비슷하게 일반화된 상태 API에서 기대하는 기능 세 가지에 연결지을 수 있으나, 한 가지 주목할 만한 차이점이 있다.

쓰기 및 읽기 단위의 유연성

맵과 집합에서 모든 데이터를 로드하기 위해 단일 읽기 작업을 수행한다. 이는 각 필드를 개별적으로 읽거나 각 필드를 요소별로 읽는 것보다 훨씬 효율적이다. 또한 상태 접근 단위를 세분화하는 것이 얼마나 중요한 것인지를 보여준다.

이제 합리적인 리소스를 사용해 제법 규모 있는 형태로 운영될 수 있을 만큼 효율적인 전환 어트리뷰션 파이프라인을 기본적인 형태로 구현해봤다. 특히 중요한 것은 이 파이프라인은 비순서 데이터도 적절하게 다룬다는 점이다. 예 7-10의 단위 테스트[unit test]에 사용된 데이터(http://bit.ly/2sY4goW)를 보면 비록 짧은 코드이지만 다음과 같은 여러 가지 상황을 테스트하고 있음을 알 수 있다.

- 공유된 URL 집합에서 여러 구분된 전환을 추적하는 경우

- 순서가 뒤섞여 들어오는 데이터, 특히 방문이나 노출보다 목표가 처리 시간에서

266

먼저, 다른 목표들과 섞여 도착하는 경우

- 다른 타깃 URL로 여러 개의 구분된 노출을 생성하는 소스 URL

- (같은 광고를 여러 번 클릭하는 것과 같은) 물리적으로는 구분된 노출이지만 논리적으로는 단일 노출로 다뤄져야 하는 경우

예 7-10. 전환 어트리뷰션 로직 검증을 위한 데이터셋

```
private static TestStream<KV<String, VisitOrImpression>> createStream() {
    // 이벤트 시간순으로 들어오는 노출과 방문
    // 둘은 어트리뷰션이며 하나는 그렇지 않음
    Impression signupImpression = new Impression(
        123L, "http://search.com?q=xyz",
        "http://xyz.com/", Utils.parseTime("12:01:00"));
    Visit signupVisit = new Visit(
        "http://xyz.com/", Utils.parseTime("12:01:10"),
        "http://search.com?q=xyz", false/*isGoal*/);
    Visit signupGoal = new Visit(
        "http://xyz.com/join-mailing-list", Utils.parseTime("12:01:30"),
        "http://xyz.com/", true/*isGoal*/);

    Impression shoppingImpression = new Impression(
        456L, "http://search.com?q=thing",
        "http://xyz.com/thing", Utils.parseTime("12:02:00"));
    Impression shoppingImpressionDup = new Impression(
        789L, "http://search.com?q=thing",
        "http://xyz.com/thing", Utils.parseTime("12:02:10"));
    Visit shoppingVisit1 = new Visit(
        "http://xyz.com/thing", Utils.parseTime("12:02:30"),
        "http://search.com?q=thing", false/*isGoal*/);
    Visit shoppingVisit2 = new Visit(
        "http://xyz.com/thing/add-to-cart", Utils.parseTime("12:03:00"),
        "http://xyz.com/thing", false/*isGoal*/);
    Visit shoppingVisit3 = new Visit(
        "http://xyz.com/thing/purchase", Utils.parseTime("12:03:20"),
        "http://xyz.com/thing/add-to-cart", false/*isGoal*/);
    Visit shoppingGoal = new Visit(
```

```
        "http://xyz.com/thing/receipt", Utils.parseTime("12:03:45"),
        "http://xyz.com/thing/purchase", true/*isGoal*/);

    Impression unattributedImpression = new Impression(
        000L, "http://search.com?q=thing",
        "http://xyz.com/other-thing", Utils.parseTime("12:04:00"));
    Visit unattributedVisit = new Visit(
        "http://xyz.com/other-thing", Utils.parseTime("12:04:20"),
        "http://search.com?q=other thing", false/*isGoal*/);

    // 순서를 섞어서 방문과 노출 스트림을 생성
    return TestStream.create(
        KvCoder.of(StringUtf8Coder.of(), AvroCoder.of(VisitOrImpression.class)))
        .advanceWatermarkTo(Utils.parseTime("12:00:00"))
        .addElements(visitOrImpression(shoppingVisit2, null))
        .addElements(visitOrImpression(shoppingGoal, null))
        .addElements(visitOrImpression(shoppingVisit3, null))
        .addElements(visitOrImpression(signupGoal, null))
        .advanceWatermarkTo(Utils.parseTime("12:00:30"))
        .addElements(visitOrImpression(null, signupImpression))
        .advanceWatermarkTo(Utils.parseTime("12:01:00"))
        .addElements(visitOrImpression(null, shoppingImpression))
        .addElements(visitOrImpression(signupVisit, null))
        .advanceWatermarkTo(Utils.parseTime("12:01:30"))
        .addElements(visitOrImpression(null, shoppingImpressionDup))
        .addElements(visitOrImpression(shoppingVisit1, null))
        .advanceWatermarkTo(Utils.parseTime("12:03:45"))
        .addElements(visitOrImpression(null, unattributedImpression))
        .advanceWatermarkTo(Utils.parseTime("12:04:00"))
        .addElements(visitOrImpression(unattributedVisit, null))
        .advanceWatermarkToInfinity();
}
```

기억할 것은 여기서는 상대적으로 제한된 형태의 전환 어트리뷰션에 대해 다루고 있다
는 점이다. 더욱 본격적인 구현은 더 많은 문제를 해결할 필요가 있다(예를 들어 가비지
컬렉션, 트리 대신 유향 그래프 처리 등). 그럼에도 이 파이프라인은 원시 그룹핑이나 증분
결합으로는 충분하지 않은 유연한 접근법이 필요한 경우를 잘 보여주고 있다. 높아지는

구현 복잡도를 감수함으로써, 정확성을 훼손하지 않고 필요한 만큼 균형 잡힌 효율성을 확보할 수 있다. 또한 이 파이프라인은 상태와 타이머가 제공하는 (C나 자바처럼) 좀 더 명령형imperative에 가까운 스트림 처리를 보여주며, 이는 윈도우와 트리거가 제공하는 (하스켈Haskell처럼) 함수형functional에 가까운 접근법을 보완하는 역할을 한다.

요약

7장에서는 영구적인 저장 상태가 오랜 시간 실행되는 파이프라인의 정확성과 효율에 밑바탕을 이루기 때문에 그만큼 중요하다는 사실을 살펴봤다. 이후 데이터 처리 시스템에서 만날 수 있는 가장 흔한 두 가지 암묵적 상태인 원시 그룹핑과 증분 결합을 소개했다. 원시 그룹핑은 단순하지만 잠재적으로 효율이 좋지 않으며, 증분 결합은 교환 법칙과 결합 법칙을 만족하는 연산에 대해 효율을 크게 늘려준다. 마지막으로, 실제 경험에 기반해 다소 복잡하지만 매우 실질적인 사용 사례(아파치 빔 자바를 통한 구현 포함)를 통해 일반적인 상태 추상화에 필요한 중요한 다음과 같은 특성들을 살펴봤다.

- 데이터 구조의 유연성을 통해, 필요한 특정 상황에 알맞은 데이터 타입을 사용할 수 있다.

- 쓰기 및 읽기 단위의 유연성을 통해, I/O를 최소화하거나 최대화해 사용 사례에 적합하게 쓰고 읽는 데이터의 양을 적절히 조정할 수 있다.

- 처리 스케줄링의 유연성을 통해, 특정 이벤트 시간에 입력이 완료됐다고 믿을 수 있는 시점처럼 좀 더 적절한 시점까지 처리의 특정 부분을 지연시킬 수 있다.

스트리밍 SQL

이제 SQL에 대해 이야기해보자. 8장에서는 핵심적인 이야기를 먼저 다루고 다시 앞으로 돌아가 이해에 필요한 문맥을 설명한 후 다시 뒤로 돌아가 이야기를 정리하는 순서로 진행하고자 한다. 마치 전산학 학위를 가진 쿠엔틴 티란티노 감독이 우리를 대필 작가로 고용해 스트리밍 SQL에 관한 세세한 이야기를 풀어 놓고 있다고 생각하면 될 것이다. 다만 폭력적인 장면만 없을 뿐.

스트리밍 SQL이란 무엇인가?

이 질문에 대한 답은 데이터베이스 분야가 수십 년 동안 이해하지 못한 부분이라 생각한다. 정확하게 이야기하자면 현재는 답의 99% 정도를 이해하고 있다고 본다. 하지만 우리는 여전히 스트리밍 SQL을 강력한 스트리밍 처리의 전반을 아우를 수 있도록 설득력 있고 이해하기 쉽게 정의 내릴 필요가 있다고 본다. 이 부분이 8장에서 우리가 찾고자 하는 답이다. 물론 100%를 충족하는 답이라 하면 오만일 수 있으니 99.1%짜리 답이라고 해두자.

8장에서 다루는 대부분의 내용은 작성 시점에 순수하게 하나의 가설에 머물고 있음을 확실히 해두고자 한다. 8장과 스트리밍 조인streaming join을 다루는 이후의 내용은 모두 스트리밍 SQL의 이상적인 모습을 보이고자 한 것이다. 일부는 아파치 칼사이트Apache Calcite, 아파치 플링크Apache Flink, 아파치 빔Apache Beam 같은 곳에 이미 구현돼 있으나 여전히 많은 부분은 이론으로만 남아 있다. 가급적 구현된 부분은 구체적인 형태로 설명하려 노력하겠지만, 변화가 많은 부분인 만큼 정확한 내용은 관심 갖는 시스템의 문서를 직접 참조하길 바란다.

이곳에서 설명하는 스트리밍 SQL의 이상적 모습은 칼사이트, 플링크, 빔 커뮤니티 사이의 논의 결과를 바탕으로 한다. 칼사이트 수석 개발자인 줄리안 하이드는 스트리밍 SQL이 어떤 모습이어야 하는지에 대한 자신의 비전을 오랫동안 설명해왔다(http://bit.ly/2JTzR4V). 2016년 플링크 커뮤니티 구성원들은 칼사이트의 SQL 지원을 플링크로 추가했고, 윈도우 구성 같은 스트리밍에 특화된 기능들을 칼사이트 SQL 확장^{dialect}으로 추가하기 시작했다. 2017년 세 커뮤니티는 칼사이트 SQL에서 강력한 스트림 처리가 어떤 모습이 돼야 하는지 합의를 도출하기 위해 논의를 시작했다. 8장에서는 스트리밍의 개념을 SQL에 통합시키는 것을 다루기 위해 해당 논의에서 나온 아이디어를 더욱 분명하고 조화롭게 정리해보고자 한다. 그것이 칼사이트이든 다른 확장에 해당하든 상관없이.

관계대수

스트리밍이 SQL에서 어떤 의미를 갖는지 설명할 때 SQL의 이론적 바탕인 관계대수$^{relational \ algebra}$를 이해하는 것이 중요하다. 관계대수는 이름과 타입을 갖는 튜플^{tuple}로 구성된 데이터 사이의 관계를 수학적으로 기술하는 방법이다. 관계대수의 핵심은 관계로, 이 역시 튜플의 집합으로 구성된다. 고전적인 데이터베이스 용어를 빌리면, 관계는 테이블^{table}에 해당한다. 이때 테이블은 물리적인 데이터베이스 테이블일 수도 있고, SQL 쿼리의 결과이거나, 구체화된 뷰$^{materialized \ view}$ 같은 것들이 해당한다. 즉, 이름과 타입을 갖는 데이터 열이 모여 행을 이룬 집합이다.

관계대수의 더욱 핵심적인 부분은 클로저^{closure}(수학에서는 '폐포'라고 부른다)라는 속성이다. 즉, 관계대수에서 어떤 유효한 관계[1]에 연산자를 적용하면 항상 다른 관계를 생성한

---

1 '유효한 관계'란 간단히 연산자 작용이 잘 정의돼 있는 관계를 의미한다. 예를 들어 SQL 쿼리인 SELECT x FROM y에 대해 유효한 관계 y는 x라는 이름을 갖는 속성/열을 갖는 관계에 해당할 것이다. 그런 이름을 포함하지 않는 관계는 유효하지 않을 것이고, 실제 데이터베이스 시스템에서는 쿼리 실행 오류로 처리될 것이다.

다. 다른 말로 설명하면 관계는 관계대수의 바탕을 이루는 셈이며, 모든 연산자는 입력으로 관계를 소비하고 결과로 관계를 생성한다.

역사적으로 볼 때 SQL에서 스트리밍을 지원하려는 시도는 이 클로저 속성을 만족하지 못했다. 스트림을 고전적인 관계와 분리해뒀으며, 둘 사이 변환을 위한 새로운 연산자를 추가하고, 각각에 적용될 수 있는 연산에 제한을 뒀다. 이로 인해 스트리밍 SQL 시스템은 도입부터 어려움이 있었다. 사용자들은 새 연산자를 배우고, 언제 적용이 가능한지 혹은 불가능한지를 깨달아야 했고, 기존 연산자에 적용되는 규칙들을 다시 배워야 했다. 더 큰 문제는 이 시스템 중 대다수는 비순서 처리[out-of-order processing]와 (9장에서 다룰) 강력한 시간 개념을 지원하는 조인 같은, 우리가 스트리밍에서 기대하는 부분을 온전히 제공하지 못했다. 그 결과로 오늘날 진정 널리 쓰이는 스트리밍 SQL 구현체를 만나볼 수 없게 됐고, 그런 문제점을 안고 있는 상태로 일부 구현체들이 틈새시장에만 살아남게 됐다.

진정한 스트리밍 SQL을 전면으로 가져오기 위해, 우리가 필요한 건 관계대수 안에서 스트리밍을 일급 객체[first-class citizen]로 만들어 표준 관계대수 전반이 스트리밍과 그렇지 않은 상황 모두에 자연스럽게 적용될 수 있도록 하는 것이다. 이는 스트리밍과 테이블을 완전히 같은 것으로 다루자는 이야기는 아니다. 둘은 절대 같지 않으며, 다르다는 사실을 인정해야 스트림/테이블 관계를 이해하고 탐험하기가 명쾌해질 것이다. 하지만 핵심 대수 부분은 절대적으로 필요한 경우에만 표준 관계대수를 확장시키면서 둘 모두에 깔끔하고 자연스럽게 적용돼야 한다.

시간 변이 관계

8장 도입부에서 이야기했던 핵심적인 이야기란 이렇다. 스트리밍을 SQL과 자연스럽게 결합시킬 때 중요한 부분은 관계대수의 핵심 데이터 객체인 관계를 확장해 일정 시점에서의 데이터가 아닌 시간에 따른 데이터를 표현하는 방법을 갖추는 것이다. 다시 말해 일정 시점 관계가 아닌 시간에 따라 변하는 관계가 필요해지는 셈이다.[2]

---

2   시간 변이 관계라는 이름과 개념을 간결하게 표현하는 방법은 줄리안 하이드가 제안해줬다.

하지만 시간 변이 관계$^{time\text{-}varying\ relation}$가 무엇일까? 우선 이를 고전 관계대수의 용어를 빌려 정의해보고, 스트림/테이블 이론과의 관계에 관해 고려해보자.

관계대수의 용어를 빌려 설명하자면 시간 변이 관계란 시간에 따른 고전적인 관계의 변화일 뿐이다. 이것이 무엇을 의미하는지 알아보기 위해 사용자 이벤트로 구성된 가공되지 않은 데이터를 상상해보자. 시간이 지남에 따라 사용자는 새 이벤트를 생성하고 데이터는 계속 커지고 변화하게 된다. 만약 이 데이터를 일정 시점에 관찰한다면 이는 고전적인 관계에 해당한다. 하지만 시간에 따른 전반에 걸친 변화를 관찰한다면 이는 시간 변이 관계에 해당한다.

다른 말로 설명하면 고전 관계가 이름과 타입을 갖는 열을 X축에, 행을 Y축에 두는 2차원으로 구성된 테이블이라면, 시간 변이 관계는 X, Y축은 이전과 같지만 Z축에 시간에 따른 2차원 테이블의 다른 버전을 담는 3차원 테이블로 볼 수 있다. 관계가 변화해 가면서 관계의 새로운 스냅샷이 Z축에 추가되는 셈이다. 사용자와 점수를 담는 데이터를 예로 보도록 하자. 일정 시점, 예를 들어 12:07까지 관찰된 입력 데이터가 다음과 같다고 가정해보자.

```
12:07> SELECT * FROM UserScores;
-------------------------
| Name  | Score | Time  |
-------------------------
| Julie | 7     | 12:01 |
| Frank | 3     | 12:03 |
| Julie | 1     | 12:03 |
| Julie | 4     | 12:07 |
-------------------------
```

이를 보면, 시간에 따라 순서대로 도착한 4건의 점수를 기록하고 있다. 12:01에 줄리의 점수는 7, 프랭크는 3, 12:03에 줄리의 두 번째 점수는 1, 마지막으로 12:07에 4가 된다(여기서 시간 열은 시스템 내 데이터가 도착한 처리 시간을 담고 있다. 이벤트 시간은 이후에 다룰 예정이다). 여기까지가 도착한 유일한 데이터라고 가정하면 앞서 보인 데이터가 12:07 이후에 우리가 보게 될 최종 형태가 될 것이다. 하지만 12:01에 관찰했다면 당시

274

에는 줄리의 첫 점수만 도착했기 때문에 다음과 같은 형태일 것이다.

```
12:01> SELECT * FROM UserScores;
--------------------------
| Name  | Score | Time  |
--------------------------
| Julie | 7     | 12:01 |
--------------------------
```

그리고 12:03에 관찰했다면 프랭크의 점수와 줄리의 두 번째 점수가 도착했을 것이고 다음과 같이 변화된 모습을 봤을 것이다.

```
12:03> SELECT * FROM UserScores;
--------------------------
| Name  | Score | Time  |
--------------------------
| Julie | 7     | 12:01 |
| Frank | 3     | 12:03 |
| Julie | 1     | 12:03 |
--------------------------
```

이 예를 통해 우리는 시간 변이 관계가 어떤 형태가 될지에 대한 감을 익힐 수 있다. 시간 변이 관계는 시간에 따른 관계의 변화 전반을 담게 된다. 따라서 12:07 이후에 시간 변이 관계(줄여서 TVR이라고 하자)를 관찰한다면 다음과 같은 형태가 될 것이다(일정 시점의 고전적인 관계 스냅샷 대신 전체 시간 변이 관계를 요청한다는 의미로 가상의 키워드 TVR을 사용했다).

```
12:07> SELECT TVR * FROM UserScores;
-----------------------------------------------------------
|      [-inf, 12:01)      |       [12:01, 12:03)      |
| ----------------------- | ----------------------- |
| | Name  | Score | Time  | | | Name  | Score | Time  | |
| ----------------------- | ----------------------- |
| |       |       |       | | | Julie | 7     | 12:01 | |
| |       |       |       | | | |       |       |       | |
```

```
| |         |         |          | | |         |         |         | | |
| |         |         |          | | |         |         |         | | |
| ----------------------------- | ----------------------------- |
----------------------------------------------------------------
|         [12:03, 12:07)        |         [12:07, now)          |
| ----------------------------- | ----------------------------- |
| | Name  | Score | Time  | | | | Name  | Score | Time  | |
| ----------------------------- | ----------------------------- |
| | Julie | 7     | 12:01 | | | | Julie | 7     | 12:01 | |
| | Frank | 3     | 12:03 | | | | Frank | 3     | 12:03 | |
| | Julie | 1     | 12:03 | | | | Julie | 1     | 12:03 | |
| |       |       |       |   | | | Julie | 4     | 12:07 | |
| ----------------------------- | ----------------------------- |
----------------------------------------------------------------
```

인쇄 매체는 2차원이라는 제약을 갖기에, 3차원을 표현하기 위해 2차원 관계를 격자 모양으로 펼쳐뒀다. 하지만 시간 변이 관계가 본질적으로는 고전적인 관계의 열로 구성 돼 있고, 각각의 고전적인 역할은 일정 시간 범위 안의 전체 관계를 담고 있음을 알 수 있다.

시간 변이 관계의 의도와 목적을 고려할 때, 시간 변이 관계를 정의함에 있어 중요한 것 은 시간 변이 관계는 분리되고 인접한 시간 범위 안에서 독립적으로 존재하는 고전 관 계가 연이어 주어진 형태라는 것이다. 이 때 각각의 분리된 시간 범위 안에서는 관계가 변하지 않는다. 이는 시간 변이 관계에 관계 연산을 적용하는 것은 사실상 구성 요소인 고전 관계 개별마다 연산을 적용하는 것과 같다는 것의 의미하기에 중요한 사실이다. 그리고 더 나아가, 그렇게 각 시간 간격마다 개별적으로 적용된 연산의 결과는 여전히 같은 시간 간격과 연결돼 있다. 다른 말로 설명하면, 연산의 결과 역시 대응하는 시간 변 이 관계인 셈이다. 이 정의는 두 가지 중요한 특성을 깨닫게 해준다.

- 고전 관계대수를 위한 모든 연산은 시간 변이 관계에 적용됐을 때도 여전히 유효 하고, 우리가 기대한 그대로 행동한다.

- 관계대수의 클로저 속성은 시간 변이 관계에 적용돼도 온전히 남아 있다.

좀 더 간단히 설명하자면, 고전 관계대수의 모든 규칙은 시간 변이 관계에도 여전히 적용 가능하다. 고전적인 관계를 시간 변이 관계로 대체하더라도 바뀌는 부분이 없기 때문에 이는 매우 고무적인 부분이다. 단일 고전 관계 대신 고전 관계의 열에 적용된다는 점만 다를 뿐 모든 것이 고전 관계에서처럼 그대로 동작하고 있는 것이다. 예제로 돌아가 12:07 이후에 관찰된 시간 변이 관계 둘을 더 살펴보도록 하자. 첫 번째는 WHERE 절을 사용해 관계를 필터링한 결과다.

```
12:07> SELECT TVR * FROM UserScores WHERE Name = "Julie";
-----------------------------------------------------------
|       [-inf, 12:01)      |       [12:01, 12:03)      |
| ----------------------- | ----------------------- |
| | Name  | Score | Time  | | | Name  | Score | Time  | |
| ----------------------- | ----------------------- |
| |       |       |       | | | Julie | 7     | 12:01 | |
| |       |       |       | | |       |       |       | |
| |       |       |       | | |       |       |       | |
| ----------------------- | ----------------------- |
-----------------------------------------------------------
|       [12:03, 12:07)     |       [12:07, now)        |
| ----------------------- | ----------------------- |
| | Name  | Score | Time  | | | Name  | Score | Time  | |
| ----------------------- | ----------------------- |
| | Julie | 7     | 12:01 | | | Julie | 7     | 12:01 | |
| | Julie | 1     | 12:03 | | | Julie | 1     | 12:03 | |
| |       |       |       | | | Julie | 4     | 12:07 | |
| ----------------------- | ----------------------- |
-----------------------------------------------------------
```

예상할 수 있듯이, 이 관계는 이전에 보인 것과 비슷하지만 프랭크의 점수가 제외돼 있다. 비록 시간 변이 관계가 시간에 따른 데이터 변화를 기록하기 위해 시간 차원이 더해져 있더라도 쿼리는 기대한 대로 동작한다.

좀 더 복잡한 경우를 위해 각 사용자의 총 점수를 계산하기 위해 사용자별로 점수를 합산하는 그룹핑 관계를 고려해보자.

```
12:07> SELECT TVR Name, SUM(Score) as Total, MAX(Time) as Time
       FROM UserScores GROUP BY Name;
-----------------------------------------------------------
|       [-inf, 12:01) |  [12:01, 12:03) |
| --------------------- | ----------------------- |
| | Name | Total | Time |  | | Name | Total | Time | |
| --------------------- | ----------------------- |
| |      |       |      |  | | Julie | 7    | 12:01 | |
| |      |       |      |  | | |      |       |       | |
| --------------------- | ----------------------- |

-----------------------------------------------------------
|       [12:03, 12:07)    |      [12:07, now)       |
| --------------------- | ----------------------- |
| | Name | Total | Time |  | | Name | Total | Time | |
| --------------------- | ----------------------- |
| | Julie | 8    | 12:03 |  | | Julie | 12   | 12:07 | |
| | Frank | 3    | 12:03 |  | | Frank | 3    | 12:03 | |
| --------------------- | ----------------------- |
-----------------------------------------------------------
```

이러한 쿼리의 시간 변이 형태도 기대한 그대로 동작해, 개별 고전 관계마다 각 사용자의 점수가 합산돼 담기게 된다. 그리고 사실 쿼리의 형태가 얼마나 복잡하든 결과는 시간 변이 관계를 구성하는 고전 관계에 독립적으로 쿼리를 적용한 결과와 항상 동일하다. 이 부분을 반드시 기억하도록 하자.

여기까지만 보면 그럴싸해 보이지만, 시간 변이 관계는 여전히 이론적인 형태로 남아 있다. 조금만 생각해봐도 거대한 데이터가 수시로 변하면 단시간 내에 규모가 너무 커질 것이 뻔하다. 시간 변이 관계를 어떻게 실제 스트림 처리와 엮어낼 것인지 알아보기 위해 시간 변이 관계와 스트림/테이블 이론 사이의 관계에 대해 알아보자.

스트림과 테이블

비교를 위해 앞서 봤던 예를 다시 보도록 하자.

```
12:07> SELECT TVR Name, SUM(Score) as Total, MAX(Time) as Time
       FROM UserScores GROUP BY Name;
---------------------------------------------------------------
|        [-inf, 12:01)   |   [12:01, 12:03)   |
| ---------------------- | ---------------------- |
| | Name | Total | Time | | | Name | Total | Time | |
| ---------------------- | ---------------------- |
| |      |       |      | | | Julie | 7    | 12:01 | |
| |      |       |      | | | |     |      |       | |
| ---------------------- | ---------------------- |
---------------------------------------------------------------
|        [12:03, 12:07)      |       [12:07, now)       |
| ---------------------- | ---------------------- |
| | Name | Total | Time | | | Name | Total | Time | |
| ---------------------- | ---------------------- |
| | Julie | 8    | 12:03 | | | Julie | 12   | 12:07 | |
| | Frank | 3    | 12:03 | | | Frank | 3    | 12:03 | |
| ---------------------- | ---------------------- |
---------------------------------------------------------------
```

우리는 이미 이렇게 나열된 형태가 시간에 따른 관계 변화의 전체를 담고 있음을 알고 있다. 6장에서 살펴본 테이블과 스트림에 대한 내용을 바탕으로, 시간 변이 관계가 스트림/테이블 이론과 어떻게 연결되는지 이해하는 것이 그리 어렵지는 않다. 테이블은 간단하다. 시간 변이 관계는 본질적으로 고전 관계를 나열한 형태이고 고전 관계는 테이블과 닮아 있기에, 시간 변이 관계를 테이블로 보고자 한다면 관찰 시점에 관계의 스냅샷을 보면 된다.

예를 들어 이전 예에서 12:01 시점의 관계를 보면 다음과 같은 결과를 얻을 것이다(예에서 쿼리 결과로 테이블을 달라는 것을 명확히 하기 위해 또 다른 가상의 키워드인 TABLE을 사용했다).

```
12:01> SELECT TABLE Name, SUM(Score) as Total, MAX(Time) as Time
       FROM UserScores GROUP BY Name;
--------------------------
| Name  | Total | Time   |
```

```
-----------------------
| Julie | 7     | 12:01 |
-----------------------
```

그리고 12:07 시점에 관찰한 바는 다음과 같을 것이다.

12:07> SELECT TABLE **Name, SUM(Score) as Total, MAX(Time) as Time**
    FROM UserScores GROUP BY Name;

```
-----------------------
| Name  | Total | Time  |
-----------------------
| Julie | 12    | 12:07 |
| Frank | 3     | 12:03 |
-----------------------
```

여기서 재미있는 부분은 시간 변이 관계에 대한 지원은 사실 이미 SQL 안에 있었다는 것이다. SQL 2011 표준을 보면 '시간 테이블temporal table'이라는 것이 존재하고, 이는 시간에 따른 테이블의 변화를 시간별로 기록해둔 것이다(즉, 본질적으로는 시간 변이 관계에 해당한다). 또한 사용자가 명시한 시점의 시간 테이블/시간 변이 관계의 스냅샷을 얻기 위해 AS OF SYSTEM TIME 구조를 사용해 명시적으로 쿼리도 가능하다. 예를 들어 지금이 12:07 시점이라 해도 12:03 시점에 관계가 어떠했는지를 쿼리를 통해 확인할 수 있다.

12:07> SELECT TABLE **Name, SUM(Score) as Total, MAX(Time) as Time**
    FROM UserScores GROUP BY Name AS OF SYSTEM TIME '12:03';

```
-----------------------
| Name  | Total | Time  |
-----------------------
| Julie | 8     | 12:03 |
| Frank | 3     | 12:03 |
-----------------------
```

따라서 어느 정도는 SQL에 이미 시간 변이 관계에 관한 선례가 있었음을 알 수 있다. 다시 본론으로 돌아오면 핵심은 테이블이 특정 시점에 시간 변이 테이블의 스냅샷을 갖는다는 것이다. 대부분의 실제 테이블 구현은 관찰 시점의 상태를 보여주며, 시간 테이블 같은 구현은 추가적인 변화 기록을 유지하기도 한다. 후자의 경우 시간에 따른 관계 변화의 전체 기록을 담는 충실한 시간 변이 관계와 어느 정도 동등하다고 볼 수도 있다.

스트림은 다소 다른 형태다. 6장에서 스트림이 시간에 따른 테이블의 변화를 담는다고 이야기한 바 있다. 하지만 지금까지 봐왔던 시간 변이 관계와는 다소 다른 방식을 사용한다. 시간 변화에 따른 전체 관계의 스냅샷을 유지하는 대신 스냅샷에 발생하는 변화만을 담는다. 이런 미묘한 차이는 다음 예에서 좀 더 분명하게 볼 수 있다.

복습으로 이전에 다뤘던 TVR 쿼리를 다시 상기해보자.

```
12:07> SELECT TVR Name, SUM(Score) as Total, MAX(Time) as Time
         FROM UserScores GROUP BY Name;
------------------------------------------------------------
|       [-inf, 12:01) |  [12:01, 12:03) |
| --------------------- | ---------------------- |
| | Name  | Total | Time  | | | Name  | Total | Time  | |
| --------------------- | ---------------------- |
| |       |       |       | | | Julie | 7     | 12:01 | |
| |       |       |       | | | |       |       |       | | |
| --------------------- | ---------------------- |
------------------------------------------------------------
|       [12:03, 12:07)     |      [12:07, now)         |
| --------------------- | ---------------------- |
| | Name  | Total | Time  | | | Name  | Total | Time  | |
| --------------------- | ---------------------- |
| | Julie | 8     | 12:03 | | | Julie | 12    | 12:07 | |
| | Frank | 3     | 12:03 | | | Frank | 3     | 12:03 | |
| --------------------- | ---------------------- |
------------------------------------------------------------
```

이제 이 시간 변이 관계를 스트림으로 살펴보도록 하자. 변화가 있는 각 단계마다 TVR로 표현된 원래의 테이블을 해당 지점까지의 스트림의 변화와 비교해보려고 한다. 예의 시간 변이 관계가 스트림으로 어떻게 표현되는지 살펴보기 위해 2개의 가상 키워드를 도입하고자 한다.

- STREAM 키워드는 TABLE과 유사하며, 쿼리 결과를 시간 변이 관계의 변화를 담는 이벤트 단위의 스트림으로 돌려 달라는 뜻이다. 이는 마치 시간에 따른 관계에 레코드 단위 트리거를 적용하는 것으로 볼 수도 있다.

- 특수한 Sys.Undo[3] 열이 STREAM 쿼리의 결과에 추가된다. 이는 철회[retraction]를 위한 열로 보면 된다. 더 자세한 내용은 이 절의 말미에 다룰 것이다.

12:01부터 시작하면 다음과 같다.

```
12:01> SELECT TABLE Name,
         SUM(Score) as Total,
         MAX(Time) as Time
         FROM UserScores GROUP BY Name;
------------------------
| Name  | Total | Time  |
------------------------
| Julie | 7     | 12:01 |
------------------------
```

```
12:01> SELECT STREAM Name,
         SUM(Score) as Total,
         MAX(Time) as Time,
         Sys.Undo as Undo
         FROM UserScores GROUP BY Name;
---------------------------------
| Name  | Total | Time  | Undo |
---------------------------------
| Julie | 7     | 12:01 |      |
....... [12:01, 12:01] .......
```

이 시점에서는 테이블과 스트림의 쿼리 결과가 동일해 보인다. 나중에 자세히 다룰 Undo 열만 추가됐으며 그 외 차이점은 하나다. 테이블은 12:01에 완료된 것으로 나오지만(관계를 표현하는 마지막 줄이 선으로 돼 완료를 의미한다), 스트림은 테이블과는 달리 점으로 표시하고 현재까지 관찰된 데이터의 처리 시간을 표시한다. 이를 통해 미완료임을 보여주고 이 부분에 추가로 데이터가 들어올 수 있음을 표시해준다. 또한 실제 실행된다면 스트림 쿼리는 추가로 데이터가 들어올 경우를 대비해 종료하지 않고 계속 대기할 것이다. 따라서 12:03까지 기다린다면 스트림 쿼리에는 새로운 행 3개가 추가될 것이다. 이를 12:03 시점에 이루어진 TVR의 TABLE 쿼리 결과와 비교해보자.

---

3 Sys.Undo라는 이름은 아파치 플링크에서 사용하는 간결한 명칭을 따온 것으로(https://flink.apache.org/news/2017/04/04/dynamic-tables.html), 철회와 비철회 행을 구분하는 깔끔한 방법이라고 생각한다.

```
12:01> SELECT STREAM Name,
              SUM(Score) as Total,
              MAX(Time) as Time,
              Sys.Undo as Undo
       FROM UserScores GROUP BY Name;
12:03> SELECT TABLE Name,
              SUM(Score) as Total,
              MAX(Time) as Time
       FROM UserScores GROUP BY Name;
```

Name	Total	Time
Julie	8	12:03
Frank	3	12:03

Name	Total	Time	Undo
Julie	7	12:01	
Frank	3	12:03	
Julie	7	12:03	undo
Julie	8	12:03	

`........ [12:01, 12:03] ........`

이제 재미있는 부분이 보이기 시작한다. 테이블 쿼리는 행 2개(프랭크의 3과 줄리의 1)만 담고 있지만, 스트림 쿼리에는 행 3개(프랭크의 3, 줄리의 Undo-7, 그리고 8)가 추가됐다. 왜 이런 차이가 생길까? 스트림에는 12:01부터 12:03 동안 처음 입력된 내용에 적용돼야 하는 변화가 포함돼야 하기 때문이다. 스트림에서는 줄리의 점수와 관련된 정보 2개와 프랭크의 점수 하나가 추가됐음을 알려줄 필요가 있는 것이다. 줄리의 점수와 관련된 정보는 다음과 같다.

- 이전 7 값은 더 이상 올바르지 않다.

- 올바른 새 값은 8이다.

Sys.Undo는 보다시피 일반적인 행과 이전에 보고된 값이 철회돼야 하는 행을 구분해주는 역할을 한다.[4]

STREAM 쿼리의 장점 중 하나는 쿼리 결과를 통해 고전적인 온라인 트랜잭션 처리[OLTP, Online Transaction Processing]와의 관계를 살펴볼 수 있다는 점이다. STREAM 쿼리는 본질적으로 결과를 INSERT와 DELETE 연산의 조합으로 제공하고 이를 OLTP에서 시간에 따른 관계 변화

---

4   이 예에서는 매핑이 1:1임을 감안하면 새 값 8이 이전 값 7을 대체한다는 사실을 알아내기 어렵지 않다. 하지만 나중에 세션에 대해 이야기하면서 더욱 복잡한 예제를 볼 텐데, 거기서는 철회에 대한 별도 정보 없이는 다루기가 훨씬 어려워진다.

를 구체화하기 위해 사용할 수도 있다. 그리고 실제로 OLTP 테이블 자체도 본질적으로는 INSERT, UPDATE, DELETE로 시간에 따라 수정되는 시간 변이 관계로 볼 수 있다.

여러분이 스트림에서 철회 항목이 필요 없는 상황이라면 이 부분을 배제하도록 할 수도 있다. 예를 들어 다음과 같은 쿼리가 될 것이다.

```
12:01> SELECT STREAM Name,
          SUM(Score) as Total,
          MAX(Time) as Time
       FROM UserScores GROUP BY Name;
-------------------------
| Name  | Total | Time  |
-------------------------
| Julie | 7     | 12:01 |
| Frank | 3     | 12:03 |
| Julie | 8     | 12:03 |
.... [12:01, 12:03] .....
```

하지만 여기서는 전체 스트림이 어떻게 생겼는지 이해하는 것이 중요하므로, 다시 Sys. Undo를 포함하는 형태를 보도록 하자. 우리가 12:07까지 결과를 기다린다면 STREAM 쿼리에 추가로 아래 2개 행이 들어온 것을 보게 된다.

```
12:07> SELECT TABLE Name,
          SUM(Score) as Total,
          MAX(Time) as Time
       FROM UserScores GROUP BY Name;
-------------------------
| Name  | Total | Time  |
-------------------------
| Julie | 12    | 12:07 |
| Frank | 3     | 12:03 |
-------------------------
```

```
12:01> SELECT STREAM Name,
          SUM(Score) as Total,
          MAX(Time) as Time,
          Sys.Undo as Undo
       FROM UserScores GROUP BY Name;
--------------------------------
| Name  | Total | Time  | Undo |
--------------------------------
| Julie | 7     | 12:01 |      |
| Frank | 3     | 12:03 |      |
| Julie | 7     | 12:03 | undo |
| Julie | 8     | 12:03 |      |
| Julie | 8     | 12:07 | undo |
| Julie | 12    | 12:07 |      |
........ [12:01, 12:07] ........
```

284

여기까지 오면 스트림 쿼리 결과와 테이블 쿼리 결과의 차이가 확연히 드러난다. 테이블은 특정 시점에서의 전체 관계를 스냅샷 형태로 보여주며, 스트림은 시간에 따른 개별 변화가 무엇인지를 보여준다.[5] 흥미로운 점은 스트림 쿼리 결과가 다음에 보인 테이블 기반의 TVR 쿼리 결과와 공통점이 더 많다는 것이다.

```
12:07> SELECT TVR Name, SUM(Score) as Total, MAX(Time) as Time
         FROM UserScores GROUP BY Name;
-------------------------------------------------------------
|       [-inf, 12:01)       |       [12:01, 12:03)        |
| ------------------------- | --------------------------- |
| | Name  | Total | Time  | | | Name  | Total | Time  | |
| ------------------------- | --------------------------- |
| |       |       |       | | | Julie | 7     | 12:01 | |
| |       |       |       | | |       |       |       | |
| ------------------------- | --------------------------- |
-------------------------------------------------------------
|       [12:03, 12:07)      |       [12:07, now)          |
| ------------------------- | --------------------------- |
| | Name  | Total | Time  | | | Name  | Total | Time  | |
| ------------------------- | --------------------------- |
| | Julie | 8     | 12:03 | | | Julie | 12    | 12:07 | |
| | Frank | 3     | 12:03 | | | Frank | 3     | 12:03 | |
| ------------------------- | --------------------------- |
-------------------------------------------------------------
```

사실 STREAM 쿼리는 대응하는 테이블 기반 TVR 쿼리에서 볼 수 있는 전체 데이터 변화를 보여주는 다른 방법이라고 봐도 무방하다. 다만 STREAM 쿼리가 갖는 가치는 그 결과가 좀 더 간결하다는 데 있다. TVR에서 보여주는 변화 시점마다 차이만을 담기 때문이다. 반면 테이블 기반의 TVR 쿼리가 갖는 장점은 이해가 쉽다는 데 있다. 시간에 따른 관계 변화를 보여주되 고전적인 관계와의 자연스러운 관계를 더욱 분명히 보여주고, 그렇

---

5   그리고 사실 이 부분이 기억해야 할 핵심이다. 일부 시스템은 스트림과 테이블을 동일한 것으로 다루면서 스트림은 사실상 끝없이 변하는 테이블로 다룰 수 있다고 주장하기도 한다. 실제 바탕에 깔린 개념이 시간 변이 관계이고, 물리적인 표현 방법이 스트림이든 테이블이든 상관없이 시간 변이 관계에 기존 모든 관계 연산이 적용되기 때문에 이 주장은 틀리지는 않다. 하지만 이런 식의 접근은 시간 변이 관계에 대해 테이블과 스트림이 보여주는 관점의 차이를 녹여내지 못한다. 사실상 다른 둘을 같다고 보는 것이 처음엔 쉬워 보이나 올바르고 명백하게 이해하는 길은 아니다.

게 함으로써 스트림을 위해 추가되는 시간 차원뿐만 아니라 스트림 문맥에서 관계가 의미하는 바에 대한 쉽고 명백한 정의를 전달해준다.

스트림 표현과 테이블 기반 TVR 표현이 갖는 중요한 유사점 중 하나는 본질적으로 전체 데이터를 같은 정도로 보여준다는 점이다. 이는 오랫동안 설파해온 스트림/테이블의 이중성^{duality}에 기인한다. 스트림과 테이블[6]은 동전의 양면과 같다. 이전에 소개했던 그리 재미있지 않은 물리학 비유를 다시 사용한다면 스트림/테이블과 시간 변이 관계의 관계는 파동/입자와 빛의 관계로 볼 수 있다.[7] 온전한 시간 변이 관계는 동시에 테이블이면서 스트림이기도 하다. 테이블과 스트림은 문맥에 따라 같은 개념을 다르게 표현한 것에 불과하다.

여기서 기억해야 할 것은 이러한 스트림/테이블 이중성은 둘이 같은 정보를 담고 있어야 보장된다는 사실이다. 즉, 변화 내역을 빠짐없이 가지고 있는 스트림과 테이블일 때 적용된다. 하지만 많은 경우에 이는 현실적으로 불가능하다. 이전에 언급했듯이, 스트림이든 테이블이든 시간 변이 관계의 전체 변화를 기록하고 유지하는 것은 데이터 규모가 커질 경우 요구되는 비용이 크기에 보통은 일부만을 유지하게 된다. 테이블의 경우 보통 TVR의 가장 최근 형태만을 유지한다. 시간별 쿼리를 지원하는 경우에도 종종 일정 지점의 스냅샷으로 이전 기록을 압축해 두거나, 일정 기준점 이전의 기록을 삭제한다. 스트림의 경우에도 유사하게 최근 시점을 포함하도록 제한된 기간의 기록만을 유지한다. 카프카^{Kafka}처럼 영구적인 스트림을 지원하는 경우 TVR의 전체 기록을 유지하는 기능을 지원하긴 하지만 이러한 경우는 매우 드물며, 일정 시점 이전의 데이터는 가비지 컬렉션 과정에서 제거되는 것이 보통이다.

여기서 말하고자 하는 요지는 스트림과 테이블은 완벽하게 한 본질의 이중성을 나타내며, 각각은 모두 시간 변이 관계를 보여주는 유효한 방법이다. 하지만 실제로는 TVR의 물리적인 스트림/테이블 표현에 어떤 식으로든 데이터 손실이 있을 수밖에 없다. 이렇게 스트림과 테이블은 데이터 유지에 필요한 비용 등을 줄이기 위해 유지하는 정보를

---

6   여기서 '테이블'은 시간에 따라 변할 수 있는 테이블, 즉 우리가 보고 있는 테이블 기반의 TVR을 의미한다.
7   줄리안 하이드가 알려준 좋은 비유이다.

286

줄이는 전략을 취한다. 그리고 이런 전략은 실제로 거대한 규모의 데이터를 다룰 수 있는 파이프라인을 구축할 수 있도록 해주는 부분이기에 불가피하다. 하지만 대신 복잡한 다른 문제를 끌고 오기 때문에 올바르게 사용하기 위해서 더 많은 것을 이해해야 한다. 이 부분에 대해서는 SQL 확장을 다루면서 좀 더 자세히 살펴보겠다. SQL 확장을 다루기 전에 오늘날 일반적으로 쓰이는 SQL과 비SQL 데이터 처리에서 보이는 편향에 대해 구체적으로 살펴보고자 한다.

뒤돌아보기: 스트림/테이블 편향

강력한 스트리밍 지원을 SQL에 추가하는 작업은 크게 보면 빔 모델의 어디서, 언제, 어떻게를 고전 SQL 모델의 무엇과 결합시키는 과정으로 볼 수 있다. 이를 기존 SQL 모델과 어울리면서 깔끔한 형태로 결합시키려면 빔 모델과 고전 SQL 모델이 어떻게 관련돼 있는지 이해할 필요가 있다. 따라서 앞서 빔 모델과 스트림/테이블 이론의 관계를 살펴본 것처럼, 스트림/테이블 이론을 비교를 위한 도구로 써서 빔 모델과 고전 SQL 모델의 관계를 살펴보려고 한다. 그렇게 함으로 각 모델에 내재하는 편향을 밝히고, 이를 통해 둘을 결합시킬 깔끔하고 자연스러운 방법을 찾아보고자 한다.

빔 모델: 스트림 편향의 접근

6장에서의 논의를 바탕으로 빔 모델부터 시작해보자. 우선 스트림과 테이블을 고려했을 때 현존하는 빔 모델의 스트림 편향을 살펴보고자 한다.

그림 6-13과 6-14를 살펴보면 이 책을 통해 사용한 점수 합계 파이프라인의 두 가지 다른 관점을 확인할 수 있다. 6-13은 논리적인 빔 모델을 보여주고 6-14는 물리적인 스트림/테이블 표현을 보여준다. 둘을 비교하면 빔 모델과 스트림/테이블 사이의 관계를 확인할 수 있다. 그림 8-1에서처럼 하나 위에 다른 하나를 겹쳐서 표현하면 둘 사이 관계의 흥미로운 점을 볼 수 있다. 바로 빔 모델에 내재돼 있는 스트림 편향이 드러나는 것이다.

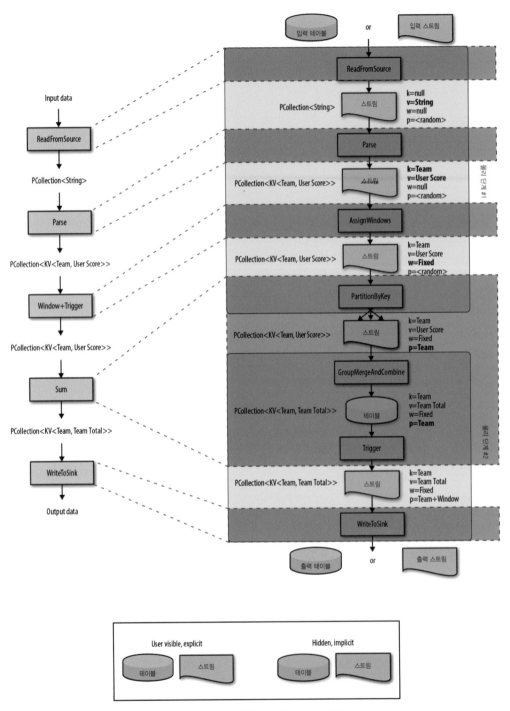

그림 8-1. 빔 모델에서 볼 수 있는 스트림 편향

그림에서 논리적인 연산과 대응하는 물리적인 요소를 연결하기 위해 빨간 점선으로 표시해뒀다. 이렇게 봤을 때 두드러져 보이는 사실은 모든 논리적인 변환 작업이 스트림으로 연결돼 있다는 점이다. (6장에서 테이블이 생성된다고 배운 바 있는) 그룹핑과 관련된 연산조차 그러하다. 빔의 용어를 빌리자면 이 작업들은 PTransforms이고, 항상 PCollections에 적용돼 PCollections를 결과로 낸다. 여기서 중요한 사실은 PCollections가 항상 스트림이라는 사실이다. 결과로 빔 모델은 데이터 처리에 기본적으로 스트림 기반의 접근법을 취하게 된다. 배치 파이프라인을 포함한 모든 빔 파이프라인에는 스트림이 그 바탕에 있다. 테이블은 항상 특별하게 취급해, 파이프라인 단말에서는 소스source와 싱크sink 뒤에서 추상적으로 다뤄지거나, 파이프라인 중간에서는 그룹핑grouping과 트리거 아래 숨겨져 있다.

빔이 스트림을 기반으로 동작하기에 테이블이 관련된 곳(소스, 싱크, 그룹핑, 언그룹핑ungrouping)에서는 기반이 되는 테이블을 숨겨두기 위한 모종의 변환이 필요해진다. 이를 상황별로 살펴보면 다음과 같다.

- 테이블을 소비하는 소스는 일반적으로 테이블을 트리거하는 방법을 하드코딩해두게 된다. 소비할 테이블을 트리거하는 방법을 사용자가 조절할 수 있는 방법은 없다. 테이블에 레코드 단위의 새 업데이트가 있을 때마다 트리거될 수도 있고, 업데이트 여러 개를 묶어 처리할 수도 있고, 일정 시점마다 테이블 내의 데이터를 유한한 단일 스냅샷 형태로 처리할 수도 있다. 이 부분은 주어진 입력 소스에 적절한 방법이 무엇인지, 입력 소스의 제작자가 다루는 사용 사례가 무엇인지에 따라 달라진다.

- 테이블을 결과로 내는 싱크는 일반적으로 입력 스트림을 그룹핑하는 방법을 하드 코딩해두게 된다. 때때로 이 부분에서 사용자에게 일정 부분 제어를 허용해주기도 한다. 예를 들어 사용자가 배정한 키로 명시적인 그룹핑을 할 수도 있다. 아니면 암묵적인 그룹핑을 사용해 자연스런 키가 없는 입력 데이터를 공유된 출력 소스로 내보낼 때 랜덤하게 정해진 물리적인 분할 번호partition number를 기준으로 그룹핑할 수도 있다. 소스와 마찬가지로 이 부분도 주어진 싱크에 적절한 방

법이 무엇인지, 싱크의 작성자가 다루는 사용 사례가 무엇인지에 따라 달라진다.

- 소스나 싱크에서와는 달리 빔은 사용자에게 그룹핑을 통해 테이블을 만들고, 언 그룹핑을 통해 스트림을 만드는 과정에서는 유연성을 완벽하게 허락한다. 이는 설계에 기인한 것이다. 데이터의 그룹핑 방법이 파이프라인을 정의하는 알고리 즘의 핵심 요소 중 하나이기에 그룹핑 연산의 유연성은 필수이다. 그리고 언그룹 핑에서의 유연성은 사용 사례에 적합한 형태로 생성 스트림의 모양을 잡을 수 있 게 해주기 때문에 중요하다.[8]

하지만 여전히 문제는 있다. 그림 8-1에서 봤던 빔 모델은 태생이 스트림 편향을 갖는다. 결과로 GroupByKey 연산을 통해 스트림에는 직접 그룹핑 연산을 적용할 수 있어도, 트리거를 직접 적용할 수 있는 일급 테이블 객체를 제공하지는 않는 다. 결국 트리거는 다른 곳에 적용해야 하고, 이때 두 가지 선택이 가능하다.

트리거의 선선언(predeclaration)

> 트리거가 실제 적용될 테이블 이전의 파이프라인 한 지점에서 트리거를 명시 하는 방법이다. 이 경우, 그룹핑 연산을 만난 후에 파이프라인에서 보고자 하 는 행동을 앞서 기술해주는 형태가 된다. 이 방법으로 선언된 트리거는 트리 거의 정방향으로 전파forward propagating된다.

트리거의 후선언(post-declaration)

> 트리거가 실제 적용될 테이블 이후의 파이프라인 지점에서 트리거를 명시 하는 방법이다. 이 경우, 트리거가 선언되는 지점에서 일어나는 행동을 기술 해주는 형태가 된다. 이 방법으로 선언된 트리거는 트리거의 역방향으로 전 파backward propagating된다.

트리거의 후선언이 실제 관찰하고자 하는 지점에서 트리거 행동을 명시해주는 것

---

8   하지만 다양한 프로젝트에서 트리거와 언그룹핑을 더욱 단순화하기 위한 여러 노력들이 있어 왔다. 플링크와 빔 커뮤니티에서 독 립적으로 나온 가장 설득력 있는 제안은 트리거가 간단히 파이프라인의 출력단에서 명시되고, 자동으로 파이프라인으로 전파돼야 한다는 것이다. 이를 통해 구체화된 출력을 실제 생성하는 스트림의 원하는 모양만을 기술해두면, 파이프라인 내의 다른 모든 스트 림의 모양은 거기서부터 유도되도록 해주는 것이다.

이기 때문에 좀 더 직관적일 수밖에 없다. 안타깝게도 현재 버전(2.x 포함 이전 버전)의 빔에서는 (윈도우의 선선언 방법과 유사하게) 트리거의 선선언을 사용하고 있다.

테이블이 숨겨져 있다는 사실에 대처할 수 있는 다양한 방법이 빔에서 제공되지만, 테이블 내의 결과가 우리가 소비하고자 하는 마지막 결과인 경우에도 관찰을 위해서 테이블을 트리거해야 한다는 사실에는 변함이 없다. 이는 현재 빔 모델의 문제 중 하나이며 스트림 위주의 모델에서 스트림과 테이블 모두를 일급 객체로 다루는 모델로 전환해 해결할 수 있는 부분이다.

이제 빔 모델과 개념적으로 정반대에 서 있는 고전 SQL을 살펴보자.

SQL 모델의 테이블 편향 접근

빔의 스트림 편향과 달리 SQL은 역사적으로 테이블에 편향된 접근 방법을 취해왔다. 쿼리는 테이블에 적용되고, 항상 새로운 테이블을 결과로 낸다. 이는 6장에서 맵리듀스 MapReduce로 봤던 배치 처리와 유사하다.[9] 하지만 빔 모델에서 봤던 것과 비슷한 구체적인 예를 통해 좀 더 자세히 살펴보자.

다음의 정규화되지 않은 SQL 테이블을 보도록 하자.

```
UserScores (user, team, score, timestamp)
```

이 테이블은 사용자 점수를 담고 있으며, 각 점수는 대응하는 사용자 ID와 팀 정보와 함께 저장된다. 기본 키primary key가 없기 때문에 이 테이블은 추가 전용 테이블append-only table이라고 가정해도 좋으며, 각 행은 고유한 물리적인 저장 오프셋으로 구분된다. 이 테이블로부터 팀 점수를 계산하고 싶다면 다음과 같은 쿼리를 사용할 것이다.

```
SELECT team, SUM(score) as total
FROM UserScores
GROUP BY team;
```

---

9   물론 연산과 조합 방법에 제약이 덜한 단일 SQL 쿼리가 단일 맵리듀스보다 훨씬 큰 표현력을 갖는다.

이 쿼리가 엔진에 의해 실행될 때 최적화기는 이 쿼리를 대략 다음의 3단계로 나눌 것이다.

1. 입력 테이블을 스캔한다(즉, 입력 테이블의 스냅샷을 트리거한다).

2. 테이블 내 필드를 팀과 점수로 프로젝션projection한다.

3. 열을 팀으로 그룹핑하고 점수를 합산한다.

이 단계를 그림 8-1에서처럼 그림으로 표현하면 그림 8-2 형태가 된다.

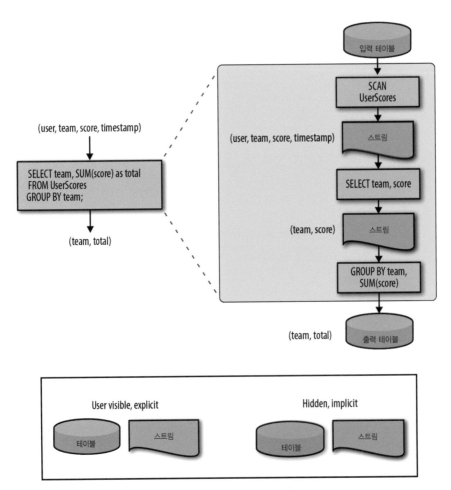

그림 8-2. 간단한 SQL 쿼리에서 볼 수 있는 테이블 편향

SCAN 연산은 입력 테이블을 받아 유한 스트림을 생성하고, 이 스트림에는 쿼리 실행 시점에 테이블 내용의 스냅샷이 담겨 있다. 이 스트림은 이후 SELECT 연산이 소비하고, 이때 4개의 열을 갖는 입력 행을 2개의 열을 갖는 출력 행으로 프로젝션한다. 이는 비그룹핑 연산이기에 스트림을 결과로 생성한다. 마지막으로 팀과 사용자 점수라는 2개 열을 갖는 스트림은 GROUP BY에 의해 팀 단위로 그룹핑돼 테이블이 되고, 같은 팀의 점수는 SUM을 통해 합해져 팀과 팀 점수를 갖는 출력 테이블을 생성한다.

이 예는 자연스럽게 테이블이 결과로 나오는 비교적 단순한 예이기에 고전 SQL에서의 테이블 편향을 보이기에 충분하지는 않다. 하지만 이 쿼리를 프로젝션과 그룹핑 2개의 분리된 쿼리로 나눠보면 테이블 편향을 더욱 분명하게 확인할 수 있다.

```
SELECT team, score
INTO TeamAndScore
FROM UserScores;

SELECT team, SUM(score) as total
INTO TeamTotals
FROM TeamAndScore
GROUP BY team;
```

이 쿼리에서 우선 UserScores 테이블을 관심 있는 2개 열을 갖는 테이블로 프로젝션해 임시로 TeamAndScore 테이블을 생성한다. 이후 이 테이블을 점수를 합산하면서 팀 단위로 그룹핑한다. 2개의 쿼리로 구성된 파이프라인으로 나눈 후의 모습은 그림 8-3과 같다.

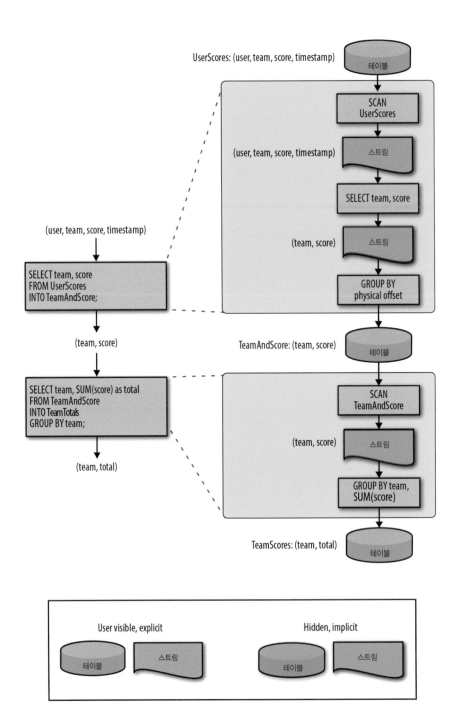

UserScores: (user, team, score, timestamp)

테이블

SCAN
UserScores

(user, team, score, timestamp) 스트림

SELECT team, score

(team, score) 스트림

GROUP BY
physical offset

(user, team, score, timestamp)

SELECT team, score
FROM UserScores
INTO TeamAndScore;

(team, score)

TeamAndScore: (team, score) 테이블

SCAN
TeamAndScore

SELECT team, SUM(score) as total
FROM TeamAndScore
INTO TeamTotals
GROUP BY team;

(team, total)

(team, score) 스트림

GROUP BY team,
SUM(score)

TeamScores: (team, total) 테이블

User visible, explicit

테이블   스트림

Hidden, implicit

테이블   스트림

그림 8-3. 테이블 편향을 더욱 분명히 보여주도록 쿼리를 2개로 나눈 모습

만약 고전 SQL이 스트림을 일급 객체로 노출시켜 줬다면, 첫 번째 쿼리의 결과인 Team AndScore가 스트림이 되리라 기대했을 것이다. 이유는 SELECT 연산 자체는 스트림을 소비해 스트림을 생성하기 때문이다. 하지만 SQL의 기본 연산 단위가 테이블이기에 프로젝션을 통해 나온 스트림을 테이블로 변환할 수밖에 없다. 그리고 사용자가 그룹핑을 위해 쓸 수 있는 명시적인 키를 주지 않았기에, 보통은 물리적인 저장 오프셋으로 그룹핑해 구현되는 추가append 방식을 통해 그룹핑 후 테이블이 구성된다.

TeamAndScore가 테이블이기에 두 번째 쿼리는 추가적인 SCAN 연산을 덧붙여 테이블을 스트림으로 바꿀 수밖에 없다. 이후 GROUP BY가 이를 그룹핑해 다시 테이블로 만들고, 이 과정에서 팀과 개별 점수와 합쳐진 열을 갖는다. 결국 중간에 생성되는 테이블로 인해 스트림-테이블을 오가는 변환이 두 번 암묵적으로 추가됐음을 알 수 있다.

다시 말해 SQL에서 테이블이 항상 명백하게 겉으로 드러나지는 않는다. 예를 들어 특정 점수 미만인 팀을 배제하기 위해 GROUP BY 쿼리 마지막에 HAVING 절을 추가했다면, 이전의 그림은 그림 8-4와 같은 형태가 될 것이다.

HAVING 절을 추가한 탓에 이전에 사용자에게 명시적으로 보였던 TeamTables 테이블은 이제 보이지 않는 중간 결과를 담는 테이블이 된다. HAVING 절의 규칙을 따라 테이블 결과를 필터링하기 위해, 해당 테이블은 스트림으로 트리거된 후에 필터링되고 다시 새 결과 테이블인 LargeTeamTotals를 생성하기 위해 테이블로 그룹핑돼야 한다.

UserScores: (user, team, score, timestamp)

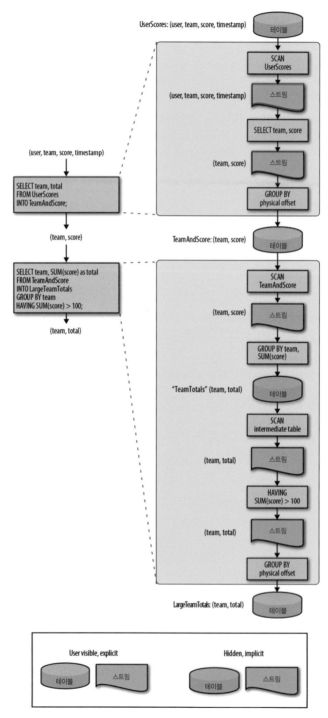

그림 8-4. HAVING 절을 갖는 테이블 편향

여기서 요점은 고전 SQL 내에는 명백한 테이블 편향이 있다는 점이다. 스트림은 항상 드러나지 않으며, 결국 테이블과 스트림 사이의 변환이 필요하게 된다. 그와 같은 변환은 대략 다음과 같이 분류해볼 수 있다.

입력 테이블(빔 모델 용어로는 소스에 해당)

테이블 전체에 대해 특정 시점(보통은 쿼리 실행 시점)에[10] 트리거돼 테이블의 스냅샷을 담는 유한 스트림을 생성한다. 6장에서 봤던 맵리듀스 같은 고전적인 배치 처리에서 볼 수 있는 것과 동일한 행동이다.

출력 테이블(빔 모델 용어로는 싱크에 해당)

둘 중 하나의 형태를 갖는다. 하나는 쿼리 내 최종 그룹핑 연산에 의해 생성된 직접적인 테이블인 경우이다. 다른 하나는 (이전 예에서 본 프로젝션이나 HAVING 절이 따라오는 GROUP BY에서처럼) 그룹핑 연산으로 끝나지 않는 쿼리가 주어졌을 때, 쿼리의 최종 스트림에 행별로 일종의 고유 ID를 사용해 이뤄지는 암묵적인 그룹핑의 결과다. 입력 테이블과 마찬가지로 이 역시 고전 배치 처리에서 볼 수 있는 행동이다.

그룹핑/언그룹핑 연산

빔과 달리 그룹핑 연산에 대해서만 완벽하게 유연성이 제공된다. 고전 SQL 쿼리는 전체 그룹핑 연산(GROUP BY, JOIN, CUBE 등)을 제공하는 데 반해, 암묵적인 언그룹핑 연산은 중간 결과 테이블에 업데이트될 내용이 모두 반영된 후에 해당 테이블 전체를 트리거하는 연산 한 종류만 제공한다(맵리듀스에서는 정확히 같은 암묵적인 트리거가 셔플shuffle 연산의 일부로 제공된다). 결과적으로 SQL은 그룹핑 과정에서 결과를 다듬을 때는 엄청난 유연성을 제공하지만 쿼리 실행 중 생성되는 암묵적인 스트림과 관련해서는 유연성을 전혀 제공하지 않는다.

---

10 개념적으로 이야기하고 있음에 유의하자. 실제 실행 과정에서는 전체 테이블을 스캔하지 않고 인덱스를 통해 특정 행만 확인하는 것 같은 다양한 최적화가 적용 가능하다.

구체화 뷰

고전 SQL 쿼리와 고전 배치 처리가 얼마나 유사한지 알게 되니, SQL의 테이블 편향이 어쩌면 스트림 처리를 지원하지 않는 SQL의 산물에 불과한 것이 아닐까 생각하고 싶을지 모른다. 하지만 데이터베이스가 구체화 뷰^{materialized view}라는 스트림 처리 형태를 지원하고 있음을 기억해야 한다. 구체화 뷰는 테이블을 물리적으로 구체화한 뷰이며, 소스 테이블이 변화할 때 시간에 따라 이를 따라잡는다. 이 부분이 앞서 본 시간 변이 관계와 얼마나 유사한지 보일 것이다. 구체화 뷰에서 흥미로운 부분은 테이블 편향과 동작 방식에서는 큰 변화를 주지 않으면서 SQL에 스트림 처리의 한 형태를 추가해준다는 것이다.

예를 들어 그림 8-4에서 살펴봤던 쿼리를 보자. 해당 쿼리를 CREATE MATERIALIZED VIEW[11]를 쓰도록 수정할 수 있다.

```
CREATE MATERIALIZED VIEW TeamAndScoreView AS
SELECT team, score
FROM UserScores;

CREATE MATERIALIZED VIEW LargeTeamTotalsView AS
SELECT team, SUM(score) as total
FROM TeamAndScoreView
GROUP BY team
HAVING SUM(score) > 100;
```

이렇게 하면 이제 스트리밍 방식으로 UserScores 테이블에 변화가 있을 때마다 이를 반영해주는 쿼리를 얻게 된다. 그럼에도 결과로 나오는 물리적인 실행 흐름은 이전과 거의 동일하다. 즉, 스트리밍 구체화 뷰를 지원하기 위해 스트림이 명시적인 일급 객체가 되는 일은 불필요하다. 유일한 차이라면 그림 8-5에서 볼 수 있듯이 SCAN 대신 SCAN-AND-STREAM이라는 다른 종류의 트리거를 쓴 것뿐이다.

---

11 쿼리에서 MATERIALIZED 부분은 사실상 최적화에 불과하다. 이 쿼리는 일반적인 CREATE VIEW문으로 대체해도 무방하다. CREATE VIEW를 쓰면 데이터베이스는 매 변화마다 전체 뷰를 다시 구체화하게 된다. MATERIALIZED를 사용한 이유는 구체화 뷰가 변화에 따라 뷰 테이블을 점진적으로 업데이트해주고, 이 부분이 뷰 뒤에 숨어 있는 스트리밍의 특성을 잘 보여주기 때문이다. 뷰 변화가 있을 때마다 유한 쿼리를 재실행해 유사한 경험을 얻을 수 있다는 것은, 스트림과 테이블 사이의 연결뿐만 아니라 스트리밍 시스템과 역사적으로 배치 시스템이 시간에 따라 변화하는 데이터를 처리할 때 사용한 방법 사이의 연결을 보여준다. 변화가 일어날 때마다 점진적으로 처리할 수도 있고, 전체 입력을 재처리할 수도 있는 것이다. 둘 다 시간에 따라 변하는 데이터를 처리하는 유효한 방법이다.

UserScores: (user, team, score, timestamp)

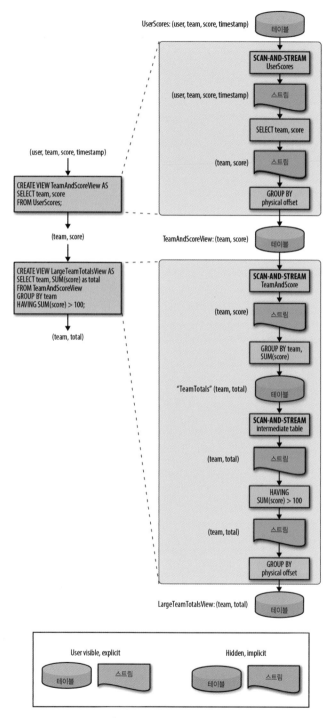

(user, team, score, timestamp)

```
CREATE VIEW TeamAndScoreView AS
SELECT team, score
FROM UserScores;
```

(team, score)

```
CREATE VIEW LargeTeamTotalsView AS
SELECT team, SUM(score) as total
FROM TeamAndScoreView
GROUP BY team
HAVING SUM(score) > 100;
```

(team, total)

그림 8-5. 구체화 뷰의 테이블 편향

SCAN-AND-STREAM 트리거는 무엇일까? SCAN-AND-STREAM은 SCAN 트리거처럼 일정 시점 테이블의 전체 내용을 스트림으로 변환하면서 시작한다. 대신 거기서 멈춰서 스트림이 완료됐음을 (즉, 유한함을) 선언하지 않고 입력 테이블에 추후 발생하는 변화를 트리거해 시간에 따른 테이블 변화를 담는 무한 스트림을 생성한다. 일반적으로 이런 변화는 새 값을 INSERT하는 것 말고도 이전 값의 DELETE나 기존 값의 UPDATE 등을 포함한다(UPDATE 의 경우 실제로는 DELETE/INSERT 쌍이나 플링크에서처럼 값을 undo/redo하는 것으로 다뤄진다).

게다가 구체화 뷰를 위한 테이블/스트림 사이 변환 규칙을 고려하면 사실 사용되는 트리거에만 차이를 보인다.

- 입력 테이블은 SCAN 트리거 대신 SCAN-AND-STREAM 트리거로 암묵적으로 트리거 된다. 나머지는 배치 쿼리와 동일하다.
- 출력 테이블은 고전적인 배치 쿼리와 동일하게 다뤄진다.
- 그룹핑/언그룹핑 연산은 고전 배치 쿼리와 같은 방식으로 동작한다. 유일한 차이 는 암묵적인 언그룹핑 연산에 SNAP SHOT 트리거 대신 SCAN-AND-STREAM 트리거 가 사용된다는 점이다.

이 예를 통해 SQL의 테이블 편향은 단순히 배치 처리로 제한되는 SQL의 산물이 아니라 는 것을 알 수 있다.[12] 구체화 뷰는 SQL이 테이블 편향을 포함해 접근에서 유의미한 변 화 없이 특정 종류의 스트림 처리를 할 수 있게 해준다. 고전 SQL은 배치이든 스트림 처 리이든 상관없이 테이블 기반 모델일 뿐인 것이다.

내다보기: 강력한 스트리밍 SQL을 향해서

지금까지 시간 변이 관계와 시간 변화 관계를 테이블과 스트림이 다르게 보여주는 방 법, 빔과 SQL 모델이 갖는 근본적인 편향이 스트림/테이블 이론과 어떤 관계를 갖는지

---

12 아마도 SQL의 테이블 편향은 SQL이 배치 처리에 뿌리를 두고 있는 것에 기인한다고 보는 것이 합당할 것이다.

살펴봤다. 이런 사실들이 무슨 의미가 있을까? 좀 더 정확히 이야기하자면, 강력한 스트림 처리를 SQL 안에서 지원하려면 무엇을 바꾸거나 추가할 필요가 있을까? 놀랍게도 기본값만 잘 선택해두면 그렇게 많지 않다.

핵심이 되는 개념 변화는 고전적인 고정 시점 관계를 시간 변이 관계로 대체하는 것이다. 우리는 이미 이 변화가 관계 대수의 클로저 속성을 유지한 덕에 존재하는 관계 연산 전체에 매우 매끄럽게 적용될 수 있음을 알고 있다. 하지만 동시에 시간 변이 관계를 직접적으로 다루는 것이 빈번하게 비현실적이라는 사실도 잘 알고 있다. 따라서 일반적인 물리적인 표현 방법인 테이블과 스트림으로 동작시킬 방법이 필요하다. 그리고 이 부분이 좋은 기본값을 갖는 간단한 확장이 도입될 부분이기도 하다.

또한 시간, 특히 이벤트 시간을 다룰 수 있는 도구도 필요하다. 이 부분은 타임스탬프, 윈도우, 트리거 같은 것들이 들어올 부분이다. 그리고 다시 한 번, 기본값을 신중하게 선택해 실제 사용시 확장 개입을 최소화하도록 하는 것이 중요하다.

놀라운 부분은 이 정도가 우리가 필요로 하는 전부라는 것이다. 이제 스트림/테이블 선택과 시간 연산자temporal operator라는 두 확장에 대해 자세히 살펴보자.

스트림/테이블 선택

시간 변이 관계에 관한 예를 다루면서 이미 스트림/테이블 선택과 관련된 2개의 확장을 만난 바 있다. 시간 변이 관계를 원하는 물리적 형태로 보기 위해 SELECT 키워드 뒤에 추가했던 TABLE, STREAM 키워드가 그것이다.

```
12:07> SELECT TABLE Name,          12:01> SELECT STREAM Name
       SUM(Score) as Total,               SUM(Score) as Total,
       MAX(Time)                          MAX(Time)
       FROM UserScores                    FROM UserScores
       GROUP BY Name;                     GROUP BY Name;
--------------------------         -------------------------
| Name  | Total | Time  |          | Name  | Total | Time  |
--------------------------         -------------------------
```

```
| Julie | 12   | 12:07 |          | Julie | 7    | 12:01 |
| Frank | 3    | 12:03 |          | Frank | 3    | 12:03 |
------------------------          | Julie | 8    | 12:03 |
                                  | Julie | 12   | 12:07 |
                                  ..... [12:01, 12:07] ....
```

이 확장은 비교적 직관적이고 사용하기 쉬운 편이다. 하지만 정말 중요한 부분은 STREAM, TABLE이 명시적으로 주어지지 않았을 때 좋은 기본값을 선택하는 것이다. 기본값은 모두에게 익숙한 고전적인 테이블 기반의 SQL 행동을 따르면서도 스트림을 포함하는 상황에서도 직관적으로 동작할 수 있어야 한다. 또한 규칙을 기억하기도 쉬워야 한다. 여기서 목표는 시스템에 대한 자연스러운 느낌은 유지하되, 명시적으로 확장을 써야 하는 경우를 최소화하는 것이다. 이런 요구를 만족하는 기본값 선택은 다음과 같다.

- 모든 입력이 테이블이면 결과도 테이블이다.

- 입력 중 하나라도 스트림이면 결과는 스트림이다.

여기서 기억해야 할 중요한 사실은 시간 변이 관계의 물리적인 표현은 TVR을 직접 확인하거나 테이블, 스트림의 형태 등으로 구체화하고자 하는 상황에서만 필요하다는 것이다. 내부적으로 데이터 손실 없이 시간 변이 관계를 지원하는 SQL 시스템에서 (WITH AS나 SELECT INTO문 등으로 생성되는) 중간 결과는 제한적인 형태를 갖도록 구체화될 필요 없이 시스템이 다루기 편한 온전한 TVR 형태로 남아 있을 수 있다.

스트림/테이블 선택과 관련해서는 이 정도면 충분하다. 이제 SQL 안에서 강력한 비순서out-of-order 스트림 처리를 지원하기 위해 필요한 시간 관련 도구를 살펴보자.

시간 연산자

강력한 비순서 처리의 기반에는 데이터가 관찰된 시간이 아닌 이벤트가 일어난 시간을 잡아두는 메타데이터인 이벤트 시간 타임스탬프가 있다. SQL 세상에서 이벤트 시간은 보통 TVR 데이터의 열 하나에 해당할 뿐이며, 소스 데이터 내에 자체적으로 표현된다.[13] 그런 점에서 레코드의 이벤트 시간을 레코드 내에서 표현하는 방식은 이미 SQL이 일반적인 열에 타임스탬프를 담아 다루는 것과 다르지 않다.

예를 하나 보도록 하자. 이 책에서 이전에 공부했던 개념과 SQL 관련 내용을 엮기 위해, 팀 내 여러 멤버의 점수 9개를 받아 팀 총점을 계산하는 예를 다시 사용하고자 한다. 이전 예를 기억한다면, 그림 8-6에서 X축은 이벤트 시간, Y축은 처리 시간임을 알 것이다.

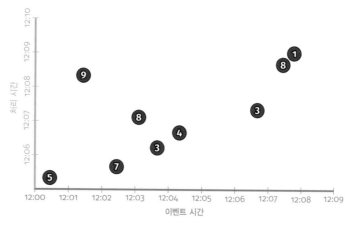

그림 8-6. 예로 주어진 데이터

이 데이터를 고전적인 SQL 테이블이라 상상해본다면, 다음과 같은 형태가 될 것이다. 정렬은 이벤트 시간(그림 8-6에서 왼쪽에서 오른쪽으로)을 따랐다.

```
12:10> SELECT TABLE *, Sys.MTime as ProcTime
       FROM UserScores ORDER BY EventTime;
```

Name	Team	Score	EventTime	ProcTime
Julie	TeamX	5	12:00:26	12:05:19
Frank	TeamX	9	12:01:26	12:08:19

---

13   일부 경우 현재 처리 시간을 이벤트 시간으로 다루는 것이 유용할 때가 있다. 이벤트를 TVR로 바로 로깅하는 경우처럼 인입 시간이 이벤트 시간에 해당하는 경우가 이에 해당한다.

```
| Ed    | TeamX | 7 | 12:02:26 | 12:05:39 |
| Julie | TeamX | 8 | 12:03:06 | 12:07:06 |
| Amy   | TeamX | 3 | 12:03:39 | 12:06:13 |
| Fred  | TeamX | 4 | 12:04:19 | 12:06:39 |
| Naomi | TeamX | 3 | 12:06:39 | 12:07:19 |
| Becky | TeamX | 8 | 12:07:26 | 12:08:39 |
| Naomi | TeamX | 1 | 12:07:46 | 12:09:00 |
-------------------------------------------------
```

이 모습은 2장에서 처음 이 데이터를 소개할 때 봤던 것이다. 이렇게 표현하면 우리가 보통 봤던 것보다 데이터에 대한 좀 더 상세한 정보를 담게 된다. 특히 같은 팀에 속하는 각기 다른 사용자 7명의 점수 9개가 있다는 사실을 강조해 보여준다. 이렇게 SQL은 전체 데이터를 간결하게 살펴볼 수 있는 좋은 방법이 된다.

또 다른 장점은 각 레코드마다 이벤트 시간과 처리 시간을 모두 담고 있다는 점이다. 이 벤트 시간 열을 원본 데이터의 일부라고 생각할 수 있고, 처리 시간 열은 (소스 테이블에 데이터가 도착한 시간을 기록하기 위해 데이터 행이 수정된 처리 시간 타임스탬프를 기록해주는 가상의 Sys.MTime 열처럼) 시스템에 의해 제공되는 정보로 볼 수도 있다.

SQL과 관련해 재밌는 사실은 데이터를 다른 형태로 보기가 용이하다는 것이다. 예를 들어 데이터를 처리 시간순(그림 8-6에서 아래에서 위로)으로 보고자 한다면 간단히 ORDER BY 절만 수정하면 된다.

```
12:10> SELECT TABLE *, Sys.MTime as ProcTime
       FROM UserScores ORDER BY ProcTime;
-------------------------------------------------
| Name  | Team  | Score | EventTime | ProcTime |
-------------------------------------------------
| Julie | TeamX | 5     | 12:00:26  | 12:05:19 |
| Ed    | TeamX | 7     | 12:02:26  | 12:05:39 |
| Amy   | TeamX | 3     | 12:03:39  | 12:06:13 |
| Fred  | TeamX | 4     | 12:04:19  | 12:06:39 |
| Julie | TeamX | 8     | 12:03:06  | 12:07:06 |
| Naomi | TeamX | 3     | 12:06:39  | 12:07:19 |
| Frank | TeamX | 9     | 12:01:26  | 12:08:19 |
```

```
| Becky | TeamX | 8    | 12:07:26 | 12:08:39 |
| Naomi | TeamX | 1    | 12:07:46 | 12:09:00 |
-------------------------------------------------
```

이미 봤듯이 이런 식의 테이블 표현은 내부적으로 온전한 TVR의 부분적인 정보만을 표현한 것이다. 테이블 기반으로 온전한 TVR을 쿼리한다면 다음과 같은 형태가 될 것이다 (표현을 간략하게 하기 위해 가장 중요한 열 3개만 포함했다).

```
12:10> SELECT TVR Score, EventTime, Sys.MTime as ProcTime
          FROM UserScores ORDER BY ProcTime;
-----------------------------------------------------------------
|       [-inf, 12:05:19)        |     [12:05:19, 12:05:39)      |
| ----------------------------- | ----------------------------- |
| | Score | EventTime | ProcTime | | Score | EventTime | ProcTime | |
| ----------------------------- | ----------------------------- |
| ----------------------------- | | 5     | 12:00:26  | 12:05:19 | |
|                               | | ----------------------------- |
|                               | |                             |
|                               | |                             |
-----------------------------------------------------------------
|      [12:05:39, 12:06:13)     |     [12:06:13, 12:06:39)      |
| ----------------------------- | ----------------------------- |
| | Score | EventTime | ProcTime | | Score | EventTime | ProcTime | |
| ----------------------------- | ----------------------------- |
| | 5     | 12:00:26  | 12:05:19 | | 5     | 12:00:26  | 12:05:19 | |
| | 7     | 12:02:26  | 12:05:39 | | 7     | 12:02:26  | 12:05:39 | |
| ----------------------------- | | 3     | 12:03:39  | 12:06:13 | |
|                               | | ----------------------------- |
-----------------------------------------------------------------
|      [12:06:39, 12:07:06)     |     [12:07:06, 12:07:19)      |
| ----------------------------- | ----------------------------- |
| | Score | EventTime | ProcTime | | Score | EventTime | ProcTime | |
| ----------------------------- | ----------------------------- |
| | 5     | 12:00:26  | 12:05:19 | | 5     | 12:00:26  | 12:05:19 | |
| | 7     | 12:02:26  | 12:05:39 | | 7     | 12:02:26  | 12:05:39 | |
| | 3     | 12:03:39  | 12:06:13 | | 3     | 12:03:39  | 12:06:13 | |
| | 4     | 12:04:19  | 12:06:39 | | 4     | 12:04:19  | 12:06:39 | |
| | ----------------------------- | | 8     | 12:03:06  | 12:07:06 | |
```

```
|                                    |  -------------------------------   |
| ----------------------------       |                                    |
|      [12:07:19, 12:08:19)      |       [12:08:19, 12:08:39)         |
| ---------------------------    |  -------------------------------   |
| | Score | EventTime | ProcTime |  | | Score | EventTime | ProcTime | |
| --------------------------     |  -------------------------------   |
| | 5     | 12:00:26  | 12:05:19 | | | 5     | 12:00:26  | 12:05:19 | |
| | 7     | 12:02:26  | 12:05:39 | | | 7     | 12:02:26  | 12:05:39 | |
| | 3     | 12:03:39  | 12:06:13 | | | 3     | 12:03:39  | 12:06:13 | |
| | 4     | 12:04:19  | 12:06:39 | | | 4     | 12:04:19  | 12:06:39 | |
| | 8     | 12:03:06  | 12:07:06 | | | 8     | 12:03:06  | 12:07:06 | |
| | 3     | 12:06:39  | 12:07:19 | | | 3     | 12:06:39  | 12:07:19 | |
| ----------------------------   | | 9     | 12:01:26  | 12:08:19 | |
|                                |  -------------------------------   |
|                                |                                    |
 -------------------------------------------------------------------
|      [12:08:39, 12:09:00)      |       [12:09:00, now)              |
| ---------------------------    |  -------------------------------   |
| | Score | EventTime | ProcTime |  | | Score | EventTime | ProcTime | |
| --------------------------     |  -------------------------------   |
| | 5     | 12:00:26  | 12:05:19 | | | 5     | 12:00:26  | 12:05:19 | |
| | 7     | 12:02:26  | 12:05:39 | | | 7     | 12:02:26  | 12:05:39 | |
| | 3     | 12:03:39  | 12:06:13 | | | 3     | 12:03:39  | 12:06:13 | |
| | 4     | 12:04:19  | 12:06:39 | | | 4     | 12:04:19  | 12:06:39 | |
| | 8     | 12:03:06  | 12:07:06 | | | 8     | 12:03:06  | 12:07:06 | |
| | 3     | 12:06:39  | 12:07:19 | | | 3     | 12:06:39  | 12:07:19 | |
| | 9     | 12:01:26  | 12:08:19 | | | 9     | 12:01:26  | 12:08:19 | |
| | 8     | 12:07:26  | 12:08:39 | | | 8     | 12:07:26  | 12:08:39 | |
| ----------------------------   | | 1     | 12:07:46  | 12:09:00 | |
|                                |  -------------------------------   |
 -------------------------------------------------------------------
```

보다시피 방대한 양의 데이터이다. STREAM을 사용하면 이 경우 더 간략한 형태로 결과를 받아볼 수 있다. 관계에서 설정한 명시적인 그룹핑이 없기 때문에 본질적으로 앞서 봤던 고정 시점의 TABLE 표현과 다르지 않다. 다만, 말미에 결과에 담긴 처리 시간 범위와 여전히 스트림에서 추가 데이터가 올 것을 기다리고 있다는 표시만 있을 뿐이다(현재 무한 스트림을 다룬다고 가정하고 있다. 유한 스트림의 예는 곧 볼 수 있다).

306

```
12:00> SELECT STREAM Score, EventTime, Sys.MTime as ProcTime FROM UserScores;
-------------------------------
| Score | EventTime | ProcTime |
-------------------------------
| 5     | 12:00:26  | 12:05:19 |
| 7     | 12:02:26  | 12:05:39 |
| 3     | 12:03:39  | 12:06:13 |
| 4     | 12:04:19  | 12:06:39 |
| 8     | 12:03:06  | 12:07:06 |
| 3     | 12:06:39  | 12:07:19 |
| 9     | 12:01:26  | 12:08:19 |
| 8     | 12:07:26  | 12:08:39 |
| 1     | 12:07:46  | 12:09:00 |
........ [12:00, 12:10] ........
```

이 결과는 어떤 변환도 없는 입력 레코드 그대로를 보고 있는 것이나 다를 바 없다. 이제 더 흥미로운 부분은 관계를 수정하기 시작하면 보인다. 이 예를 이전에 다룰 때, 전체 데이터에서 얻은 점수를 합산하는 고전 배치 처리에 대해 이야기했었다. 여기서도 같은 것을 해보고자 한다. (이전에 예 6-1에서 봤던) 첫 번째 예시 파이프라인은 빔에서 예 8-1과 같이 표현된다.

예 8-1. 합계 파이프라인

```
PCollection<String> raw = IO.read(...);
PCollection<KV<Team, Integer>> input = raw.apply(new ParseFn());
PCollection<KV<Team, Integer>> totals =
  input.apply(Sum.integersPerKey());
```

이를 스트림/테이블 관점으로 표현하면 파이프라인의 실행 모습은 그림 8-7과 같다.

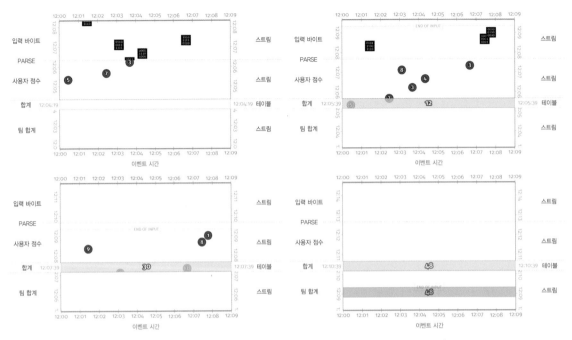

그림 8-7. 고전 배치 처리의 스트림/테이블 관점(http://streamingbook.net/fig/8-7)

SQL에서는 이미 데이터를 적절한 스키마 형태로 유지하고 있기 때문에 별도의 파싱은 불필요하다. 따라서 파싱 변환 이후에 파이프라인에서 일어나는 일에 집중해보자. 또한 전체 입력 데이터가 처리된 후에 단일 결과를 내는 고전 배치 모델을 이야기하고 있기에, TABLE과 STREAM 표현은 본질적으로 동일하다(배치 형태의 예이기에 지금은 유한 데이터를 다루고 있음에 주목하자. STREAM 쿼리는 끝났음을 표시하기 위해 대시 기호(-)로 그려진 선과 END-OF-STREAM 표시가 돼 있다).

```
12:10> SELECT TABLE SUM(Score) as Total, MAX(EventTime),
       MAX(Sys.MTime) as "MAX(ProcTime)" FROM UserScores GROUP BY Team;
---------------------------------------
| Total | MAX(EventTime) | MAX(ProcTime) |
---------------------------------------
| 48    | 12:07:46       | 12:09:00      |
---------------------------------------

12:00> SELECT STREAM SUM(Score) as Total, MAX(EventTime),
```

```
       MAX(Sys.MTime) as "MAX(ProcTime)" FROM UserScores GROUP BY Team;
-----------------------------------------
| Total | MAX(EventTime) | MAX(ProcTime) |
-----------------------------------------
| 48    | 12:07:46       | 12:09:00      |
------ [12:00, 12:10] END-OF-STREAM ------
```

이보다 더 흥미로운 모습은 윈도우를 추가하면 보이기 시작한다. 이제 SQL이 강력한 스트림 처리를 지원하기 위해 도입될 필요가 있는 시간 연산을 가까이서 살펴볼 시간이다.

어디서: 윈도우

6장에서 배운 것처럼 윈도우는 키를 기준으로 하는 그룹핑을 변형한 형태이다. 이때 윈도우는 계층 구조 키에서 하위 키 부분이 된다. 프로그래밍을 통한 고전 배치 처리classic programmatic batch processing에서처럼, GROUP BY 매개변수 부분에 시간을 추가할 수 있게 해주면 지금 상태에서도 SQL 안에서 비교적 단순한 형태의 윈도우를 데이터에 적용할 수 있다. 혹은 시스템이 제공만 해준다면 별도로 마련된 윈도우 연산을 사용할 수도 있을 것이다. 곧 두 경우의 예를 모두 볼 것이다. 우선 3장에서 봤던 프로그래밍 버전부터 살펴보자. 예 6-2에서 봤던 윈도우가 적용된 파이프라인 예제는 예 8-2에 주어져 있다.

예 8-2. 합계 파이프라인

```
PCollection<String> raw = IO.read(...);
PCollection<KV<Team, Integer>> input = raw.apply(new ParseFn());
PCollection<KV<Team, Integer>> totals = input
  .apply(Window.into(FixedWindows.of(TWO_MINUTES)))
  .apply(Sum.integersPerKey());
```

이 파이프라인을 실행한 모습(그림 6-5의 스트림/테이블 표현)은 그림 8-8에 주어져 있다.

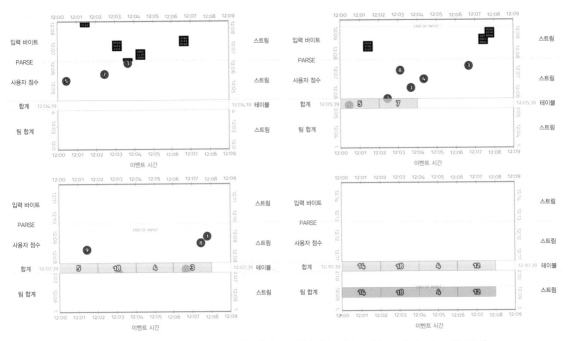

그림 8-8. 배치 엔진에서 윈도우를 사용하는 합의 스트림/테이블 표현(http://streamingbook.net/fig/8-8)

이전에 봤듯이 그림 8-7과 8-8의 유일한 차이는 SUM 연산으로 생성되는 테이블이 이제는 2분 단위 고정 크기의 윈도우로 분할된다는 점이다. 그 결과로 이전에 봤던 하나의 총합이 아닌 윈도우로 나뉜 4개의 결과가 생성된다.

SQL에서 동일한 작업을 하기 위해 2가지 옵션이 존재한다. GROUP BY문 안에 종료 타임 스탬프처럼 윈도우의 고유한 특성을 담아 암묵적으로 윈도우를 만들거나, 따로 마련된 윈도우 연산을 사용하는 것이다. 둘 다 보도록 하자.

우선 암묵적인 윈도우부터 보자. 이 경우 SQL문 안에서 윈도우 계산을 직접 수행해야 한다.

```
12:10> SELECT TABLE SUM(Score) as Total,
       "[" || EventTime / INTERVAL '2' MINUTES || ", " ||
        (EventTime / INTERVAL '2' MINUTES) + INTERVAL '2' MINUTES ||
        ")" as Window,
       MAX(Sys.MTime) as "MAX(ProcTime)"
```

310

```
      FROM UserScores
      GROUP BY Team, EventTime / INTERVAL '2' MINUTES;
-----------------------------------------------
| Total | Window              | MAX(ProcTime) |
-----------------------------------------------
| 14    | [12:00:00, 12:02:00) | 12:08:19      |
| 18    | [12:02:00, 12:04:00) | 12:07:06      |
| 4     | [12:04:00, 12:06:00) | 12:06:39      |
| 12    | [12:06:00, 12:08:00) | 12:09:00      |
-----------------------------------------------
```

아니면 아파치 칼사이트에서 지원하는 것처럼 명시적으로 윈도우 문을 써서 동일한 결과를 얻을 수도 있다.

```
12:10> SELECT TABLE SUM(Score) as Total,
       TUMBLE(EventTime, INTERVAL '2' MINUTES) as Window,
       MAX(Sys.MTime) as 'MAX(ProcTime)'
     FROM UserScores
     GROUP BY Team, TUMBLE(EventTime, INTERVAL '2' MINUTES);
-----------------------------------------------
| Total | Window              | MAX(ProcTime) |
-----------------------------------------------
| 14    | [12:00:00, 12:02:00) | 12:08:19      |
| 18    | [12:02:00, 12:04:00) | 12:07:06      |
| 4     | [12:04:00, 12:06:00) | 12:06:39      |
| 12    | [12:06:00, 12:08:00) | 12:09:00      |
-----------------------------------------------
```

이제 질문이 하나 떠오를 것이다. 만약 기존의 SQL 구조로 암묵적인 윈도우를 만들 수 있다면, 왜 굳이 별도의 명시적인 윈도우 지원이 필요할까? 여기에는 두 가지 이유가 있다. 이 가운데 하나만이 이 예에서 확인 가능하고 나머지 이유는 후반부에서 살펴볼 것이다.

  1. 별도의 윈도우 지원은 윈도우 계산과 관련된 계산을 대신 수행해준다. 이렇게 하

면 사용자가 윈도우 계산을 하는 것보다[14] 너비와 슬라이드 같은 기본적인 윈도우 매개변수를 통해 윈도우가 올바르게 동작하도록 만들기 쉽다.

2. 별도의 윈도우 지원은 세션처럼 더욱 복잡하고 동적인 그룹핑을 간결히 표현할 수 있도록 해준다. SQL 역시 기술적으로는 세션 윈도우를 정의하는 "다른 요소와의 일정 시간 간격 안에서의 모든 요소"라는 식의 관계를 표현할 수는 있다. 하지만 결과로 나오는 구문은 해석 함수^{analytic function}, 셀프 조인^{self join}, 배열 평면화^{array unnest}가 복잡하게 얽혀 있는 형태가 돼, 어지간해서는 떠올리기 쉽지 않다.

둘 모두 SQL에서 기존의 암묵적인 윈도우 설정 방법 이외에 제대로 윈도우를 지원하는 충분한 이유가 된다.

여기까지 해서 데이터를 테이블 형태로 소비할 때 고전 배치/고전 관계 관점에서 윈도우가 어떤 형태가 되는지 살펴봤다. 만약 데이터를 스트림 형태로 소비하고자 한다면, 빔 모델에서 봤던 3번째 질문으로 돌아가게 된다. 처리 시간의 언제 출력을 구체화하는가?

언제: 트리거

이 질문에 대한 대답은 전과 동일하게 트리거와 워터마크이다. 하지만 SQL 문맥에서는 3장에서 본 빔 모델의 기본 트리거인 단일 워터마크 트리거^{single watermark trigger}와 다른 트리거를 기본으로 채용할 필요가 있다. 좀 더 SQL다운 기본 트리거는 구체화 뷰에서 요청을 받아 매 요소마다 트리거하는 형태가 된다. 다르게 표현하면 새 입력이 도착할 때마다 대응하는 새 출력을 생성하는 것이다.

SQL다운 기본 설정: 레코드 단위 트리거^{per-record trigger}. 매 레코드마다 트리거되도록 하는 형태를 기본값으로 사용할 때 얻을 수 있는 이득에는 두 가지가 있다.

---

14   수학 계산은 틀리기 쉽다.

단순함

레코드 단위 업데이트는 이해하기 쉽다. 이미 구체화 뷰가 이 방식으로 오랫동안 동작해왔다.

충실함

CDC^{change data capture} 시스템에서처럼, 레코드 단위 트리거는 주어진 시간 변이 관계를 온전하게 스트림으로 표현한다. 즉, 변환 과정에서 누락되는 정보가 없다.

단점이 있다면 바로 비용이다. 트리거는 항상 그룹핑 연산 이후에 적용되고, 그룹핑의 주요한 특성은 이후 시스템으로 흘러가는 데이터의 크기를 줄여 처리 비용을 줄일 수 있는 기회가 된다는 것이다. 그렇다 해도 사용 불가능할 정도의 비용이 발생하지 않는 한, 이해하기 쉽고 단순하다는 사실에서 얻는 이득이 정보 누락이 발생하는 트리거를 기본으로 설정했을 때 발생하는 이해의 어려움보다 크다고 본다.

따라서 취합된 팀 점수를 스트림으로 소비할 때 레코드 단위 트리거가 어떤 형태가 될지 살펴보도록 하자. 빔 자체는 정확하게 레코드 단위 트리거에 해당하는 형태를 지원하지는 않는다. 따라서 예 8-3에서 보인 것처럼 새 레코드가 도착할 때 즉시 동작하는 AfterCount(1) 트리거를 반복해서 사용할 것이다.

예 8-3. 레코드 단위 트리거

```
PCollection<String> raw = IO.read(...);
PCollection<KV<Team, Integer>> input = raw.apply(new ParseFn());
PCollection<KV<Team, Integer>> totals = input
  .apply(Window.into(FixedWindows.of(TWO_MINUTES))
               .triggering(Repeatedly(AfterCount(1)))
  .apply(Sum.integersPerKey());
```

이 파이프라인의 스트림/테이블 표현은 그림 8-9에 주어져 있다.

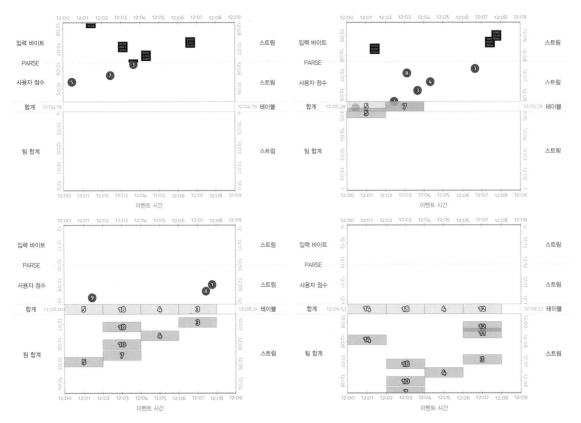

그림 8-9. 레코드 단위 트리거를 사용하는 스트리밍 시스템에서 윈도우 합의 스트림/테이블 표현(http://streamingbook.net/fig/8-9)

레코드 단위 트리거를 사용할 때 발생하는 흥미로운 부작용은 데이터가 트리거에 의해 바로 동작 상태로 돌아가기 때문에 데이터가 휴지 상태로 놓이는 효과가 가려진다는 점이다. 그렇다 해도 그룹핑의 결과물은 여전히 테이블에 남아 있고, 테이블에서 언그룹핑된 스트림이 흘러나오는 것이다.

SQL로 돌아가, 대응하는 시간 변이 관계를 표현하면 어떤 모습이 될지 살펴볼 차례다. (놀라운 일은 아니지만) 그 형태는 그림 8-9 애니메이션에서 본 값 흐름과 매우 유사하다.

```
12:00> SELECT STREAM SUM(Score) as Total,
       TUMBLE(EventTime, INTERVAL '2' MINUTES) as Window,
       MAX(Sys.MTime) as 'MAX(ProcTime)''
```

```
FROM UserScores
GROUP BY Team, TUMBLE(EventTime, INTERVAL '2' MINUTES);
```

```
------------------------------------------------
| Total | Window              | MAX(ProcTime) |
------------------------------------------------
| 5     | [12:00:00, 12:02:00) | 12:05:19      |
| 7     | [12:02:00, 12:04:00) | 12:05:39      |
| 10    | [12:02:00, 12:04:00) | 12:06:13      |
| 4     | [12:04:00, 12:06:00) | 12:06:39      |
| 18    | [12:02:00, 12:04:00) | 12:07:06      |
| 3     | [12:06:00, 12:08:00) | 12:07:19      |
| 14    | [12:00:00, 12:02:00) | 12:08:19      |
| 11    | [12:06:00, 12:08:00) | 12:08:39      |
| 12    | [12:06:00, 12:08:00) | 12:09:00      |
............... [12:00, 12:10] ...............
```

이런 단순한 경우에서도 결과가 적지 않다. 만약 대규모로 쓰이는 모바일 애플리케이션에서 나오는 데이터를 처리하기 위해 파이프라인을 구축한다면, 매 사용자 점수마다 처리하는 방식에서 발생하는 비용을 무시할 수 없을 것이다. 이런 경우가 바로 커스텀 트리거가 도입될 부분이다.

워터마크 트리거^{watermark trigger}. 예를 들어 예 8-4와 그림 8-10에 보인 것처럼 워터마크 트리거를 사용하는 빔 파이프라인으로 전환한다면, TVR의 스트림 버전에서 윈도우마다 정확히 하나의 결과를 얻을 수 있을 것이다.

예 8-4. 워터마크 트리거

```
PCollection<String> raw = IO.read(...);
PCollection<KV<Team, Integer>> input = raw.apply(new ParseFn());
PCollection<KV<Team, Integer>> totals = input
  .apply(Window.into(FixedWindows.of(TWO_MINUTES))
              .triggering(AfterWatermark())
  .apply(Sum.integersPerKey());
```

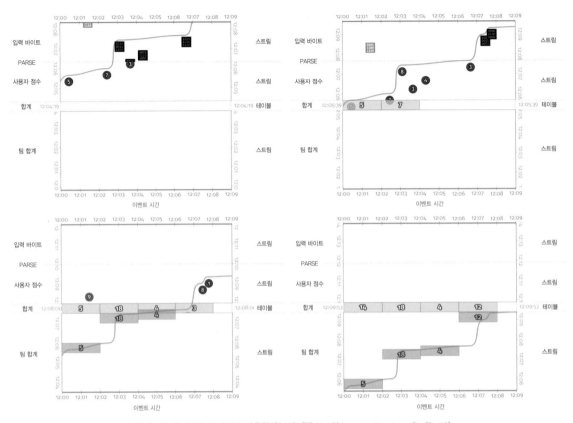

그림 8-10. 워터마크 트리거를 사용한 윈도우 합(http://streamingbook.net/fig/8-10)

SQL에서 같은 효과를 얻기 위해서는 커스텀 트리거를 명시할 수 있는 언어적 지원이 필요하다. 이는 EMIT `<when>`의 형태로 EMIT WHEN WATERMARK PAST `<column>`와 같이 쓸 수 있다. 이는 테이블의 입력 워터마크가 `<column>`에 주어진 타임스탬프 값을 초과할 때(여기서는 윈도우의 끝이 된다) 그룹핑으로 생성된 테이블의 정확히 한 행마다 한 번씩 스트림으로 트리거되도록 한다.

이 부분이 스트림으로 표현되는 부분을 보도록 하자. 트리거가 언제 동작하는지 이해한 다는 점에서 원래 입력의 MTime 대신 스트림에 각 행이 출력되는 현재 타임스탬프를 보이는 것이 간편하다.

```
12:00> SELECT STREAM SUM(Score) as Total,
         TUMBLE(EventTime, INTERVAL '2' MINUTES) as Window,
         CURRENT_TIMESTAMP as EmitTime
       FROM UserScores
       GROUP BY Team, TUMBLE(EventTime, INTERVAL '2' MINUTES)
       EMIT WHEN WATERMARK PAST WINDOW_END(Window);
------------------------------------------
| Total | Window               | EmitTime |
------------------------------------------
| 5     | [12:00:00, 12:02:00) | 12:06:00 |
| 18    | [12:02:00, 12:04:00) | 12:07:30 |
| 4     | [12:04:00, 12:06:00) | 12:07:41 |
| 12    | [12:06:00, 12:08:00) | 12:09:22 |
............. [12:00, 12:10] .............
```

이때 한 가지 문제는 7장에서 봤듯이 휴리스틱 워터마크를 사용하는 데에서 기인한 지연 데이터다. 지연 데이터를 처리하는 더 나은 방법은 예 8-5와 그림 8-11에서 봤듯이 반복 지연 점화를 지원하는 워터마크 트리거를 사용해 지연 레코드가 출현할 때마다 업데이트를 즉시 출력해주는 것이다.

예 8-5. 지연 점화를 사용하는 워터마크 트리거

```
PCollection<String> raw = IO.read(...);
PCollection<KV<Team, Integer>> input = raw.apply(new ParseFn());
PCollection<KV<Team, Integer>> totals = input
  .apply(Window.into(FixedWindows.of(TWO_MINUTES))
            .triggering(AfterWatermark()
               .withLateFirings(AfterCount(1))))
  .apply(Sum.integersPerKey());
```

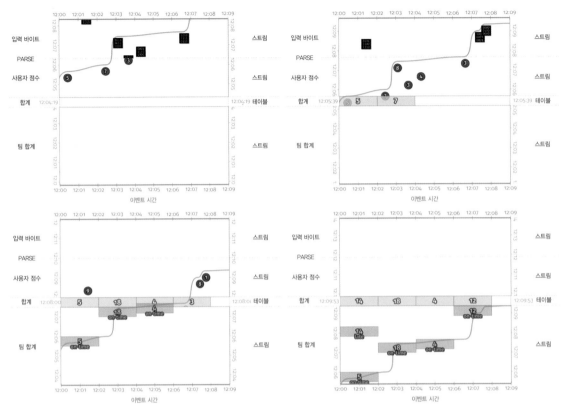

그림 8-11. 정시/지연 트리거를 사용한 윈도우 합(http://streamingbook.net/fig/8-11)

SQL에서 다음 2개 트리거를 쓸 수 있도록 허용해 같은 결과를 얻을 수 있다.

- 초깃값을 주는 워터마크 트리거: <column> 타임스탬프로 윈도우의 끝을 갖는 WHEN WATERMARK PAST <column>

- 지연 데이터를 위한 반복된 지연 트리거: AND THEN AFTER <duration>. 이때 <duration>으로 0 값을 주면 레코드 단위를 의미하게 된다.

이제 윈도우 안에 여러 행이 주어질 수 있기 때문에 추가로 시스템 컬럼 2개를 사용하면 유용하다. 하나(Sys.EmitTiming)는 워터마크와 비교해 주어진 윈도우 안의 각 패널/행의 지연 여부를 표시해주며, 다른 하나(Sys.EmitIndex)는 주어진 윈도우 안에서 결과를 수정한 순서를 구분할 수 있도록 패널/행의 순번을 표시해준다.

```
12:00> SELECT STREAM SUM(Score) as Total,
         TUMBLE(EventTime, INTERVAL '2' MINUTES) as Window,
         CURRENT_TIMESTAMP as EmitTime,
         Sys.EmitTiming, Sys.EmitIndex
       FROM UserScores
       GROUP BY Team, TUMBLE(EventTime, INTERVAL '2' MINUTES)
       EMIT WHEN WATERMARK PAST WINDOW_END(Window)
         AND THEN AFTER 0 SECONDS;

----------------------------------------------------------------------
| Total | Window                | EmitTime | Sys.EmitTiming | Sys.EmitIndex |
----------------------------------------------------------------------
| 5     | [12:00:00, 12:02:00)  | 12:06:00 | on-time        | 0             |
| 18    | [12:02:00, 12:04:00)  | 12:07:30 | on-time        | 0             |
| 4     | [12:04:00, 12:06:00)  | 12:07:41 | on-time        | 0             |
| 14    | [12:00:00, 12:02:00)  | 12:08:19 | late           | 1             |
| 12    | [12:06:00, 12:08:00)  | 12:09:22 | on-time        | 0             |
........................... [12:00, 12:10] ...........................
```

휴리스틱 워터마크를 사용한 덕에 각 패널에서 올바른 단일 정시 결과 하나를 얻을 가
능성이 높다. 늦게 도착하는 데이터에 대해서는 이전 결과를 수정하는 업데이트 행을
얻게 된다.

반복 지연 트리거^{repeated delay trigger}. 여러분에게 필요한 다른 주요한 시간 관련 트리거는
반복 지연 업데이트일 것이다. 즉, 새 데이터가 도착한 후 (처리 시간으로) 1분 후에 윈도
우를 트리거하는 방식이다. 이 방식이 마이크로배치 시스템에서 볼 수 있는 정렬된 경계
마다 트리거하는 방식과는 다름에 유의하자. 예 8-6에서 보듯 윈도우나 행에 가장 최근
에 도착한 새 레코드를 기준으로 지연 트리거되는 방식으로, 정렬 트리거와는 달리 트리
거로 인해 발생하는 시스템 부하를 더욱 고르게 펼쳐주는 효과를 갖는다. 또한 별도의
워터마크 지원을 필요로 하지 않는다. 그림 8-12에서 적용 결과를 보여주고 있다.

예 8-6. 반복 1분 지연 트리거

```
PCollection<String> raw = IO.read(...);
PCollection<KV<Team, Integer>> input = raw.apply(new ParseFn());
PCollection<KV<Team, Integer>> totals = input
```

```
.apply(Window.into(FixedWindows.of(TWO_MINUTES))
            .triggering(Repeatedly(UnalignedDelay(ONE_MINUTE))))
.apply(Sum.integersPerKey());
```

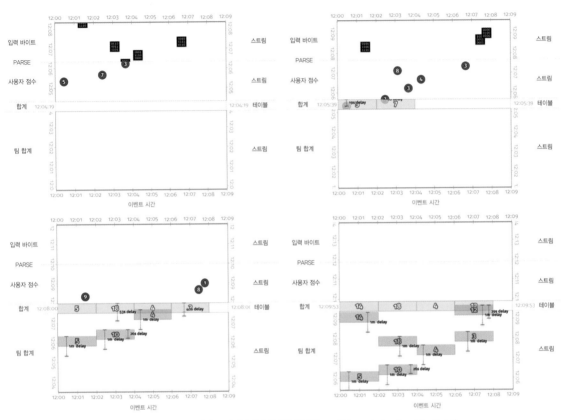

그림 8-12. 반복 1분 지연 트리거를 사용한 윈도우 합(http://streamingbook.net/fig/8-12)

이런 트리거를 사용하는 효과는 처음 봤던 레코드 단위 트리거를 사용하는 것과 유사하다. 다만 트리거에 도입된 추가적인 지연으로 인해 결과의 양이 줄어들고, 덕분에 시스템이 생성해야 하는 행 개수를 다소 줄일 수 있다. 지연 시간을 조정할 수 있게 해주면 생성되는 데이터 규모를 조절할 수 있게 해주고, 따라서 필요에 따라 처리 비용과 적시에 결과를 확인하는 것 사이에서 적절한 선택을 할 수 있게 해준다.

SQL 스트림으로 표현했을 때 모양은 다음과 같다.

```
12:00> SELECT STREAM SUM(Score) as Total,
       TUMBLE(EventTime, INTERVAL '2' MINUTES) as Window,
       CURRENT_TIMESTAMP as EmitTime,
       Sys.EmitTiming, SysEmitIndex
     FROM UserScores
     GROUP BY Team, TUMBLE(EventTime, INTERVAL '2' MINUTES)
     EMIT AFTER 1 MINUTE;
-------------------------------------------------------------------------------
| Total | Window                 | EmitTime | Sys.EmitTiming | Sys.EmitIndex |
-------------------------------------------------------------------------------
| 5     | [12:00:00, 12:02:00)   | 12:06:19 | n/a            | 0             |
| 10    | [12:02:00, 12:04:00)   | 12:06:39 | n/a            | 0             |
| 4     | [12:04:00, 12:06:00)   | 12:07:39 | n/a            | 0             |
| 18    | [12:02:00, 12:04:00)   | 12:08:06 | n/a            | 1             |
| 3     | [12:06:00, 12:08:00)   | 12:08:19 | n/a            | 0             |
| 14    | [12:00:00, 12:02:00)   | 12:09:19 | n/a            | 1             |
| 12    | [12:06:00, 12:08:00)   | 12:09:22 | n/a            | 1             |
.......................... [12:00, 12:10] ............................
```

데이터 기반 트리거data-driven trigger. 빔 모델에서의 마지막 질문으로 넘어가기 전에 데이터 기반 트리거를 간략하게나마 이야기할 필요가 있다. SQL에서 타입이 동적으로 다뤄지기에 데이터 기반 트리거가 EMIT <when> 절에 자연스럽게 추가되리라 추측할 수 있다. 예를 들어 총 점수가 10점을 초과할 때 합이 트리거되게 하고 싶다면 어떻게 하면 될까? EMIT WHEN Score > 10과 같은 형태로 적어주면 자연스럽게 동작하지 않을까?

답은 맞으면서도 틀리다. 예시로 든 구조는 매우 자연스러워 보인다. 하지만 그런 구조를 통해 실제 일어나는 일을 생각해보면, 매 레코드마다 트리거를 하고, 트리거 된 행이 결과로 이후 과정에 전달될지를 결정하기 위해 Score > 10 부분을 검사하게 된다. 기억할지 모르겠지만, 이는 HAVING 절을 사용할 때 일어나는 일과 매우 유사하다. 사실 HAVING Score > 10을 쿼리 끝에 붙여 완전히 같은 효과를 얻을 수 있다. 그렇다면 이런 질문이 남는다. 별도의 데이터 기반 트리거를 추가하는 것이 가치 있을까? 아마도 아닐 것이다. 설사 그렇다 하더라도 표준 SQL과 잘 선택된 기본값을 통해 데이터 기반 트리거의 효과를 얻는 것이 얼마나 쉬운지 기억할 필요가 있다.

어떻게: 누적

지금까지는 8장의 초입부에 소개했던 Sys.Undo 열을 무시했다. 그 결과로, "윈도우/행의 변화가 서로 어떻게 관련돼 있을까"라는 질문에 대한 답으로 누적 모드accumulating mode를 사용해온 것이다. 쉽게 설명하면 그룹핑된 열이 여러 번 수정될 때 이전 입력과 함께 새 입력을 누적해, 이전 수정 내역 위에 나중 수정 내역을 쌓는 식이다. 우리는 앞서 사용했던 접근 방법과 어울리고 테이블에서의 동작 원리와 비교적 일관된다는 점에서 이와 같은 접근을 선호한다.

물론 누적 모드는 주요한 단점을 갖는다. 2장에서 논의했듯이 둘 이상의 그룹핑 연산이 이어 나오는 쿼리/파이프라인에서는 중복된 세기로 인한 오동작이 불가피하다. 둘 이상의 연속된 그룹핑 연산을 갖는 쿼리를 허용하는 시스템에서 여러 번 수정된 행을 소비하는 유일한 정상적인 방법은 기본적으로 누적 및 철회 모드accumulating and retracting mode를 사용하는 것이다. 그렇지 않으면 단일 행에서 여러 번 일어난 수정을 인지하지 못해 입력 레코드가 단일 그룹핑에 여러 번 추가되는 문제에 빠지게 된다.

따라서 직관적이고 자연스러운 경험을 제시한다는 목표에 부합하도록 SQL에 누적 모드를 포함시킬 때 고민이 필요한 부분은 시스템이 내부에서 기본적으로 철회를 사용하도록 할지 여부이다.[15] Sys.Undo 열을 처음 소개할 때 강조했듯이 (앞선 예에서처럼) 철회에 대해 신경 쓸 필요가 없는 상황이라면, 따로 필요하지 않다. 하지만 필요할 때 쓸 수 있어야 하기에 지원은 필요하다.

SQL에서의 철회 무슨 의미인지 확인하기 위해 다른 예를 보도록 하자. 설명을 위해 비교적 철회 없이는 실행 불가능한 경우를 살펴보도록 하자. 세션 윈도우를 구성해 결과를 점진적으로 HBase 같은 키/값 저장소에 쓰는 경우다. 이 경우 세션을 점진적으로 구성해 가며, 많은 경우에 새로 주어진 세션은 이전 세션의 변화된 형태일 것이다. 그러면 이전 세션을 삭제하고 새 세션으로 대체하고자 할 것이다. 하지만 구체적으로 이를 어떻

---

15 기본으로 철회를 사용할지에 대한 옵션이 필요한 것이며 이때 철회가 항상 적용될 필요는 없다. 예를 들어 단일 그룹핑 연산을 통해 결과가 바로 키 단위 갱신을 지원하는 외부 시스템으로 저장되며, 시스템이 이때 철회가 필요 없기에 최적화를 위해 철회를 끄는 경우를 생각해볼 수 있다.

게 할 수 있을까? 한 세션이 다른 세션을 대체하는지 여부를 확인하는 유일한 방법은 새 세션이 이전 세션과 겹치는지 여부를 확인하는 것뿐이다. 하지만 그렇게 하려면 파이프라인 내 분리된 부분에 세션 구성 로직 일부를 중복해서 둬야 한다. 더 중요하게는 이는 결과의 멱등idempotence이 보장되지 않음을 의미하고, 종단간 '정확히 한 번 실행exactly-once'을 보장해주기 위해 불필요한 작업을 해야 함을 뜻한다. 그보다는 파이프라인이 어느 세션이 삭제돼야 하고 그 자리에 어떤 세션이 추가돼야 하는지 알려주는 것이 훨씬 좋을 것이다. 이 부분에서 철회가 등장할 차례다.

SQL에서 동작하는 모습을 보기 위해 1분 간격을 갖는 세션 윈도우를 계산하는 파이프라인을 목적에 맞게 수정해보자. 가급적 단순한 형태로 보기 위해 다시 레코드 단위 트리거로 돌아갈 것이다. 더불어 그림이 더욱 분명히 보이도록 세션 예제에서 일부 데이터의 처리 시간 위치를 조정했고, 이벤트 시간은 변화 없이 두었다. 이렇게 수정된 데이터는 다음과 같다(처리 시간이 조정된 경우는 따로 표시했다).

```
12:00> SELECT STREAM Score, EventTime, Sys.MTime as ProcTime
       FROM UserScoresForSessions;
---------------------------------
| Score | EventTime | ProcTime |
---------------------------------
| 5     | 12:00:26  | 12:05:19 |
| 7     | 12:02:26  | 12:05:39 |
| 3     | 12:03:39  | 12:06:13 |
| 4     | 12:04:19  | 12:06:46 | # Originally 12:06:39
| 3     | 12:06:39  | 12:07:19 |
| 8     | 12:03:06  | 12:07:33 | # Originally 12:07:06
| 8     | 12:07:26  | 12:08:13 | # Originally 12:08:39
| 9     | 12:01:26  | 12:08:19 |
| 1     | 12:07:46  | 12:09:00 |
........ [12:00, 12:10] ........
```

우선 철회가 없는 파이프라인부터 보도록 하자. 점진적으로 세션을 키/값 저장소로 쓸 때 이 파이프라인이 문제가 될 수 있음을 확인한 후에 철회를 사용한 버전을 볼 것이다.

철회를 사용하지 않는 파이프라인의 빔 코드는 예 8-7과 같고, 결과는 그림 8-13에 보였다.

예 8-7. 레코드 단위 트리거와 누적은 지원하지만 철회는 지원하지 않는 세션 윈도우

```
PCollection<String> raw = IO.read(...);
PCollection<KV<Team, Integer>> input = raw.apply(new ParseFn());
PCollection<KV<Team, Integer>> totals = input
  .apply(Window.into(Sessions.withGapDuration(ONE_MINUTE))
              .triggering(Repeatedly(AfterCount(1))
              .accumulatingFiredPanes())
  .apply(Sum.integersPerKey());
```

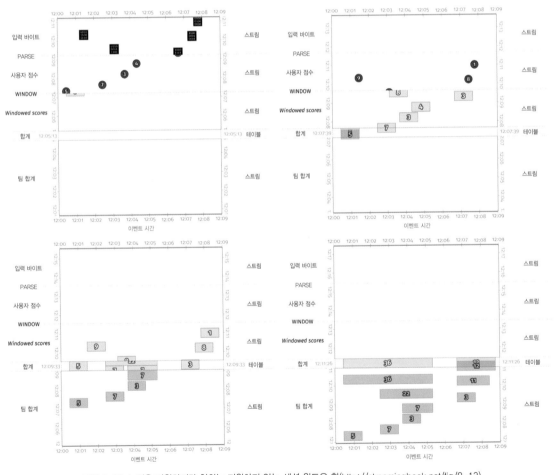

그림 8-13. 누적은 지원하지만 철회는 지원하지 않는 세션 윈도우 합(http://streamingbook.net/fig/8-13)

마지막으로 SQL로 표현하면 출력 스트림은 다음과 같은 형태가 된다.

```
12:00> SELECT STREAM SUM(Score) as Total,
        SESSION(EventTime, INTERVAL '1' MINUTE) as Window,
        CURRENT_TIMESTAMP as EmitTime
      FROM UserScoresForSessions
      GROUP BY Team, SESSION(EventTime, INTERVAL '1' MINUTE);
------------------------------------------------
| Total | Window               | EmitTime |
------------------------------------------------
| 5     | [12:00:26, 12:01:26) | 12:05:19 |
| 7     | [12:02:26, 12:03:26) | 12:05:39 |
| 3     | [12:03:39, 12:04:39) | 12:06:13 |
| 7     | [12:03:39, 12:05:19) | 12:06:46 |
| 3     | [12:06:39, 12:07:39) | 12:07:19 |
| 22    | [12:02:26, 12:05:19) | 12:07:33 |
| 11    | [12:06:39, 12:08:26) | 12:08:13 |
| 36    | [12:00:26, 12:05:19) | 12:08:19 |
| 12    | [12:06:39, 12:08:46) | 12:09:00 |
............ [12:00, 12:10] .............
```

여기서 주목할 부분은 점진적인 세션 스트림이 어떤 형태를 보이는지 여부다. 전체적인 관점에서 보면 애니메이션에서 어떤 세션이 어떤 이전 세션을 대신하는지 확인하는 것이 어렵지 않다. 하지만 (SQL에서 나열한 것처럼) 이 스트림에서 요소를 하나씩 순서대로 받아 HBase에 써서 2개의 세션(값 36과 12)을 담는 HBase 테이블이 최종 결과로 나오도록 한다고 상상해보자. 이를 어떻게 할 수 있을까? 아마도 같은 키의 모든 세션을 읽어서 이를 새로운 세션과 비교해 누가 겹치는지 판단하고, 이전 세션을 삭제하고, 새 세션을 쓰기 위해 많은 수의 읽기-수정-쓰기 연산을 수행해야 할 것이다. 이는 추가적인 비용이 필요함은 물론이고, 멱등성도 잃게 돼 결국엔 종단간 '정확히 한 번 실행' 보장을 포기하도록 한다. 고로 결코 쓸모 있는 방법은 아니다.

이제 같은 파이프라인이지만 철회가 가능한 경우를 비교해보자. 예 8-8과 그림 8-14에 주어져 있다.

예 8-8. 레코드 단위 트리거, 누적, 철회를 지원하는 세션 윈도우

```
PCollection<String> raw = IO.read(...);
PCollection<KV<Team, Integer>> input = raw.apply(new ParseFn());
PCollection<KV<Team, Integer>> totals = input
  .apply(Window.into(Sessions.withGapDuration(ONE_MINUTE))
              .triggering(Repeatedly(AfterCount(1))
              .accumulatingAndRetractingFiredPanes())
  .apply(Sum.integersPerKey());
```

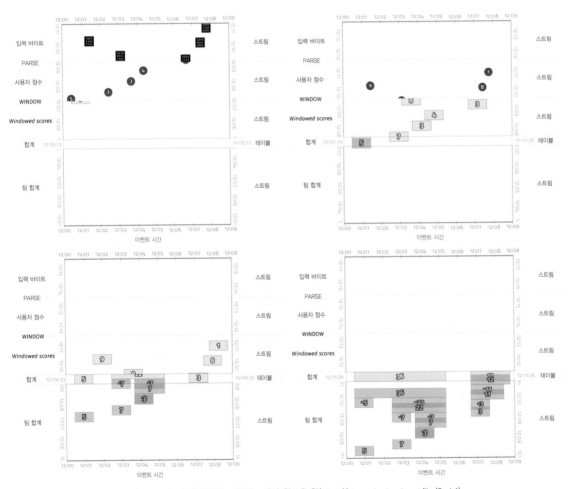

그림 8-14. 누적 및 철회를 지원하는 세션 윈도우 합(http://streamingbook.net/fig/8-14)

이제 마지막으로 SQL 형태를 살펴보자. SQL 버전에서는 시스템 내부에서 기본적으로 철회를 사용한다고 가정하고, 우리가 특수한 Sys.Undo 열을 요청하면 스트림 내에 철회에 해당하는 개별 행이 구체화된다고 가정한다.[16] 설명했듯이 해당 열의 가치는 undo라고 표시돼 철회를 요청하는 행과, (redo라고 표시할 수도 있지만 여기서는 대조를 위해) 아무것도 표시되지 않은 일반 행을 구분하는 데 쓰인다.

```
12:00> SELECT STREAM SUM(Score) as Total,
          SESSION(EventTime, INTERVAL '1' MINUTE) as Window,
          CURRENT_TIMESTAMP as EmitTime,
          Sys.Undo as Undo
       FROM UserScoresForSessions
       GROUP BY Team, SESSION(EventTime, INTERVAL '1' MINUTE);
------------------------------------------------------
| Total | Window                 | EmitTime | Undo |
------------------------------------------------------
| 5     | [12:00:26, 12:01:26)   | 12:05:19 |      |
| 7     | [12:02:26, 12:03:26)   | 12:05:39 |      |
| 3     | [12:03:39, 12:04:39)   | 12:06:13 |      |
| 3     | [12:03:39, 12:04:39)   | 12:06:46 | undo |
| 7     | [12:03:39, 12:05:19)   | 12:06:46 |      |
| 3     | [12:06:39, 12:07:39)   | 12:07:19 |      |
| 7     | [12:02:26, 12:03:26)   | 12:07:33 | undo |
| 7     | [12:03:39, 12:05:19)   | 12:07:33 | undo |
| 22    | [12:02:26, 12:05:19)   | 12:07:33 |      |
| 3     | [12:06:39, 12:07:39)   | 12:08:13 | undo |
| 11    | [12:06:39, 12:08:26)   | 12:08:13 |      |
| 5     | [12:00:26, 12:01:26)   | 12:08:19 | undo |
| 22    | [12:02:26, 12:05:19)   | 12:08:19 | undo |
| 36    | [12:00:26, 12:05:19)   | 12:08:19 |      |
| 11    | [12:06:39, 12:08:26)   | 12:09:00 | undo |
| 12    | [12:06:39, 12:08:46)   | 12:09:00 |      |
................ [12:00, 12:10] ................
```

---

16 SELECT문에 새 열을 간단히 추가했는데 쿼리 결과에 새 행이 나타나는 것이 조금은 이상해보일 수 있다. 다른 방법으로는 Sys. Undo 열이 필요하지 않을 때 WHERE 절을 통해 배제되는 형태도 가능할 것이다.

철회 정보가 포함되면 세션 스트림은 더 이상 새 세션만을 포함하지 않고 교체돼야 하는 이전 세션에 대한 추가 정보도 포함하게 된다. 이 스트림을 통해 HBase에 시간에 따른 세션을 적절하게 구성하는 것은 간단해진다.[17] (별도 표시가 없는 redo 행인) 새 세션이 도착하면 기록하면 되고, (undo 행인) 철회되는 이전 세션은 삭제하면 된다. 훨씬 수월해 졌다.

무시 모드discarding mode **혹은 이의 부재.** 이 예를 통해 누적 모드와 누적 및 철회 모드를 지원하기 위해 SQL에 철회를 추가하는 것이 얼마나 간단하고 자연스럽게 가능한지 살펴봤다. 하지만 무시 모드는 어떨까?

단일 그룹핑 연산으로 대용량의 입력 데이터를 부분적으로 그룹핑해, (데이터베이스 같은 시스템처럼) 자체적으로 그룹핑을 지원하는 저장 시스템으로 출력하는 매우 간단한 형태의 파이프라인이라면, 무시 모드는 자원을 아껴준다는 점에서 극도로 가치 있다고 볼 수 있다. 하지만 그와 같은 상대적으로 좁은 용례 밖에서는 무시 모드는 혼란만 가중시키고 오류를 낼 가능성이 크다. 때문에, 이를 직접 SQL로 추가하는 것은 가치가 없어 보인다. 무시 모드를 필요로 하는 시스템은 SQL 언어 밖에서 옵션으로 이를 지원할 수도 있다. 그렇지 않은 시스템은 기본으로 더욱 자연스러운 누적 및 철회 모드를 지원하고 철회가 필요하지 않을 때에는 이를 끌 수 있는 옵션을 제공하면 된다.

요약

조금 길었지만 재미있는 주제를 다뤘다. 8장에서는 많은 내용을 전달했기에 한 번 반추해보고자 한다.

우선 스트리밍과 스트리밍이 아닌 데이터 처리 사이의 주요한 차이는 시간이라는 차원

---

17 이런 간단함이 궁극의 일관성(eventual consistency)으로 충분한 경우에만 적용되는 것은 아니다. 어떤 시간이든 글로벌하게 모든 세션의 일관성 있는 모습을 원한다면, 1) 출력 시점에 각 세션을 쓰고 (삭제 표시를 통해) 지울 수 있도록 해야 하며, 2) HBase 테이블에서 파이프라인의 출력 워터마크보다 작은 타임스탬프를 갖는 데이터만을 읽어야 한다. (이는 세션이 머지될 때 독립적으로 발생하는 여러 쓰기/삭제와 읽는 작업을 동기화시키기 위한 목적이다). 아니면 더 좋게는 매개 없이 테이블에서 바로 세션을 서비스하는 것도 가능하다.

이 추가되는 것임을 이야기했다. (관계 대수에서 근간이 되는 객체이며, SQL의 기본이 되는) 관계가 시간에 따라 변화해가는 모습을 봤고, 그 모습으로부터 고전적인 스냅샷 관계를 시간순으로 나열해 관계의 변화를 표현한 형태인 TVR을 이끌어냈다. 이런 과정을 통해 관계 대수의 클로저 특성이 TVR에서도 유효함을 봤고, 이는 관계 연산 전체(따라서 SQL 구조 모두)가 일정 시점의 스냅샷 관계에서 스트리밍과 호환되는 TVR로 옮겨 갈 때 기대처럼 동작함을 의미했다.

둘째로, 빔 모델과 고전 SQL 모델에 내재되어 있는 편향을 확인했고, 빔은 스트림에 기반한 접근을, SQL은 테이블에 기반한 접근을 하고 있음을 확인했다.

마지막으로, SQL에 강력한 스트림 처리 지원을 추가하기 위해 필요한 언어 확장을 제안[18]했고, 다음에 이어지는 것처럼 확장 사용을 최대한 피할 수 있도록 고민해서 선택된 기본값에 대해서도 소개했다.

테이블/스트림 선택

시간 변이 관계가 다른 두 형태로 표현될 수 있다면, 쿼리 결과를 구체화할 때 어떤 표현을 쓸지 결정할 필요가 생긴다. TABLE, STREAM, TVR이라는 키워드를 통해 원하는 표현을 선택하는 명시적인 방법을 제공할 수 있다.

이보다 더 좋은 방법은 선택이 주어지지 않았을 때 적절한 기본값이 쓰이는 것이다. 모든 입력이 테이블이면 결과의 기본값은 테이블이 좋다. 이렇게 하면 고전 관계 쿼리의 행동이 그대로 유지된다. 반면, 입력 중 하나라도 스트림이면 적절한 기본값은 스트림이 된다.

윈도우

기존 SQL 구문을 사용해 단순한 형태의 윈도우는 선언할 수 있으나, 명시적인 윈도우 연산을 따로 제공하는 것이 유용한 이유가 있다.

---

18   모든 부분이 제안에 불과한 것은 아니다. 칼사이트는 8장에서 기술한 윈도우 구조를 이미 지원하고 있다.

- 윈도우 연산자는 윈도우 계산을 캡슐화^{encapsulation}해준다.

- 세션처럼 복잡하고 동적인 그룹핑을 간단하게 표현할 수 있게 해준다.

따라서 그룹핑 시에 쓸 수 있는 간단한 윈도우 구조를 추가해주면 현재 SQL로는 표현하기 어려운 세션 같은 윈도우를 보다 실수 없이 표현 가능하다.

워터마크

워터마크는 시스템 수준의 기능이기에 SQL 확장이 관여할 부분이 많지 않다. 시스템이 워터마크를 내부적으로 지원한다면, 트리거와 함께 행 계산을 위한 입력이 모두 완료됐다고 믿을 수 있는 시점에 해당 행의 최종 단일 결과를 스트림으로 생성할 수 있다. 이는 결과를 위한 구체화 뷰를 확인하는 것이 어렵고 파이프라인의 출력이 바로 스트림으로 소비돼야 하는 경우에 반드시 필요한 부분이다. 예를 들어, 알림이나 이상 감지가 예에 해당한다.

트리거

트리거는 TVR에서 생성되는 스트림의 모양을 결정한다. 따로 명시되지 않으면 기본 값은 데이터 단위 트리거가 적절하다. 데이터 단위 트리거는 단순하고 구체화 뷰와 어울리는 자연스런 모습을 갖는다. 기본값 이외에 다음과 같은 두 종류의 유용한 트리거가 있다.

- 워터마크 트리거는 윈도우의 입력이 완료됐다고 믿는 시점에 윈도우 단위로 단일 결과를 생성한다.

- 반복 지연 트리거는 주기적인 업데이트를 제공한다.

이 둘을 조합하는 경우도 앞서 본 조기/정시/지연 패턴 제공을 위해 휴리스틱 워터마크를 사용하는 경우 유용할 수 있다.

특별한 시스템 열

TVR을 스트림으로 소비할 때 시스템 차원에서 생성되는 메타 데이터를 담는 열 4가지를 살펴봤다.

Sys.MTime

주어진 행이 TVR에서 마지막으로 수정된 처리 시간

Sys.EmitTiming

워터마크 대비 행이 출력된 시점 (조기, 정시, 지연)

Sys.EmitIndex

행이 출력된 버전을 표시하는 0에서 시작하는 인덱스[19]

Sys.Undo

해당 행이 일반 데이터인지 철회를 의미하는지 나타낸다. 기본적으로 시스템은 그룹핑이 한 번 이상 발생할 수 있어 내부적으로는 철회를 지원하며 동작해야 한다. TVR이 스트림으로 출력될 때 Sys.Undo 열이 프로젝션되지 않으면 일반 행만 출력되고, 이를 통해 간단히 누적 모드와 누적 및 철회 모드 사이를 오갈 수 있다.

SQL을 사용한 스트림 처리는 어려울 필요가 없다. 사실, SQL에서 스트림 처리는 구체화 뷰라는 형태로 이미 널리 쓰이고 있다. 중요한 부분은 데이터와 관계가 시간에 따라 변화하는 모습을 담아내는 것(시간 변이 관계), 시간 변이 관계의 물리적인 테이블 혹은 스트림 표현을 선택할 수 있는 수단, 이 책을 통해 살펴본 시간 판단 도구(윈도우, 워터마크, 트리거)를 제공하는 것이다. 그리고 확장 형태를 최소한만 사용하면 되도록 적절한 기본값을 제공하는 것도 필수적이다.

---

19 인덱스의 정의가 세션 같은 윈도우 머징이 발생하면 복잡해짐에 유의하자. 적절한 방법 중 하나는 머지되는 모든 이전 세션 중 최대를 취해 1만큼 증가시키는 것이다.

우리가 조인[join]을 처음 접했을 때 조인은 상당히 어렵게 느껴지는 주제였다. LEFT, OUTER, SEMI, INNER, CROSS 등 조인은 표현이 풍부하고 광범위하다. 여기에 스트리밍이 테이블로 가져온 시간이라는 차원이 더해지면 상당히 복잡하고 어려운 주제처럼 보이기 마련이다. 하지만 좋은 소식은 조인이 실제로는 처음 봤을 때처럼 그렇게 고약하고 날카로운 이빨을 가진 무서운 괴물은 아니라는 사실이다. 다른 많은 복잡한 주제와 마찬가지로 조인의 핵심 아이디어와 주제를 이해하고 나면 그 밑바탕 위의 더 큰 내용도 어려움 없이 이해할 수 있다. 지금부터 조인이라는 흥미로운 주제를 탐구하기 위해 함께 출발해보자.

모든 조인은 스트리밍에 속한다

두 데이터셋을 조인한다는 것은 무슨 뜻일까? 우리는 조인이 특정 유형의 그룹핑 작업에 불과하다는 것을 직관적으로 이해할 수 있다. 조인은 일부 속성(즉, 키)을 공유하는 데이터를 결합함으로써 이전에는 무관했던 개별 데이터를 관련된 요소로 모으는 역할을 한다. 그리고 6장에서 배운 것처럼 그룹핑 작업은 항상 스트림을 소비하고 테이블을 생성한다. 이 두 가지 사실을 아는 것은 9장 전체의 기초이면서 최종 결론에 도달하기 위한 시작점이다. 그 결론이란 바로 모든 조인은 사실상 스트리밍 조인이라는 사실이다.

이 사실이 중요한 이유는 스트리밍 조인이라는 주제를 훨씬 다루기 쉽게 만들어 주기 때문이다. 윈도우, 워터마크, 트리거 등 스트리밍 그룹핑 작업의 맥락에서 시간 판단을 위해 학습했던 모든 도구들은 스트리밍 조인에도 그대로 적용된다. 스트리밍 조인이 어렵다고 느낀 건 아마도 스트리밍을 추가하면 무언가 복잡해지기만 하는 것처럼 보이기 때문일 수도 있다. 하지만 곧 나올 예에서 볼 수 있듯이 모든 조인을 스트리밍 조인으로 모델링하는 것은 우아하게 단순하면서 일관된 작업이라는 것을 깨달을 수 있을 것이다. 서로 다른 조인 방식이 혼란스럽다고 느끼는 대신 거의 모든 유형의 조인이 실제로는 동일한 패턴에서 시작해 사소한 변형을 가하는 형태라는 것이 분명해진다. 결국 이런 통찰력을 통해 (스트리밍이든 그렇지 않든) 조인이 별로 어렵지 않게 다가올 것이다.

구체적인 예로 설명하기 위해, 다음과 같은 데이터셋에 여러 조인을 적용해보자. 통상적인 명명법에 따라 Left와 Right라는 이름을 붙였다.

```
12:10> SELECT TABLE * FROM Left;     12:10> SELECT TABLE * FROM Right;

--------------------                 --------------------
| Num | Id | Time  |                 | Num | Id | Time  |
--------------------                 --------------------
| 1    | L1 | 12:02 |                | 2    | R2 | 12:01 |
| 2    | L2 | 12:06 |                | 3    | R3 | 12:04 |
| 3    | L3 | 12:03 |                | 4    | R4 | 12:05 |
--------------------                 --------------------
```

여기에는 각각 3개의 열이 있다.

Num

단일 숫자

Id

해당 테이블 이름의 첫 문자(L 또는 R)와 Num을 합한 결과로, 조인 결과에서 주어진 소스 셀을 고유하게 식별할 수 있게 해준다.

Time

스트리밍 조인을 고려할 때 중요해지는 레코드의 시스템 도착 시간

예를 단순하게 만들기 위해 초기 데이터셋은 완전히 고유한 조인 키를 갖도록 했다. SEMI 조인에서는 중복 키가 있을 때 조인 동작을 살펴보기 위해 좀 더 복잡한 데이터셋을 도입할 것이다.

윈도우 설정은 종종 조인의 의미 체계에 큰 영향을 주지 않기 때문에 먼저 윈도우가 없는 조인^{unwindowed join}부터 깊이 있게 살펴보려고 한다. 윈도우 없는 조인을 이해하고 난 후에 윈도우 문맥에서 조인이 보여주는 흥미로운 점 일부를 다룰 것이다.

윈도우 없는 조인

무한 데이터에 스트리밍 조인을 적용하려면 항상 윈도우 설정이 필요하다는 생각이 널리 알려져 있다. 하지만 6장에서 배운 개념을 적용하면 이는 사실이 아님을 알 수 있다. (윈도우를 사용하든 아니든) 조인은 단순히 다른 유형의 그룹핑 작업이며, 이 그룹핑 작업의 결과는 테이블이다. 따라서 윈도우 없는 조인(혹은 다르게 표현하면, 모든 시간을 아우르는 단일 글로벌 윈도우 내에서의 조인)에 의해 생성된 테이블을 스트림으로 소비하려면, "모든 입력을 볼 때까지 기다리는" 대신 언그룹핑^{ungrouping}(혹은 트리거) 작업만 적용하면 된다. 조인에 윈도우와 워터마크 트리거를 적용하는 것은 사실상 선택이며, 매 레코드마다 트리거하거나(즉, 구체화 뷰 방식), 조인에 윈도우가 적용됐는지 여부에 관계없이 처리 시간이 흘러감에 따라 주기적으로 트리거하는 것 역시 가능한 선택일 뿐이다. 예를 쉽게 따라가기 위해, 아래에 보일 조인 결과를 스트림으로 관찰하는 모든 윈도우 없는 조인 예에서는 기본적인 레코드 단위 트리거를 사용한다고 가정한다.

조인으로 넘어가보자. ANSI SQL은 FULL OUTER, LEFT OUTER, RIGHT OUTER, INNER, CROSS의 다섯 가지 조인을 정의하고 있다. 처음 4개는 이제 하나씩 자세히 살펴볼 것이고, 마지막 하나는 다음 단락에서 간략하게만 설명할 것이다. 또한 흥미롭지만 자주 보기는 어려운 (그리고 표준 문법을 통해서는 잘 지원되지 않는) ANTI 및 SEMI 조인도 다룰 것이다.

표면적으로 조인의 종류가 너무 많은 것처럼 보일 수 있다. 그러나 핵심에는 FULL OUTER 라는 한 가지 유형의 조인만 있을 뿐이다. CROSS 조인은 단지 공진 조인 술어^{vacuously} $^{true\ join\ predicate}$를 갖는 FULL OUTER 조인으로 볼 수 있다. 즉, 왼쪽 테이블 행과 오른쪽 테이블 행의 모든 가능한 쌍을 반환한다. 다른 모든 조인은 단순히 FULL OUTER 조인의 논리적 하위 집합에 속한다.[1] 결과적으로 다른 조인 유형 간의 공통점을 이해하고 나면 모든 조인 유형을 기억하기가 훨씬 쉬워진다. 또한 스트리밍 문맥에서 이해하기도 훨씬 간단해진다.

시작하기 전 마지막으로 기억할 사항이 있다. 기본적으로 최대 일대일 기수^{cardinality}를 사용하는 동등 조인$^{equi\ join}$을 고려할 것이다. 즉, 조인 술어가 동일문이고, 조인의 양쪽에서 최대 하나의 일치하는 행만 있는 조인을 뜻한다. 이렇게 하면 우리가 살펴볼 예를 간단한 형태로 유지할 수 있다. SEMI 조인을 다룰 때는 임의의 N:M 기수를 사용하는 조인을 고려하도록 예를 확장해 좀 더 임의적인 술어의 동작을 관찰할 수 있다.

FULL OUTER

다른 형태의 조인에 대한 개념적인 기반에 해당하기 때문에 먼저 FULL OUTER 조인을 살펴보자. 외부 조인$^{outer\ join}$은 '조인'이라는 단어에 대해 다소 자유롭고 낙관적인 해석을 적용했다고 볼 수 있다. 즉, 두 데이터셋을 FULL OUTER 조인한 결과는 기본적으로 두 데이터셋의 전체 행이 된다.[2] 즉, 동일한 조인 키를 공유하는 두 행이 결합되지만, 그렇지 않은 행도 결합되지 않은 상태로 포함된다.

예를 들어 앞선 예에 FULL OUTER 조인을 적용해 조인된 ID만을 포함하도록 새 관계를 형성하면 결과는 다음과 같다.

```
12:10> SELECT TABLE
       Left.Id as L,
```

---

1   최소한 개념적으로 그렇다. 여러 종류의 조인을 구현하는 다양한 방법이 있고, 쿼리의 나머지 부분과 데이터의 분포를 고려해 구현한다면, 실제로 FULL OUTER 조인을 수행하고 일부를 배제하는 식의 접근보다 훨씬 더 효율적일 것이다.

2   다시 이야기하지만 중복된 조인 키를 갖는 경우는 SEMI 조인에서 다룬다.

```
        Right.Id as R,
      FROM Left FULL OUTER JOIN Right
      ON L.Num = R.Num;
---------------
| L    | R    |
---------------
| L1   | null |
| L2   | R2   |
| L3   | R3   |
| null | R4   |
---------------
```

FULL OUTER 조인에는 조인의 술어 조건을 충족하는 두 행('L2, R2'와 'L3, R3')이 포함되며, 이를 충족하지 못하는 행도 포함돼 있음을 알 수 있다('L1, null'과 'null, R4'. 이때 null은 데이터의 결합되지 않은 부분을 나타낸다).

물론 이는 모든 데이터가 시스템에 도착한 후 일정 시점에 잡아낸 FULL OUTER 조인 관계의 스냅샷이다. 우리는 스트리밍 조인에 대해 배우고 있으며 정의에 따라 스트리밍 조인은 시간의 차원을 포함한다. 8장에서 배웠듯이, 주어진 데이터셋/관계가 시간에 따라 어떻게 변하는지 이해하고 싶다면, 시간 변이 관계TVR를 확인해야 한다. 따라서 시간이 지남에 따라 조인이 어떻게 진화해 가는지 이해하기 위해, 이제 이 조인에 대한 TVR을 살펴보기로 하자(각 스냅샷 관계 간에 변경 사항을 노란색으로 표시했다).

```
12:10> SELECT TVR
      Left.Id as L,
      Right.Id as R,
      FROM Left FULL OUTER JOIN Right
      ON L.Num = R.Num;
----------------------------------------------------------------------------
| [-inf, 12:01)   | [12:01, 12:02)  | [12:02, 12:03)  | [12:03, 12:04)  |
| --------------- | --------------- | --------------- | --------------- |
| | L    | R    | | | L    | R    | | | L    | R    | | | L    | R    | |
| --------------- | --------------- | --------------- | --------------- |
| --------------- | | null | R2   | | | L1   | null | | | L1   | null | |
|                 | --------------- | | null | R2   | | | null | R2   | |
```

```
|               |              | ---------------- | | L3   | null | |
|               |              |                  | | ---------------- |  |
-------------------------------------------------------------------
| [12:04, 12:05) | [12:05, 12:06) | [12:06, 12:07)   |
| -------------- | -------------- | -------------- |
| | L    | R    | | | L    | R    | | | L    | R    | |
| -------------- | -------------- | -------------- |
| | L1   | null | | | L1   | null | | | L1   | null | |
| | null | L2   | | | null | L2   | | | L2   | L2   | |
| | L3   | L3   | | | L3   | L3   | | | L3   | L3   | |
| | -------------- | | null | L4   | | | null | L4   | |
|                | | -------------- | | -------------- |
-------------------------------------------------------------------
```

그리고 예상 가능하듯이 이 TVR의 스트림을 생성하면 각 스냅샷 간의 차이를 보여준다.

```
12:00> SELECT STREAM
          Left.Id as L,
          Right.Id as R,
          CURRENT_TIMESTAMP as Time,
          Sys.Undo as Undo
       FROM Left FULL OUTER JOIN Right
       ON L.Num = R.Num;
------------------------------
| L    | R    | Time  | Undo |
------------------------------
| null | R2   | 12:01 |      |
| L1   | null | 12:02 |      |
| L3   | null | 12:03 |      |
| L3   | null | 12:04 | undo |
| L3   | R3   | 12:04 |      |
| null | R4   | 12:05 |      |
| null | R2   | 12:06 | undo |
| L2   | R2   | 12:06 |      |
....... [12:00, 12:10] .......
```

지정된 행이 스트림에서 구체화되는 시간을 보여주는 Time 열과, 해당 열의 이전 결과를 철회하고 결과를 갱신함을 표시하는 Undo 열을 포함하고 있다. 이 철회 열은 스트림이 시간에 따른 TVR을 충실하게 담아내는 데 중요하다.

따라서 조인의 테이블, TVR, 스트림의 세 가지 표현은 서로 다른 모습을 갖지만 동일한 데이터를 어떻게 다르게 보여주는지는 명확하다. 테이블 스냅샷은 모든 데이터가 도착한 후 존재하는 전체 데이터셋을 보여주며 TVR과 스트림은 자기만의 방법으로 존재하는 동안 전체 관계의 변화를 담아낸다.

LEFT OUTER

LEFT OUTER 조인은 오른쪽 데이터셋에서 조인되지 않은 행이 제거된 FULL OUTER 조인이다. 이는 FULL OUTER 조인을 진행한 후 제거될 행을 흐리게 표시해 분명하게 확인할 수 있다. LEFT OUTER 조인의 결과로 기존 FULL OUTER 조인에서 조인되지 않은 왼쪽 행이 배제되는 상황을 다음과 같이 보일 수 있다.

```
12:10> SELECT TABLE
          Left.Id as L,
          Right.Id as R
      FROM Left LEFT OUTER JOIN Right
      ON L.Num = R.Num;
      ---------------
      | L    | R    |
      ---------------
      | L1   | null |
      | L2   | R2   |
      | L3   | R3   |
      | null | R4   |
      ---------------
```

```
12:00> SELECT STREAM Left.Id as L,
          Right.Id as R,
          Sys.EmitTime as Time,
          Sys.Undo as Undo
      FROM Left LEFT OUTER JOIN Right
      ON L.Num = R.Num;
      ------------------------------
      | L    | R    | Time  | Undo |
      ------------------------------
      | null | R2   | 12:01 |      |
      | L1   | null | 12:02 |      |
      | L3   | null | 12:03 |      |
      | L3   | null | 12:04 | undo |
      | L3   | R3   | 12:04 |      |
      | null | R4   | 12:05 |      |
      | null | R2   | 12:06 | undo |
      | L2   | R2   | 12:06 |      |
      ....... [12:00, 12:10] .......
```

실제 쿼리에서 테이블과 스트림이 어떻게 표시되는지 보기 위해 동일한 쿼리를 이번에는 흐리게 표시된 행 없이 확인해보자.

```
12:10> SELECT TABLE
        Left.Id as L,
        Right.Id as R
      FROM Left LEFT OUTER JOIN Right
      ON L.Num = R.Num;
-----------------
| L    | R     |
-----------------
| L1   | null  |
| L2   | R2    |
| L3   | R3    |
-----------------
```

```
12:00> SELECT STREAM Left.Id as L,
             Right.Id as R,
             Sys.EmitTime as Time,
             Sys.Undo as Undo
           FROM Left LEFT OUTER JOIN Right
           ON L.Num = R.Num;
-----------------------------------
| L    | R     | Time  | Undo  |
-----------------------------------
| L1   | null  | 12:02 |       |
| L3   | null  | 12:03 |       |
| L3   | null  | 12:04 | undo  |
| L3   | R3    | 12:04 |       |
| L2   | R2    | 12:06 |       |
....... [12:00, 12:10] .......
```

RIGHT OUTER

RIGHT OUTER 조인은 LEFT OUTER 조인의 반대다. FULL OUTER 조인의 왼쪽 데이터셋에서 조인되지 않은 모든 행이 제거된다.

```
12:10> SELECT TABLE
        Left.Id as L,
        Right.Id as R
        FROM Left RIGHT OUTER JOIN Right
ON L.Num = R.Num;
-----------------
| L    | R     |
-----------------
| L1   | null  |
| L2   | R2    |
| L3   | R3    |
| null | R4    |
-----------------
```

```
12:00> SELECT STREAM Left.Id as L,
             Right.Id as R,
             Sys.EmitTime as Time,
             Sys.Undo as Undo
           FROM Left RIGHT OUTER JOIN Right
           ON L.Num = R.Num;
-----------------------------------
| L    | R     | Time  | Undo  |
-----------------------------------
| null | R2    | 12:01 |       |
| L1   | null  | 12:02 |       |
| L3   | null  | 12:03 |       |
| L3   | null  | 12:04 | undo  |
| L3   | R3    | 12:04 |       |
```

```
| null | R4   | 12:05 |      |
| null | R2   | 12:06 | undo |
| L2   | R2   | 12:06 |      |
....... [12:00, 12:10] .......
```

실제 RIGHT OUTER 조인 결과는 다음과 같을 것이다.

```
12:10> SELECT TABLE
         Left.Id as L,
         Right.Id as R
       FROM Left RIGHT OUTER JOIN Right
ON L.Num = R.Num;
--------------
| L    | R    |
--------------
| L2   | R2   |
| L3   | R3   |
| null | R4   |
--------------
```

```
12:00> SELECT STREAM Left.Id as L,
           Right.Id as R,
           Sys.EmitTime as Time,
           Sys.Undo as Undo
         FROM Left RIGHT OUTER JOIN Right
         ON L.Num = R.Num;
----------------------------
| L    | R    | Time  | Undo |
----------------------------
| null | R2   | 12:01 |      |
| L3   | R3   | 12:04 |      |
| null | R4   | 12:05 |      |
| null | R2   | 12:06 | undo |
| L2   | R2   | 12:06 |      |
....... [12:00, 12:10] .......
```

INNER

INNER 조인은 본질적으로 LEFT OUTER 조인과 RIGHT OUTER 조인의 교집합이다. 다르게 설명하면, FULL OUTER 조인에서 INNER 조인을 만들기 위해 제거된 행들은 LEFT OUTER 조인과 RIGHT OUTER 조인에서 제거된 행의 합집합이다. 결과적으로 양쪽 모두에서 조인되지 않고 남아 있는 행들은 INNER 조인에서 사라진다.

```
12:10> SELECT TABLE
         Left.Id as L,
         Right.Id as R
       FROM Left INNER JOIN Right
       ON L.Num = R.Num;
```

```
12:00> SELECT STREAM Left.Id as L,
           Right.Id as R,
           Sys.EmitTime as Time,
           Sys.Undo as Undo
         FROM Left INNER JOIN Right
         ON L.Num = R.Num;
```

```
-----------------                    ----------------------------------
| L    | R    |                      | L    | R    | Time  | Undo |
-----------------                    ----------------------------------
| L1   | null |                      | null | R2   | 12:01 |      |
| L2   | R2   |                      | L1   | null | 12:02 |      |
| L3   | R3   |                      | L3   | null | 12:03 |      |
| null | R4   |                      | L3   | null | 12:04 | undo |
-----------------                    | L3   | R3   | 12:04 |      |
                                     | null | R4   | 12:05 |      |
                                     | null | R2   | 12:06 | undo |
                                     | L2   | R2   | 12:06 |      |
                                     ....... [12:00, 12:10] .......
```

실제 INNER 조인의 결과는 다음과 같을 것이다.

```
                                     12:00> SELECT STREAM Left.Id as L,
                                               Right.Id as R,
12:10> SELECT TABLE                            Sys.EmitTime as Time,
          Left.Id as L,                        Sys.Undo as Undo
          Right.Id as R                 FROM Left INNER JOIN Right
       FROM Left INNER JOIN Right        ON L.Num = R.Num;
        ON L.Num = R.Num;
                                     ----------------------------------
-----------------                    | L    | R    | Time  | Undo |
| L    | R    |                      ----------------------------------
-----------------                    | L3   | R3   | 12:04 |      |
| L2   | R2   |                      | L2   | R2   | 12:06 |      |
| L3   | R3   |                      ....... [12:00, 12:10] .......
-----------------
```

이 예를 보면, 철회와 관련된 행이 모두 배제됐기 때문에 INNER 조인 스트림에서는 철회가 아무 역할을 하지 않는다고 생각할 수 있다. 하지만 12:07에 Left 테이블에서 Num이 3인 행의 값이 L3에서 L3v2로 업데이트된 상황을 생각해보자. Left 테이블이 업데이트된 후인 12:10에 수행된 최종 TABLE 쿼리의 결과도 달라질 뿐 아니라, 스트림에서 철회를 통해 이전 값을 제거하고 새로운 값을 추가하는 모습이 포함될 것이다.

```
                                     12:00> SELECT STREAM Left.Id as L,
12:10> SELECT TABLE                            Right.Id as R,
```

```
            Left.Id as L,                    Sys.EmitTime as Time,
            Right.Id as R                    Sys.Undo as Undo
     FROM Left INNER JOIN Right         FROM Left INNER JOIN Right
     ON L.Num = R.Num;                  ON L.Num = R.Num;
     --------------                     ------------------------------
     | L    | R    |                    | L    | R   | Time  | Undo |
     --------------                     ------------------------------
     | L2   | R2   |                    | L3   | R3  | 12:04 |      |
     | L3v2 | R3   |                    | L2   | R2  | 12:06 |      |
     --------------                     | L3   | R3  | 12:07 | undo |
                                        | L3v2 | R3  | 12:07 |      |
                                        ....... [12:00, 12:10] .......
```

ANTI

ANTI 조인은 INNER 조인과는 반대로 조인되지 않은 모든 행을 포함한다. 모든 SQL 시스템이 ANTI 조인을 깔끔한 형태의 문법으로 지원하는 것은 아니지만, 여기서는 설명을 위해 가장 간결한 형태의 문법으로 보이겠다.

```
                                    12:00> SELECT STREAM Left.Id as L,
                                            Right.Id as R,
12:10> SELECT TABLE                         Sys.EmitTime as Time,
        Left.Id as L,                       Sys.Undo as Undo
        Right.Id as R                FROM Left ANTI JOIN Right
 FROM Left ANTI JOIN Right           ON L.Num = R.Num;
 ON L.Num = R.Num;
                                     ------------------------------
 --------------                      | L    | R   | Time  | Undo |
 | L    | R    |                     ------------------------------
 --------------                      | null | R2  | 12:01 |      |
 | L1   | null |                     | L1   | null| 12:02 |      |
 | L2   | R2   |                     | L3   | null| 12:03 |      |
 | L3   | R3   |                     | L3   | null| 12:04 | undo |
 | null | R4   |                     | L3   | R3  | 12:04 |      |
 --------------                      | null | R4  | 12:05 |      |
                                     | null | R2  | 12:06 | undo |
                                     | L2   | R2  | 12:06 |      |
                                     ....... [12:00, 12:10] .......
```

ANTI 조인의 스트림 결과에서 흥미로운 부분은 최종적으로 조인되는 행을 포함하는 것으로 시작해 많은 수의 철회를 거친다는 점이다. ANTI 조인은 INNER 조인이 철회를 담지 않는 만큼 반대로 철회를 담게 된다. 실제로 보게 된 쿼리 결과는 다음과 같다.

```
12:10> SELECT TABLE
         Left.Id as L,
         Right.Id as R
       FROM Left ANTI JOIN Right
       ON L.Num = R.Num;
-----------------
| L    | R    |
-----------------
| L1   | null |
| null | R4   |
-----------------
```

```
12:00> SELECT STREAM Left.Id as L,
         Right.Id as R,
         Sys.EmitTime as Time,
         Sys.Undo as Undo
       FROM Left ANTI JOIN Right
       ON L.Num = R.Num;
------------------------------
| L    | R    | Time  | Undo |
------------------------------
| null | R2   | 12:01 |      |
| L1   | null | 12:02 |      |
| L3   | null | 12:03 |      |
| L3   | null | 12:04 | undo |
| null | R4   | 12:05 |      |
| null | R2   | 12:06 | undo |
....... [12:00, 12:10] .......
```

SEMI

이제 SEMI 조인을 살펴보자. SEMI 조인은 다소 특이하다. 언뜻 보기에는 기본적으로 조인된 값들 중 한쪽을 제거하는 형태의 INNER 조인처럼 보인다. 그리고 실제로 〈유지되는-쪽〉:〈배제되는-쪽〉의 기수 관계를 N:M이라고 할 때 M≤1인 경우 실제 그런 결과를 보여준다(이어지는 모든 예제에 유지되는 쪽은 Left, 배제되는 쪽은 Right가 될 것이다). 예를 들어 지금까지 사용한 0:1, 1:0, 1:1의 기수를 갖는 Left와 Right 데이터셋에서는 INNER와 SEMI 조인은 동일한 결과가 나온다.

```
12:10> SELECT TABLE
         Left.Id as L
       FROM Left INNER JOIN
       Right ON L.Num = R.Num;
```

```
12:10> SELECT TABLE
         Left.Id as L
       FROM Left SEMI JOIN
       Right ON L.Num = R.Num;
```

```
    --------------                    --------------
    | L    | R    |                   | L    | R    |
    --------------                    --------------
    | L1   | null |                   | L1   | null |
    | L2   | R2   |                   | L2   | R2   |
    | L3   | R3   |                   | L3   | R3   |
    | null | R4   |                   | null | R4   |
    --------------                    --------------
```

하지만 M>1인 N:M 기수의 경우 SEMI 조인과 관련된 추가적인 세부 사항이 따라온다. M쪽의 값이 반환되지 않기 때문에, SEMI 조인은 모든 일치 행에 대해 반복적으로 결과를 생성하지 않고 일치하는 행 하나에 대해서만 결과를 생성한다.

이를 확인하기 위해 포함된 행의 N:M 조인 기수를 강조해 보여줄 수 있는 약간 더 복잡한 입력 관계를 예로 살펴보자. 여기서 N_M 열은 오른쪽 사이의 행의 기수 관계를 보여주고, Id 열은 이전처럼 각 행마다 고유한 식별자 역할을 한다.

```
12:15> SELECT TABLE * FROM LeftNM;     12:15> SELECT TABLE * FROM RightNM;
----------------------                 ----------------------
| N_M | Id  | Time  |                  | N_M | Id  | Time  |
----------------------                 ----------------------
| 1:0 | L2  | 12:07 |                  | 0:1 | R1  | 12:02 |
| 1:1 | L3  | 12:01 |                  | 1:1 | R3  | 12:14 |
| 1:2 | L4  | 12:05 |                  | 1:2 | R4A | 12:03 |
| 2:1 | L5A | 12:09 |                  | 1:2 | R4B | 12:04 |
| 2:1 | L5B | 12:08 |                  | 2:1 | R5  | 12:06 |
| 2:2 | L6A | 12:12 |                  | 2:2 | R6A | 12:11 |
| 2:2 | L6B | 12:10 |                  | 2:2 | R6B | 12:13 |
----------------------                 ----------------------
```

이제 FULL OUTER 조인 결과는 다음과 같다.

```
                              12:00> SELECT STREAM
                                       COALESCE(LeftNM.N_M,
                                                RightNM.N_M) as N_M,
                                       LeftNM.Id as L,
12:15> SELECT TABLE
         COALESCE(LeftNM.N_M,
```

```
            RightNM.N_M) as N_M,                    RightNM.Id as R,
        LeftNM.Id as L,                         Sys.EmitTime as Time,
        RightNM.Id as R,                         Sys.Undo as Undo
    FROM LeftNM                             FROM LeftNM
    FULL OUTER JOIN RightNM                 FULL OUTER JOIN RightNM
    ON LeftNM.N_M = RightNM.N_M;            ON LeftNM.N_M = RightNM.N_M;
```

N_M	L	R
0:1	null	R1
1:0	L2	null
1:1	L3	R3
1:2	L4	R4A
1:2	L4	R4B
2:1	L5A	R5
2:1	L5B	R5
2:2	L6A	R6A
2:2	L6A	R6B
2:2	L6B	R6A
2:2	L6B	R6B

N_M	L	R	Time	Undo
1:1	L3	null	12:01	
0:1	null	R1	12:02	
1:2	null	R4A	12:03	
1:2	null	R4B	12:04	
1:2	null	R4A	12:05	undo
1:2	null	R4B	12:05	undo
1:2	L4	R4A	12:05	
1:2	L4	R4B	12:05	
2:1	null	R5	12:06	
1:0	L2	null	12:07	
2:1	null	R5	12:08	undo
2:1	L5B	R5	12:08	
2:1	L5A	R5	12:09	
2:2	L6B	null	12:10	
2:2	L6B	null	12:11	undo
2:2	L6B	R6A	12:11	
2:2	L6A	R6A	12:12	
2:2	L6A	R6B	12:13	
2:2	L6B	R6B	12:13	
1:1	L3	null	12:14	undo
1:1	L3	R3	12:14	

.... [12:00, 12:15] ....

참고로, 데이터셋이 이렇게 복잡해지면 각 측면에서 동일한 조건자로 매칭되는 행이 여러 개 있을 때 조인의 곱셈 특성을 더욱 명확하게 드러난다(예를 들어 2:2 행은 각 입력에서 2개 행이 만나 4개 행이 결과로 출력되고, 3:3 행은 3개 행의 입력이 만나 9개의 행으로 출력된다).

이제 SEMI 조인의 미묘한 차이점을 살펴보자. 이제 INNER 조인과 SEMI 조인의 차이가 명확해진다. INNER 조인이 N:M 기수가 M>1인 행에 대해 여러 값을 결과로 내는 반면 SEMI 조인은 그렇지 않다(INNER 조인에는 포함되나 SEMI 조인에서 빠지는 행은 빨간색으로 표시했으며, 각 결과에서 배제된 FULL OUTER 조인 부분은 회색으로 표시했다).

```
12:15> SELECT TABLE
         COALESCE(LeftNM.N_M,
                 RightNM.N_M) as N_M,
         LeftNM.Id as L
       FROM LeftNM INNER JOIN RightNM
       ON LeftNM.N_M = RightNM.N_M;
--------------------------
| N_M | L    | R    |
--------------------------
| 0:1 | null | R1   |
| 1:0 | L2   | null |
| 1:1 | L3   | R3   |
| 1:2 | L4   | R5A  |
| 1:2 | L4   | R5B  |
| 2:1 | L5A  | R5   |
| 2:1 | L5B  | R5   |
| 2:2 | L6A  | R6A  |
| 2:2 | L6A  | R6B  |
| 2:2 | L6B  | R6A  |
| 2:2 | L6B  | R6B  |
--------------------------
```

```
12:15> SELECT TABLE
         COALESCE(LeftNM.N_M,
                 RightNM.N_M) as N_M,
         LeftNM.Id as L
       FROM LeftNM SEMI JOIN RightNM
       ON LeftNM.N_M = RightNM.N_M;
--------------------------
| N_M | L    | R    |
--------------------------
| 0:1 | null | R1   |
| 1:0 | L2   | null |
| 1:1 | L3   | R3   |
| 1:2 | L4   | R5A  |
| 1:2 | L4   | R5B  |
| 2:1 | L5A  | R5   |
| 2:1 | L5B  | R5   |
| 2:2 | L6A  | R6A  |
| 2:2 | L6A  | R6B  |
| 2:2 | L6B  | R6A  |
| 2:2 | L6B  | R6B  |
--------------------------
```

실제 결과는 다음과 같다.

```
12:15> SELECT TABLE
         COALESCE(LeftNM.N_M,
                 RightNM.N_M) as N_M,
         LeftNM.Id as L
       FROM LeftNM INNER JOIN RightNM
       ON LeftNM.N_M = RightNM.N_M;
-------------
| N_M | L   |
```

```
12:15> SELECT TABLE
         COALESCE(LeftNM.N_M,
                 RightNM.N_M) as N_M,
         LeftNM.Id as L
       FROM LeftNM SEMI JOIN RightNM
       ON LeftNM.N_M = RightNM.N_M;
-------------
| N_M | L   |
```

```
-------------                    -------------
| 1:1 | L3  |                    | 1:1 | L3  |
| 1:2 | L4  |                    | 1:2 | L4  |
| 1:2 | L4  |                    | 2:1 | L5A |
| 2:1 | L5A |                    | 2:1 | L5B |
| 2:1 | L5B |                    | 2:2 | L6A |
| 2:2 | L6A |                    | 2:2 | L6B |
| 2:2 | L6A |                    -------------
| 2:2 | L6B |
| 2:2 | L6B |
-------------
```

스트림 표현을 보면 행이 배제되는 과정을 확인할 수 있다. (프로젝션^{projection}되는 열의 관점에서) 나중에 도착하는 중복 행을 배제했다.

```
12:00> SELECT STREAM                      12:00> SELECT STREAM
       COALESCE(LeftNM.N_M,                      COALESCE(LeftNM.N_M,
               RightNM.N_M) as N_M,                     RightNM.N_M) as N_M,
       LeftNM.Id as L                            LeftNM.Id as L
       Sys.EmitTime as Time,                     Sys.EmitTime as Time,
       Sys.Undo as Undo,                         Sys.Undo as Undo,
       FROM LeftNM INNER JOIN RightNM            FROM LeftNM SEMI JOIN RightNM
       ON LeftNM.N_M = RightNM.N_M;              ON LeftNM.N_M = RightNM.N_M;

----------------------------------    ----------------------------------
| N_M | L    | R    | Time  | Undo |    | N_M | L    | R    | Time  | Undo |
----------------------------------    ----------------------------------
| 1:1 | L3   | null | 12:01 |      |    | 1:1 | L3   | null | 12:01 |      |
| 0:1 | null | R1   | 12:02 |      |    | 0:1 | null | R1   | 12:02 |      |
| 1:2 | null | R4A  | 12:03 |      |    | 1:2 | null | R4A  | 12:03 |      |
| 1:2 | null | R4B  | 12:04 |      |    | 1:2 | null | R4B  | 12:04 |      |
| 1:2 | null | R4A  | 12:05 | undo |    | 1:2 | null | R4A  | 12:05 | undo |
| 1:2 | null | R4B  | 12:05 | undo |    | 1:2 | null | R4B  | 12:05 | undo |
| 1:2 | L4   | R4A  | 12:05 |      |    | 1:2 | L4   | R4A  | 12:05 |      |
| 1:2 | L4   | R4B  | 12:05 |      |    | 1:2 | L4   | R4B  | 12:05 |      |
| 2:1 | null | R5   | 12:06 |      |    | 2:1 | null | R5   | 12:06 |      |
| 1:0 | L2   | null | 12:07 |      |    | 1:0 | L2   | null | 12:07 |      |
| 2:1 | null | R5   | 12:08 | undo |    | 2:1 | null | R5   | 12:08 | undo |
| 2:1 | L5B  | R5   | 12:08 |      |    | 2:1 | L5B  | R5   | 12:08 |      |
```

```
| 2:1 | L5A | R5   | 12:09 |      |        | 2:1 | L5A | R5   | 12:09 |      |
| 2:2 | L6B | null | 12:10 |      |        | 2:2 | L6B | null | 12:10 |      |
| 2:2 | L6B | null | 12:10 | undo |        | 2:2 | L6B | null | 12:10 | undo |
| 2:2 | L6B | R6A  | 12:11 |      |        | 2:2 | L6B | R6A  | 12:11 |      |
| 2:2 | L6A | R6A  | 12:12 |      |        | 2:2 | L6A | R6A  | 12:12 |      |
| 2:2 | L6A | R6B  | 12:13 |      |        | 2:2 | L6A | R6B  | 12:13 |      |
| 2:2 | L6B | R6B  | 12:13 |      |        | 2:2 | L6B | R6B  | 12:13 |      |
| 1:1 | L3  | null | 12:14 | undo |        | 1:1 | L3  | null | 12:14 | undo |
| 1:1 | L3  | R3   | 12:14 |      |        | 1:1 | L3  | R3   | 12:14 |      |
.......... [12:00, 12:15] ..........      .......... [12:00, 12:15] ..........
```

그리고 이를 간결하게 표현하면 다음과 같다.

```
12:00> SELECT STREAM                      12:00> SELECT STREAM
       COALESCE(LeftNM.N_M,                      COALESCE(LeftNM.N_M,
               RightNM.N_M) as N_M,                      RightNM.N_M) as N_M,
       LeftNM.Id as L                            LeftNM.Id as L
       Sys.EmitTime as Time,                     Sys.EmitTime as Time,
       Sys.Undo as Undo,                         Sys.Undo as Undo,
       FROM LeftNM INNER JOIN RightNM            FROM LeftNM SEMI JOIN RightNM
       ON LeftNM.N_M = RightNM.N_M;              ON LeftNM.N_M = RightNM.N_M;
---------------------------               ---------------------------
| N_M | L   | Time  | Undo |              | N_M | L   | Time  | Undo |
---------------------------               ---------------------------
| 1:2 | L4  | 12:05 |      |              | 1:2 | L4  | 12:05 |      |
| 1:2 | L4  | 12:05 |      |              | 2:1 | L5B | 12:08 |      |
| 2:1 | L5B | 12:08 |      |              | 2:1 | L5A | 12:09 |      |
| 2:1 | L5A | 12:09 |      |              | 2:2 | L6B | 12:11 |      |
| 2:2 | L6B | 12:11 |      |              | 2:2 | L6A | 12:12 |      |
| 2:2 | L6A | 12:12 |      |              | 1:1 | L3  | 12:14 |      |
| 2:2 | L6A | 12:13 |      |              ...... [12:00, 12:15] ......
| 2:2 | L6B | 12:13 |      |
| 1:1 | L3  | 12:14 |      |
...... [12:00, 12:15] ......
```

여러 예를 살펴본 것처럼, 스트리밍 조인이라고 해서 특별한 것이 있는 것은 아니다. 스트림과 테이블에 대해 학습한 내용을 고려했을 때 이미 예상한 대로 동작하며, 조인의 스트림 표현은 조인이 시간에 따라 변해가는 모습을 담고 있다. 이 부분이 우리에게 이미 익숙한 전체 조인의 특정 시점 스냅샷 결과를 담아내는 테이블 조인과는 대조적이다.

더 중요한 사실은, 스트림/테이블 이론이라는 렌즈를 통해 조인을 보게 되면 더 많은 것들이 명확해진다는 것이다. 조인의 핵심이 되는 기본 기능은 FULL OUTER 조인이며, 이는 조인되는 그리고 조인되지 않은 모든 행을 함께 모아 스트림 → 테이블로의 그룹핑을 수행하는 작업이다. 우리가 자세히 살펴본 다른 모든 형태(LEFT OUTER, RIGHT OUTER, INNER, ANTI, SEMI)는 FULL OUTER 조인을 수행한 후에 조인된 스트림에 추가적인 필터링 계층을 추가하기만 하면 된다.[3]

윈도우 조인

윈도우가 적용되지 않은 다양한 형태의 조인을 살펴봤으니, 여기에 윈도우를 추가하는 것이 어떤 결과를 낳는지 살펴볼 차례다. 우리는 조인에 윈도우를 적용하는 데에는 두 가지 동기가 있다고 생각한다.

의미 있는 방식으로 시간 분할하기

고정 윈도우fixed window를 쓰는 경우가 이에 해당한다. 예를 들어 일일 청구 명세처럼 사업적인 목적으로 같은 날 발생한 이벤트를 함께 조인해야 하는 일 단위 윈도우를 생각해볼 수 있다. 또 다른 하나는 성능상의 이유로 조인의 시간 범위를 제한하는 경우도 생각해볼 수 있다. 하지만 훨씬 더 정교하고 유용한 방식으로 조인 내 시간을 분할하는 경우도 있다. 그중 하나로 현존 스트리밍 시스템이 제대로 지원하지 못하는 흥미로운 사용 사례로 시간 유효성 조인temporal validity join을 들 수 있다. 이 부분은 나중에 자세히 설명하겠다.

---

3   적어도 개념적인 관점에서 보자면, 이러한 조인의 유형을 구현하는 여러 가지 방법이 있으며, 그중 일부는 쿼리의 나머지 부분과 데이터 분포에 따라 실제 FULL OUTER 조인을 수행한 다음 결과를 필터링하는 것보다 훨씬 더 효율적일 수 있다.

조인에 타임 아웃 제공

이는 무한 데이터를 조인하는 다수의 상황에 유용하겠지만, 특히 외부 조인처럼 조인 중 한 쪽이 나타날 것인지 미리 알 수 없는 경우에 유용하다. (표준 대화형 SQL 쿼리를 포함한) 기존 배치 처리의 경우, 외부 조인은 유한 입력이 완전히 처리되는 시점에 타임아웃 처리된다. 하지만 무한 데이터를 다룰 때에는 모든 데이터가 처리되는 시점을 기다릴 수 없다. 2장과 3장에서 논의한 것처럼, 워터마크는 이벤트 시간에서 입력이 진행되는 지표를 제공한다. 하지만 조인을 타임아웃 처리하기 위해 해당 지표를 사용하려면 비교 대상이 되는 참조점이 필요하다. 조인을 윈도우로 설정하면 윈도우 끝을 조인의 범위로 제한함으로써 그런 참조점을 잡을 수 있다. 워터마크가 윈도우 끝을 지날 때, 시스템은 윈도우의 입력이 완료한 것으로 간주한다. 이 시점에는 유한 데이터 조인과 마찬가지로 조인되지 않은 행을 타임아웃 처리하고 결과를 구체화하는 것이 가능하다.

앞서 이야기한 것처럼 윈도우는 스트리밍 조인을 위한 필수 조건은 아니다. 많은 경우에 윈도우를 적용하는 것이 유의미하지만 필수적이지는 않다.

일 단위 윈도우처럼 사용 사례의 대부분은 지금까지 우리가 배운 개념에서 시작해 쉽게 추정할 수 있을 만큼 상대적으로 간단한 형태이다. 그 이유를 알아보기 위해 이미 접했던 조인 예에 고정 윈도우를 적용하는 모습을 간단히 살펴보겠다. 그 후, 9장의 끝까지 시간 유효성 조인이라는 훨씬 더 흥미롭고 (하지만 어려운) 주제를 먼저 시간 유효성 윈도우가 의미하는 바를 자세히 살펴보고, 시간 유효성 윈도우의 맥락 안에서 조인의 의미를 살펴보는 순서로 접근해보고자 한다.

고정 윈도우

윈도우를 조인에 적용하는 것은 조인 기준 자체에 시간 차원을 더하는 것이다. 그렇게 함으로 윈도우는 해당 윈도우의 시간 범위 내에서 보이는 행으로 조인의 범위를 좁히는 역할을 한다. 이는 예를 통해 더 분명히 보이므로, 기존의 Left와 Right 테이블에 5분짜리 고정 윈도우를 적용해보자.

```
12:10> SELECT TABLE *,                    12:10> SELECT TABLE *,
        TUMBLE(Time, INTERVAL '5' MINUTE)         TUMBLE(Time, INTERVAL '5'
MINUTE)
        as Window FROM Left;                      as Window FROM Right
------------------------------------      ------------------------------------
| Num | Id | Time  | Window        |      | Num | Id | Time  | Window         |
------------------------------------      ------------------------------------
| 1   | L1 | 12:02 | [12:00, 12:05) |     | 2   | R2 | 12:01 | [12:00, 12:05) |
| 2   | L2 | 12:06 | [12:05, 12:10) |     | 3   | R3 | 12:04 | [12:00, 12:05) |
| 3   | L3 | 12:03 | [12:00, 12:05) |     | 4   | R4 | 12:05 | [12:05, 12:06) |
------------------------------------      ------------------------------------
```

이전의 Left와 Right 예에서 조인 기준은 간단히 Left.Num=Right.Num이었다. 이를 윈도우 조인으로 바꾸기 위해서 조인 기준을 Left.Num=Right.Num AND Left.Window=Right.Window와 같이 윈도우에 대한 조건을 포함하도록 확대할 필요가 있다. 이를 알고 나면 이전 윈도우 테이블로부터 조인 결과가 어떻게 바뀔지 추측하기는 쉽다. L2와 R2 행은 동일한 5분 고정 윈도우 내에 있지 않기 때문에 윈도우를 적용한 조인에서는 조인되지 않을 것이다.

그리고 실제 윈도우가 적용되지 않은 테이블과 윈도우가 적용된 테이블을 나란히 비교하면 이를 명확히 확인할 수 있다.

```
                                      12:10> SELECT TABLE
                                              Left.Id as L,
                                              Right.Id as R,
                                              COALESCE(
                                                TUMBLE(Left.Time, INTERVAL '5' MINUTE),
                                                TUMBLE(Right.Time, INTERVAL '5' MINUTE)
                                              ) AS Window
                                            FROM Left
12:10> SELECT TABLE                           FULL OUTER JOIN Right
        Left.Id as L,                         ON L.Num = R.Num AND
        Right.Id as R,                          TUMBLE(Left.Time, INTERVAL '5' MINUTE) =
      FROM Left                                 TUMBLE(Right.Time, INTERVAL '5' MINUTE);
        FULL OUTER JOIN Right
        ON L.Num = R.Num;
----------------                          ---------------------------------
| L   | R   |                             | L   | R   | Window           |
```

```
--------------
| L1   | null |
| L2   | R2   |
| L3   | R3   |
| null | R4   |
--------------
```

```
-------------------------------
| L1   | null | [12:00, 12:05) |
| null | R2   | [12:00, 12:05) |
| L3   | R3   | [12:00, 12:05) |
| L2   | null | [12:05, 12:10) |
| null | R4   | [12:05, 12:10) |
-------------------------------
```

이 차이는 윈도우 조인과 일반 조인을 스트림으로 비교했을 때에도 분명하게 보인다.
다음 예의 강조된 부분에서 볼 수 있듯이 주로 최종 행에서 차이가 드러난다. 윈도우를
적용하지 않은 쪽에서 Num=2에 대한 조인을 완료하는 과정을 보자. 조인되지 않은 R2 행
에 대한 철회와 함께 완성된 L2, R2 조인을 담은 새 행이 나오게 된다. 반면 윈도우 조인
에서는 L2와 R2가 서로 다른 윈도우에 속하기 때문에 조인되지 않은 L2 행을 생성하는
것으로 끝난다.

```
12:10> SELECT STREAM
          Left.Id as L,
          Right.Id as R,
          Sys.EmitTime as Time,
          Sys.Undo as Undo
       FROM Left
         FULL OUTER JOIN Right
         ON L.Num = R.Num;
```

L	R	Time	Undo
null	R2	12:01	
L1	null	12:02	
L3	null	12:03	
L3	null	12:04	undo

```
12:10> SELECT STREAM
          Left.Id as L,
          Right.Id as R,
          Sys.EmitTime as Time,
          COALESCE(
            TUMBLE(Left.Time, INTERVAL '5' MINUTE),
            TUMBLE(Right.Time, INTERVAL '5' MINUTE)
          ) AS Window,
          Sys.Undo as Undo
       FROM Left
         FULL OUTER JOIN Right
         ON L.Num = R.Num AND
            TUMBLE(Left.Time, INTERVAL '5' MINUTE) =
            TUMBLE(Right.Time, INTERVAL '5' MINUTE);
```

L	R	Time	Window	Undo
null	R2	12:01	[12:00, 12:05)	
L1	null	12:02	[12:00, 12:05)	
L3	null	12:03	[12:00, 12:05)	
L3	null	12:04	[12:00, 12:05)	undo

```
| L3   | R3 | 12:04 |      |        | L3   | R3   | 12:04 | [12:00, 12:05) |      |
| null | R4 | 12:05 |      |        | null | R4   | 12:05 | [12:05, 12:10) |      |
| null | R2 | 12:06 | undo |        | L2   | null | 12:06 | [12:05, 12:10) |      |
| L2   | R2 | 12:06 |      |        .............. [12:00, 12:10] ...............
...... [12:00, 12:10] .......
```

이를 통해 이제 윈도우가 FULL OUTER 조인에 미치는 영향을 이해할 수 있다. 9장 전반부에서 배운 규칙을 적용하면 윈도우가 적용된 LEFT OUTER, RIGHT OUTER, INNER, ANTI, SEMI 조인 결과도 어렵지 않게 노출할 수 있다. 이 부분은 독자 여러분이 직접 연습할 수 있도록 남겨두겠지만, LEFT OUTER 조인 결과만을 예로 보이고자 한다.

```
                              12:10> SELECT TABLE
                                      Left.Id as L,
                                      Right.Id as R,
                                      COALESCE(
                                        TUMBLE(Left.Time, INTERVAL '5' MINUTE),
                                        TUMBLE(Right.Time, INTERVAL '5' MINUTE)
                                      ) AS Window
                                  FROM Left
                                      LEFT OUTER JOIN Right
                                      ON L.Num = R.Num AND
12:10> SELECT TABLE                     TUMBLE(Left.Time, INTERVAL '5' MINUTE) =
        Left.Id as L,                   TUMBLE(Right.Time, INTERVAL '5' MINUTE);
        Right.Id as R,
    FROM Left                   ------------------------------------
        LEFT OUTER JOIN Right    | L    | R    | Window         |
        ON L.Num = R.Num;       ------------------------------------
---------------                  | L1   | null | [12:00, 12:05) |
| L    | R    |                  | L2   | null | [12:05, 12:10) |
---------------                  | L3   | R3   | [12:00, 12:05) |
| L1   | null |                 ------------------------------------
| L2   | R2   |
| L3   | R3   |
---------------
```

조인의 시간 영역을 고정된 5분 간격으로 지정해 [12:00, 12:05]와 [12:05, 12:10]로 데이터셋을 윈도우 시간 둘로 분할했다. 그런 후 앞에서 배운 것과 동일한 조인 로직이 해당 영역에 적용됐고, L2 행과 R2 행이 서로 다른 영역에 속하는 경우 다른 결과가 나옴을 확인할 수 있다. 그리고 기본적인 수준에서 이것이 윈도우 조인에 대한 모든 것이라 할 수 있다.

시간 유효성

윈도우 조인의 기본적인 내용을 살펴봤으니, 이제 9장의 나머지에서는 시간 유효성 윈도우temporal validity window라는 좀 더 진보된 형태의 접근 방식을 살펴보도록 하자.

시간 유효성 윈도우

시간 유효성 윈도우는 관계를 표현하는 행이 담고 있는 값이 유효한 영역으로 시간을 분할하는 상황에 효과적으로 적용할 수 있다. 좀 더 구체적으로 살펴보기 위해 통화 변환currency conversion을 수행하는 금융 시스템을 생각해보자.[4] 그러한 시스템은 다양한 통화에 대해 현재 환율을 잡아두는 시간 변이 관계를 포함할 것이다. 예를 들어 다음과 같이 엔화와의 환율을 보여주는 관계가 있을 수 있다.

```
12:10> SELECT TABLE * FROM YenRates;
---------------------------------------
| Curr | Rate | EventTime | ProcTime |
---------------------------------------
| USD  | 102  | 12:00:00  | 12:04:13 |
| Euro | 114  | 12:00:30  | 12:06:23 |
| Yen  | 1    | 12:01:00  | 12:05:18 |
| Euro | 116  | 12:03:00  | 12:09:07 |
| Euro | 119  | 12:06:00  | 12:07:33 |
---------------------------------------
```

시간 유효성 윈도우가 "특정 값이 유효한 영역으로 시간을 분할"한다는 점에 집중하기 위해 유로와 엔화 간의 환율만 고려해보겠다.

```
12:10> SELECT TABLE * FROM YenRates WHERE Curr = "Euro";
---------------------------------------
| Curr | Rate | EventTime | ProcTime |
---------------------------------------
| Euro | 114  | 12:00:30  | 12:06:23 |
```

---

4   시간 유효성 조인을 설명하는 사용 사례는 거의 전적으로 줄리안 하이드의 "스트림, 조인, 시간 테이블(Streams, Joins, and temporal tables)(http://bit.ly/2MoNqaS)"이라는 문서에서 빌려왔다.

```
| Euro | 116 | 12:03:00 | 12:09:07 |
| Euro | 119 | 12:06:00 | 12:07:33 |
----------------------------------------
```

데이터베이스 엔지니어링 관점에서 이 테이블이 유로를 엔화로 환전하는 비율이 정확히 12:00에 114 ¥/€, 12:03에 116 ¥/€, 12:06에 119 ¥/€이고 그 외에는 정의되지 않음을 뜻하는 것이 아니라는 사실을 알고 있다. 대신 이 테이블의 의도는 유로-엔화 환율이 12:00까지는 정의되지 않고 12:00에서 12:03에는 114 ¥/€로, 12:03에서 12:06에는 116 ¥/€로, 그 후로는 119 ¥/€라는 것이다. 이를 타임라인으로 그려보면 다음과 같다.

```
           미정의              114 ¥/€              116 ¥/€              119 ¥/€
|----[-inf, 12:00)----|----[12:00, 12:03)----|----[12:03, 12:06)----|----[12:06, now)----→
```

이제 모든 환율 변화를 미리 알고 있다면, 환율이 변하는 영역을 행에 주어진 데이터에서 바로 파악할 수 있다. 하지만 환율이 유효한 시작 시간을 바탕으로 환율 데이터를 점진적으로 구축해야 한다면 문제가 생길 수 있다. 어떤 행이 담고 있는 값이 유효한 범위가 그 이후에 나오는 행에 의존하는 것이다. 새 환율이 도착할 때마다 이전 환율의 유효 범위가 새 환율의 시작 시간으로 바뀌기 때문에, 이는 데이터가 순서대로 도착해도 문제가 된다. 더구나 데이터 순서가 뒤섞여 들어온다면 상황은 더 복잡해진다. 예를 들어 앞의 YenRates 테이블에서 처리 시간 순서를 사용해 표현하면, 타임라인은 시간에 따라 다음과 같이 변화해간다.

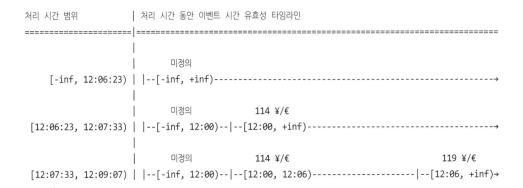

```
                     |
                     |   미정의        114 ¥/€         116 ¥/€         119 ¥/€
   [12:09:07, now) | |--[-inf, 12:00)--|--[12:00, 12:03)--|--[12:03, 12:06)--|--[12:06, +inf)→
```

이를 시간 변이 관계로 표현하면 다음과 같다. 각 스냅샷 간의 차이는 따로 표시했다.

```
12:10> SELECT TVR * FROM YenRatesWithRegion ORDER BY EventTime;
-------------------------------------------------------------------------------
|               [-inf, 12:06:23)              |        [12:06:23, 12:07:33)          |
| ------------------------------------------- | ----------------------------------- |
| | Curr | Rate | Region        | ProcTime | | | Curr | Rate | Region      | ProcTime | |
| ------------------------------------------- | ----------------------------------- |
| ------------------------------------------- | | Euro | 114  | [12:00, +inf) | 12:06:23 | |
|                                             | ----------------------------------- |
-------------------------------------------------------------------------------
|           [12:07:33, 12:09:07)              |        [12:09:07, +inf)              |
| ------------------------------------------- | ----------------------------------- |
| | Curr | Rate | Region        | ProcTime | | | Curr | Rate | Region      | ProcTime | |
| ------------------------------------------- | ----------------------------------- |
| | Euro | 114  | [12:00, 12:06) | 12:06:23 | | | Euro | 114  | [12:00, 12:03) | 12:06:23 | |
| | Euro | 119  | [12:06, +inf)  | 12:07:33 | | | Euro | 116  | [12:03, 12:06) | 12:09:07 | |
| ------------------------------------------- | | Euro | 119  | [12:06, +inf)  | 12:07:33 | |
|                                             | ----------------------------------- |
-------------------------------------------------------------------------------
```

여기서 주목할 부분은 변경 사항의 절반이 단일 행이 아닌 여러 행을 업데이트하고 있다는 점이다. 이것이 별로 문제가 아닌 것처럼 들릴 수도 있다. 하지만 각 스냅샷 간의차이가 단지 새로운 행 하나가 도착해서 발생한다는 점을 생각하면 이야기가 달라진다. 다시 말해 새로운 입력 행 하나가 도착하면 여러 출력 행에 수정을 일으키는 트랜잭션transaction이 일어나야 한다. 다르게 생각해보면, 이는 다중 행 트랜잭션이 세션 윈도우session window를 구축할 때 관여하는 상황이라 볼 수 있다. 실제로 이는 윈도우가 단순히시간을 분할해주는 것 이상의 이점을 제공하는 경우에 해당한다. 윈도우는 복잡한 다중행 트랜잭션이 관련된 상황에서도 시간을 분할할 수 있는 방법이 된다.

실제 동작하는 모습을 보도록 하자. 빔 파이프라인에서라면 다음과 같은 형태가 될 것이다.

```
PCollection<Currency, Decimal> yenRates = ...;
PCollection<Decimal> validYenRates = yenRates
    .apply(Window.into(new ValidityWindows()))
    .apply(GroupByKey.<Currency, Decimal>create());
```

스트림/테이블이 동작하는 모습을 보면 그림 9-1과 같다.

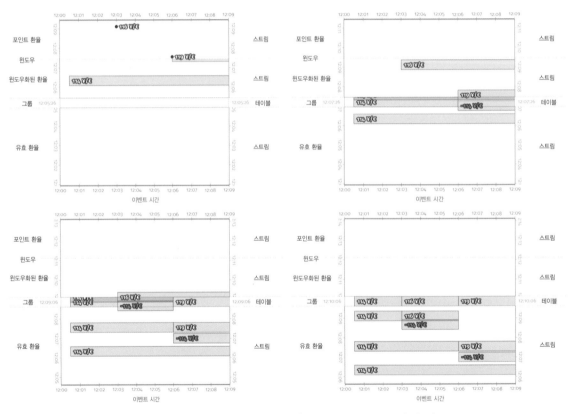

그림 9-1. 시간에 따른 시간 유효성 윈도우(http://streamingbook.net/fig/9-1)

이 그림에서 시간 유효성의 중요한 부분을 확인할 수 있다. 바로 윈도우 축소[superscript]window shrinking이다. 유효성 윈도우는 시간이 지남에 따라 축소돼 유효성 범위가 줄어들고, 범위 내에 포함된 데이터들을 새 윈도우 둘로 나눌 수 있어야 한다. 부분적인 구현 예시는 깃허브(http://bit.ly/2N7Nn3A)를 참고하면 된다.[5]

SQL에서는 이러한 유효성 윈도우는 가상의 VALIDITY_WINDOW를 사용해 다음과 같이 표현할 수 있을 것이다.

```
12:10> SELECT TABLE
         Curr,
         MAX(Rate) as Rate,
         VALIDITY_WINDOW(EventTime) as Window
       FROM YenRates
       GROUP BY
         Curr,
         VALIDITY_WINDOW(EventTime)
       HAVING Curr = "Euro";
-------------------------------
| Curr | Rate | Window         |
-------------------------------
| Euro | 114  | [12:00, 12:03) |
| Euro | 116  | [12:03, 12:06) |
| Euro | 119  | [12:06, +inf)  |
-------------------------------
```

표준 SQL의 유효성 윈도우

셀프 조인(self join) 3개를 사용해 표준 SQL로도 유효성 윈도우를 기술할 수 있다.

```
SELECT
  r1.Curr,
  MAX(r1.Rate) AS Rate,
  r1.EventTime AS WindowStart,
  r2.EventTime AS WIndowEnd
```

---

5 부분적인 구현이라 한 이유는 그림 9-1과 같이 윈도우가 고립돼 있는 경우에만 동작하기 때문이다. 다음 나오는 조인 예에서처럼 다른 데이터를 갖는 윈도우에서는 축소된 윈도우의 데이터를 분리된 윈도우 둘로 분할하는 방법이 필요하다. 하지만 현재 빔은 이런 기능을 제공하지 않는다.

```
   FROM YenRates r1
   LEFT JOIN YenRates r2
     ON r1.Curr = r2.Curr
       AND r1.EventTime < r2.EventTime
   LEFT JOIN YenRates r3
     ON r1.Curr = r3.Curr
       AND r1.EventTime < r3.EventTime
       AND r3.EventTime < r2.EventTime
   WHERE r3.EventTime IS NULL
   GROUP BY r1.Curr, WindowStart, WindowEnd
   HAVING r1.Curr = 'Euro';
```

이를 알려준 마틴 클래프만(Martin Kleppmann)에게 감사를 표한다.

또는 더 흥미로운 스트림의 형태로 보면 다음과 같다.

```
12:00> SELECT STREAM
         Curr,
         MAX(Rate) as Rate,
         VALIDITY_WINDOW(EventTime) as Window,
         Sys.EmitTime as Time,
         Sys.Undo as Undo,
       FROM YenRates
       GROUP BY
         Curr,
         VALIDITY_WINDOW(EventTime)
       HAVING Curr = "Euro";
----------------------------------------------
| Curr | Rate | Window         | Time     | Undo |
----------------------------------------------
| Euro | 114  | [12:00, +inf)  | 12:06:23 |      |
| Euro | 114  | [12:00, +inf)  | 12:07:33 | undo |
| Euro | 114  | [12:00, 12:06) | 12:07:33 |      |
| Euro | 119  | [12:06, +inf)  | 12:07:33 |      |
| Euro | 114  | [12:00, 12:06) | 12:09:07 | undo |
| Euro | 114  | [12:00, 12:03) | 12:09:07 |      |
```

```
| Euro | 116  | [12:03, 12:06) | 12:09:07 |       |
................ [12:00, 12:10] ................
```

지금까지 어떻게 특정 시점의 값을 사용해 값이 유효한 범위로 시간을 분할할 수 있는 지 살펴봤다. 하지만 이러한 시간 유효성 윈도우의 진짜 힘은 다른 데이터와 조인이 발생하는 문맥에서 발휘된다. 이제 시간 유효성 조인을 보도록 하자.

시간 유효성 조인

시간 유효성 조인의 의미를 알아보기 위해 다양한 통화에서 엔화로의 환전 주문을 추적하는 시간 변이 관계를 고려해보자.

```
12:10> SELECT TABLE * FROM YenOrders;
----------------------------------------
| Curr | Amount | EventTime | ProcTime |
----------------------------------------
| Euro | 2      | 12:02:00  | 12:05:07 |
| USD  | 1      | 12:03:00  | 12:03:44 |
| Euro | 5      | 12:05:00  | 12:08:00 |
| Yen  | 50     | 12:07:00  | 12:10:11 |
| Euro | 3      | 12:08:00  | 12:09:33 |
| USD  | 5      | 12:10:00  | 12:10:59 |
----------------------------------------
```

그리고 이전과 마찬가지로 단순한 예를 다루기 위해 유로에서 엔화로의 환전 주문만 살펴보자.

```
12:10> SELECT TABLE * FROM YenOrders WHERE Curr = "Euro";
----------------------------------------
| Curr | Amount | EventTime | ProcTime |
----------------------------------------
| Euro | 2      | 12:02:00  | 12:05:07 |
| Euro | 5      | 12:05:00  | 12:08:00 |
| Euro | 3      | 12:08:00  | 12:09:33 |
----------------------------------------
```

YenRates 내의 행이 정의해주는 유효 범위를 사용해서, 이 환전 주문들을 YenRates 관계와 조인하고자 한다. 즉, 마지막 절 끝에서 살펴본 다음과 같은 YenRates의 유효성 윈도우 형태와 조인하는 것이 목표이다.

```
12:10> SELECT TABLE
          Curr,
          MAX(Rate) as Rate,
          VALIDITY_WINDOW(EventTime) as Window
       FROM YenRates
       GROUP BY
          Curr,
          VALIDITY_WINDOW(EventTime)
       HAVING Curr = "Euro";
-------------------------------
| Curr | Rate | Window         |
-------------------------------
| Euro | 114  | [12:00, 12:03) |
| Euro | 116  | [12:03, 12:06) |
| Euro | 119  | [12:06, +inf)  |
-------------------------------
```

다행히도 환율을 유효성 윈도우로 배치한 후에 이를 YenOrders와 윈도우 조인하면 정확히 우리가 원하는 것을 얻을 수 있다.

```
12:10> WITH ValidRates AS
          (SELECT
              Curr,
              MAX(Rate) as Rate,
              VALIDITY_WINDOW(EventTime) as Window
           FROM YenRates
           GROUP BY
              Curr,
              VALIDITY_WINDOW(EventTime))
       SELECT TABLE
          YenOrders.Amount as "E",
          ValidRates.Rate as "Y/E",
          YenOrders.Amount * ValidRates.Rate as "Y",
```

362

```
      YenOrders.EventTime as Order,
      ValidRates.Window as "Rate Window"
   FROM YenOrders FULL OUTER JOIN ValidRates
     ON YenOrders.Curr = ValidRates.Curr
       AND WINDOW_START(ValidRates.Window) <= YenOrders.EventTime
       AND YenOrders.EventTime < WINDOW_END(ValidRates.Window)
   HAVING Curr = "Euro";
------------------------------------------
| E | Y/E | Y   | Order | Rate Window     |
------------------------------------------
| 2 | 114 | 228 | 12:02 | [12:00, 12:03)  |
| 5 | 116 | 580 | 12:05 | [12:03, 12:06)  |
| 3 | 119 | 357 | 12:08 | [12:06, +inf)   |
------------------------------------------
```

원래의 YenRates 및 YenOrders 관계를 되돌아보면 이 조인 결과는 올바른 것이다. 각각의 환전 주문 셋은 주문의 이벤트 시간에 해당하는 윈도우 내의 환율로 적절히 계산됐다. 따라서 이 조인이 우리가 원하는 궁극의 정확성^{eventual correctness}을 제공한다고 이야기할 수 있다.

그렇지만 모든 값이 도착하고 잠잠해진 후에 살펴본 이 간단한 스냅샷 뷰는 이 조인이 갖는 복잡성을 숨기고 있다. 실제 일어나는 일이 무엇인지 제대로 이해하기 위해서는 TVR 전체를 살펴봐야 한다. 우선 유효성 윈도우 환율 관계가 실제로 이전에 보인 단순한 테이블 스냅샷보다 훨씬 더 복잡했다는 사실을 떠올려보자. 다음은 시간에 따른 환율 변화를 살펴보기 위해 유효성 윈도우 관계를 스트림 형태로 보인 것이다.

```
12:00> SELECT STREAM
         Curr,
         MAX(Rate) as Rate,
         VALIDITY(EventTime) as Window,
         Sys.EmitTime as Time,
         Sys.Undo as Undo,
       FROM YenRates
       GROUP BY
         Curr,
         VALIDITY(EventTime)
```

```
        HAVING Curr = "Euro";
--------------------------------------------------
| Curr | Rate | Window          | Time     | Undo |
--------------------------------------------------
| Euro | 114  | [12:00, +inf)   | 12:06:23 |      |
| Euro | 114  | [12:00, +inf)   | 12:07:33 | undo |
| Euro | 114  | [12:00, 12:06)  | 12:07:33 |      |
| Euro | 119  | [12:06, +inf)   | 12:07:33 |      |
| Euro | 114  | [12:00, 12:06)  | 12:09:07 | undo |
| Euro | 114  | [12:00, 12:03)  | 12:09:07 |      |
| Euro | 116  | [12:03, 12:06)  | 12:09:07 |      |
................. [12:00, 12:10] .................
```

결과적으로 유효성 윈도우 조인 전체를 TVR로 살펴보면 조인의 양쪽에서 값이 뒤섞여 도착하기 때문에 시간에 따른 조인의 변화가 훨씬 더 복잡한 양상을 띤다.

```
12:10> WITH ValidRates AS
         (SELECT
            Curr,
            MAX(Rate) as Rate,
            VALIDITY_WINDOW(EventTime) as Window
          FROM YenRates
          GROUP BY
            Curr,
            VALIDITY_WINDOW(EventTime))
       SELECT TVR
         YenOrders.Amount as "E",
         ValidRates.Rate as "Y/E",
         YenOrders.Amount * ValidRates.Rate as "Y",
         YenOrders.EventTime as Order,
         ValidRates.Window as "Rate Window"
       FROM YenOrders FULL OUTER JOIN ValidRates
         ON YenOrders.Curr = ValidRates.Curr
            AND WINDOW_START(ValidRates.Window) <= YenOrders.EventTime
            AND YenOrders.EventTime < WINDOW_END(ValidRates.Window)
       HAVING Curr = "Euro";
---------------------------------------------------------------------------------------------
|              [-inf, 12:05:07)          |              [12:05:07, 12:06:23)            |
```

```
| -------------------------------------  | ------------------------------------- |
| | E | Y/E | Y   | Order | Rate Window |  | | E | Y/E | Y   | Order | Rate Window  | |
| -------------------------------------  | ------------------------------------- |
| -------------------------------------  | | 2 |     |     | 12:02 |              | |
|                                        | ------------------------------------- |

-------------------------------------------------------------------------------
|          [12:06:23, 12:07:33)          |          [12:07:33, 12:08:00)         |
| -------------------------------------  | ------------------------------------- |
| | E | Y/E | Y   | Order | Rate Window |  | | E | Y/E | Y   | Order | Rate Window  | |
| -------------------------------------  | ------------------------------------- |
| | 2 | 114 | 228 | 12:02 | [12:00, +inf) |  | | 2 | 114 | 228 | 12:02 | [12:00, 12:06) | |
| -------------------------------------  | |   | 119 |     |       | [12:06, +inf) | |
|                                        | ------------------------------------- |

-------------------------------------------------------------------------------
|          [12:08:00, 12:09:07)          |          [12:09:07, 12:09:33)         |
| -------------------------------------  | ------------------------------------- |
| | E | Y/E | Y   | Order | Rate Window |  | | E | Y/E | Y   | Order | Rate Window  | |
| -------------------------------------  | ------------------------------------- |
| | 2 | 114 | 228 | 12:02 | [12:00, 12:06) |  | | 2 | 114 | 228 | 12:02 | [12:00, 12:03) | |
| | 5 | 114 | 570 | 12:05 | [12:03, 12:06) |  | | 5 | 116 | 580 | 12:05 | [12:03, 12:06) | |
| |   | 119 |     |       | [12:06, +inf) |  | |   | 119 |     | 12:08 | [12:06, +inf) | |
| -------------------------------------  | ------------------------------------- |

-------------------------------------------------------------------------------
|          [12:09:33, now)               |
| -------------------------------------  |
| | E | Y/E | Y   | Order | Rate Window |  |
| -------------------------------------  |
| | 2 | 114 | 228 | 12:02 | [12:00, 12:03) | |
| | 5 | 116 | 580 | 12:05 | [12:03, 12:06) | |
| | 3 | 119 | 357 | 12:08 | [12:06, +inf) | |
| -------------------------------------  |
-------------------------------------------
```

특히 5 € 주문의 결과를 보자. 12:05에 주문이 일어났기 때문에 원래는 114 ¥/€의 유효성 윈도우 내에 있었고, 그로 인해 원래는 570 ¥으로 표시돼 있다. 해당 주문(12:05에 발생)은 처음에는 114 ¥/€의 유효성 윈도우에 해당하기 때문이다. 그러나 뒤늦게 이벤트 시간 12:03에 116 ¥/€ 환율이 도착했고, 5 € 주문에 대한 결과는 570 ¥에서 580 ¥으로 업데이트돼야 했다. 이는 조인 결과를 스트림으로 관찰하는 경우에도 분명히 보인다(여기서 잘못된 결과인 570 ¥을 빨간색으로 표시하고 570 ¥에 대해 철회 후 수정된 값인 580 ¥을 파란색으로 표시했다).

```
12:00> WITH ValidRates AS
         (SELECT
            Curr,
            MAX(Rate) as Rate,
            VALIDITY_WINDOW(EventTime) as Window
          FROM YenRates
          GROUP BY
            Curr,
            VALIDITY_WINDOW(EventTime))
       SELECT STREAM
         YenOrders.Amount as "E",
         ValidRates.Rate as "Y/E",
         YenOrders.Amount * ValidRates.Rate as "Y",
         YenOrders.EventTime as Order,
         ValidRates.Window as "Rate Window",
         Sys.EmitTime as Time,
         Sys.Undo as Undo
       FROM YenOrders FULL OUTER JOIN ValidRates
         ON YenOrders.Curr = ValidRates.Curr
           AND WINDOW_START(ValidRates.Window) <= YenOrders.EventTime
           AND YenOrders.EventTime < WINDOW_END(ValidRates.Window)
       HAVING Curr = "Euro";
------------------------------------------------------------
| E | Y/E | Y   | Order | Rate Window    | Time     | Undo |
------------------------------------------------------------
| 2 |     |     | 12:02 |                | 12:05:07 |      |
| 2 |     |     | 12:02 |                | 12:06:23 | undo |
| 2 | 114 | 228 | 12:02 | [12:00, +inf)  | 12:06:23 |      |
| 2 | 114 | 228 | 12:02 | [12:00, +inf)  | 12:07:33 | undo |
| 2 | 114 | 228 | 12:02 | [12:00, 12:06) | 12:07:33 |      |
|   | 119 |     |       | [12:06, +inf)  | 12:07:33 |      |
| 5 | 114 | 570 | 12:05 | [12:00, 12:06) | 12:08:00 |      |
| 2 | 114 | 228 | 12:02 | [12:00, 12:06) | 12:09:07 | undo |
| 5 | 114 | 570 | 12:05 | [12:00, 12:06) | 12:09:07 | undo |
```

```
| 2 |  114 |  228 | 12:02 | [12:00, 12:03) | 12:09:07 |      |
| 5 |  116 |  580 | 12:05 | [12:03, 12:06) | 12:09:07 |      |
|   |  119 |      |       | [12:06, +inf)  | 12:09:33 | undo |
| 3 |  119 |  357 | 12:08 | [12:06, +inf)  | 12:09:33 |      |
................... [12:00, 12:10] ....................
```

FULL OUTER 조인을 사용했기 때문에 스트림 결과가 지저분할 수밖에 없다. 실제 환전 주문을 스트림으로 소비할 때는 조인되지 않은 행을 무시할 수 있으며, INNER 조인으로 전환하면 그런 행이 제거된다. 환율 윈도우가 변화하는 모습도 실제 환전 결과에는 중요하지는 않으므로, 스트림에서 환율 윈도우를 배제해 더 단순하게 만들 수 있다.

```
12:00> WITH ValidRates AS
         (SELECT
            Curr,
            MAX(Rate) as Rate,
            VALIDITY_WINDOW(EventTime) as Window
          FROM YenRates
          GROUP BY
            Curr,
            VALIDITY_WINDOW(EventTime))
       SELECT STREAM
         YenOrders.Amount as "E",
         ValidRates.Rate as "Y/E",
         YenOrders.Amount * ValidRates.Rate as "Y",
         YenOrders.EventTime as Order,
         ValidRates.Window as "Rate Window",
         Sys.EmitTime as Time,
         Sys.Undo as Undo
       FROM YenOrders INNER JOIN ValidRates
         ON YenOrders.Curr = ValidRates.Curr
           AND WINDOW_START(ValidRates.Window) <= YenOrders.EventTime
           AND YenOrders.EventTime < WINDOW_END(ValidRates.Window)
       HAVING Curr = "Euro";
-------------------------------------------
| E | Y/E | Y   | Order | Time     | Undo |
-------------------------------------------
| 2 | 114 | 228 | 12:02 | 12:06:23 |      |
```

```
| 5 | 114 | 570 | 12:05 | 12:08:00 |      |
| 5 | 114 | 570 | 12:05 | 12:09:07 | undo |
| 5 | 116 | 580 | 12:05 | 12:09:07 |      |
| 3 | 119 | 357 | 12:08 | 12:09:33 |      |
............. [12:00, 12:10] .............
```

훨씬 보기 좋다. 이제 이 쿼리가 원래 의도했던 뒤섞인 순서로 데이터가 도착해도 환율
과 환전 주문에 대한 두 TVR의 조인 작업을 매우 간결하게 수행함을 알 수 있다. 그림
9-2에서 이를 그림으로 시각화했다.

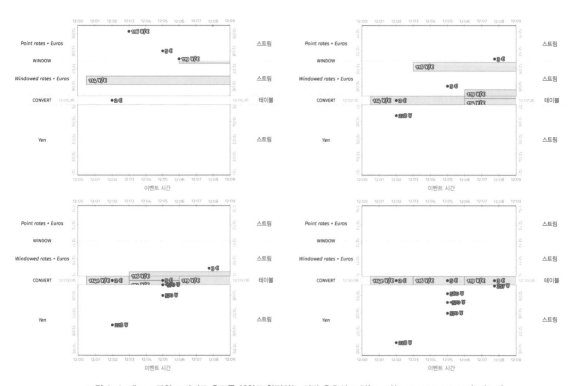

그림 9-2. 레코드 단위 트리거로 유로를 엔화로 환전하는 시간 유효성 조인(http://streamingbook.net/fig/9-2)

워터마크와 일시적 유효성 조인 이 예에서는 이 절의 시작 부분에서 이야기한 윈도우 조인
의 첫 번째 이점인 조인에 윈도우를 적용해 실질적인 사업적인 요구 사항에 맞춰 시간
을 분할할 수 있다는 사실을 확인할 수 있었다. 이 예에서 사업적인 요구 사항은 유효한

환율 변화의 범위로 시간을 나누는 것이었다.

마무리하기 전에, 이 예를 통해 앞서 언급한 윈도우 조인의 두 번째 이점인 윈도우 조인이 워터마크에 대해 유의미한 참조점을 제공할 수 있다는 사실도 확인해보자. 그 유용성을 알아보기 위해 이전 쿼리를 수정해 레코드 단위의 암시적인 기본 트리거 대신 명시적인 워터마크 트리거를 사용해보자. 이 트리거는 워터마크가 조인의 유효성 윈도우 끝을 통과할 때 한 번만 실행된다(이벤트 시간에서 해당 관계의 완결성을 정확하게 추적하기 위해 입력 TVR에 적용할 수 있는 워터마크가 있다고, 또 사용하는 실행 엔진이 그런 워터마크를 지원한다고 가정한다). 이제 순서가 뒤섞여 도착하는 환율에 대해 여러 출력과 철회가 발생하는 스트림 대신 주문마다 올바른 단일 결과를 담는 스트림을 얻게 된다. 이는 이전보다 확실히 이상적인 모습이다.

```
12:00> WITH ValidRates AS
         (SELECT
            Curr,
            MAX(Rate) as Rate,
            VALIDITY_WINDOW(EventTime) as Window
          FROM YenRates
          GROUP BY
            Curr,
            VALIDITY_WINDOW(EventTime))
       SELECT STREAM
         YenOrders.Amount as "E",
         ValidRates.Rate as "Y/E",
         YenOrders.Amount * ValidRates.Rate as "Y",
         YenOrders.EventTime as Order,
         Sys.EmitTime as Time,
         Sys.Undo as Undo
       FROM YenOrders INNER JOIN ValidRates
         ON YenOrders.Curr = ValidRates.Curr
            AND WINDOW_START(ValidRates.Window) <= YenOrders.EventTime
            AND YenOrders.EventTime < WINDOW_END(ValidRates.Window)
       HAVING Curr = "Euro"
       EMIT WHEN WATERMARK PAST WINDOW_END(ValidRates.Window);
-------------------------------------------
```

```
| E | Y/E | Y   | Order | Time     | Undo |
--------------------------------------------
| 2 | 114 | 228 | 12:02 | 12:08:52 |      |
| 5 | 116 | 580 | 12:05 | 12:10:04 |      |
| 3 | 119 | 357 | 12:08 | 12:10:13 |      |
............ [12:00, 12:11] .............
```

그림 9-3에서 보인 바와 같이 워터마크가 윈도우 밖으로 이동할 때까지 조인된 결과가
출력 스트림으로 방출되지 않음을 확인할 수 있다.

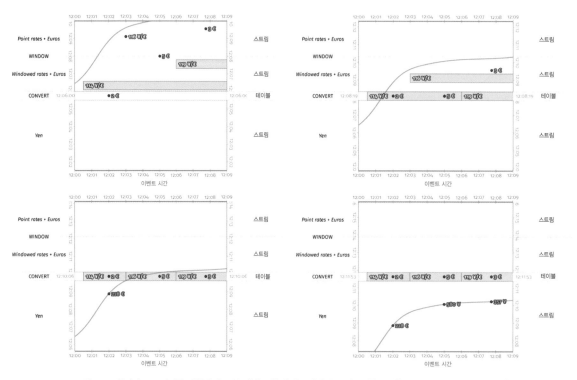

그림 9-3. 워터마크 트리거를 사용해 유로를 엔화로 환전하는 시간 유효성 조인(http://streamingbook.net/fig/9-3)

이렇게 워터마크 트리거를 사용한 쿼리가 복잡한 상호작용을 깔끔하고 간결하게 우리
가 원하는 형태로 담아내는 모습은 분명 인상적이다.

요약

9장에서 SQL의 조인 문법을 사용해 스트림 처리 문맥에서 조인의 의미를 살펴봤다. 윈도우 없는 조인에서 시작해 개념적으로 모든 조임은 그 핵심에 스트리밍 조인이 존재함을 확인했다. 또한 모든 조인의 바탕에는 FULL OUTER 조인이 있음을 살펴봤고, FULL OUTER 조인을 기준으로 LEFT OUTER, RIGHT OUTER, INNER, ANTI, SEMI, CROSS 조인이 어떻게 다른지 살펴봤다. 또한 이 모든 조인 패턴이 TVR 및 스트림과 어떻게 상호작용하는지 이야기했다.

이후 윈도우 조인으로 넘어가 윈도우 조인이 보통 다음 두 가지 이점으로 쓰인다고 소개했다.

- 비즈니스 요구 사항에 따라 시간에 맞춰 조인을 나눌 필요가 있을 때

- 조인에서 나온 결과를 워터마크의 진행 정도와 묶을 필요가 있을 때

마지막으로, 가장 흥미롭고 유용한 형태의 윈도우 조인인 시간 유효성 윈도우를 깊이 있게 살펴봤다. 시간 유효성 윈도우가 값이 변하는 특정 시점만으로 어떻게 값이 유효한 범위로 시간을 자연스럽게 다듬어가는지 봤다. 유효성 윈도우 안에서의 조인은 기존의 스트리밍 시스템이 지원하지 않는 시간에 따라 윈도우를 분리할 수 있는 윈도우 지원을 필요로 함을 배웠다. 또한 환율과 환전 주문을 처리하기 위한 TVR 조인 문제를 유효성 윈도우가 얼마나 간결하게 해결할 수 있도록 해주는지도 확인했다.

조인은 스트리밍이든 아니든 데이터 처리에서 어렵게 느끼는 분야 중 하나이다. 하지만 조인의 이론적인 기본을 이해하고 그 기본에서 다른 형태의 조인을 간단히 유도하는 방법을 안다면 스트리밍을 위해 시간의 차원을 더해도 그리 어려운 개념은 아님을 알 수 있다.

10장
대용량 데이터 처리의 진화

드디어 이 책의 마지막 장에 도착했다. 여러분의 끈기에 경의를 표한다. 긴 여행은 곧 끝날 테니 조금만 더 힘을 내보자.

10장에서는 15년 동안 스트리밍 시스템을 오늘날의 모습으로 만들어온 여러 사건들을 살펴보면서 맵리듀스로 시작하는 대용량 데이터 처리의 역사를 천천히 살펴보고자 한다. 비교적 가벼운 이야기를 담고 있으며, 다수의 널리 알려진 그리고 일부 비교적 덜 알려진 시스템이 대용량 데이터 처리의 역사에 중요하게 기여한 부분을 짚어보고, 더 공부하고 싶다면 살펴볼 수 있는 여러 읽을거리도 정리해 제공할 것이다. 이 모든 내용이 비록 공간상의 제약이나 특정 내용에 집중하기 위해, 혹은 보다 응집력 있는 설명을 제공할 목적으로 일부 중요한 내용을 단순화하거나 완전히 무시하기도 하겠지만, 이는 특정 시스템을 공격하거나 자극할 목적이 아님을 분명히 해두고자 한다.

또한 10장을 읽는 동안 대용량 데이터 처리 시스템의 맵리듀스/하둡 계열에 대해 이야기하고 있음을 기억해뒀으면 한다. 어떤 형태로든 SQL 영역에 대해서는 다루지 않는다.[1] 또한 HPC 및 슈퍼컴퓨터와 관련된 내용도 다루지 않는다. 따라서 10장의 제목이 광범위하게 들릴지 모르겠지만, 실제로는 대용량 데이터 처리라는 넓은 우주의 작은 수직 줄기만 집중해서 다룰 것이다.

---

[1] 따라서 스트리밍 시스템의 시작이 된 많은 학술적인 연구는 다루지 않는다. 이런 부분에 관심이 있다면 「데이터플로우 모델(The Dataflow Model)(http://bit.ly/2sXgVJ3)」 논문에 소개된 연구들을 살펴보면 된다. 어떤 것들을 공부해야 하는지 방향을 잡는 데 도움이 될 것이다.

또한 이곳에서 구글 기술을 비교적 많이 다룰 것임을 강조해둔다. 이는 우리가 10년 넘게 구글에서 일했기 때문이라고 생각할 수 있을 것이다. 하지만 추가로 두 가지 다른 이유가 있다. 1) 구글에서 빅데이터는 늘 중요한 주제였기에 상세하게 다룰 가치가 있는 내용이 상당수 있다. 2) 우리가 느끼기에, 구글은 기업이라는 특성 때문에 역사적으로 이 분야에서 침묵하는 편이라 구글 밖 진영은 보통 구글에서 진행된 내용을 배우는 쪽에 집중돼 있다. 따라서 우리가 구글 내부에서 진행된 작업에 대해 과하게 이야기하는 부분을 이해해주기 바란다.

구체적인 연대 위에서 우리의 시간 여행을 시작하기 위해 그림 10-1에 주어진 타임라인을 따를 것이다. 그림에서는 우리가 살펴볼 시스템들의 대략적인 출현 시기를 정리해뒀다.

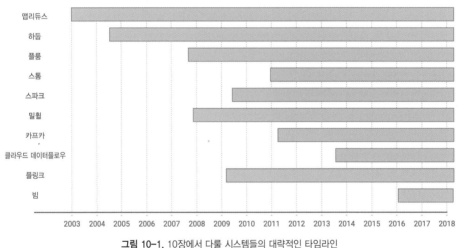

그림 10-1. 10장에서 다룰 시스템들의 대략적인 타임라인

시간 여행의 각 정류장마다 해당 시스템의 대략적인 역사를 우리가 알고 있는 한도 내에서 소개하고, 오늘날을 기준으로 스트리밍 시스템의 모양을 잡아가는 관점에서 어떤 기여를 했는지 살펴볼 것이다. 마지막에서는 오늘날 현대 스트리밍 시스템 생태계에 시스템들이 기여한 바를 종합적으로 정리해볼 것이다.

맵리듀스

맵리듀스로 우리의 역사 여행을 시작해보자(그림 10-2).

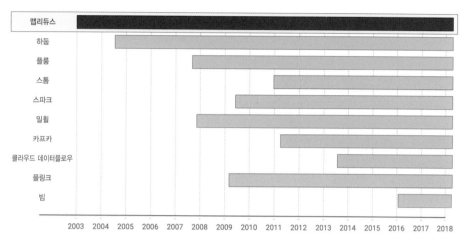

그림 10-2. 타임라인: 맵리듀스

대용량 데이터 처리의 역사는 2003년 맵리듀스에서 시작됐다고 봐도 무방할 것이다.[2] 당시 구글 내 엔지니어들은 월드 와이드 웹 규모의 데이터를 처리하는 문제를 해결하기 위해 필요한 시스템을 맞춤형으로 구축하고 있었다.[3] 그 과정에서 배운 바는 세 가지인데 다음과 같다.

데이터 처리는 어렵다

　　데이터 과학자들이나 엔지니어들이 이미 잘 알고 있는 것처럼, 원시 데이터에서 유의미한 통찰력을 얻는 최고의 방법에 집중하는 것만으로도 좋은 경력을 쌓을 수 있다.

확장성(scalability) 확보는 어렵다

　　대용량의 데이터로부터 유의미한 통찰력을 얻는 것은 훨씬 더 어렵다.

2　확실히 맵리듀스 자체는 논문에서도 명백하게 밝히듯 기존에 잘 알려진 아이디어를 기반으로 구축됐다. 그렇지만 맵리듀스가 기존 아이디어와 새로운 아이디어를 결합해 이전에 볼 수 없던 방법으로 새롭게 출현하는 중요한 문제를 해결하는 실질적인 시스템이었고, 이를 통해 이후 데이터 처리 시스템의 탄생에 영향을 줬음은 부인할 수 없다.

3　분명히 하자면 구글은 이런 규모의 데이터 처리 문제를 해결하기 위해 시도한 여러 회사 중 하나일 뿐. 유일한 회사는 아니었다.

내결함성(fault-tolerance)은 어렵다

　　오늘날 하드웨어 위에서 대용량 데이터로부터 유용한 통찰력을 내결함성을 허용하는 형태로 얻어내는 것은 극도로 어렵다.

여러 적용 사례를 통해 이 세 종류의 문제를 동시에 해결하는 과정에서 구글 엔지니어들은 구축하고 있는 시스템 사이 유사점이 있다는 것을 발견했다. 그리고 나중 두 문제(확장성과 내결함성)를 담당할 수 있는 프레임워크를 구축하면, 첫 번째 문제 해결에 좀 더 집중할 수 있을 거라는 결론에 도달했다. 그렇게 맵리듀스가 탄생한다.[4]

맵리듀스의 기본 아이디어는 함수형 프로그래밍 쪽에서 잘 알려진 두 가지 연산인 맵과 리듀스(그림 10-3)를 바탕으로 단순한 데이터 처리 API를 제공하자는 것이었다. 이 API로 구축된 파이프라인은 분산 시스템 엔지니어와 나머지 우리 같은 보통 사람들을 괴롭히는 문제인 복잡한 확장성과 내결함성 문제를 대신 다뤄주는 분산 시스템 위에서 실행될 것이다.

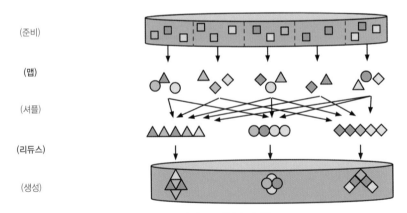

그림 10-3. 맵리듀스 작업의 시각화

6장에서 맵리듀스에 대해서는 이미 다룬 바 있기에 여기서 반복하지는 않을 것이다. 다만, 스트림/테이블 분석 과정에서 맵리듀스를 6개의 단계(MapRead, Map, MapWrite,

---

4　맵리듀스는 구글 파일 시스템(GFS, Google File System)상에 구축됐고, GFS는 확장성 및 내결함성과 관련된 문제 일부를 해결하는 역할을 한다.

ReduceRead, Reduce, ReduceWrite)로 나눴고, 맵과 리듀스 단계 사이에 특별한 것이 있지 않다. 고차원에서 보면 다음과 같은 작업이 존재했음을 기억하자.

- 테이블^{table}을 스트림^{stream}으로 변환

- 사용자의 변환을 스트림에 적용해 새 스트림 생성

- 스트림을 그룹핑해 테이블로 변환

맵리듀스가 구글 내 서비스로 자리를 잡은 후에, 맵리듀스는 다양한 작업에 사용됐고 결국엔 맵리듀스에 사용된 아이디어를 세상과 공유할 가치가 있다는 판단이 들었다. 그 결과로 OSDI 2004에 발표된 맵리듀스 논문(https://goo.gl/Rsqr3G)이 세상에 나오게 됐다(그림 10-4).

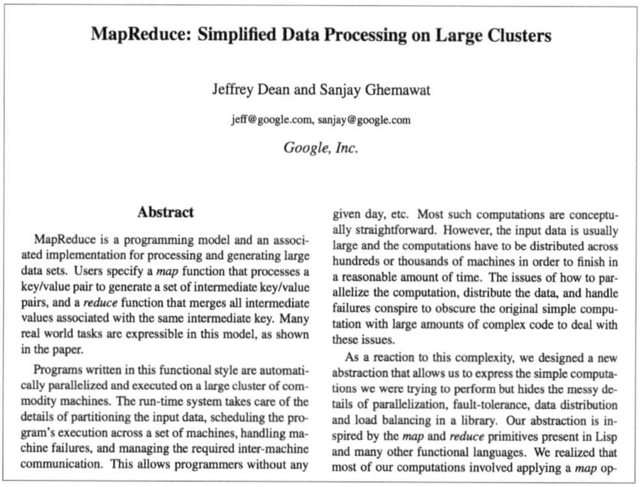

MapReduce: Simplified Data Processing on Large Clusters

Jeffrey Dean and Sanjay Ghemawat

jeff@google.com, sanjay@google.com

Google, Inc.

Abstract

MapReduce is a programming model and an associated implementation for processing and generating large data sets. Users specify a *map* function that processes a key/value pair to generate a set of intermediate key/value pairs, and a *reduce* function that merges all intermediate values associated with the same intermediate key. Many real world tasks are expressible in this model, as shown in the paper.

Programs written in this functional style are automatically parallelized and executed on a large cluster of commodity machines. The run-time system takes care of the details of partitioning the input data, scheduling the program's execution across a set of machines, handling machine failures, and managing the required inter-machine communication. This allows programmers without any

given day, etc. Most such computations are conceptually straightforward. However, the input data is usually large and the computations have to be distributed across hundreds or thousands of machines in order to finish in a reasonable amount of time. The issues of how to parallelize the computation, distribute the data, and handle failures conspire to obscure the original simple computation with large amounts of complex code to deal with these issues.

As a reaction to this complexity, we designed a new abstraction that allows us to express the simple computations we were trying to perform but hides the messy details of parallelization, fault-tolerance, data distribution and load balancing in a library. Our abstraction is inspired by the *map* and *reduce* primitives present in Lisp and many other functional languages. We realized that most of our computations involved applying a *map* op-

그림 10-4. OSDI 2004에 발표된 맵리듀스 논문(https://goo.gl/Rsqr3G)

논문에는 프로젝트의 역사, API 설계와 구현 그리고 맵리듀스가 적용됐던 다양한 사례를 소개한다. 아쉽게도 실제 소스 코드를 제공하지는 않았기에 구글 밖 사람들이 할 수 있는 것이라고는 "좋은 아이디어네"라고 반응하고는 계속 자신들만의 시스템을 구축하는 것밖에는 없었다.

이후 10년 동안 맵리듀스는 구글 내에서 활발히 개발됐고, 전례가 없는 규모의 문제를 해결할 수 있도록 개선하는 데 많은 공을 들였다. 이 부분과 관련해서 자세한 내용은 구글의 공식 맵리듀스 역사가이자 확장성 성능 전문가인 매리언 드보르스키^{Marián Dvorský}가 쓴 "구글의 대용량 정렬 실험 역사^{History of massive-scale sorting experiments at Google}(http://bit.ly/2LPvuVN)"(그림 10-5)를 읽어보길 추천한다.

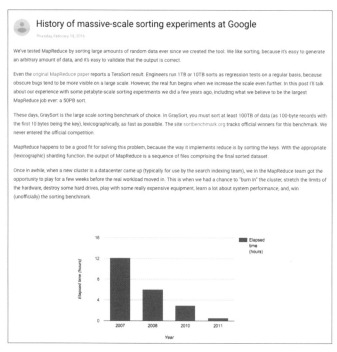

그림 10-5. 매리언 드보르스키의 "구글의 대용량 정렬 실험 역사(http://bit.ly/2LPvuVN)" 블로그 글

여기서는 구글 내 다른 시스템을 포함해 그 어떤 시스템도 맵리듀스가 달성한 정도의 규모에 도달하지 못했음을 언급하고 넘어가고자 한다. 맵리듀스가 존재한 14년이라는 시간이 곧 이 업계의 역사라 할 수 있다.

스트리밍 시스템 관점에서 맵리듀스와 관련해 여러분이 기억해야 할 사실은 맵리듀스의 단순함과 확장성이다. 강력한 데이터 처리 파이프라인을 구축하기 위해 간단하고 직관적인 API와 상용 하드웨어로 대형 클러스터를 구축해 규모 있는 파이프라인이 동작할 수 있도록 분산 시스템의 복잡함을 숨겨주는 간결함으로 맵리듀스는 대용량 데이터 처리라는 난폭한 괴물을 길들이는 첫 발걸음을 용기 있게 내디딘 존재이다.

하둡

다음 살펴볼 대상은 하둡^{Hadoop}이다(그림 10-6). 미리 경고하건대, 이 부분은 우리가 적은 분량으로 다루다 보니 시스템의 영향력을 지나치게 줄여 전달할 수밖에 없는 부분이다. 하둡이 산업계에 미친 영향은 이루 말할 수 없고, 여기서 이야기한 상대적으로 좁은 범위를 넘어서 여전히 확장 중이다.

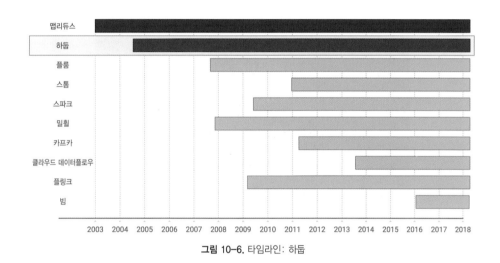

그림 10-6. 타임라인: 하둡

하둡은 2005년경 등장했다. 당시 더그 커팅^{Doug Cutting}과 마이크 카파렐라^{Mike Cafarella}는 맵리듀스 논문에 나온 아이디어가 자신들이 개발 중인 너치 웹크롤러^{Nutch webcrawler}의 분산 버전 구축에 필요함을 느꼈다. 이미 구글의 분산 파일시스템을 따로 구현한 버전을 가지고 있었기에(원래는 "Nutch Distributed File System"을 따서 NDFS라고 불렀으나 후에 "Hadoop Distributed File System"을 따서 HDFS로 이름을 바꾼다), 자연스럽게 다음 과정은 그 위에 맵리듀스를 올리는 것이었다. 이 레이어는 후에 하둡이라고 부르게 된다.

하둡이 맵리듀스와 다른 주요한 차이는 두 저자가 소스 코드를 오픈 소스로 공개했다는 점이다(HDFS의 코드 역시 마찬가지로 공개됐다). 그리고 이는 후에 아파치 하둡 프로젝트Apache Hadoop Proecjt가 된다. 야후의 웹크롤러를 하둡 기반으로 변환하기 위해 커팅이 야후에 고용되면서 하둡 프로젝트는 훨씬 쓸 만해지고 견고해졌다. 거기서부터 오픈 소스 데이터 처리 도구의 생태계가 성장하게 된다. 맵리듀스도 마찬가지지만, 하둡의 역사에 대해서 우리보다 더 잘 정리해둔 글이 있으니, 궁금하다면 원래 인쇄본으로 예정돼 있던 마크로 보나치Marko Bonaci의 "하둡의 역사The history of Hadoop(http://bit.ly/2Kjc4fZ)"를 읽어보길 추천한다(그림 10-7).

그림 10-7. 마르코 보나치의 "하둡의 역사(http://bit.ly/2Kjc4fZ)"

이 절에서 여러분에게 꼭 전달하고 싶은 사실은 하둡으로 인해 꽃피운 대용량 데이터 처리 오픈 소스 생태계가 산업 전반에 거대한 영향을 미쳤다는 것이다. 초기 GFS와 맵리듀스 논문에서 시작된 아이디어를 엔지니어들이 개선하고 확장할 수 있는 공개 커뮤니티를 통해 피그Pig, 하이브Hive, HBase, 크런치Crunch 같은 유용한 도구들이 탄생하는 생태계가 생기고 번창할 수 있었다. 이런 공개 소프트웨어의 특성이야말로 산업 전반에 걸쳐 있는 다양한 아이디어를 배양하는 핵심이며, 이 부분이 우리가 하둡의 오픈 소스 생태계를 스트리밍 시스템 분야에서 가장 의미 있는 기여로 꼽는 이유이다.

플룸

이제 다시 구글로 돌아가 맵리듀스의 공식 후임인 플룸^{Flume}에 대해 이야기해보자(그림 10-8. 플룸은 원래 구현이 자바 버전이었기에 종종 플룸 자바^{FlumeJava}라고 부른다. 아파치 프로젝트인 플룸과 혼동하지 말자. 이름만 같게 전혀 다른 시스템이다).

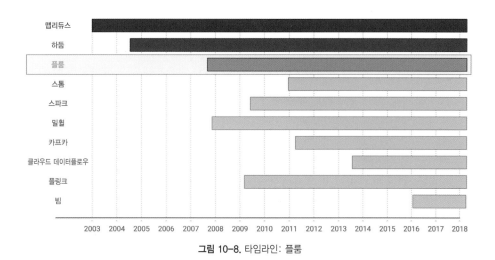

그림 10-8. 타임라인: 플룸

플룸은 구글의 시애틀 지사가 문을 연 2007년 크레이그 챔버스^{Craig Chambes}가 시작한 프로젝트다. 이 프로젝트의 목적은 수년간 성공 가도를 달리던 맵리듀스가 본질적으로 안고 있는 문제를 해결하는 것이었다. 이 문제 중 다수는 맵리듀스의 맵 → 셔플 → 리듀스라는 경직된 구조에서 기인한다. 간단한 구조이지만 그로 인해 발생하는 단점을 정리하면 다음과 같다.

- 많은 실제 사례에서는 단일 맵리듀스만으로는 문제를 해결하지 못한다. 이 때문에 여러 맵리듀스 작업을 제어할 수 있는 맞춤형 시스템이 나오기 시작했다. 이 시스템들은 본질적으로 여러 맵리듀스 작업을 붙여 복잡한 문제를 해결하는 파이프라인을 구축한다는 같은 목표를 가지고 있었다. 하지만 독립적으로 개발됐기 때문에 상호 호환되지 않고 개발 과정에서 중복 투자가 발생하는 전형적인 예가 됐다.

- 더 심각한 문제는, 경직된 API 구조로 인해 여러 맵리듀스 작업이 비효율성을 가져오는 경우다. 예를 보자. 한 팀이 일부 요소를 제거하기 위한 맵리듀스를 작성한다. 이때 맵만 있으면 되고 리듀스는 비어 있다. 다른 팀 역시 리듀스는 비워 둔 채로 요소 단위의 작업을 수행하는 맵을 작성한다. 이렇게 나온 결과가 마지막 팀에 전달되면 마지막 팀은 그룹핑 작업을 수행한다. 이 과정은 본질적으로는 두 맵 단계의 단일 체인과 뒤따라오는 단일 리듀스 단계로 구성된 파이프라인이다. 이 3개의 독립적인 작업을 조율할 필요가 생기며 각각에는 셔플shuffle과 출력 단계가 붙게 될 것이다. 하지만 이제 여러분이 코드를 최대한 논리적이고 깔끔하게 유지하기를 원한다고 가정해보자. 이제 마지막 단점을 보자.

- 맵리듀스에서 이런 비효율성을 최적화하기 위해서는 엔지니어들이 수작업으로 최적화를 적용해야 한다. 그러면 파이프라인의 단순했던 로직이 복잡해지고, 유지보수와 디버깅 비용이 증가할 수밖에 없다.

플룸은 이 문제를 데이터 처리 파이프라인을 기술하는 조합 가능한 고차원 API를 도입해 해결하고 있다. 이는 본질적으로는 그림 10-9에서 보인 것처럼 빔에서 볼 수 있는 개념인 PCollection과 PTransform을 바탕에 두고 있다.

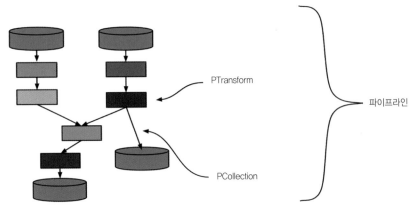

그림 10-9. 플룸의 고차원 파이프라인(이미지: 프랜시스 패리(Frances Perry) 제공)

이 파이프라인은 동작할 때 맵리듀스 작업을 최적화된 순서로 실행시키기 위해 최적화기[optimizer][5]에 전달되고, 파이프라인의 실행 과정은 프레임워크에 의해 제어된다. 이 모습은 그림 10-10에서 볼 수 있다.

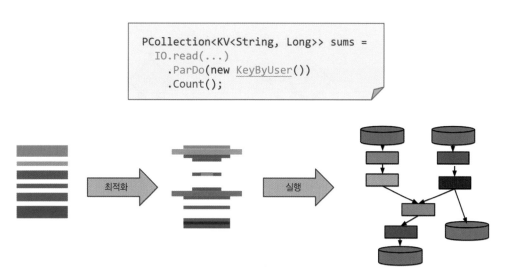

```
PCollection<KV<String, Long>> sums =
    IO.read(...)
    .ParDo(new KeyByUser())
    .Count();
```

그림 10-10. 논리적인 파이프라인을 최적화해 물리적인 실행 계획을 구성

아마도 이런 자동 최적화의 가장 중요한 예는 (루벤이 5장에서 잠시 다룬) 퓨전[fusion]일 것이다. 퓨전은 그림 10-11에 보인 것처럼 2개의 논리적으로 독립된 단계를 일렬로(소비자-생산자 퓨전[consumer-producer fusion]) 혹은 병렬로(형제 퓨전[sibling fusion]) 구성해 같은 작업 안에서 수행할 수 있게 해준다.

---

5   데이터베이스에서 쓰는 쿼리 최적화기(query optimizer)와 다르지 않다.

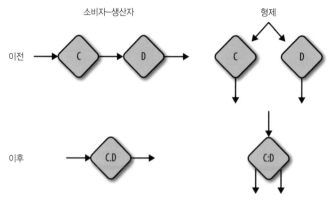

그림 10–11. 연속 혹은 병렬 작업을 같은 물리 연산으로 병합하는 퓨전 최적화

두 단계를 퓨전하면 대용량 데이터를 파이프라인에서 다룰 때 발생하는 (역)직렬화와 네트워크 비용을 제거할 수 있다.

다른 종류의 자동 최적화로는 결합기 리프팅^{combiner lifting}(그림 10-12)이 있다. 결합기 리프팅의 동작 방식은 7장에서 증분 결합^{incremental combining}을 다룰 때 살펴본 바와 다르지 않으며, 7장에서 논의한 다단계 결합 로직^{multilevel combining logic}이 자동 적용됐다고 보면 된다. 논리적으로 그룹핑 연산 이후에 일어나는 덧셈 같은 결합 연산을 (데이터 셔플을 위해 네트워크 통신이 발생하는) 키로 그룹핑하는 단계 앞으로 옮겨 뒤, 그룹핑이 일어나기 전에 부분적인 결합이 미리 수행되도록 한다. 키에 종속된 데이터가 많은 경우, 이는 네트워크로 셔플되는 데이터 양을 급격히 줄여줄 뿐 아니라 부하를 분산시키는 효과도 갖는다.

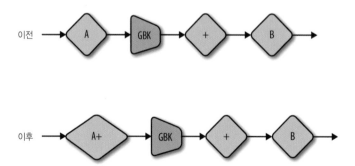

그림 10–12. 소비하는 단계에서 이뤄지는 그룹핑에 앞서, 키로 그룹핑해 보내는 단계에서 부분적인 그룹핑 작업을 미리 수행해주는 결합기 리프팅

좀 더 명료한 API와 자동화된 최적화로 플룸 자바는 2009년 초 구글에 도입되자마자 큰 인기를 끌게 된다. 이에 힘입어 플룸 팀은 「플룸 자바: 쉽고 효과적인 데이터 병렬 처리 파이프라인Flume Java: Easy, Efficient Data-Parallel Pipelines(https://goo.gl/9e1nXf)」(그림 10-13)이라는 논문을 냈다. 플룸 자바의 원래 모습이 궁금할 때 큰 도움이 될 것이다.

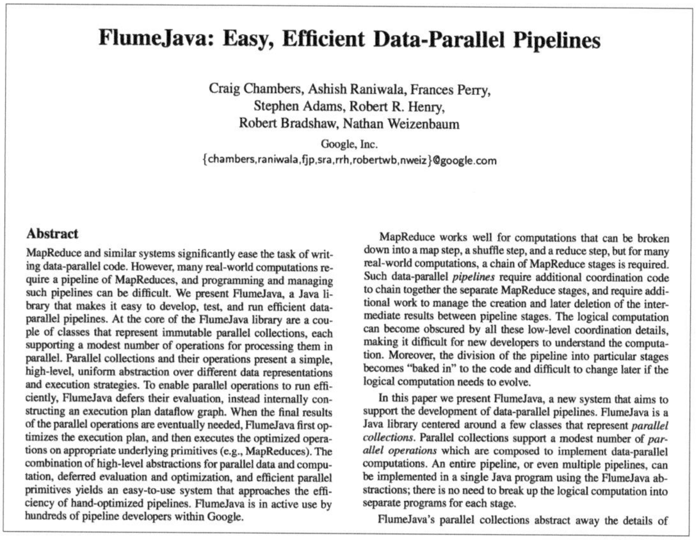

FlumeJava: Easy, Efficient Data-Parallel Pipelines

Craig Chambers, Ashish Raniwala, Frances Perry,
Stephen Adams, Robert R. Henry,
Robert Bradshaw, Nathan Weizenbaum

Google, Inc.
{chambers,raniwala,fjp,sra,rrh,robertwb,nweiz}@google.com

Abstract

MapReduce and similar systems significantly ease the task of writing data-parallel code. However, many real-world computations require a pipeline of MapReduces, and programming and managing such pipelines can be difficult. We present FlumeJava, a Java library that makes it easy to develop, test, and run efficient data-parallel pipelines. At the core of the FlumeJava library are a couple of classes that represent immutable parallel collections, each supporting a modest number of operations for processing them in parallel. Parallel collections and their operations present a simple, high-level, uniform abstraction over different data representations and execution strategies. To enable parallel operations to run efficiently, FlumeJava defers their evaluation, instead internally constructing an execution plan dataflow graph. When the final results of the parallel operations are eventually needed, FlumeJava first optimizes the execution plan, and then executes the optimized operations on appropriate underlying primitives (e.g., MapReduces). The combination of high-level abstractions for parallel data and computation, deferred evaluation and optimization, and efficient parallel primitives yields an easy-to-use system that approaches the efficiency of hand-optimized pipelines. FlumeJava is in active use by hundreds of pipeline developers within Google.

MapReduce works well for computations that can be broken down into a map step, a shuffle step, and a reduce step, but for many real-world computations, a chain of MapReduce stages is required. Such data-parallel *pipelines* require additional coordination code to chain together the separate MapReduce stages, and require additional work to manage the creation and later deletion of the intermediate results between pipeline stages. The logical computation can become obscured by all these low-level coordination details, making it difficult for new developers to understand the computation. Moreover, the division of the pipeline into particular stages becomes "baked in" to the code and difficult to change later if the logical computation needs to evolve.

In this paper we present FlumeJava, a new system that aims to support the development of data-parallel pipelines. FlumeJava is a Java library centered around a few classes that represent *parallel collections*. Parallel collections support a modest number of *parallel operations* which are composed to implement data-parallel computations. An entire pipeline, or even multiple pipelines, can be implemented in a single Java program using the FlumeJava abstractions; there is no need to break up the logical computation into separate programs for each stage.

FlumeJava's parallel collections abstract away the details of

그림 10-13. 플룸 자바 논문(https://goo.gl/9e1nXf)

2011년에는 플룸 C++가 나왔으며 2012년에는 구글 신입 엔지니어 교육 과정에 포함됐다. 이로써 맵리듀스는 구글 내에서 점차 사라지기 시작한다. 이후 플룸은 실행 엔진을 맵리듀스에서 덱스Dax라고 부르는 프레임워크상에 직접 개발된 엔진으로 대체했다. 이제 맵 → 셔플 → 리듀스라는 구조적 제한에서 자유로워졌고, 덱스에는 유진 키르피쵸프Eugene Kirpichov와 말로 데니얼러Malo Denielou의 "샤드 낙오 방지No shard left behind(http://bit.ly/2JPaUnR)"(그림 10-14)라는 글에 소개된 바 있는 동적 작업 재조정dynamic work rebalancing 같은 새로운 최적화를 도입할 수 있게 됐다.

소개한 글에서는 클라우드 데이터플로우의 관점에서 설명하고 있기는 하지만 동적 작업 재조정(구글에서는 유동 샤딩liquid sharding이라고 부른다)은 조기에 작업을 마친 유휴 워커가 있을 때 자동으로 작업을 넘겨줘 균형을 맞춰준다. 시간이 지나면서 작업 분배를 동적으로 재조정하기 때문에, 초기에 잘 선택된 예측만으로 달성할 수 있는 것보다 더 최적으로 작업 분배를 해준다. 또한 워커 풀에 느린 서버가 포함돼 있는 경우 재조정 없이는 작업 완료가 지연될 상황에서 다른 워커에 밀린 작업을 넘겨줌으로써 워커 풀 내의 다양성에 더욱 잘 적응한다. 덕분에 유동 샤딩이 구글에 자리 잡았을 때 상당한 유휴 자원을 회수할 수 있었다.

No shard left behind: dynamic work rebalancing in Google Cloud Dataflow

Wednesday, May 18, 2016

Posted by Eugene Kirpichov, Senior Software Engineer and Malo Denielou, Software Engineer

Introduction

Today we continue the discussion of Google Cloud Dataflow's "zero-knobs" story. Previously we showcased Cloud Dataflow's capability for Autoscaling, which dynamically adjusts the number of workers to the needs of your pipeline. In this post, we discuss Dynamic Work Rebalancing (known internally at Google as Liquid Sharding), which keeps the workers busy.

We'll show how this feature addresses the problem of stragglers (workers that take a long time to finish their part of the work, delaying completion of the job and keeping other resources idle), greatly improving performance and cost in many scenarios, and how it enables and works in concert with autoscaling.

The problem of stragglers in big data processing systems

In all major distributed data processing engines — from Google's original MapReduce, to Hadoop, to modern systems such as Spark, Flink and Cloud Dataflow — one of the key operations is Map, which applies a function to all elements of an input in parallel (called ParDo in the terminology of Apache Beam (incubating) programming model).

그림 10-14. 샤드 낙오 방지 글(http://bit.ly/2JPaUnR)

플룸에 대해 마지막으로 이야기할 부분은, 플룸이 추후 확장돼 스트리밍 처리를 지원할 수 있게 됐다는 점이다. 배치 방식의 덱스 백엔드에 이어, 플룸은 밀휠 스트림 처리 시스템상의 파이프라인을 실행할 수 있도록 확장됐다. 이 책에서 다뤘던 고차원의 스트리밍 처리에 대한 개념 대부분이 클라우드 데이터플로우나 아파치 빔에 들어가기 전에 우선 플룸에 포함됐다.

플룸과 관련해 기억할 부분은, 플룸이 고차원의 파이프라인 개념을 도입해 명쾌하게 작성된 논리적인 파이프라인의 최적화를 자동화했다는 점이다. 이를 통해 최적화를 위해 수작업으로 조정할 필요 없이 훨씬 대규모의 복잡한 파이프라인을 작성할 수 있게 됐고, 코드는 여전히 논리적으로 깔끔하게 유지 가능해졌다.

스톰

다음 다룰 대상은 아파치 스톰^{Apache Storm}이다(그림 10-15). 스톰은 우리가 다루는 시스템 중 최초의 실시간 스트리밍 시스템으로 볼 수 있다. 물론 스톰이 최초로 존재한 스트리밍 시스템은 아니지만, 우리는 업계에서 실제로 널리 쓰이기 시작한 최초의 스트리밍 시스템이라고 보고 있다.

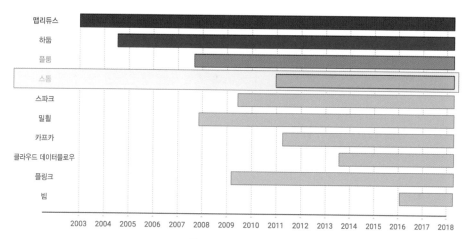

그림 10-15. 타임라인: 스톰

스톰은 네이던 마즈^{Nathan Marz}의 작품으로, 그는 이후 "아파치 스톰의 역사와 교훈^{History of Apache Storm and lessons learned}(http://bit.ly/2HLwSqd)"(그림 10-16)이라는 블로그 글에서 스톰의 역사를 정리해뒀다.

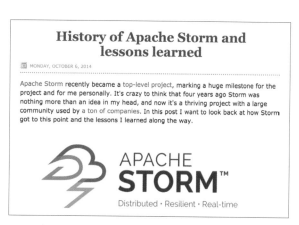

그림 10-16. 아파치 스톰의 역사와 교훈(http://bit.ly/2HLwSqd)

내용을 요약하자면, 네이든을 고용한 스타트업 백타입^{BackType}의 팀은 자체 제작한 큐와 워커를 사용해 트위터 파이어호스^{Twitter firehose}를 처리하고자 했다. 당시 그는 맵리듀스 팀이 거의 10년 먼저 깨달은 바를 깨닫게 된다. 바로, 작성한 코드에서 실제 데이터를 처리하는 부분은 전체 시스템 중 일부에 불과하고, 만약 프레임워크가 내부적으로 모든 분산 시스템의 복잡한 부분을 처리해준다면 실시간 데이터 처리 파이프라인 구축이 쉬워질 것이라는 사실이었다. 그렇게 스톰이 탄생하게 된다.

지금까지 이야기한 다른 시스템과 비교해 스톰의 흥미로운 부분은 다른 시스템에서 제공하는 강한 일관성 보장을 완화해 지연을 줄였다는 점이다. 최대 한 번^{at-most once}이나 최소 한 번^{at-least once} 보장을 레코드 단위 처리와 결합하고 영구적인 상태 저장(즉, 일관성)을 포함하지 않음으로써, 스톰은 데이터를 배치 처리하고 정확히 한 번^{exactly-once} 정확성을 제공하는 시스템보다 훨씬 적은 지연을 보일 수 있었다. 경우에 따라서는 이 특성이 매우 유용하다.

안타깝게도 사람들은 너무도 빨리 답을 빠르게 얻으면서도 동시에 궁극의 정확성^{eventual correctness}를 원하기 시작했다. 하지만 이 부분은 스톰 혼자서는 해결할 수 없는 문제였고, 이때 람다 아키텍처^{Lambda Architecture}가 등장하게 된다.

스톰의 한계를 피하기 위해, 영리한 엔지니어들은 일관성 보장이 약한 스톰 스트리밍 파이프라인을 일관성 보장이 강한 하둡 배치 파이프라인과 함께 돌리기 시작한다. 전자는 낮은 지연에 부정확한 결과를 내고, 후자는 높은 지연이지만 정확한 결과를 낸다. 이 둘을 버무려 낮은 지연을 보이지만 결국엔 정확한 답을 얻을 수 있도록 한 것이다. 1장에서 이미 람다 아키텍처도 마즈의 작품이라고 설명한 바 있다. 자세한 내용은 그의 "CAP 정리를 이기는 법^{How to beat the CAP theorem}(http://bit.ly/1ATyjbD)"(그림 10-17)에서 다루고 있다.[6]

---

6   참고로, 마틴 클래프만의 "CAP 이론 비평(A Critique of the CAP Theorem)(http://bit.ly/2ybJlnt)"도 함께 읽기를 권한다. 같은 문제를 원칙적으로 바라보는 다른 방향도 제시하면서 CAP 이론의 단점도 잘 분석해 설명하고 있다.

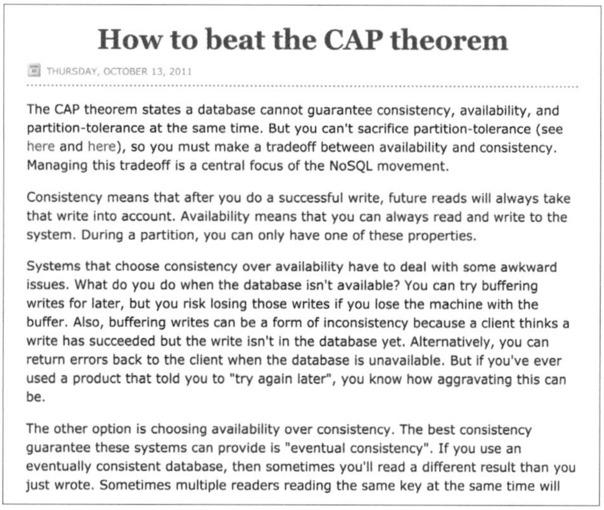

How to beat the CAP theorem

THURSDAY, OCTOBER 13, 2011

The CAP theorem states a database cannot guarantee consistency, availability, and partition-tolerance at the same time. But you can't sacrifice partition-tolerance (see here and here), so you must make a tradeoff between availability and consistency. Managing this tradeoff is a central focus of the NoSQL movement.

Consistency means that after you do a successful write, future reads will always take that write into account. Availability means that you can always read and write to the system. During a partition, you can only have one of these properties.

Systems that choose consistency over availability have to deal with some awkward issues. What do you do when the database isn't available? You can try buffering writes for later, but you risk losing those writes if you lose the machine with the buffer. Also, buffering writes can be a form of inconsistency because a client thinks a write has succeeded but the write isn't in the database yet. Alternatively, you can return errors back to the client when the database is unavailable. But if you've ever used a product that told you to "try again later", you know how aggravating this can be.

The other option is choosing availability over consistency. The best consistency guarantee these systems can provide is "eventual consistency". If you use an eventually consistent database, then sometimes you'll read a different result than you just wrote. Sometimes multiple readers reading the same key at the same time will

그림 10-17. CAP 정리를 이기는 법(http://bit.ly/1ATyjbD)

우리는 이미 람다 아키텍처의 단점을 설명하는 데 제법 많은 시간을 들였기에 여기서 반복할 생각은 없다. 하지만 이것만은 강조하고 싶다. 람다 아키텍처는 비용과 골치 아픈 문제가 많음에도 많은 인기를 얻었다. 그 이유는 데이터 처리 파이프라인을 통해 낮은 지연을 제공하면서 궁극적으로는 올바른 결과를 얻고자 하는 업계의 요구가 상당했기 때문이다.

스트리밍 시스템의 진화라는 관점에서, 우리는 스톰이 낮은 지연 데이터 처리를 처음으로 대중의 손에 쥐어주는 역할을 했다고 생각한다. 하지만 그 대가로 일관성을 포기해야 했으며, 결국은 람다 아키텍처가 등장해 듀얼 파이프라인이라는 어두운 시대가 뒤따라오게 됐다.

어쨌든 스톰은 업계에 낮은 지연을 맛보게 해준 최초의 시스템이었고, 오늘날 스트리밍 시스템이 널리 도입되는 데에 영향을 준 것만은 분명한 사실이다.

다음 내용으로 넘어가기 전에, 헤론^{Heron}을 소개하고자 한다. 2015년 당시 가장 많이 알려진 스톰 사용자이면서 동시에 스톰 프로젝트를 육성한 회사인 트위터는 자체적으로 개발한 헤론이라는 시스템으로 스톰 실행 엔진을 갈아치운다고 발표해 업계를 놀라게

했다. 헤론은 API는 호환되도록 유지하면서 스톰의 여러 성능 및 유지보수 관련된 문제를 해결하는 것을 목표로 했다. 자세한 내용은 "트위터 헤론: 대규모 스트림 처리Twitter Heron: Processing at Scale(http://bit.ly/2LNzOF4)"(그림 10-18)에 소개돼 있다. 헤론 자체는 이후 오픈 소스 프로젝트가 됐고(http://bit.ly/2MoOpYK), 관리는 아파치 같은 기존 단체가 아닌 자체적으로 설립한 독립 단체로 이관됐다. 스톰 개발이 계속 진행되고 있기 때문에, 이제 스톰에서 기원한 두 프로젝트가 경쟁하는 것으로 볼 수 있다. 둘의 미래가 어떻게 될지 아무도 모르니, 어떤 흥미로운 결과가 나올지 지켜보도록 하자.

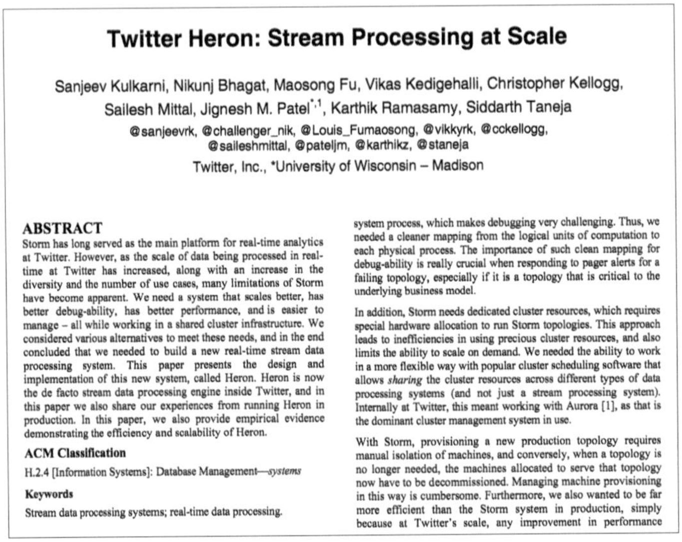

Twitter Heron: Stream Processing at Scale

Sanjeev Kulkarni, Nikunj Bhagat, Maosong Fu, Vikas Kedigehalli, Christopher Kellogg, Sailesh Mittal, Jignesh M. Patel*,1, Karthik Ramasamy, Siddarth Taneja

@sanjeevrk, @challenger_nik, @Louis_Fumaosong, @vikkyrk, @cckellogg, @saileshmittal, @pateljm, @karthikz, @staneja

Twitter, Inc., *University of Wisconsin – Madison

ABSTRACT

Storm has long served as the main platform for real-time analytics at Twitter. However, as the scale of data being processed in real-time at Twitter has increased, along with an increase in the diversity and the number of use cases, many limitations of Storm have become apparent. We need a system that scales better, has better debug-ability, has better performance, and is easier to manage – all while working in a shared cluster infrastructure. We considered various alternatives to meet these needs, and in the end concluded that we needed to build a new real-time stream data processing system. This paper presents the design and implementation of this new system, called Heron. Heron is now the de facto stream data processing engine inside Twitter, and in this paper we also share our experiences from running Heron in production. In this paper, we also provide empirical evidence demonstrating the efficiency and scalability of Heron.

ACM Classification

H.2.4 [Information Systems]: Database Management—*systems*

Keywords

Stream data processing systems; real-time data processing.

system process, which makes debugging very challenging. Thus, we needed a cleaner mapping from the logical units of computation to each physical process. The importance of such clean mapping for debug-ability is really crucial when responding to pager alerts for a failing topology, especially if it is a topology that is critical to the underlying business model.

In addition, Storm needs dedicated cluster resources, which requires special hardware allocation to run Storm topologies. This approach leads to inefficiencies in using precious cluster resources, and also limits the ability to scale on demand. We needed the ability to work in a more flexible way with popular cluster scheduling software that allows *sharing* the cluster resources across different types of data processing systems (and not just a stream processing system). Internally at Twitter, this meant working with Aurora [1], as that is the dominant cluster management system in use.

With Storm, provisioning a new production topology requires manual isolation of machines, and conversely, when a topology is no longer needed, the machines allocated to serve that topology now have to be decommissioned. Managing machine provisioning in this way is cumbersome. Furthermore, we also wanted to be far more efficient than the Storm system in production, simply because at Twitter's scale, any improvement in performance

그림 10-18. 헤론 소개 논문(http://bit.ly/ 2LNzOF4)

스파크

계속해서 아파치 스파크를 다룰 차례다(그림 10-19). 이 절에서 우리는 스파크가 산업 전반에 미친 큰 영향을 최대한 간략하게 설명하고 스트리밍 처리 영역이라는 일부분에만 집중하고 있음을 미리 밝힌다.

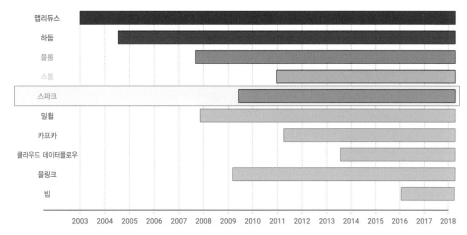

그림 10-19. 타임라인: 스파크

스파크는 2009년경 UC 버클리 내 지금은 유명해진 AMPLab에서 시작됐다. 스파크가 유명해진 이유는 종종 계산 마지막 단계까지 디스크에 접근할 필요 없이 파이프라인 전체를 메모리에서 계산할 수 있기 때문이었다. 스파크 개발진은 RDD$^{Resilient\ Distributed}$ ^{Dataset}라고 부르는 아이디어로 이를 구현했는데, RDD는 1) 입력이 항상 재현 가능한 형태이고, 2) 계산이 항상 결정적이라는 가정이 만족되면, 파이프라인 내 주어진 시점의 전체 데이터를 담아서 실패 상황이 발생하면 필요에 따라 중간 결과를 재계산할 수 있도록 구현돼 있다. 많은 경우, 앞서 이야기한 가정은 참이거나, 최소한 사용자들이 표준 하둡 작업 대비 얻을 수 있는 성능상의 엄청난 이득을 고려해 스파크를 선택했다. 거기서부터 스파크는 하둡의 사실상의 후계자로서 명성을 얻기 시작했다.

스파크 탄생 몇 년 후 당시 AMPLab 대학원생 타다가타 다스$^{Tathagata\ Das}$는 "이 빠른 배치 처리 엔진으로 여러 배치 작업을 연이어 돌리면 스트리밍 데이터 처리에 사용할 수 있지 않을까"라는 생각을 했고 그렇게 탄생한 것이 스파크 스트리밍$^{Spark\ Streaming}$이다.

스파크 스트리밍과 관련해 정말 좋은 부분은, 강한 일관성을 제공하는 엔진이 내부에 있기 때문에 별도의 배치 작업을 따로 돌릴 필요 없이 자체에서 정확한 결과를 제공하는 스트리밍 처리 시스템이 생겼다는 점이다. 다른 말로, 적절한 경우에 람다 아키텍처를 버리고 스파크 스트리밍을 사용할 수 있게 된 것이다.

여기서 주목할 부분은 바로 적절한 경우이다. 스파크 스트리밍의 초기 버전(1.x)의 큰 단점은 스트림 처리의 특정 형태인 처리 시간 윈도우processing-time window만 지원했다는 점이다. 따라서 지연 데이터 등을 다루기 위해 이벤트 시간event time을 고려할 필요가 있는 경우 스파크의 처리 시간 윈도우 구조 위에 사용자가 이벤트 시간 지원을 직접 구현하지 않는 이상 스파크 스트리밍을 사용할 수 없었다. 이는 스파크 스트리밍이 정렬된 데이터 혹은 이벤트 시간과 무관한 계산에 가장 적합함을 의미한다. 아울러 이미 여러 번 강조했듯이, 이런 가정은 오늘날 일반적인 대용량 사용자 중심 데이터를 다룰 때 잘 맞지 않는다.

스파크 스트리밍을 둘러싼 또 다른 흥미로운 논란은 오래된 '마이크로배치microbatch 대 진짜 스트리밍' 논쟁이다. 스파크 스트리밍은 배치 처리 시스템을 작은 단위로 여러 번 실행한다는 생각에서 출발했기 때문에, 시스템 내 진행 상황이 각각의 배치 단위라는 장벽으로 완전히 나뉜다는 점에서 진정한 스트리밍 엔진이 아니라는 비판도 있었다. 진정한 스트리밍 시스템 역시 출력 향상을 위해 거의 항상 일정 단위로 묶어서 작업을 진행하지만 필요에 따라 훨씬 상세하게 개별 키 단위까지 나눌 수 있는 유연함을 제공한다. 마이크로배치 구조가 갖는 한계는 결국 키 단위의 낮은 지연과 높은 출력량을 동시에 갖는 것이 사실상 불가능함을 의미하고, 실제로 다수의 벤치마크 결과가 이 부분이 어느 정도는 사실임을 보여준다. 하지만 그렇다 해도 분 단위 혹은 수초 단위의 지연은 충분히 쓸모가 있다. 그리고 실제로 완벽한 정확성과 엄격한 낮은 지연이 꼭 필요한 경우도 별로 없다. 따라서 스파크는 대부분의 사람들이 필요로 하는 경우를 목표로 삼았다고 볼 수 있다. 하지만 그렇다고 경쟁자들이 앞서 언급한 단점들로 스파크 스트리밍 때리기를 멈추지는 않을 것이다. 개인적으로는 우리는 그런 비판은 기껏해야 사소한 불만 정도로 생각하고 있다.

이러한 단점에도, 스파크 스트리밍은 스트림 처리의 분수령이었다고 말할 수 있다. 처음으로 대중에게 공개된 배치 시스템 수준의 정확성을 제공할 수 있는 대규모 스트림 처리 시스템이었기 때문이다. 물론 앞서 이야기했듯이 스트리밍은 스파크의 전체 성공 스토리에서 매우 작은 부분에 불과하며, 반복 처리iterative processing와 머신러닝 영역에서의 기여, 네이티브 SQL 지원, 언급했던 메모리를 활용한 빠른 성능 등에서의 기여도 있음을 이야기하고 싶다.

만약 여러분이 스파크 1.x의 초기 아키텍처가 궁금하다면 마테이 자하리아^{Matei Zaharia}의 113쪽짜리 논문인 「대형 클러스터에서의 고속의 범용 데이터 처리를 위한 아키텍처^{An Architecture for Fast and General Data Processing on Large Clusters}(http://bit.ly/2y8rduN)」(그림 10-20) 일독을 추천한다.

An Architecture for Fast and General Data Processing on Large Clusters

by

Matei Alexandru Zaharia
Doctor of Philosophy in Computer Science

University of California, Berkeley
Professor Scott Shenker, Chair

The past few years have seen a major change in computing systems, as growing data volumes and stalling processor speeds require more and more applications to scale out to distributed systems. Today, a myriad data sources, from the Internet to business operations to scientific instruments, produce large and valuable data streams. However, the processing capabilities of single machines have not kept up with the size of data, making it harder and harder to put to use. As a result, a growing number of organizations—not just web companies, but traditional enterprises and research labs—need to scale out their most important computations to clusters of hundreds of machines.

At the same time, the speed and sophistication required of data processing have grown. In addition to simple queries, complex algorithms like machine learning and graph analysis are becoming common in many domains. And in addition to batch processing, streaming analysis of new real-time data sources is required to let organizations take timely action. Future computing platforms will need to not only scale out traditional workloads, but support these new applications as well.

This dissertation proposes an architecture for cluster computing systems that can tackle emerging data processing workloads while coping with larger and larger scales. Whereas early cluster computing systems, like MapReduce, handled batch

그림 10-20. 스파크 논문(http://bit.ly/2y8rduN)

오늘날 스파크 2.x는 스파크 스트리밍의 능력을 확장해 복잡한 부분은 단순화하려고 시도하면서 이 책에서 기술한 모델의 많은 부분을 포함하고 있다. 또한 스파크는 마이크로배치 반대자의 불만을 잠재우기 위해 새롭게 진짜 스트리밍 아키텍처로의 변신을 꾀하고 있다. 하지만 처음 등장했을 때 스파크의 중요한 기여 중 하나는 비록 정렬된 데이터와 이벤트 시간 독립적인 계산의 경우로 국한되더라도 처음으로 강한 일관성을 보장하는 스트림 처리를 대중에게 선보였다는 점이다.

밀휠

다음 다룰 프로젝트는 밀휠^{MillWheel}로, 2008년 우리가 구글에 입사한 후 20% 프로젝트로 참여했고, 2010년에는 전담으로 참여한 프로젝트다(그림 10-21).

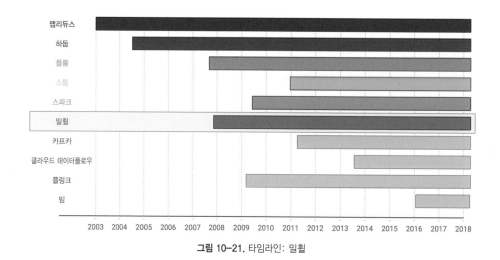

그림 10-21. 타임라인: 밀휠

밀휠은 구글의 자체 범용 스트림 처리 아키텍처로 시애틀 지사가 열었을 당시 폴 노드스트롬^{Paul Nordstrom}이 시작한 프로젝트다. 구글 내에서 밀휠의 성공 요인은 바로 무한의 비순서 데이터를 낮은 지연과 강한 일관성 보장을 가지고 처리할 수 있다는 점이었다. 이 책 전반에서 우리는 이미 밀휠이 이를 가능하게 하는 데 필요한 내용 대부분을 다뤘다.

- 루벤이 5장에서 '정확히 한 번' 보장에 대해 설명했다. '정확히 한 번' 보장은 정확성을 제공하기 위해서는 필수 요소이다.

- 7장에서 신뢰할 수 없는 장비에서 장시간 파이프라인을 구동할 때 정확성 유지의 근간이 되는 영구적인 저장 상태^{persistent state}에 대해 다뤘다.

- 3장에서 슬라바^{Slava}는 워터마크를 설명했다. 워터마크는 입력 데이터의 순서에 대한 처리 기반을 제공한다.

- 7장에서 또한 워터마크와 파이프라인의 로직 사이 연결 고리를 제공하는 타이머^{timer}를 살펴봤다.

아마 밀휠이 초기에는 정확성에 집중한 프로젝트가 아니었다는 점에 놀랄지도 모르겠다. 밀휠에 대한 폴의 최초 비전은 후에 스톰이 지원한 약한 일관성 보장을 갖는 낮은 지연 데이터 처리였다. 밀휠을 정확성을 지향하는 방향으로 튼 것은 초기 사용자들로, 이들은 검색 데이터에 대한 세션을 구성하고, 검색 쿼리에 대한 이상 감지를 수행하고자 했으며 (밀휠 논문의 자이트가이스트^{Zeitgeist} 예 참고), 둘 모두 일관성이 보장된 결과를 필요로 했다. 세션은 사용자 행동 추측을 위해 쓰였고, 이상 감지는 검색 쿼리 내 트렌드를 추측하는 용도로 쓰였다. 둘 모두 결과가 정확하지 않다면 유용하지 않은 경우였기에 밀휠은 강한 일관성을 제공하는 쪽으로 개발됐다.

밀휠이 최초로 제공했다고 하는 강력한 스트림 처리의 핵심 요소 중 하나인 비순서 처리 지원 역시 사용자의 필요로 생겨난 것이다. 진정한 스트리밍의 사용 사례로서 자이트가이스트 파이프라인은 검색 쿼리 트래픽에서 확인된 비정상만을 결과 스트림으로 내기를 원했다(즉, 사용자가 구체화 뷰 테이블 내 모든 키를 살펴보다가 비정상으로 표시되기를 기다리는 것은 비현실적이므로, 특정 키에 비정상이 발생했을 때 직접 신호가 발생하기를 원했다). 이례적으로 쿼리 트래픽이 증가하는 경우를 탐지하는 것은 상대적으로 쉽다. 특정 쿼리의 개수가 쿼리에 대한 모델에서 결정된 기댓값을 초과할 때를 잡아내면 된다. 하지만 반대로 트래픽이 줄어드는 경우를 잡아내기는 까다로워진다. 특정 검색어의 쿼리 수가 줄어드는 것을 감지하는 것만으로는 불충분하다. 이는 주어진 시간 범위 안에 관측된 쿼리 수는 항상 0에서 시작하기 때문이다. 주어진 시간 범위 안에서 입력을 충분히 대표할 만큼의 부분으로 확인했다고 믿을 수 있을 때까지 기다린 후 모델에서 설정한 값과 비교하는 방법뿐이다.

진정한 스트리밍

'진정한 스트리밍 사용 사례'에 대해서 보충 설명이 필요하다. 스트리밍 시스템에서 최근 트랜드 중 하나는, 해당 시스템을 적용할 수 있는 사례를 제한해 프로그래밍 모델을 단순화함으로써 접근성을 높이는 것이다. 예를 들어 책 집필 시점에 스파크의 구조화된 스트리밍(Structured Streaming)과 아파치 카프카(Apache Kafka)의 카프카 스트림 시스템 모두 본질적으로는 8장에서 이야기했던 궁극적 일관성을 지원하며 출력 테이블에 반복해 업데이트가 수행되는 구체화된 뷰 형태만 지원하고 있다. 구체화 뷰 형태의 결과는 결과를 룩업 테이블(look-up table) 형태로 사용하고자 할 때 가장 유용하다. 언제든 테이블 내의 값을 확인할 수 있고 쿼리 시점에 가장 최근 결과를 보여주는 것으로 충분하다면 구체화 뷰가 잘 맞는 상황이다. 하지만 진짜 스트림으로 결과를 소비하길 원한다면 적절하지 않다. 여기서 진정한 스트리밍을 이야기할 때는 후자를 이야기한 것으로 보면 되며, 비정상 탐지가 진정한 스트리밍이 필요한 적절한 예에 해당한다.

곧 이야기하겠지만, 비정상 탐지 예는 순수한 구체화 뷰 형태와 잘 맞지 않는 부분이 있으며(즉, 레코드 단위 처리만 필요하다), 특히 비정상 신호가 도착했는지 확인하기 위해 출력 테이블을 주기적으로 확인하는 것이 대형 데이터 처리에는 결코 어울리지 않는다는 사실 외에도, 데이터 부재로 인한 비정상을 정확히 찾아내기 위해 입력 데이터의 완결 여부를 판단할 방법이 필요하다는 사실을 보면 더욱 그러하다. 따라서 이런 진정한 스트리밍 사용 예는 워터마크 같은 기능 들이 왜 필요한지 알 수 있게 해준다. 3장에서 설명했듯, 이때 워터마크는 윈도우용 가비지 컬렉션을 위해 스파크 구조화 스트리밍이 사용하는 것처럼 시스템이 인지하는 최신 레코드의 이벤트 시간을 추적하는 높은 워터마크(high watermark)보다는 비관적으로 입력 완결성을 추적하는 낮은 워터마크(low watermark)여야 좋다. 알고 있듯이 높은 워터마크는 파이프라인 내에 이벤트 시간 왜곡이 발생했을 때 잘못 데이터를 날려버릴 가능성이 크다. 단순함을 지향하며 시스템들이 이런 기능을 지원하지 않기도 하지만 그로 인해 분명 기능적 한계가 있음은 분명하다. 물론 그런 시스템도 충분히 가치가 있으나, 이들이 더 간결하지만 동등하거나 더 큰 일반성을 제공한다고 광고할 때 이에 속아서는 안 된다.

자이트가이스트 파이프라인은 우선 트래픽이 줄어드는 경우를 찾는 분석 로직 전에 처리 시간 지연을 삽입해 이를 해결하려고 시도했다. 이는 데이터가 순서대로 도착할 경우에는 잘 동작했지만, 실제로는 데이터가 상당히 지연돼 순서가 크게 뒤집힐 수 있음을 발견했다. 이 경우 존재하지 않는 비정상을 잘못 보고하게 되기 때문에 처리 시간 지연을 삽입하는 방식으로는 한계가 있었다. 결국 입력이 완료될 때까지 기다릴 수 있는 방법이 필요해졌다.

그렇게 워터마크가 태어났다. 3장에서 슬라브가 설명했듯이, 기본적인 아이디어는 주어진 데이터 소스에 사용 가능한 데이터를 최대한 많이 혹은 적게 사용하며 시스템에 제공되는 입력의 진행 정도를 추적해 입력 완결성을 결정짓는 데 사용할 수 있는 진행 척도를 구성하는 것이다. 각 파티션이 이벤트 시간이 증가하는 순서대로 쓰여지는 정적 분할된 카프카 토픽(예를 들면 웹 프론트 엔드에서 실시간 발생하는 로그)처럼 단순한 형태의 입력이라면 완벽한 워터마크^{perfect watermark} 구성이 가능하다. 하지만 동적인 형태의 좀 더 복잡한 입력 소스에 대해서는 휴리스틱을 쓸 수밖에 없을 것이다. 두 경우 모두에서 워터마크는 이벤트 시간 기준의 완결 여부를 추정하는 데 처리 시간을 사용하는 것보다 좋은 결과를 보인다.

사용자의 요구 사항을 만족하기 위해 밀휠은 비순서 데이터를 받는 강력한 스트림 처리를 지원하는 데 충분한 기능을 갖추게 됐다. 결과로 「밀휠: 인터넷 규모에서의 내결함성 스트림 처리MillWheel: Fault-Tolerant Stream Processing at Internet Scale(http://bit.ly/2yab5ZH)」[7](그림 10-22) 논문에서는 이런 시스템에서 정확성을 제공하고자 할 때 발생하는 어려움을 설명하는 데 일관성 보장과 워터마크를 집중해 다루며 상당 부분을 할애했다. 이 주제에 관심이 있다면 일독을 권한다.

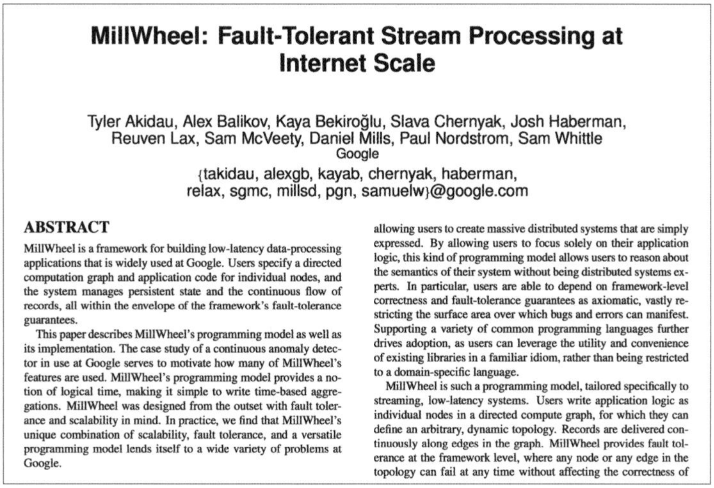

MillWheel: Fault-Tolerant Stream Processing at Internet Scale

Tyler Akidau, Alex Balikov, Kaya Bekiroğlu, Slava Chernyak, Josh Haberman,
Reuven Lax, Sam McVeety, Daniel Mills, Paul Nordstrom, Sam Whittle
Google
{takidau, alexgb, kayab, chernyak, haberman,
relax, sgmc, millsd, pgn, samuelw}@google.com

ABSTRACT

MillWheel is a framework for building low-latency data-processing applications that is widely used at Google. Users specify a directed computation graph and application code for individual nodes, and the system manages persistent state and the continuous flow of records, all within the envelope of the framework's fault-tolerance guarantees.

This paper describes MillWheel's programming model as well as its implementation. The case study of a continuous anomaly detector in use at Google serves to motivate how many of MillWheel's features are used. MillWheel's programming model provides a notion of logical time, making it simple to write time-based aggregations. MillWheel was designed from the outset with fault tolerance and scalability in mind. In practice, we find that MillWheel's unique combination of scalability, fault tolerance, and a versatile programming model lends itself to a wide variety of problems at Google.

allowing users to create massive distributed systems that are simply expressed. By allowing users to focus solely on their application logic, this kind of programming model allows users to reason about the semantics of their system without being distributed systems experts. In particular, users are able to depend on framework-level correctness and fault-tolerance guarantees as axiomatic, vastly restricting the surface area over which bugs and errors can manifest. Supporting a variety of common programming languages further drives adoption, as users can leverage the utility and convenience of existing libraries in a familiar idiom, rather than being restricted to a domain-specific language.

MillWheel is such a programming model, tailored specifically to streaming, low-latency systems. Users write application logic as individual nodes in a directed compute graph, for which they can define an arbitrary, dynamic topology. Records are delivered continuously along edges in the graph. MillWheel provides fault tolerance at the framework level, where any node or any edge in the topology can fail at any time without affecting the correctness of

그림 10-22. 밀휠 논문(http://bit.ly/2yab5ZH)

밀휠 논문이 발표되고 그리 머지않아 밀휠은 플룸의 스트리밍 백엔드로 통합됐고, 이를 종종 스트리밍 플룸이라고 부른다. 오늘날 구글에서는 밀휠은 후계 프로젝트인 윈드밀Windmill(곧 다룰 클라우드 데이터플로우의 실행 엔진이기도 하다)로 대체되고 있다. 윈드밀

7 기록을 위해 남겨두지만, 이 논문은 루벤의 도움과 저자 목록의 나머지 저자의 약간의 도움으로 주로 샘 맥베티(Sam McVeety)가 작성했다. 저자 목록을 알파벳 순으로 하는 바람에 모든 이가 우리가 주 저자라고 생각하지만 그렇지 않다.

은 밀휠의 좋은 부분을 모두 취하고 스케줄링이나 디스패치dispatch 같은 새로운 아이디어를 포함하며 사용자 코드와 시스템 코드를 더욱 명확히 분리해 새로 작성된 프로젝트이다.

밀휠에서 기억해야 할 부분은 앞서 나열한 4가지 개념('정확히 한 번' 보장, 영구적인 상태 보존, 워터마크, 타이머)을 통해 밀휠은 신뢰하기 어려운 보통의 하드웨어에서조차 비순서 데이터를 낮은 지연으로 처리할 수 있는 강력함이라는 스트림 처리의 진정한 면모의 기반을 마련했다는 점이다.

카프카

이제 카프카를 만날 차례다(그림 10-23). 카프카는 10장에서 설명하는 다른 시스템과는 달리 다소 독특한 면을 가지고 있다. 카프카는 사실 데이터 처리 프레임워크라기 보다는 전송 레이어transport layer에 가깝다.[8] 그렇다고 오해는 하지 말자. 카프카는 지금까지 다룬 어느 시스템보다 스트림 처리 분야에 가장 많은 기여를 했다.

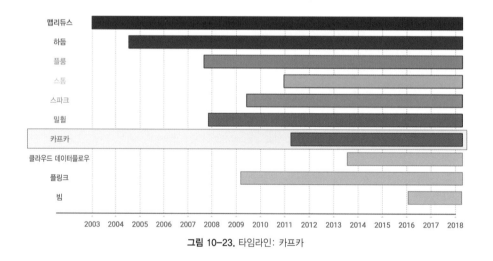

그림 10-23. 타임라인: 카프카

---

8   물론 카프카 스트림과 KSQL에 와서 이는 바뀌고 있다. 하지만 이 부분은 비교적 최근 진행된 부분이라 여기서는 원래의 카프카만을 다루고자 한다.

카프카에 익숙하지 않은 독자를 위해 설명하자면, 카프카는 본질적으로 분할된 로그를 통해 영구적인 스트리밍 전송 구현체이다. 원래 링크드인^{LinkedIn}에서 업계 유명인인 네하 나케드^{Neha Narkhede}, 제이 크렙스^{Jay Kreps}가 개발했으며, 다음과 같은 특성을 갖는다.

- 배치 처리에서 유래한 내구성^{durability}과 재현성^{replayability}을 갖춘 입력 소스를 스트리밍 친화적인 인터페이스로 포장해 깔끔한 영구성 모델을 제공해준다.

- 데이터 생산자^{producer}와 소비자^{consumer} 사이의 유연한 고립 레이어^{isolation layer}를 제공한다.

- 6장에서 다뤘던 스트림과 테이블 사이의 관계를 포함하고 있다. 스트림과 테이블 관계는 유서 깊은 데이터베이스 세상으로의 개념적인 연결을 제공하는 동시에 일반화된 데이터 처리에 대해 생각할 수 있는 근본적인 방법을 제시해준다.

- 이런 특성 덕에 업계에 스트림 처리를 정착시키는 기초를 닦았을 뿐 아니라, 데이터베이스로서의 스트림 처리와 마이크로서비스로의 이전을 촉진하는 역할을 했다.

카프카 개발자들은 확실히 한 발짝 앞서 나아갔음이 틀림없다.

카프카의 특성 중 우리가 가장 의미 있다고 생각하는 것은 두 가지다. 하나는 스트림 데이터에 내구성과 재현성을 적용한 것이다. 카프카 이전 스트림 처리 시스템 대부분은 래빗엠큐^{RabbitMQ} 같은 영구성을 보장하지 않는 큐 시스템을 사용하거나, 심지어는 오래된 TCP 소켓에 의존했다. 생산자인 업스트림 쪽에 지원을 추가해 내구성을 어느 정도 갖출 수는 있을지 모르나(다운스트림 내에 문제가 생겼을 때 업스트림 생산자가 데이터를 재전송할 수 있도록 하는 기능을 생각하면 된다), 종종 업스트림 데이터 역시 임시로 저장되는 경우가 많았다. 더구나 대부분은 데이터 재적재^{backfill}나 프로토타입, 개발, 회귀 테스트^{regression test}를 위해 후에 입력 데이터를 재현할 수 있는 기능을 전혀 고려하지 않았다.

카프카는 이 모든 것을 바꾸었다. 카프카는 실전 데이터베이스에서 쓰이고 있는 내구성 있는 로그를 스트림 처리의 영역으로 끌어왔고, 덕분에 하둡/배치 처리에서는 일반적이었던 내구성 있는 입력 소스에서 스트리밍 세상에 만연했던 임시적인 소스로 옮겨 갈 때 잃어야 했던 안전과 보장의 개념을 회복했다. 내구성과 재현성을 통해 스트림 처리는 당시 스트리밍이 적합한 경우에도 배치 처리 시스템을 억지로 적용했던 경우를 강력하고 신뢰할 수 있는 시스템으로 대체할 수 있게 해줬다.

스트리밍 시스템 개발자로서 봤을 때 카프카의 내구성과 재현성이 업계에 영향을 준 흥미로운 결과 중 하나는, 오늘날 얼마나 많은 스트림 처리 시스템이 종단간 '정확히 한 번' 보장을 제공하기 위해 재현성에 의존하고 있는가 하는 부분이다. 재현성은 에이팩스Apex, 플링크, 카프카 스트림, 스파크, 스톰에서 종단간 '정확히 한 번' 보장의 기반이 된다. '정확히 한 번' 보장 모드로 실행될 경우, 각 시스템은 입력 데이터 소스가 가장 최근의 체크포인트까지 재계산될 수 있다고 가정하고 동작한다. 비록 입력 소스가 업스트림 쪽의 지원으로 신뢰할 수 있는 형태로 전달된다고 해도, 재현성을 보장하지 못하면 종단간 '정확히 한 번' 보장은 실현 불가능하다. 재현성 (그리고 내구성의 관련 부분에) 의존하는 방식이 널리 쓰이고 있다는 것은 산업 전반에 해당 특성이 주는 영향을 가늠해볼 수 있는 강력한 증거다.

두 번째로 주목할 만한 특징은 스트림/테이블 이론을 대중화했다는 점이다. 6장 전반과 8, 9장의 많은 부분에서 스트림/테이블 이론을 다룬 바 있다. 스트림/테이블은 데이터 처리의 근간을 이루며, 맵리듀스 계열 시스템은 물론 다수의 SQL 데이터베이스 시스템의 바탕에 깔려 있는 이론이다. 모든 데이터 처리 접근 방법이 스트림/테이블을 사용해 기술돼 있지는 않지만, 개념적으로는 동작에 내재돼 있다. 그리고 이런 시스템의 사용자 및 개발자로서, 이 모든 시스템의 바탕이 된 핵심 개념을 이해하는 것은 매우 중요하다. 그런 점에서 우리 모두는 스트림/테이블을 통해 세상을 바라볼 수 있게 해준 카프카 커뮤니티에 빚을 지고 있는 셈이다.

카프카와 그 기반이 되는 내용에 대해 궁금하다면, 제이 크랩스의 "I ♥ Logs"(오라일리 출판사; 그림 10-24)를 참고하기 바란다.[9] 추가로, 6장에서 인용했듯이, 크랩스와 마틴 클래프만은 스트림과 테이블 이론의 기원과 관련해 우리가 일독을 강력하게 추천하는 두

---

9   크랩스에게 미안한 이야기지만, 비록 책을 추천하고는 있어도 여러분이 오라일리 웹사이트에서 크랩스의 글을 잘 찾아본다면 책의 내용을 대부분 만날 수 있을 것이다.

글을 발표한 바 있다(그림 10-25).

우리는 카프카가 스트림 처리에 그 어떤 단일 시스템보다 큰 기여를 했다고 본다. 특히 입력 및 출력 스트림에 내구성과 재현성을 적용한 부분은 스트림 처리를 예측 결과만을 계산하는 도구로 쓰이던 좁은 영역에서 일반적인 데이터 처리를 위한 큰 영역으로 옮기는 데 큰 역할을 했다. 추가로 카프카 커뮤니티에 의해 인기를 얻게 된 스트림/테이블 이론은 일반적인 데이터 처리가 동작하는 내부 원리에 대한 깊이 있는 통찰력을 제공해준다.

그림 10-24. | ♥ Logs

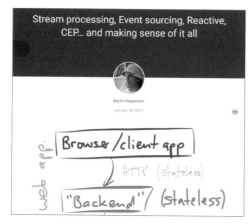 

그림 10-25. 마틴의 글(https://www.confluent.io/blog/making-sense-of-streamprocessing/)(왼쪽)과 제이의 글(https://www.confluent.io/blog/introducing-kafkastreams-stream-processing-made-simple/)(오른쪽)

클라우드 데이터플로우

클라우드 데이터플로우Cloud Dataflow는 구글의 완전 관리형 클라우드 기반 데이터 처리 서비스다. 이 시스템은 2015년 8월 출시됐다. 목적은 맵리듀스, 플룸, 밀휠을 구축하면서 축적된 10년 넘는 경험을 바탕으로 서버리스serverless 클라우드 서비스를 제공하는 것이었다.

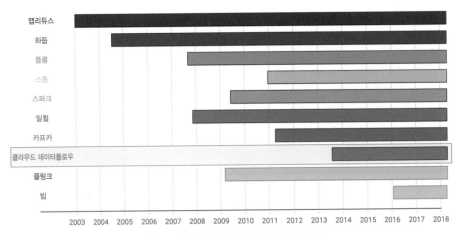

그림 10-26. 타임라인: 클라우드 데이터플로우

클라우드 데이터플로우의 서버리스 서비스의 특성이 아마도 기술적으로는 가장 도전적이고 다른 서비스와 구분되는 특징이겠지만, 여기서 우리가 다루고자 하는 부분은 통합된 배치와 스트리밍 프로그래밍 모델을 제공하는 부분이다. 즉, 앞서 살펴본 변환 transformation, 윈도우, 워터마크, 트리거, 누적accumulation 등을 이야기하는 것이다.

이 모델은 밀휠의 강력한 비순서 처리 지원을 플룸의 고차원 프로그래밍 모델에 통합하는 과정에서 플룸에 처음 도입됐다. 플룸을 통해 구글 내부에 제공된 배치와 스트리밍 접근 방법은 후에 클라우드 데이터플로우에 포함된 완전히 통합된 모델의 밑바탕을 이뤘다.

이 통합 모델의 핵심은, 당시에는 누구도 완전히 이해하고 있지 못하던 사실이었지만, 시스템 내부에서 볼 때 결국은 배치와 스트리밍이 크게 다르지 않다는 사실이다. 6장에서 배웠듯, 둘은 테이블을 스트림으로 점진적으로 트리거할 수 있는지 여부에서 갈린 뿐이며, 그 외 나머지는 개념적으로 동일하다.[10] 두 접근 방법의 공통성을 활용하면 배치와 스트리밍 모두에 적용되는 단일의 매끄러운 경험을 제공하는 것이 가능하다. 이는

---

10 다른 광범위한 일반화와 마찬가지로 이 부분은 특정 상황에서는 참이지만 현실의 실질적인 복잡도를 무시한 부분이 있다. 1장에서 언급했듯이 스트림 처리 시스템에 비해 유한 데이터를 다루는 데이터 처리 파이프라인의 비용과 실행 시간을 최적화하기 위해 상당한 노력을 기울인다. 따라서 오늘날 배치 시스템과 스트리밍 시스템이 작은 부분에서만 차이를 보인다고 이야기하는 것은 개념적인 부분이 아닌 현실적인 부분에서는 과하게 단순하게 설명한 부분이라 볼 수 있다.

스트림 처리의 접근성을 높인다는 점에서 큰 진전이라 할 수 있다.

배치와 스트리밍의 공통점을 활용하는 것 이외에, 구글에서 긴 시간 만났던 다양한 사용 사례를 면밀히 살펴보고 통합 모델을 만들 때 반영했다. 목표로 삼은 핵심적인 부분은 다음과 같다.

- 세션 같은 비정렬 이벤트 시간 윈도우를 지원해 강력한 분석 방법을 간단히 표현할 수 있도록 해주고 비순서 데이터에 적용할 수 있게 해준다.

- 모든 경우에 적용 가능한 단일 해법이 있진 않기에 커스텀 윈도우를 지원한다.

- 유연한 트리거 및 누적 모드를 지원해 사용자가 필요로 하는 정확성, 지연, 비용에 적합한 파이프라인을 구축할 수 있도록 한다.

- 입력 완결성에 대한 결정을 내릴 수 있도록 워터마크를 통해 데이터 부재에 대한 확인이 필요한 비정상 탐지 같은 경우를 지원할 수 있도록 한다.

- 배치, 마이크로배치, 스트리밍 관련 기반 실행 환경을 논리적으로 추상화해 유연하게 실행 엔진을 선택할 수 있도록 하고, (마이크로배치 크기 같은) 시스템 수준의 구조가 논리 API에 들어가는 것을 막는다.

이를 통해 모델이 다양한 사용 사례에 적용할 수 있도록 해주면서 정확성, 지연, 비용 사이에 적절한 균형을 맞추도록 유연성을 제공한다.

여러분이 이미 데이터플로우/빔 모델의 상세한 부분을 이 책에서 배웠으니, 이런 개념을 다시 다루는 것은 무의미하다. 하지만 관련해 학문적인 접근이 필요하다면, 2015년에 발표된 데이터플로우 모델 논문을 읽어보면 좋다(http://bit.ly/2sXgVJ3)(그림 10-27). 클라우드 데이터플로우의 중요한 기여가 많지만, 10장에서 강조하고자 하는 바는 통합된 배치 및 스트리밍 프로그래밍 모델이다. 이 모델은 정확성, 지연, 비용 사이의 균형을 필요에 따라 조율할 수 있는 유연성을 가지고 무한의 비순서 데이터를 다룰 수 있는 포괄적인 방법을 세상에 보여줬다.

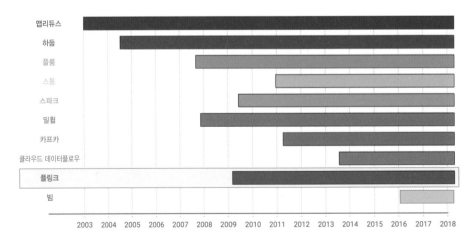

The Dataflow Model: A Practical Approach to Balancing Correctness, Latency, and Cost in Massive-Scale, Unbounded, Out-of-Order Data Processing

Tyler Akidau, Robert Bradshaw, Craig Chambers, Slava Chernyak,
Rafael J. Fernández-Moctezuma, Reuven Lax, Sam McVeety, Daniel Mills,
Frances Perry, Eric Schmidt, Sam Whittle
Google

{takidau, robertwb, chambers, chernyak, rfernand,
relax, sgmc, millsd, fjp, cloude, samuelw}@google.com

ABSTRACT

Unbounded, unordered, global-scale datasets are increasingly common in day-to-day business (e.g. Web logs, mobile usage statistics, and sensor networks). At the same time, consumers of these datasets have evolved sophisticated requirements, such as event-time ordering and windowing by features of the data themselves, in addition to an insatiable hunger for faster answers. Meanwhile, practicality dictates that one can never fully optimize along all dimensions of correctness, latency, and cost for these types of input. As a result, data processing practitioners are left with the quandary of how to reconcile the tensions between these seemingly competing propositions, often resulting in disparate implementations and systems.

We propose that a fundamental shift of approach is necessary to deal with these evolved requirements in modern data processing. We as a field must stop trying to groom unbounded datasets into finite pools of information that eventually become complete, and instead live and breathe under the assumption that we will never know if or when we have seen all of our data, only that new data will arrive, old data may be retracted, and the only way to make this problem tractable is via principled abstractions that allow the practitioner the choice of appropriate tradeoffs along the axes of interest: correctness, latency, and cost.

1. INTRODUCTION

Modern data processing is a complex and exciting field. From the scale enabled by MapReduce [16] and its successors (e.g Hadoop [4], Pig [18], Hive [29], Spark [33]), to the vast body of work on streaming within the SQL community (e.g. query systems [1, 14, 15], windowing [22], data streams [24], time domains [28], semantic models [9]), to the more recent forays in low-latency processing such as Spark Streaming [34], MillWheel, and Storm [5], modern consumers of data wield remarkable amounts of power in shaping and taming massive-scale disorder into organized structures with far greater value. Yet, existing models and systems still fall short in a number of common use cases.

Consider an initial example: a streaming video provider wants to monetize their content by displaying video ads and billing advertisers for the amount of advertising watched. The platform supports online and offline views for content and ads. The video provider wants to know how much to bill each advertiser each day, as well as aggregate statistics about the videos and ads. In addition, they want to efficiently run offline experiments over large swaths of historical data.

Advertisers/content providers want to know how often and for how long their videos are being watched, with which content/ads, and by which demographic groups. They also want to know how much they are being charged/paid. They

그림 10-27. 데이터플로우 모델 논문(http://bit.ly/2sXgVJ3)

플링크

플링크[Flink]는 2015년에 거의 하룻밤 사이에 대부분이 들어보지 못한 시스템에서 스트리밍 업계의 강자로 스스로를 변모하면서 등장했다.

그림 10-28. 타임라인: 플링크

플링크가 유명해진 데에는 두 가지 이유가 있다.

- 데이터플로우/빔 프로그래밍 모델을 빠르게 받아들여, 당시 오픈 소스 스트리밍 시스템 중 가장 개념적 지원이 풍부한 시스템이 됐다.

- 그 후 매우 효율적인 스냅샷 구현을 통해 정확성에 필요한 강한 일관성 보장을 제공했다(이는 찬디Chandy와 램포트Lamport의 논문 「분산 스냅샷: 분산 시스템의 글로벌 상태 결정Distributed Snapshots: Determining Global States of Distributed Systems(http://bit.ly/ 2JBCsRU)」에서 이루어진 연구를 바탕으로 한다(그림 10-29)).

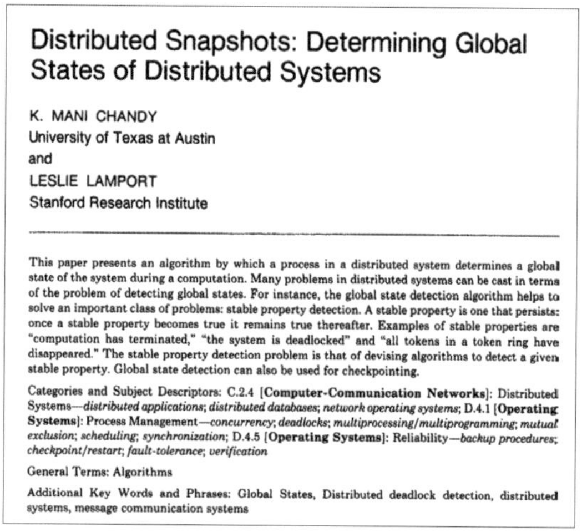

Distributed Snapshots: Determining Global States of Distributed Systems

K. MANI CHANDY
University of Texas at Austin
and
LESLIE LAMPORT
Stanford Research Institute

This paper presents an algorithm by which a process in a distributed system determines a global state of the system during a computation. Many problems in distributed systems can be cast in terms of the problem of detecting global states. For instance, the global state detection algorithm helps to solve an important class of problems: stable property detection. A stable property is one that persists: once a stable property becomes true it remains true thereafter. Examples of stable properties are "computation has terminated," "the system is deadlocked" and "all tokens in a token ring have disappeared." The stable property detection problem is that of devising algorithms to detect a given stable property. Global state detection can also be used for checkpointing.

Categories and Subject Descriptors: C.2.4 [**Computer-Communication Networks**]: Distributed Systems—*distributed applications; distributed databases; network operating systems;* D.4.1 [**Operating Systems**]: Process Management —*concurrency; deadlocks; multiprocessing/multiprogramming; mutual exclusion; scheduling; synchronization;* D.4.5 [**Operating Systems**]: Reliability—*backup procedures; checkpoint/restart; fault-tolerance; verification*

General Terms: Algorithms

Additional Key Words and Phrases: Global States, Distributed deadlock detection, distributed systems, message communication systems

그림 10-29. 찬디-램포트 스냅샷(http://bit.ly/2JBCsRU)

루벤이 5장에서 플링크의 일관성 유지 방법을 다뤘으니 여기서 반복하지는 않겠다. 기본적인 아이디어만 소개하면, 시스템 내 워커 간 통신 채널을 통해 주기적으로 배리어barrier를 전파시킨다. 이 배리어는 데이터를 소비하는 입장에서 데이터를 생성하는 다양한 분산 워커 사이를 정렬할 수 있는 방법처럼 동작한다. 데이터를 소비하는 시스템이 모든 입력 채널에서 배리어를 수신하면, 모든 작업 중인 키에 대해 현재 진행 상태를 체크포인트로 기록한다. 그러면 배리어 이전에 도착한 모든 데이터의 처리를 확인했다고 간주해도 안전하다. 배리어를 얼마나 자주 보낼지를 조절하면 체크포인트 주기를 조절할 수 있고, 따라서 (체크포인트 시점에 결과가 구체화될 때 부가적으로 발생하는) 지연 증가와 더 높은 처리량 사이를 적절히 조절할 수 있게 된다.

당시 플링크가 이벤트 시간 처리에 대한 지원과 함께 '정확히 한 번' 보장을 제공할 수 있다는 단순한 사실로도 대단했지만, 제이미 그리어[Jamie Geier]가 "야후! 스트리밍 벤치마크의 확장(http://bit.ly/2LQvGnN)"(그림 10-30)이라는 글을 발표하고, 플링크의 뛰어난 성능이 분명해지면서 더 많은 관심을 받았다. 해당 글에서 제이미는 플링크가 이룬 두 가지 인상적인 성과를 이야기한다.

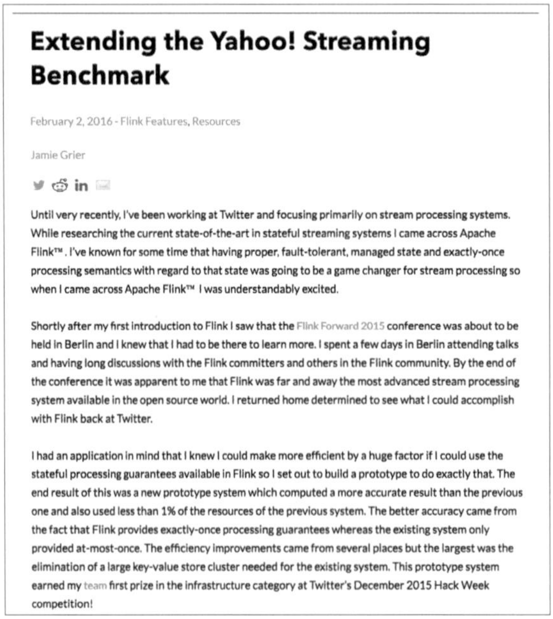

Extending the Yahoo! Streaming Benchmark

February 2, 2016 · Flink Features, Resources

Jamie Grier

Until very recently, I've been working at Twitter and focusing primarily on stream processing systems. While researching the current state-of-the-art in stateful streaming systems I came across Apache Flink™. I've known for some time that having proper, fault-tolerant, managed state and exactly-once processing semantics with regard to that state was going to be a game changer for stream processing so when I came across Apache Flink™ I was understandably excited.

Shortly after my first introduction to Flink I saw that the Flink Forward 2015 conference was about to be held in Berlin and I knew that I had to be there to learn more. I spent a few days in Berlin attending talks and having long discussions with the Flink committers and others in the Flink community. By the end of the conference it was apparent to me that Flink was far and away the most advanced stream processing system available in the open source world. I returned home determined to see what I could accomplish with Flink back at Twitter.

I had an application in mind that I knew I could make more efficient by a huge factor if I could use the stateful processing guarantees available in Flink so I set out to build a prototype to do exactly that. The end result of this was a new prototype system which computed a more accurate result than the previous one and also used less than 1% of the resources of the previous system. The better accuracy came from the fact that Flink provides exactly-once processing guarantees whereas the existing system only provided at-most-once. The efficiency improvements came from several places but the largest was the elimination of a large key-value store cluster needed for the existing system. This prototype system earned my team first prize in the infrastructure category at Twitter's December 2015 Hack Week competition!

그림 10–30. 야후! 스트리밍 벤치마크의 확장(http://bit.ly/2LQvGnN)

1. (플링크의 '정확히 한 번' 보장 지원 덕에) 트위터의 기존 스톰 파이프라인보다 1%의 비용만으로 프로토타입 플링크 파이프라인이 월등히 높은 정확성을 이뤘다.

2. 야후! 스트리밍 벤치마크 (http://bit.ly/2bhgMJd)에서 ('정확히 한 번' 모드로 동작한) 플링크가 ('정확히 한 번' 보장 없는) 스톰보다 7.5배 높은 처리량을 기록했다. 게다가 플링크의 성능은 네트워크 문제로 제한됐음을 볼 때, 네트워크 병목을 제거하면 스톰보다 거의 40배 정도의 성능 향상을 보일 수 있다.

이후로는 스톰이나 에이팩 같은 다수의 다른 프로젝트로 같은 형태의 일관성 유지 방법을 채용했다.

스냅샷 방식의 도입으로 플링크는 종단간 '정확히 한 번' 보장에 필요한 강한 일관성 유지가 가능하게 됐다. 플링크는 한 걸음 더 나아가 스냅샷의 특성을 사용해 과거의 어느 지점에서든 전체 파이프라인을 재시작할 수 있는 세이브포인트savepoint라는 기능을 제공했다(세이브 포인트는 파비앙 휴스케Fabian Huesk와 마이클 윈터스Michael Winters의 "세이브포인트: 시간 되돌리기Savepoints: Turning Back Time" 글에 소개돼 있다(그림 10-31)). 세이브포인트 기능으로 인해 카프카가 스트리밍 전송 계층에 적용했던 재현 기능을 전체 파이프라인 범위로 확장할 수 있게 됐다.

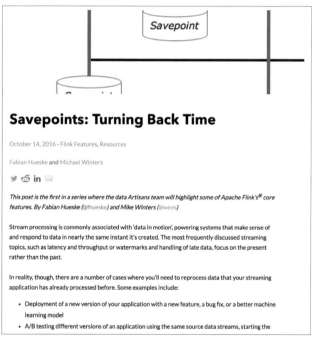

그림 10-31. 세이브포인트: 시간 되돌리기(http://bit.ly/2JKCouO)

장시간 실행되는 스트리밍 파이프라인을 점진적으로 고쳐 나갈 수 있도록 해주는 기능 graceful evolution은 여전히 개선의 여지도 많고 미해결로 남아 있는 문제다. 하지만 플링크의 세이브포인트 도입은 올바른 해결 방향으로의 처음 내딛은 큰 발걸음이었고, 이 책의 집필 시점 기준으로 매우 독특한 접근 방법이다.

여러분이 플링크의 스냅샷과 세이브포인트 내부의 시스템 구조가 궁금하다면, 구현을 상세히 다룬 「아파치 플링크에서의 상태 관리State Management in Apache Flink](http://bit.ly/2LLyr9O」(그림 10-32) 논문을 참고하기 바란다.

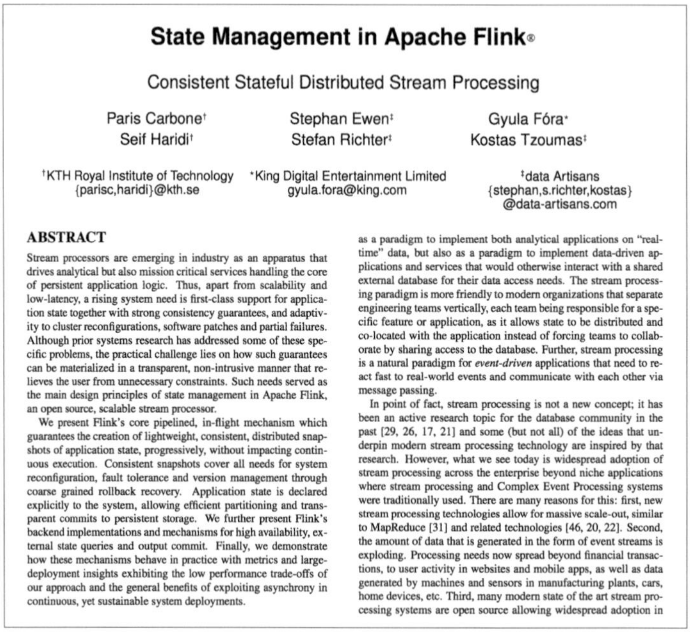

State Management in Apache Flink®

Consistent Stateful Distributed Stream Processing

Paris Carbone† Seif Haridi†

Stephan Ewen‡ Stefan Richter‡

Gyula Fóra* Kostas Tzoumas‡

†KTH Royal Institute of Technology {parisc,haridi}@kth.se

*King Digital Entertainment Limited gyula.fora@king.com

‡data Artisans {stephan,s.richter,kostas}@data-artisans.com

ABSTRACT

Stream processors are emerging in industry as an apparatus that drives analytical but also mission critical services handling the core of persistent application logic. Thus, apart from scalability and low-latency, a rising system need is first-class support for application state together with strong consistency guarantees, and adaptivity to cluster reconfigurations, software patches and partial failures. Although prior systems research has addressed some of these specific problems, the practical challenge lies on how such guarantees can be materialized in a transparent, non-intrusive manner that relieves the user from unnecessary constraints. Such needs served as the main design principles of state management in Apache Flink, an open source, scalable stream processor.

We present Flink's core pipelined, in-flight mechanism which guarantees the creation of lightweight, consistent, distributed snapshots of application state, progressively, without impacting continuous execution. Consistent snapshots cover all needs for system reconfiguration, fault tolerance and version management through coarse grained rollback recovery. Application state is declared explicitly to the system, allowing efficient partitioning and transparent commits to persistent storage. We further present Flink's backend implementations and mechanisms for high availability, external state queries and output commit. Finally, we demonstrate how these mechanisms behave in practice with metrics and large-deployment insights exhibiting the low performance trade-offs of our approach and the general benefits of exploiting asynchrony in continuous, yet sustainable system deployments.

as a paradigm to implement both analytical applications on "real-time" data, but also as a paradigm to implement data-driven applications and services that would otherwise interact with a shared external database for their data access needs. The stream processing paradigm is more friendly to modern organizations that separate engineering teams vertically, each team being responsible for a specific feature or application, as it allows state to be distributed and co-located with the application instead of forcing teams to collaborate by sharing access to the database. Further, stream processing is a natural paradigm for *event-driven* applications that need to react fast to real-world events and communicate with each other via message passing.

In point of fact, stream processing is not a new concept; it has been an active research topic for the database community in the past [29, 26, 17, 21] and some (but not all) of the ideas that underpin modern stream processing technology are inspired by that research. However, what we see today is widespread adoption of stream processing across the enterprise beyond niche applications where stream processing and Complex Event Processing systems were traditionally used. There are many reasons for this: first, new stream processing technologies allow for massive scale-out, similar to MapReduce [31] and related technologies [46, 20, 22]. Second, the amount of data that is generated in the form of event streams is exploding. Processing needs now spread beyond financial transactions, to user activity in websites and mobile apps, as well as data generated by machines and sensors in manufacturing plants, cars, home devices, etc. Third, many modern state of the art stream processing systems are open source allowing widespread adoption in

그림 10-32. 아파치 플링크에서의 상태 관리(http://bit.ly/2LLyr9O)

세이프포인트를 넘어, 플링크 커뮤니티는 8장에서 다룬 바 있는 대규모 데이터를 위한 분산 스트림 처리 시스템에서 사용 가능한 실질적인 스트리밍 SQL API를 처음으로 지원하는 등의 혁신을 계속해 나갔다. 요약하자면, 플링크의 급성장은 다음 3가지에서 기인한다고 볼 수 있다. 1) 업계에 알려진 현존 최고의 아이디어를 담았다(예를 들어 데이터플로우/빔 모델을 수용한 첫 번째 오픈 소스 프로젝트이다). 2) (스냅샷과 세이브포인트를 통한 강한 일관성 같은) 첨단 기술을 위해 자체의 혁신적인 기능을 제공했다. 3) 이 둘을 빠르고 반복적으로 진행했다. 이에 더해 프로젝트가 오픈 소스로 진행됐으니 플링크가 업계 전반에서 스트리밍 처리의 기준을 지속적으로 높여온 이유를 알 수 있을 것이다.

빔

마지막으로 알아볼 시스템은 아파치 빔$^{Apache Beam}$이다(그림 10-33). 10장에서 소개한 대부분의 다른 시스템과 달리 실행 엔진을 내재하고 있는 풀스택 구조가 아닌 프로그래밍 모델^{API}과 이식성 계층$^{portability layer}$이라는 점에서 차이가 있다. 즉, SQL이 선언형 데이터 처리$^{declarative data processing}$을 위한 공통어 역할을 하는 것처럼, 빔은 프로그래밍 방식 데이터 처리$^{programmatic data processing}$을 위한 공통어를 목표로 하고 있다.

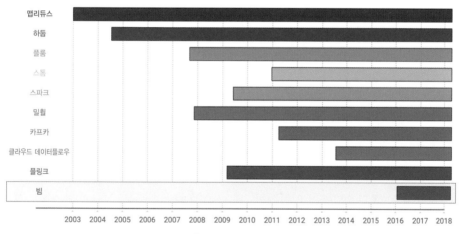

그림 10-33. 타임라인: 빔

구체적으로 빔은 다음과 같은 구성 요소로 이뤄져 있다.

- 통합된 배치 및 스트리밍 프로그래밍 모델. 이는 클라우드 데이터플로우에서 유래한 것으로 이 책 전반에서 상세히 다룬 내용이다. 모델 자체는 언어 구현이나 런타임 시스템에 독립적이기에 SQL에 비유하면 관계 대수 정도$^{relational algebra}$로 생각할 수 있다.

- 모델을 구현한 SDK^Software Development Kit. 이 SDK는 모델을 사용해 정의된 파이프라인을 주어진 언어의 관용적 표현을 통해 기술할 수 있게 해준다. 빔은 현재 자바, 파이썬^Python, 고^Go 언어를 위한 SDK를 제공하고 있으며, SQL에 비유하자면 SQL 언어 자체와 유사하게 생각할 수 있다.

- SDK 위에 구현된 DSL^Domain Specific Language. DSL은 특정 분야를 위한 고유한 형태로 모델의 일부분을 특수한 인터페이스로 제공해준다. SDK가 모델의 전반을 다루어야 한다면, DSL은 목표로 하는 특정 분야에 적합한 부분만을 노출해주면 된다. 빔은 현재 Scio라고 부르는 스칼라^Scala DSL과 SQL DSL을 제공하며, 둘 모두 자바 SDK상에 놓이는 형태다.

- 빔 파이프라인을 실행할 수 있는 러너^runner. 러너는 빔 SDK로 기술된 논리적인 파이프라인을 가능한 효율적으로 번역해 실제 실행할 수 있는 물리적인 파이프라인을 구성해준다. 빔은 러너로 현재 에이팩스, 플링크, 스파크, 구글 클라우드 데이터플로우를 지원하고 있다. SQL로 비유해보자면, 포스트그레^Postgres, MySQL, 오라클^Oracle 같은 다양한 SQL DB 구현체라고 생각할 수 있다.

빔의 핵심 비전은 이식성 계층으로서의 가치를 바탕으로 이루어져 있고, 그 중 가장 중요한 부분은 계획적으로 이종 언어에서의 이식성을 지원하고 있다는 점이다. 이 책의 집필 시점에 아직 완료되지는 않았지만 (곧 완료될 예정이다. http://bit.ly/2N0tPNL 참고), 빔이 SDK와 러너 사이에 충분히 성능 좋은 추상화 계층을 제공해 SDK와 러너의 모든 가능한 조합을 허용하는 것을 목표로 하고 있다. 그렇게 되면 자바스크립트 SDK로 쓰여진 파이프라인이 자바스크립트 코드를 실행할 수 없는 하스켈^Haskell 러너에서 문제없이 동작할 수 있을 것이다.

추상화 계층으로서 빔이 러너와 관련해 스스로의 위치를 잡아가는 방식은 빔이 단순히 불필요한 추상화 계층을 더하는 것이 아니라 커뮤니티에 실질적인 이득을 가지고 올 수 있도록 하는 데 매우 중요하다. 이때 핵심은 빔이 단순히 러너에서 볼 수 있는 기능들의 교집합이나 합집합 역할을 하는 것이 아니라, 대규모 데이터 처리 커뮤니티에서 나온 최고의 아이디어들을 포함하는 것을 목표로 한다는 점이다. 이렇게 이루어질 수 있는 혁신은 두 가지 관점에서 바라볼 수 있다.

빔에서의 혁신

빔은 모든 러너가 초기에 지원하지는 못하는 런타임 기능을 API로 포함할 수 있다. 시간이 지나면 점차 많은 러너가 그런 기능을 미래 버전에 포함할 것이라 기대하기에 이 부분이 문제가 되지는 않는다. 만약 그렇게 하지 않는 러너가 있다면 그런 기능을 필요로 하는 상황에서 그만큼 선택받지 못할 것이다.

이런 예로는 조합 및 확장 가능한 소스를 기록하게 해주는 빔의 SplittableDoFn API가 있다(이에 대해서는 유진 키르피쵸프의 "아파치 빔에서의 SplittableDoFn를 사용한 강력한 모듈식 I/O 커넥터Powerful and modular I/O connectors with Splittable DoFn in Apache Beam"라는 글에 설명돼 있다(http://bit.ly/2JQa7GJ)(그림 10-34)). 이 API는 독특하면서도 매우 강력하지만 동적 작업 재조정 같은 더욱 혁신적인 기능들에 밀려 아직 모든 러너가 지원하

Powerful and modular IO connectors with Splittable DoFn in Apache Beam

Aug 16, 2017 · Eugene Kirpichov

One of the most important parts of the Apache Beam ecosystem is its quickly growing set of connectors that allow Beam pipelines to read and write data to various data storage systems ("IOs"). Currently, Beam ships over 20 IO connectors with many more in active development. As user demands for IO connectors grew, our work on improving the related Beam APIs (in particular, the Source API) produced an unexpected result: a generalization of Beam's most basic primitive, DoFn.

Connectors as mini-pipelines

One of the main reasons for this vibrant IO connector ecosystem is that developing a basic IO is relatively straightforward: many connector implementations are simply mini-pipelines (composite PTransforms) made of the basic Beam ParDo and GroupByKey primitives. For example, ElasticsearchIO.write() expands into a single ParDo with some batching for performance; JdbcIO.read() expands into Create.of(query), a reshuffle to prevent fusion, and ParDo(execute sub-query). Some IOs construct considerably more complicated pipelines.

JdbcIO.<T>read().from(query)

This "mini-pipeline" approach is flexible, modular, and generalizes to data sources that read from a dynamically computed PCollection of locations, such as SpannerIO.readAll() which reads the results of a PCollection of queries from Cloud Spanner, compared to SpannerIO.read() which executes a single query. We believe such dynamic data sources are a very useful capability, often overlooked by other data processing frameworks.

When ParDo and GroupByKey are not enough

Despite the flexibility of ParDo, GroupByKey and their derivatives, in some cases building an efficient IO connector requires extra capabilities.

For example, imagine reading files using the sequence ParDo(filepattern → expand into files), ParDo(filename → read records), or reading a Kafka topic using ParDo(topic → list partitions), ParDo(topic, partition → read records). This approach has two big issues:

- In the file example, some files might be much larger than others, so the second ParDo may have very long individual @ProcessElement calls. As a result, the pipeline can suffer from poor performance due to stragglers.
- In the Kafka example, implementing the second ParDo is *simply impossible* with a regular DoFn, because it would need to output an infinite number of records per each input element topic, partition *(stateful processing comes close, but it has other limitations that make it insufficient for this task)*.

Beam Source API

Apache Beam historically provides a Source API (BoundedSource and UnboundedSource) which does not have these limitations and allows development of efficient data sources for batch and streaming systems. Pipelines use this API via the Read.from(Source) built-in PTransform.

The Source API is largely similar to that of most other data processing frameworks, and allows the system to read data in parallel using multiple workers, as well as checkpoint and resume reading from an unbounded data source. Additionally, the Beam BoundedSource API provides advanced features such as progress reporting and dynamic rebalancing (which together enable autoscaling), and UnboundedSource supports reporting the source's watermark and backlog *(until SDF, we believed that "batch" and "streaming" data sources are fundamentally different and thus require*

그림 10-34. 강력한 모듈식 I/O(http://bit.ly/2JQa7GJ)

고 있지는 못하다. 하지만 그 기능이 가져올 가치를 생각하면 점차 바뀔 것으로 기대하고 있다.

러너에서의 혁신

러너가 빔이 초기에 API로 지원하지 않는 런타임 기능을 지원할 수도 있다. 시간이 지나면 유용성이 입증된 런타임 기능이 자연스럽게 빔의 API 지원으로 포함될 것이기에 이 부분도 문제가 되지 않는다.

이런 예로는 플링크의 상태 스냅샷이나 세이브포인트 같은 기술이 있다. 플링크는 현재까지 이런 식의 스냅샷을 지원하는 유일한 스트리밍 시스템이다. 하지만 파이프라인을 점진적으로 개선해 나갈 수 있는 기능 지원이 업계 전반에 갖는 가치를 인지하고 있기에 스냅샷과 관련된 API를 빔에서 제공하자는 제안이 있다. 우리가 이유 없이 그런 API 제안을 거절한다면 플링크는 해당 API를 지원하는 유일한 런타임 시스템이 될 것이다. 하지만 그럼에도 괜찮다. 여기서 이야기하고자 하는 핵심은 업계 전반이 스스로의 가치가 분명해진 기술을 따라잡기 시작할 것이고,[11] 결국 이는 모두를 위해 더 좋은 일이 될 것이다.

빔 자체와 러너 양쪽에서의 혁신을 도모함으로써, 전체 업계의 능력을 타협 없이 시간에 따라 더욱 빠르게 발전할 수 있도록 압력을 넣을 수 있으리라 생각한다. 그리고 실행 엔진 사이의 이식성을 제공해, SQL이 오늘날 선언형 데이터 처리의 밑바탕이 된 것처럼, 빔이 프로그래밍 방식 데이터 처리 파이프라인의 공통 언어가 될 것이라 기대한다. 이는 야심 찬 목표이고, 이 책을 쓰는 시점에 아직 실현의 과정에 있지만 충분히 먼 길을 걸어왔음을 알고 있다.

---

11 여기서 짚고 넘어갈 미묘한 부분이 있다. 비록 러너가 새 기술을 받아들이고 지원을 시작해도 모든 러너에서 해당 기능을 동일하게 쓸 수 있음을 의미하는 것은 아니다. 이는 여러 러너가 실행 환경이나 운영 특성에서 여전히 다양하게 차이가 나기 때문이다. 두 러너가 빔 내의 같은 기능을 구현했다고 해도, 실행 시 이 기능을 실행하는 방식에는 많은 차이가 있다. 결과적으로 빔 파이프라인을 구축할 때 사용 사례에 가장 적합한 런타임을 선택할 수 있도록 다양한 러너에 대해 학습할 필요가 있다.

요약

데이터 처리 기술에서 있었던 15년 간의 진보를 스트리밍 시스템을 오늘날의 모습으로 만드는 데 주요한 기여를 한 부분들을 중심으로 찾아봤다. 각 시스템별로 중요한 부분만 정리했다.

맵리듀스 – 확장성 및 단순함

강력하고 확장성을 갖춘 실행 엔진 위에 데이터 처리를 위한 추상화를 제공함으로써 데이터 엔지니어들이 일반적인 하드웨어에서의 실패를 견뎌내는 분산 시스템을 구축하는 복잡함에 매몰되지 않고 데이터 처리 로직에만 집중할 수 있게 해줬다.

하둡 – 오픈 소스 생태계

맵리듀스의 아이디어 위에 오픈 소스 플랫폼을 구축함으로써 맵리듀스의 영역을 넘어서 많은 새로운 아이디어가 번성할 수 있는 생태계를 만들어냈다.

플룸 – 파이프라인, 최적화

논리적인 파이프라인 연산의 고차원 개념을 영리한 최적화와 결합해 맵리듀스의 맵 → 셔플 → 리듀스라는 제약을 넘어선 능력을 갖는 깔끔하고 유지가 용이한 파이프라인을 작성할 수 있게 해줬다. 이전처럼 수작업으로 최적화를 적용하느라 논리적인 파이프라인을 손상시킬 필요 없이 그와 같은 성능을 달성할 수 있게 도왔다.

스톰 – 약한 일관성을 갖는 낮은 지연 시간

지연 시간 단축을 위해 정확성을 희생해 스트림 처리를 대중적으로 만들었으며, 람다 아키텍처의 시대로 이끌었다.

스파크 – 강한 일관성

무한 데이터의 연속적인 처리를 위해 강한 일관성을 제공하는 배치 엔진을 반복해 실행함으로써 최소한 순서대로 들어오는 데이터에 대해 정확성과 낮은 지연 시간을 모두 갖는 것이 가능함을 보였다.

밀휠 – 비순서 처리

강한 일관성과 '정확히 한 번' 처리를 워터마크와 타이머 같은 시간 결정 도구와 결합해 비순서 데이터의 강력한 스트림 처리라는 문제를 해결할 수 있었다.

카프카 – 내구성 있는 스트림, 스트림과 테이블

스트리밍 전송의 문제에 내구성 있는 로그를 적용해 레빗엠큐나 TCP 소켓 같은 전송 방법에서 얻을 수 없었던 재현성을 다시 가져왔다. 또한 스트림/테이블 이론을 대중화해 일반적인 데이터 처리의 개념적 토대를 다지는 데 일조했다.

클라우드 데이터플로우 – 배치와 스트리밍의 통합

밀휠에서 온 비순서 스트림 처리 개념을 플룸에서 온 자동 최적화가 가능한 논리적인 파이프라인과 결합해 정확성, 지연 시간, 사용 사례에 맞는 비용 사이에서 균형을 잡을 수 있는 유연성을 제공하는 배치/스트리밍 데이터 처리의 통합 모델을 보여줬다.

플링크 – 오픈 소스 스트림 처리의 혁신

비순서 처리의 강력함을 빠르게 오픈 소스 진영으로 가져와 분산 스냅샷과 세이브포인트 기능 같은 혁신적인 기능과 결합해 오픈 소스 스트림 처리의 기준을 높였으며, 업계에서 스트림 처리의 혁신을 주도하고 있다.

빔 – 이식성

업계 전반의 최고의 개념들을 통합하는 강력한 추상화 레이어를 제공해, SQL이 선언형 데이터 처리의 공통어라면 빔은 프로그래밍 방식 데이터 처리를 위한 공통어라 부를 수 있다. 또한 이를 통해 업계 전반에 혁신적인 신규 아이디어 도입을 격려하는 역할도 한다.

소개한 10개의 프로젝트와 필자가 소개한 기여는 오늘날의 업계를 만든 역사 전반을 훑지는 못함을 분명히 해 두고 싶다. 하지만 소개한 부분은 역사에서 중요한 이정표로서 눈에 띄는 부분들이며, 지난 15년 동안 스트림 처리의 진화라는 그림에 함께 붓을 든 부분이라 할 수 있다. 많은 기복과 우여곡절을 거치며 맵리듀스의 초기에서 시작해 긴 시간을 지나왔다. 그럼에도 여전히 스트리밍 시스템이라는 영역에서 우리 앞에는 무수히 많은 미해결 과제가 남아 있다. 앞으로의 미래가 어떤 모습이 될지 기대된다.

찾아보기

스트리밍 시스템

대용량 데이터 처리를 위한 핵심 개념과 원리

발 행 | 2021년 6월 30일

지은이 | 타일러 아키다우·슬라바 체르냑·루벤 락스
옮긴이 | 이 덕 기·전 웅

펴낸이 | 권 성 준
편집장 | 황 영 주
편 집 | 조 유 나
        김 다 예
디자인 | 윤 서 빈

에이콘출판주식회사
서울특별시 양천구 국회대로 287 (목동)
전화 02-2653-7600, 팩스 02-2653-0433
www.acornpub.co.kr / editor@acornpub.co.kr